财政部规划教材
全国高等院校财经类教材

证券投资学：中国视角

纪宣明　王堃　主编

迟慧　张玉凤　副主编

中国财经出版传媒集团
中国财政经济出版社

图书在版编目（CIP）数据

证券投资学：中国视角/纪宣明，王堃主编．－－北京：中国财政经济出版社，2021.8
财政部规划教材　全国高等院校财经类教材
ISBN 978-7-5223-0567-7

Ⅰ．①证… Ⅱ．①纪… ②王… Ⅲ．①证券投资－中国－高等学校－教材 Ⅳ．①F832.51

中国版本图书馆CIP数据核字（2021）第099706号

责任编辑：刘　畅　　　　　　责任校对：唐　堂
封面设计：孙俪铭

证券投资学：中国视角
ZHENGQUAN TOUZIXUE：ZHONGGUO SHIJIAO

中国财政经济出版社 出版
URL：http://www.cfeph.cn
E-mail：cfeph@cfeph.cn
（版权所有　翻印必究）
社址：北京市海淀区阜成路甲28号　邮政编码：100142
营销中心电话：010-88191522
天猫网店：中国财政经济出版社旗舰店
网址：https://zgczjjcbs.tmall.com
北京中兴印刷有限公司印刷　各地新华书店经销
成品尺寸：185mm×260mm　16开　18.5印张　449 000字
2021年8月第1版　2021年8月北京第1次印刷
定价：45.00元
ISBN 978-7-5223-0567-7
（图书出现印装问题，本社负责调换，电话：010-88190548）
本社质量投诉电话：010-88190744
打击盗版举报热线：010-88191661　　QQ：2242791300

编写说明

随着经济的发展、中国居民收入水平的提高，家庭资产配置多元化需求不断上升，股票、债券、基金的投资配比提高是必然趋势。十九大报告指出："坚持在经济增长的同时实现居民收入同步增长，拓宽居民劳动收入和财产性收入渠道"。有别于高门槛的"炒房"投资，证券投资（尤其是基金投资）更受普通投资者的青睐。当前，面对复杂的政治经济形势，处于全球第二大证券市场的中国投资者对如何投资决策、优化家庭资产配置进而提高收益格外关注。中国投资者对投资理财知识的学习热度持续提升。本书的编撰出版有助于相关投资知识的普及与推广。

目前，证券投资方面的教材不少，但各有特点、受众也有所不同，有些已显陈旧或提法不准确。中华人民共和国教育部2020年《高等学校课程思政建设指导纲要》明确提出："经济学、管理学类专业课程，……帮助学生了解相关专业和行业领域的国家战略、法律法规和相关政策，引导学生深入社会实践、关注现实问题，培育学生经世济民、诚信服务、德法兼修的职业素养"。根据上述要求，本书在借鉴众多优秀教材的基础上，坚持新颖性、知识性和实用性的原则，吸收了证券行业的新数据与政策法规。同时，作者尝试改变大学教科书学习难度大、内容枯燥的不足，行文更加贴近读者，便于自学与投资者培训方面的需求。本书的特色之处在于：

1. 理论联系实际、偏重实用知识学习。本书简明通俗，既考虑一般本科院校又兼顾大中专院校学生学习，还可作为证券投资爱好者和证券机构培训的入门参考书。

2. 结构层次更加简练。全书十二章，分别阐述证券投资者、投资对象、投资分析、投资风险、市场监管、投资理论等内容。第十一章和第十二章大中专院校可不做要求。

3. 探讨适合中国证券市场的投资理念与方法，避免盲目照搬西方经验。

4. 编写形式多样化。引入典型案例、知识链接、背景资料等，增强了本书的可读性；大量的案例分析与应用训练密切联系现实，有助于学生分析问题能力与动手能力的提高，培养学生诚实守信、遵纪守法、树立正确的价值观。

本书由集美大学纪宣明教授、四川大学商学院王堃博士主编、辽宁辽东学院迟慧副教授、集美大学张玉凤副教授、安徽铜陵学院吴雄虎副教授、湖南财政经济学院投资系杨勇兵主任共同参与编写工作。具体是：第一章、第七章（吴雄虎、王堃）；第二章（王堃）、第六章（王堃、杨勇兵）；第三章、第四章（迟慧）、第五章（迟慧、张玉凤）；第八章、第九章、第十章（纪宣明）；第十一章、第十二章（张玉凤）。

在本书编写过程中，陈似海副教授在资料收集、图表处理方面做了大量的工作，中国财政经济出版社的领导和编辑也对本书的出版给予了大力支持，在此一并表示感谢。由于作者水平有限，书中难免存在瑕疵，敬请专家与读者批评指正。如对本书有疑问、建议、错漏指正以及需要课件的教师，请联系：$jrx\_jm@163.com$。

纪宣明　王堃
2021 年 5 月

目 录

第一章 证券投资概述 …………………………………………………………… (1)
 第一节 证券投资的产生与发展 ……………………………………………… (1)
 第二节 证券投资的相关概念 ………………………………………………… (4)
 第三节 证券投资学的基本内容与研究方法 ………………………………… (10)

第二章 证券投资主体 …………………………………………………………… (13)
 第一节 个人投资者 …………………………………………………………… (13)
 第二节 机构投资者 …………………………………………………………… (16)
 第三节 政府机构 ……………………………………………………………… (27)

第三章 债券 ……………………………………………………………………… (32)
 第一节 债券及其基本特点 …………………………………………………… (32)
 第二节 债券的分类 …………………………………………………………… (35)
 第三节 债券的价值分析 ……………………………………………………… (45)

第四章 股票 ……………………………………………………………………… (60)
 第一节 股份有限公司 ………………………………………………………… (60)
 第二节 股票的基本特征及其分类 …………………………………………… (62)
 第三节 股票价格指数 ………………………………………………………… (67)
 第四节 股票的价值分析 ……………………………………………………… (71)
 第五节 股票的交易方式 ……………………………………………………… (77)

第五章 基金 ……………………………………………………………………… (83)
 第一节 投资基金概述 ………………………………………………………… (83)
 第二节 投资基金的分类 ……………………………………………………… (86)
 第三节 基金的价值分析 ……………………………………………………… (92)

第六章 衍生工具 ………………………………………………………………… (103)
 第一节 金融期货 ……………………………………………………………… (103)

第二节　金融期权 …………………………………………………… (110)
　　第三节　金融互换 …………………………………………………… (114)
　　第四节　其他衍生工具 ……………………………………………… (116)

第七章　证券市场 ………………………………………………………… (126)
　　第一节　证券市场概述 ……………………………………………… (126)
　　第二节　证券市场结构与发展趋势 ………………………………… (128)
　　第三节　证券发行市场 ……………………………………………… (133)
　　第四节　证券交易市场 ……………………………………………… (143)
　　第五节　证券中介与服务 …………………………………………… (155)

第八章　证券市场监管 …………………………………………………… (162)
　　第一节　证券市场监管体制及其分类 ……………………………… (162)
　　第二节　证券发行主体的监管 ……………………………………… (170)
　　第三节　证券投资主体的监管 ……………………………………… (172)
　　第四节　证券经营机构的监管 ……………………………………… (175)
　　第五节　金融衍生工具风险管理 …………………………………… (178)

第九章　证券投资基本分析 ……………………………………………… (182)
　　第一节　证券市场信息 ……………………………………………… (182)
　　第二节　宏观经济分析 ……………………………………………… (186)
　　第三节　行业分析 …………………………………………………… (191)
　　第四节　公司分析 …………………………………………………… (195)
　　第五节　中国股市基本面分析要点 ………………………………… (201)

第十章　证券投资技术分析 ……………………………………………… (207)
　　第一节　K线与量价关系 …………………………………………… (208)
　　第二节　形态分析 …………………………………………………… (218)
　　第三节　常用技术指标 ……………………………………………… (222)
　　第四节　波浪原理 …………………………………………………… (227)
　　第五节　切线和移动平均线 ………………………………………… (230)
　　第六节　证券投资技术分析小结 …………………………………… (233)

第十一章　证券投资收益、风险及其测量 ……………………………… (238)
　　第一节　证券投资收益 ……………………………………………… (238)
　　第二节　证券投资风险的构成 ……………………………………… (244)
　　第三节　证券投资风险的度量 ……………………………………… (246)

第十二章 证券投资理论 (256)
第一节 资产组合理论 (256)
第二节 有效市场理论 (264)
第三节 资本市场理论 (268)
第四节 行为金融理论 (277)

参考文献 (286)

第一章

证券投资概述

本章导读

证券投资在当今社会已是非常普遍的现象,然而人类有记载的证券投资历史却不过400余年。作为一种投资形式,有必要先理清证券的准确含义。作为证券投资者,需要了解证券投资的环境、投资过程、投资分析和投资管理的知识。证券投资交易看似简单,但其过程却较为复杂,从证券发行到流通、从投入资金到取得收入或亏损,需要经过一系列中间环节,因而也面临诸多风险。在尚不成熟的中国证券市场,普通投资者盈利极为困难。随着我国房地产市场调控加强,证券投资(尤其是基金投资)在家庭资产中的占比逐步提高。为此,只有全面了解和学习证券投资原理、掌握基本投资技能、树立正确的投资理念与价值观,才能真正立足于市场。

本章主要学习和思考以下问题:

1. 证券的产生、种类及特征。
2. 证券投资的要素、分类、过程、特点及对社会经济的作用。
3. 证券投资与证券投机、证券投资与实业投资的区别与联系。
4. 证券投资学的研究对象与基本内容、研究发展与基本方法。

第一节 证券投资的产生与发展

一、证券的含义和产生

(一) 证券的含义

证券,是指各类记载并代表一定权利的法律凭证,用以证明持有人有权按其所持凭证记载的内容取得相应的权益或证明其曾经发生的行为。作为法律凭证的证券,基本构成要素包括持有人、标的物、标的物价值和持有人的权益。证券归谁所有?证券设定的权利对象指向什么?标的物价值几何?持有人拥有的权益有哪些?任何一种证券均应明确这四个基本问题。因此,对上述4个问题的回答就构成了证券的基本要素。

(二) 证券的产生

证券作为法律凭证的证券,其产生的历史悠久。人类社会脱离蛮荒时代,有了私有制、家庭、国家以后,就有了法律。作为法律证书的证券到底何时产生并使用,已无从考证,但最初的证券是法律诉讼时的证言证据、借据等无价证券，其主要作用是证明诉讼事件中当事人的是非曲直、有罪无罪，并非现代人所指的有价证券。

现代社会经济中的证券应从1602年荷兰的阿姆斯特丹证券交易所形成证券交易时算起，它是人类社会经济中已有的商品经济萌芽，经济信用工具被人们广泛使用和接受，作为筹资工具的债券、股票、商业汇票、本票、支票、银行汇票等价值证券大量出现，并受到国家法律完全维护的产物。从一定意义上说，这些有价证券本身即是信用经济发展的产物，也是经济信用借以实现的形式和工具。20世纪以后，随着市场经济在世界范围内的普及和深入，经济信用工具不仅有原商品经济中的货币证券和债券、股票代表的资本证券，更出现了在这些证券基础上衍生出来的衍生证券。例如，股票期货、期权合约、股指期货、期权、利率类期货期权、货币互换与远期合约等。这些经济信用工具不仅使市场经济的信用程度更为广泛，而且使各个市场经济主体的相互依赖进一步加深。

总之，作为一种受到法律完全保护的信用凭证和信用工具，证券在现代社会经济中起到了组织和实现经济信用、优化配置社会经济资源、增进社会福利的作用。

二、证券的种类

依据证券本身的特征标准，可将证券划分为不同种类。

（一）按标的内容的不同，可将证券划分为货物证券、货币证券和资本证券

货物证券，是指对定量的商品拥有所有权或索取权的凭证（例如，货运单、房产证等）；货币证券，是指对一定量的货币拥有索取权的凭证（例如，支票、汇票等）；资本证券，是指对一定量的资本拥有所有权或债权的凭证（例如，股票、债券等）。

（二）按持有人的收益不同，可将证券划分为无价证券和有价证券

无价证券，是指一种表明对某项财物或利益拥有所有权的凭证，但因政府或法律限制这类证券流通、转让，使这类证券只能起到单纯的证明作用（例如，收据、发票等）。这类证券在经济上缺乏实际的投资价值。

有价证券，是指标有票面金额，证明持有人有权按期取得一定收入并可自由转让和买卖的所有权或债权证书，它是虚拟资本的一种形式。这类证券本身并无价值，但因其代表一定量的财产权利，持有人可凭证券直接取得一定量的商品、货币或是取得利息、股息收入，可以在证券市场上买卖和流通，因而客观上具有市场交易价格。

有价证券与无价证券的最显著区别在于流通性。人们通常所说的证券即是有价证券，包括货币证券与资本证券。本书除特别说明，所述证券均指有价证券。

（三）按发行主体的不同，可将证券划分为政府证券、金融证券和公司证券

政府证券即国债券、政府债券，是指政府财政部门或其他代理机构为筹集资金，以政府名义发行的证券，包括中央政府债券和地方政府债券。

金融证券，是指银行或其他非银行金融机构为筹集经营资金而发行的债券或股票，尤以债券为主。

公司证券，是指公司企业法人为筹集资金或与此直接相关的行为而发行的股票、债券及商业票据等有价证券。

（四）按是否在交易所上市，可将证券划分为上市证券和非上市证券

上市证券又称挂牌证券，是指经证券主管机关批准，并向证券交易所注册登记，获得在交易所内公开挂牌买卖资格的证券。

非上市证券又称非挂牌证券或场外证券，是指未申请上市或不符合在证券交易所挂牌交易条件的证券。

（五）按收益率是否能够预先知道，可划分为固定收益证券和变动收益证券

固定收益证券，是指证券的收益率预先设计固定，证券投资者购买该类证券时，可预算其收益额，不因证券发行人发行证券后的经营情况、盈利状况变动而变化（例如，一般性债券和优先股股票）。

变动收益证券，是指证券的收益率预先不设计确定，证券投资者购买该证券时，无从预知和预测持有期内能否获得收益及获得收益的多少，最终收益完全取决于证券发行人同期的经营盈利情况及分配政策等多种因素的综合变化（例如，普通股股票）。

（六）按发行对象，可划分为公募证券和私募证券

公募证券，是指发行人通过中介机构，向不特定社会投资者公开发行的证券。公募发行时，发行人应具有较高的社会声誉和知名度，符合证券监管部门规定条件，并经申报批准后方可发行。

私募证券，是指发行人仅向少数特定投资者发行的证券，发行对象一般与发行人有特定的关系（例如，发行人的内部员工、与发行人有密切关系的金融机构、公司等）。私募发行人的资信情况被发行对象了解，且发行额度较小，因而不必向社会公开信息，也不必取得资信评级，发行时应备案，且不能公开上市流通。

三、有价证券的特征

（一）权益性

有价证券记载权利持有人的财产内容，代表着一定的权益。虽然证券持有人并不实际占有财产，但可以通过持有证券，拥有有关财产的权益。例如，持有债券即拥有债权和债息获取权，拥有股票即拥有所有权产生的红利和股息等。

（二）期限性

通常有价证券都有一个时间长度设置。对特定股票持有人而言，即使不设置时限的股票，因其可以在股市上流通转让，所以股票持有也不是无期限的。有价证券的期限性满足了不同投资者和筹资者对融资期限及相关收益率的不同需求，也起到了对投融资双方的权益保护作用。

（三）流动性

流动性又称变现性，是指有价证券持有人可按自己的需要灵活地换取现金。流动性是有价证券的本质特征，使其可以满足不同投资者的偏好和随时需求，投资人亦可选择适当时机锁定证券投资的收益和回报。流动性的一般形式是有价证券的承兑、贴现和买卖。

（四）风险性

风险性，是指有价证券的持有人不能预期获得收益的多寡，甚至本金也受到损失的可能。这是由未来经济环境状况的不确定性所致。在现有的社会生产条件下，对于未来经济的发展变化，有些是投资者可以预测的，而有些是无法预测的。因此，投资者难以确定持有的证券将来能否取得收益或能获得多少收益，从而使持有证券具有各种风险。一般来说，有价证券的风险收益之间存在正比关系，即风险越大收益越高，风险越低收益越小。

第二节 证券投资的相关概念

一、证券投资的含义及其要素

证券投资，是指社会各类经济主体通过购买股票、债券、基金等有价证券及其衍生品证券，获得红利、利息的投资行为和活动。从社会角度来看，证券投资不能增加社会经济中的资本总量，但因通过证券投融资对社会中货币资金重新进行了配置，使闲置资源有效转化为功能性资本，因而证券投资能够增进社会福利，使社会财富增值。

证券投资的基本要素有3个，即收益、风险和时间。任何证券投资者进行证券投资的目的都是获取收益。证券投资的收益一般来说包括期间红利收入和资本利得2个部分。投资者进行证券投资时须承担一定风险，风险与收益成正比，风险越大收益越高，风险越小收益越低。而证券投资收益和风险的产生均在一定时间跨度内，投资时间的长短与收益和风险之间并不必然相关。

二、证券投资分类

（一）直接投资与间接投资的分类

投资者在证券市场上直接进行股票和债券的投资时，投资者把资金直接借贷给证券发行人，投资者和融资人间建立起直接的所有权或债权关系，所以通常称之为直接投资（又称直接融资）。投资者通过购买基金、各种理财产品或储蓄把资金信托给基金公司、银行等法人主体代为投资，投资者与资金的最终借贷者间并未建立直接的法律关系，所以通常把这种证券投资称为间接投资。

（二）短期投资、中期投资与长期投资

根据投资周期的长短，证券投资可划分为短期投资、中期投资和长期投资。一般来说，投资周期在1年以下的为短期投资，投资周期在1年以上的为长期投资。严格意义上说，1—5年或1—7年的为中期投资，5年或7年以上的才是真正意义上的长期投资。长短期投资的划分并无绝对标准，因人而异，且长短期投资间可以相互转换。一般来说，长期投资比短期投资风险更高，但收益水平可能也更高。

（三）固定收益证券投资与非固定收益证券投资

根据投资收益是否预知和固定，可将证券投资划分为固定收益证券投资与非固定收益证券投资。固定收益证券投资，是指投资者购买证券时，证券的收益额或收益率是预知的，并且确定了收益支付时间的投资（例如，债券投资）。非固定收益证券投资，是指投资者购买证券时，其收益额或收益率均无约定，收益支付期也不可知的投资。投资者投资该类证券时，可能获得较高收益，也可能亏损（例如，普通股股票投资）。

三、证券投资的过程

对于投资者来说，证券投资与证券市场永远是风险与收益并存的。如何进行充分的投资

准备，理性的投资决策，采取有效的投资管理是证券投资成败的关键。

（一）投资准备阶段

进行证券投资前，必须做好充分的投资准备，包括投资政策和目标的确定、投资资金准备、投资知识学习和心理准备。投资政策和目标的确定是进行证券投资首先要面对的问题。不管是机构投资者还是个人投资者，首先应该确定证券投资时想要达到的总体要求是什么，有多大风险承受能力，在资金的流动性及收益性方面最好保持何种状况，否则极易导致投资决策进退失据。

投资资金准备是证券投资的前提和基础。一般来说，投资者的资金来源可划分为自有资金和借入资金2个部分。自有资金来自于已有的积累。投资者可根据事先计划，在满足消费需要及必要的不时之需后，将闲置资金用于投资。在证券市场投资情景有利时，投资者还可考虑是否借入外来资金进行投资。如果确定借入，则需要进一步考虑借款额度、借款途径及未来的还款计划和借入资金成本等问题。对于中小投资者而言，借贷资金投资或利用融资、民间配资炒股存在极大的风险，应戒除。

投资知识学习是证券投资者必做的功课。储备一定的投资知识尤其对于初次进入证券投资领域的投资者来说十分重要，可以减少投资的盲目性。同时，投资心理准备也十分重要。证券市场变化莫测，风险与收益并存，只有做好心理准备方能在市场风险中保持平常心，从精神上不被失利击垮。

（二）投资分析决策阶段

在进行了充分的各项投资准备后，投资者对自身的境况有了较为明晰的认识，下一步就要解决"怎样进行证券投资"了。怎样进行证券投资的核心问题实质上有2个问题，即"买什么"和"何时买何时卖"。"买什么"的问题实际上包含了投资者如何看待某一种证券或某一类证券的价值，这些证券的价值是以什么方法确定的；为使整体投资的收益最大化与风险最小化，是否应该多买几种不同类的证券以达成计划的投资目标等相关问题。"何时买何时卖"的问题实际上是投资者如何面对变化不定的市场，及时调整自己的投资对象以锁定利润和风险，实现制订的投资政策和目标。

1. 投资市场分析与投资对象分析

投资者进行证券投资必须解决"买什么""何时买何时卖"的2个核心问题。首先，必须对证券市场的现状及决定市场现状的客观经济投资环境进行分析，以辨明市场大趋势及对个别证券的价值影响；其次，必须分析拟投资证券的价值所在，运用已有的各种分析方法、技巧和工具，对拟投资证券价值进行深入剖析，以期掌握其价值变动规律，价格变化周期，变化方向及拐点，从而正确抉择"买什么""何时买何时卖"。

2. 构建投资组合

构建投资组合，是指投资者为实现既定的投资政策与目标，通过证券买入和持有的多样化，使少量证券可能造成的不利影响最小化（分散与降低风险）。构建投资组合的目的是实现同等风险水平上的收益最大化和同等收益水平上风险最小化。

构建投资组合，首先取决于投资人的投资政策和风险偏好。对保守型风险厌恶型投资者而言，最佳的投资组合是固定收益型证券的各种搭配；对高风险偏好的投资者而言，首选的投资组合是各种高风险衍生证券和较高风险的股票组合搭配。

构建投资组合，还取决于投资管理人的管理能力及其限制。乐观积极的管理人总是寻找市场的缺陷与不足，积极抉择，不断调整证券投资组合，以期跑赢和战胜市场，获取超额收益；稳健保守的投资管理者则会顺应市场，在投资组合构建后稳定不动，以不变应万变，以期获得平均的市场回报。

（三）投资管理阶段

证券市场的变化莫测决定了投资者必须对自己的投资进行持续的管理，方能最终达到计划的投资目标和政策。进行投资管理一般包括2个部分：一是进行适时的投资绩效评价，二是进行证券投资组合修正。投资组合的绩效评价，是指将自己的投资组合收益与风险同市场基准收益与风险进行比较，从而寻找到差距和不足，为修正投资组合提供依据。投资组合修正，是指在投资绩效评价找出的差距和不足基础上，根据证券投资分析，卖出现有组合中的一些证券，同时买进其他证券构成新的证券组合，以期达到投资者的期望目标和投资策略。

证券投资的实际过程是上述3个阶段和步骤的不断循环往复，只不过每经历一次循环后，证券投资者的认识都会得到相应提高和深化。投资者必须不断学习，以适应不断变化的证券市场。

四、证券投资的特点

（一）证券投资的一般特点

证券投资，既具有投资的一般特征，即都经历资金投入、资本增值、资金回收的3个阶段，又具有自身的一些特点，表现在以下4个方面。

1. 高收益性

证券投资收益一般来源于2个方面：一是资本利息，即股息、红利或利息收入；二是资本增值，即上市证券的买卖价差，但这是很不确定的。通常证券投资的高收益性主要体现在资本增值上。有时资本增值率可高达几倍、几十倍。正是这一点使投资者狂热追求证券，也使证券投资具有投资与投机的双重魅力。

2. 高风险性

证券投资的高收益必然伴随着高风险，因为风险与收益是相对应的。证券投资的高风险来源于系统性风险和非系统性风险2个方面。系统性风险，是指国际政治、经济、社会等因素对证券市场价格及定位的影响，极可能使投资者的证券投资价值下跌，本金亏损。非系统性风险，是指个别证券背后的实体经济因经营无方、财务破产而使其市价下跌甚至摘牌，导致投资者亏损。

3. 无严格的投资资格和额度限制

实体经济的投资项目往往有投资人资质和行业准入的限制条件，且投资时均须有一定金额的投资额度要求。相比之下，证券投资准入门槛和金额限制相对宽松。只要有一定的资金来源和投资决策权，能够承担投资风险和收益的法人和自然人均可进行证券投资。因而，证券投资吸引了最广泛的社会投资者。在我国，证券投资者的登记开户数量已超过1.6亿户。

4. 实行信息公开披露制度

证券市场上的参与各方，除自然人小额投资外，在证券的发行、交易、持有各个环节上均须持续进行各种信息的公开披露制度，以保证证券市场的公开、公平和公正，维护投资者利益。这一点明显区别于实业投资项目。

（二）现代证券投资的特点

证券投资具有以下 5 个特点：一是证券投资机构化。西方成熟的证券市场，投资基金、退休养老基金、保险基金、信托基金等机构投资者投资占市场 60% 以上的份额，机构集中投资、专家理财优势明显。我国证券市场尚处于发展期，机构队伍急需壮大；二是证券投资工具多样化。除了传统金融工具（例如，债券、股票）外，衍生金融工具（例如，期货、期权、互换交易等新型投资工具）陆续出现；三是证券投资工具电子化。电子信息技术与互联网为投资交易提供了快速服务平台，投资者投资方式日趋多元化；四是证券投资国际化。全球证券市场的联系日益紧密，投资者投资领域得以扩展；五是金融活动证券化。20世纪 80 年代以来金融市场证券化趋势凸显，银行参与证券业及银行资产证券化，且杠杆收购兼并活动也呈现证券化特征。

五、证券投资对社会经济的功能和作用

证券投资在西方发达经济体制下得到了长足的发展，目前已成为最基本、最普遍的投资形式。在我国，证券投资市场也已成为市场建设的重要组成部分，证券投资活动经过 30 多年的发展。目前，证券投资活动已成为我国社会经济活动中的一个重要领域，对社会经济发展的功能和作用愈益凸显。

（一）资本集聚功能

现代经济社会中，任何单个经济主体（例如，企业、机构、政府）要想短期内筹集巨额资本用于发展事业，仅仅依靠自身的积累几乎是不可能的，而利用证券市场发行各类证券，则可轻易获得巨额社会资金，满足事业发展需要。在证券市场上大规模发行有价证券的前提是这一市场上存在着大量的证券投资者。也就是说，证券投资行为和活动的大众化和普遍化。没有大众化、普遍化的证券投资活动，企业、机构和政府的筹资活动就不可能完成和实现。因而，证券投资活动在客观上起着社会资本重新分配和聚集的作用，也促进社会各项事业的发展。

（二）资本的优化配置功能

通过证券投资活动，不仅可以实现资本的聚集，还可引导资本的优化配置。由于证券市场的公开竞争性，众多证券投资者公开竞价，使得市场的相关信息被充分分析和挖掘，证券市场上的各类证券产品定价也就较客观地反映了其背后的实体经济和发行人的经营财务状况、未来前途及其变化等。而投资者的逐利本性又促使其追求优质优价的证券。淘汰劣质低价的证券。这样的循环促使社会资本向优势产业和企业流入，劣质低价证券代表的行业和企业将会被淘汰，从而促进了整个社会经济的产业结构升级和资本的优化配置。

（三）风险管理的功能

社会产业资本的实体单位通过发行证券，集聚和利用社会闲置资金，引导了资本的配置与再配置，同时也将产业投资的收益和风险进行相应的转移分散配置。证券投资者购买证券进行投资，一方面，能享受产业投资实体的收益；另一方面，也必须承担可能存在的各种风险。当然，证券投资者也可以利用各种衍生证券产品对自己的证券投资进行管理（例如，期货、期权等），使投资风险锁定或固化。但无论如何，作为投资者整体，其承担的风险是客观存在的，从整个社会经济的角度考虑，这种实体经济领域的收益和风险向证券投资领域的转移和分散有助于社会经济运行的稳定，管理整个社会经济的运行风险。

(四) 宏观调控功能

证券市场的运行状况在一定程度上代表了一个经济体的经济运行状况，尤其是这个市场是有效市场时，人们习惯将证券市场视为一个经济体的"晴雨表"。国家可以通过考察或调控干预证券市场的状况，实现其管理经济的宏观目标和政策。当市场出现投资过热、货币供应量过多、通胀情况严重时，中央银行可以通过卖出有价证券达到回笼货币、减少货币供应、紧缩投资、稳定物价的经济目标。反之，中央银行可以通过买进有价证券实现其增加货币供应量、刺激投资、刺激经济增长的经济目标。其政府的证券监管机构还可通过行政措施调节证券市场的证券发行规模、发行节奏和发行方向，引导社会产业结构的转型和升级。

六、证券投资与投机

投资与投机是一对"孪生兄弟"。以现代社会的经济标准衡量，投机实际上就是一种投资，是一种承担特殊风险获得特殊收益的行为，是一种特殊的投资形式。俗话说"一项良好的投资就是一次成功的投机"，也揭示了投资与投机间的关系。

证券投资或投机活动，都是通过证券市场实现的。两者极难明确区分，若要硬性区别两者，大致可从以下几点观察。

（1）风险偏好不同。投资者一般厌恶风险，希望所购买的证券收益稳定，风险较小；投机者希望证券价格暴涨暴跌，属于风险偏好者。

（2）行为期限长短不同。投资者着眼于长远，买入证券后往往长期持有；投机者热衷于价格涨跌形成的价差，往往频繁交易和周转。

（3）交易方式有异。投资者一般多从事现货交易，有多少钱办多少事；投机者往往利用交易杠杆，以小博大，买空卖空。

（4）分析方法和思路不同。投资者注重对证券的内在价值及发展前景的分析，喜好基本分析法和组合投资；投机者注重对市场现象及走势的预测，关心价格波动，喜好技术分析法。

尽管证券投资者和投机者存在诸多差异，在现实中却很难把两者区分开来，并且在特定的情况下，投资者与投机者的角色会相互转换。例如，长期投资者购买证券后，若证券市场突变，出现某种证券价格持续上涨和自己持有的证券价格下跌，便会抛售手上证券，转而购买价格仍在上涨的证券，重新选择资金利用方式，以求更多的差价收益或避免更大的损失。这时，投资者就变为投机者。相反，投机者购买证券后，若无好的售卖价格和时机，也可能继续持有证券，成为长期投资者。

证券投机具有以下3个积极的方面：一是具有平衡价格的作用；二是有助于提高证券交易的流动性；三是有利于分担价格波动的风险。

总之，投资是一门科学，投机是一门技术。从经济学角度看，投机是投资的同义反复。投机和投资在市场中的共同存在和作用，才能形成市场的均衡价格和平均利润。

案例分析

中国石油上市14年套牢百万投资者

2007年11月5日，中国石油天然气集团有限公司（简称中国石油）以48.6元的开盘价高调上市，吸引了全世界投资者的目光。但不知是巧合抑或是必然，中国石油也一举成为当年中国大牛市行情的终结者。如今，14年过去了，中国石油股价跌幅达85%，累计市值蒸发约6.4万亿元，排名A股首位；沪综指数同样也再没有重返这一历史最高点位。14年时间里，至少200万户投资者与中国石油结下"孽缘"，而这些投资者户均损失市值近300万元。目前，还有70%中国石油的投资者仍然深套其中。对于这些投资者来说，假设股价相对稳定，想靠分红收回本金，至少需要等待100年！

问题：

1. 中国石油的股票是什么性质的证券，为何跌幅如此巨大？
2. 中国石油跌幅巨大，是否已经具备了投资价值？

七、证券投资与实业投资

证券投资与实业投资是两类不同性质的投资，两者是按投资对象存在形式及运用的不同标准而划分的。两者既有明显的区别，又存在较多的联系。

（一）证券投资与实业投资的区别

1. 投资对象不同

证券投资的对象是有价证券，关注的是证券价格的涨跌及其对投资收益的影响；实业投资的对象是具体的生产建设经营活动，是货币向有形资本的转化，也就是形成物质资产的投资。实业家虽然也会关心证券价格的涨跌，却绝不会因证券价格波动而放弃自身的生产经营活动。

2. 投资活动内容不同

证券投资活动主要是搜集各个方面可能影响市场行情的信息，对企业的生产经营状况和发展动向、市场景气度、宏观经济发展趋势、宏观经济政策走向进行分析、研究，从而判断证券本身的投资价值和投资时机；实业投资的活动内容则远比证券投资的活动内容复杂。

3. 投资制约因素各异

证券投资活动有着较强的独立性，投资者可以独立地依据自己资金实力和市场行情行动，自行决定诸如是否投资、投资数额、投资何种证券以及何时投资等问题，较少受到其他客观条件限制。而实业投资则不然。实业投资者不仅要受到资金实力和市场需求状况的限制，还要受到诸如投资环境、行业壁垒、专业知识、经营能力、人员素质、协作分工等多个方面因素的制约。这就决定了进入实业投资领域远比进入证券市场投资困难得多。

（二）证券投资与实业投资的联系

（1）证券投资与实业投资相互影响、相互制约。一方面，全社会的实业投资从根本上决定了证券投资，实业投资的规模及其对资本的需要量直接决定了证券的发行量，实业投资收益的高低决定着证券投资收益率的高低；另一方面，证券投资也制约和影响着实业投资。全社会证券投资数量的多少影响着实业投资的资金供给，若其他条件不变，证券投资规模扩大即意味着实业投资资金来源与供给的扩大，从而促进实体经济规模总量的扩大和全社会总产出的增加。

（2）证券投资与实业投资可以相互转化。企业家发行证券的目的是筹集从事实业投资所需要的资金。证券投资者购买证券的目的是获得收益。两者看似目的各异，互不相关，但在一定条件下可以转化。若证券投资者通过购买企业证券相对控股企业，并入主企业董事会，从事经营管理，则此时的证券投资者就变成了实业投资人。同样，若原实业投资人的企业家通过将其企业股份资产证券化，并逐渐卖出所持股份，不再拥有控股份额证券，这时的实业投资人就蜕变成为证券投资者。

第三节 证券投资学的基本内容与研究方法

一、证券投资学的研究对象及其基本内容

证券投资学，是指以研究证券投资活动过程中的投资环境、投资方法和理论以及投资管理及其发展演变规律为对象的应用性学科。其研究的主要内容包括以下几个方面。

（1）证券及其所代表的资产在经济社会中存在和发展的必要性与必然性，各种证券产生及其对社会经济活动的作用，人们对其认识及其应用的领域。

（2）证券投资活动中人们对其知识的总结和归纳，伴随投资活动而产生的时间、收益和风险的关系。

（3）证券投资活动对宏观经济环境的依赖和制约，证券市场及市场建设中制定的各种制度，这些制度的科学性及其演变规则等。

（4）证券投资决策中人们使用的各种决策方法及其理论依据，证券投资分析涉及的各种方法和流派。

（5）证券投资管理应掌握的各种基本知识和应用理论，人们已使用的投资管理方法、社会对证券投资的监管等。

二、证券投资学的研究发展及研究方法

证券投资学是一门较为年轻的学科，其成文的历史不过百年，但自20世纪50年代以来取得的声誉卓著的理论成就迅速改变了它在经济学领域的地位。从资产组合理论、资本资产定价模型到套利定价模型、有效市场理论和行为金融理论，从期限结构理论到股票估值模型和期权定价模型，还有资本结构理论与金融市场微观结构理论，进而再到金融工程科学的形成，这些为数众多的理论创新与发展不仅使证券投资学成为经济学中最富有科学性的课程，同时也为经济学的理论发展作出了杰出贡献。以至于人们在谈及经济学问题时，常常会用到投资学的一些理论和方法。投资学领域里的一批杰出学者先后获得诺贝尔经济学奖（例如，马科维兹、夏普、托宾、莫迪利亚尼、米勒、斯科尔斯和莫顿等）。他们的研究成果奠定了投资学在经济学学科的地位。

证券投资学的研究方法大致可划分为以下3种。

（1）定性的研究方法。这类方法的核心是总结人们投资过程中的各种现象和认知，升华提炼成

一般共识，符合逻辑与抽象共性，进行比较比对，并运用语言文字、图标等工具表述表达出来。

（2）定量的研究方法。这类研究方法的核心是通过假设前提与条件，舍弃无关紧要的因素，搜索大量的数据信息，运用数学模型并进行实证分析和验证，从而揭示证券投资规律。从马科维兹的均值方差模型、威廉·夏普的资本资产定价模型、斯蒂芬·罗斯的套利定价模型，到布莱克和斯科尔斯的期权定价模型等，这些现代证券投资学的重要研究成果无一例外地出自该研究方法。上述模型均大量运用了基础的数学工具（例如，坐标、图例、表格等）和高等数学工具。

（3）定性与定量研究的交叉融合及与具体市场实践结合的方法。这类方法实质上是上述2类研究方法的综合运用，且研究者须立足于某一具体投资市场实践，将前人已有的研究成果和理论共识应用于市场实践，再去有所发现和发明。不仅在证券投资学领域，在现代许多学科领域里，这种交叉融合的研究方法同样催生出许多边缘学科和新的科学方法，是现代科研中一种最常用的研究方法。

本章小结及要点

内容摘要：本章讲述证券和证券投资的基础知识以及证券投资学课程所要研究的内容，包括证券的含义、产生和类型，有价证券的特征，证券投资的含义及其要素，证券投资分类，证券投资的过程，证券投资的特点，证券投资对社会经济的作用，证券投资学的研究发展及研究方法等。

1. 证券，是指各类记载并代表了一定权利的法律凭证。它用以证明持有人有权按其所持凭证记载的内容取得相应的权益或证明其曾经发生过的行为。

2. 证券投资，是指投资者购买有价证券并在持有期间获得与其所承担风险相对称的收益。证券投资属于直接金融投资。证券投资以实物投资为基础，但又为实物投资拓展了资金来源，提高了资金利用效率并能够引导社会资源优化配置。

3. 证券投资的过程包括3个阶段，即投资准备阶段、投资分析决策阶段和投资管理阶段。

4. 证券投资的特点包括高收益性、高风险性、无严格的投资资格和额度限制和实行信息公开披露制度。

5. 证券投资对社会经济起到资本集聚、资本的优化配置、风险管理、宏观经济调控的作用。

6. 证券投资学是以研究证券投资活动过程中的投资环境、投资方法和理论以及投资管理及其发展演变规律为对象的应用性学科。

思考题与应用训练

1. 证券有哪些构成要素，其特征有哪些？
2. 一般来说，证券投资过程有几个阶段，分别有什么特点？
3. 不少人认为，证券市场应该坚决打击、取缔投机行为，你怎么看？
4. 做一个自我评价，判断自己是哪一类型投资者。
5. 楼市投资与股市投资的区别与联系是什么？

6. 2019—2020 年，以贵州茅台为首的白酒股涨幅巨大，有人称之为"打着价值投资的旗号进行价值投机"，你怎么看？

7. "喝酒吃药"是我国股市特有的现象，国药股、国酒股为何长期受到投资者的青睐？

8. 老股民经常告诫新股民："当你学会割肉了，你就成熟了""投资先别想着赚钱，而是先想清楚亏了怎么办？"用心领悟其中的道理，并培养正确的投资观念与健康的投资心态。

9. 实地参观一家证券营业部并与老股民交流证券投资心得。

案例分析

短线之王迈克尔·斯坦哈特：我总是见好就收[①]

驰骋华尔街 30 年，迈克尔·斯坦哈特从寂寂无名的投资人成功蜕变为全球金融巨头，被尊称为"全球避险基金教父""世界级短线之王"。1967—1995 年，旗下对冲基金年均收益几近 27%，斯坦哈特也因此变身亿万富豪，并成为对冲基金行业规则奠基人之一，早在 1993 年，他就已登上福布斯富豪榜 400 强。而他赖以成名的武器就是短线交易、卖空和杠杆。斯坦哈特评价自己说，"如果只做长线交易，我不可能取得这样的成功。我总是见好就收。"

斯坦哈特的真正发迹是在 1967 年。那时的美国，经济正在腾飞，斯坦哈特将那个年代称为"一个抢钱的时代"。当时，斯坦哈特与 2 名合伙人共同筹资 770 万美元创立了一家对冲基金公司，首年便获利 31%，次年获利更是高达 99%，而同期标准普尔指数仅仅上升 6.5%和 9.3%。在此后的 20 年间，斯坦哈特凭借出色的投资技巧，让投资者获得了超过 100 倍的回报。

与崇尚长期"价值投资"的巴菲特不同，斯坦哈特并不迷信长线投资。他立足于短线，认为所谓的长期投资的收益是比较虚无的，而 10%、15%的收益积累起来要比囤积股票来日待涨要可靠得多。"对我来讲，参与市场只是想获取正确决策的满足感，从投入到成功的时间越短，满足感越强。"斯坦哈特曾这样表达他对短线投资的热情。短线操作为他带来成就感的同时，也创造了巨大的投资回报。最经典的一役当属投资 IBM。1983 年，他利用借来的 1 亿美元以 117 美元/股的价格购买了 80 万股 IBM 的股票，在股价涨至 132 美元股时获利了结。同时，在该价位做空，股价下跌到 120 美元/股时平仓。就这样，在大多数投资者一直持有 IBM 的股票等待升值的期间，斯坦哈特已经赚到了上千万美元。

通过短线搏击来累积收益，杠杆就是斯坦哈特运用的一项重要武器，尤其是在债券市场。1981 年，斯坦哈特确信美联储将下调利率，中期国债将有大的涨势。于是，斯坦哈特以 5000 万美元现金为保证金，放杠杆购买了价值 2.5 亿美元的 5 年期美国国债，等待利率下调。最终，这笔交易赚了 4000 万美元。实际上，他仅用 5000 万美元就赚了 4000 万美元。

在斯坦哈特看来，这种短线投资的成功并非完全赌运气，也需要建立在长期积累的基础上。曾有人问斯坦哈特的成功秘诀是什么？他回答："勇气比知识更重要，时机比方向更重要。"

问题：

1. 你认为促成迈克尔·斯坦哈特投资成功的因素主要有哪些？

2. 如何辩证看待投资和投机的关系？

[①] 作者根据相关资料整理。

第二章

证券投资主体

本章导读

个人投资者、机构投资者（例如，企业、投资银行、保险公司、社会保障机构，商业银行、基金公司、财务公司、信托投资公司等）、政府机构（例如，财政部、中央银行）是证券投资的三大主体；股票、债券、基金、金融衍生工具则构成证券投资的客体（投资对象）。证券投资主体参与市场投资的目的、动机各不相同，机构投资者行为、政府机构的业务活动以及相关政策，均会对证券市场产生较大的影响。规范机构投资者行为有助于市场的健康平稳发展。培养个人投资者正确的投资理念与价值观、减少非理性行为，有利于降低市场的短期异常波动及羊群效应。

本章主要学习和思考以下问题：

1. 个人投资者的投资目的及其影响因素，我国居民金融资产分布与个人证券投资的基本状况。

2. 机构投资者即投资基金、社保基金、保险基金、外国机构投资者（QFII）、企业、商业银行与投资银行，其投资行为及业务活动主要涉及哪些方面？这是影响证券市场波动的微观因素。

3. 财政部和中央银行作为政府机构，其业务活动及其对证券市场的影响。

第一节 个人投资者

居民个人作为证券投资者是证券投资主体的重要组成部分，是证券市场资金的主要供给者。由于个人投资者在投资规模、投资水平等方面与机构投资者存在差异，因而个人投资者在投资目的、投资行为特点等方面都不同于机构投资者。同时，居民投资需求的差异性和变化促进了证券市场的创新。

一、个人证券投资

（一）个人证券投资的目的

1. 本金安全、资本增值与收入稳定

本金安全是个人证券投资的基本要求。在此基础上，才能取得收入和增值。要保证本金的安全，一般应购买具有较大安全性、流动性和价格稳定的证券。

资本增值是大多数投资者从事证券投资的目的。实现资本增值的主要方法有2种：①将投资所得再投资，使资本增加；②投资于成长型股票，通过股价的增长实现资本的增加。后者风险无疑较大。但无论哪种方法，都难以在短期内实现资本增值，投资者应作长期投资准备。

就多数人而言，收入稳定比资本增值更具吸引力。特别是低收入者需要以证券投资收入补充其收入来源的不足，应付日常的各种必要开支，因而更关心当前收入的稳定性。一般而言，稳定的收入主要来源于质量较高的债券和公用事业类股票。

2. 合理避税与通货膨胀抵补

我国现行个人所得税制度对实业投资收入和储蓄所得征税，但对大部分证券投资所得不征税，所以证券投资成为合理避税的场所之一。未来，我国将逐步与国际接轨，对证券投资的资本利得征收较低的税。高收入者可采取多种避税措施（例如，长期持有股票、购买免税债券等）。

通货膨胀将导致货币购买力下降，所以长期投资者会设法抵补通胀带来的损失。与储蓄相比，西方成熟市场普通股的投资收益能较好地弥补通胀损失，所以通胀抵补成为西方国家个人证券投资的目的之一。在我国，上市公司的盈利能力有限并且分红比例较低，投资普通股难以获得通胀抵补。

3. 分散投资与优化投资组合

分散投资，实现投资的最优组合，已成为现代投资的基本理念。投资组合的构成中既应包括实物投资，亦应包括金融资产投资。金融资产投资中又应包括储蓄、保险和有价证券投资。由此，构成多样化的资产组合。

除上述目的外，个人证券投资还有其他原因（例如，维持流动性、参与决策管理等）。

（二）影响个人证券投资的因素

1. 个人因素

影响个人证券投资的最主要因素是其可支配的收入及负担状况。个人收入在满足生活必须及预防不备之后，才会考虑投资。可自由支配的货币收入水平不仅决定了个人从事证券投资的能力，而且影响着个人进行证券投资的动机和心态。

年龄的大小对一个人的储蓄和投资有很大的影响。根据生命周期理论，一个人的消费不仅与他的即期收入有关，还与他的预期收入相关。对年轻人而言，由于其预期收入的不断增长性，他可能会更注重投资的资本增值；相反，年龄较大的人出于对未来的考虑，可能更注重本金的安全和收入的稳定。

个人收入的多寡与个人的教育程度存在正相关关系，受过高等教育的个人更偏好证券投资。此外，个人证券投资与个人的性格、风险偏好等因素有关。

2. 证券市场状况

个人因素只决定证券投资的需求，而证券投资的供给和流通则取决于证券市场。如果证券市场规模较大且结构合理，证券供应充足、证券种类繁多，则个人证券投资相对活跃。例如，美国的证券市场较为完善，美国的个人证券投资已成为其经济的重要支柱之一；相反，在日本以间接金融为主的金融体制中，金融信贷优于证券投资，所以日本个人证券投资占收入的平均比例不超过20%。我国证券市场长期重融资、轻投资，证券供给大于需求，投资回报率较低，投资者信心不足，导致市场长期不振。

二、我国居民金融资产分布与个人证券投资现状

(一) 我国居民收入与金融资产结构情况

(1) 收入增长与收入分配格局的变化。近年来，随着我国经济的蓬勃发展，城乡居民收入稳定增加。2019年，我国居民人均可支配收入为30733元，是改革开放之初（1978年）的95倍。城乡居民人民币储蓄存款年末余额从1985年的0.16万亿元到2006年的16.16万亿元，再到2019年的82.14万亿元。但我国收入分配结构仍然存在一些问题，主要表现在劳动报酬占初次分配的比重偏低，居民内部收入差距较大等方面。1979—2019年，我国城镇居民收入年平均增速为12.3%，农村居民收入年平均增速为11.6%，多数年份低于同期财政收入平均增速，也低于人均GDP实际增长率。我国城乡之间、地区之间、行业之间、不同群体之间的收入差距持续扩大，基尼系数持续攀升。

(2) 近年来，我国居民金融资产总量急剧增加，但人均水平仍然较低。在居民收入增加的同时，我国居民金融资产总量急剧增加。1984年，我国城市居民户均金融资产仅为0.13万元。1996年，这一数据为3.2万元。2012年末，达到12.2万元。2019年，达到65万元。年均增长率在20%以上，远高于GDP和居民收入的平均增速。但从人均水平来看，我国住户部门的金融资产规模仍处于较低水平。按期末汇率折算，2019年末，我国居民人均金融资产仅为2.04万美元，而美国和日本的人均金融资产金额分别为21万美元和18万美元。

(3) 我国居民家庭金融资产结构已现多元化格局，但储蓄存款仍居主导地位。第一，居民家庭的金融资产由原来单一的银行资产向多元化方向发展。第二，从居民家庭金融资产的各组成部分来看，各项金融资产存量绝对额都在增加，但各项资产在总资产中的比重变化不一，现金资产在总金融资产中的比重下降较大。储蓄存款占比近年趋于下降，但仍然是我国居民资产配置的主要部分；国债占比呈下降态势、股票比重总体呈上升态势，但年度间波动幅度较大，证券资产占金融资产比重为15%左右，近年变化不大；保险准备金资产所占比重逐渐升高。

(二) 我国个人证券投资的基本状况

根据深圳证券交易所发布的《2019年个人投资者状况调查报告》，我国中小投资者基本情况如下。

(1) 个人投资者的整体受教育程度持续上升，创业板投资者受教育程度更高。2019年，个人投资者的整体受教育程度继续呈上升趋势，受访者中大学本科或以上学历占比由2012年的71%升至2019年的76%。

(2) 投资者对股票的投资信心和交易活跃度都有所提升。主要表现在以下3个方面：①个人投资者在证券市场的入市资金有所上升。受访者2019年的平均账户资产量为54.7万元，相比2012年的38.1万元有较明显上升，证券账户资产量在50万元以下的中小投资者占比为75.1%；②个人投资者股票投资资产占比小幅上升。受访者2019年股票投资占家庭总投资额的比例为27.3%，相比2012年的股票投资比例（26.6%）有小幅提升；③非创业板投资者的总体交易活跃度略有上升。受访者2019年的总体交易频率平均为6.7次/月，而2012年为5次/月。

(3) 投资者的资产组合更为多元化，基金渗透率升幅较快。2019年，投资者的资产组合更为多元化，受访者平均每人持有的金融产品数量为4.39种，比2012年的4.21种有一定

增加。除银行理财产品、贵金属、外汇产品之外,各类型投资产品的渗透率均有不同程度的提高。其中,公募基金的投资者占比增加明显,从2012年的27.3.%增至2020年的近37%。

(4) 投资者获取投资信息的渠道利用率有所提高,上市公司基本面分析逐渐受到投资者的重视。总体来看,受访者获取投资信息的渠道利用率较2012年有所增加,从平均3种增至3.13种,排名前3位的渠道分别为:①依据股票价格走势、成交量变化等技术指标分析的渠道利用率为62%;②网络类媒体(例如,股吧、论坛、微博等)的渠道利用率为45%;③上市公司招股书、定期报告、临时公告等信息"披露"的渠道利用率为39%。

(5) 券商经纪业务竞争持续升温,佣金价格战有所缓解,券商对投资者的服务力度不断加强。

(6) 个人投资者普遍认为融资融券交易风险较大,大多数个人投资者持谨慎心态参与交易。在参与过融资融券交易的投资者中,76%的受访者认为融资融券交易风险较大,比进行股票买卖时"需要更加谨慎"。

(7) 投资者对股东大会全面网络投票持有较为积极的态度,但存在部分投资者担忧投票起不到作用。受访者参与网络投票的积极性较高,若股东大会实施全面网络投票,61%的受访者表示"会根据提案的重要性,选择性地参加网络投票",32%的受访者表示"会积极参加,尽量保证每次股东大会都网络投票"。

(8) 九成受访者认为新《中华人民共和国证券法》在加强中小投资者保护方面亮点纷呈。其中,受访者最期待落地生效的制度安排依次是:建立中国特色的证券集体诉讼制度、显著提高证券违法违规成本、完善上市公司现金分红制度。受访者高度关注提升上市公司质量。其中,最受期待的改革举措依次是:严厉打击说假话、做假账;完善分行业信息披露,增强信息披露有效性;完善退出机制,促进僵尸企业出清。

(9) 网络银行、第三方支付平台及网络理财等互联网金融产品渗透率持续加强,投资者对规范P2P网贷行业有强烈期待。调查显示,第三方支付平台、网络理财、网络银行是投资者认知度和投资者使用普及率最高的互联网金融产品。对于互联网金融风险,有40%的投资者最担心的仍是网络信息安全风险,23%的受访者担心虚假信息欺诈风险。

第二节 机构投资者

机构投资者,是指运用自有资金或通过各种金融工具筹集资金进行投资管理的金融机构,当前主要以投资基金、社保基金、保险基金、QFII为主体。机构投资者是证券市场的重要参与者,也是证券市场有效运行的基础保证。机构投资者的健康有序发展有利于证券市场的长远发展。这是由于机构投资者往往拥有庞大的可支配资金,具有较强的专业分析能力和信息搜集能力,能够较有效地实现证券市场信息的传递和处理及利用,从而保证证券市场运行的有效性和证券价格的合理性。另外,机构投资者往往持有较大数量的证券,面临较高的退出成本,这往往促使机构投资者介入企业治理,既有助于提高上市公司的质量,又有利于证券市场的长远发展。中国的证券市场机构投资者的健康有序发展,将有利于中国证券市场的理性回归和规范发展。

与个人投资者相比，机构投资者拥有资金、信息、人力资源等方面的优势。市场中各类投资信息、各种投资组合方案、投资风险及分散风险的措施、投资运行中的相关技术等均由专业人士收集、设计、测试、管理、配置、调整，所以能产生较高的投资收益和资产配置效率。不同资金来源、资产性质、债务特点、委托要求等方面都存在差异，因此其投资行为和偏好也存在明显的差别。例如，社保基金以安全性为首要目标，偏股型基金与偏债型基金风险偏好与操作风格也不相同。目前，我国机构投资者持有已上市A股流通市值的占比为75%，而2007年这一数据仅为49%。

一、企业

企业作为证券市场的微观主体，不仅是证券市场资金的主要需求者，也是证券市场投资的主要参与者。企业融资的活动创造了投资工具，而企业投资扩大了社会资金规模。

（一）企业投融资

企业投融资包括投资和融资。证券市场的发展使企业投融资方式多样化，既可以进行证券投资，又可以进行实物投资；既可以向银行借款，又可以发行有价证券融资。

1. 证券投资有利于企业闲置资金的有效利用

如果将闲置资金存于银行，则收益较低；如果将闲置资金投资于有价证券，将使企业的资金实现流动性和收益性的最优组合。

2. 证券投融资有利于企业实现规模化和多元化经营

企业可通过证券投融资实现并购、控股，扩大规模或开拓新的经营领域，实现多元化经营。

3. 证券融资有利于企业资本结构的优化

证券融资可以从以下3个方面优化资本结构：①由股本和长期债务资本组成的企业价值最大；②企业的全部资金成本最低；③企业融资风险分散。企业通过包括证券融资在内的各种融资方式的组合，才能拓宽资金来源渠道，降低融资风险，实现资本结构的优化。

（二）企业并购

1. 企业并购的基本含义

企业并购，是指企业的兼并和收购。企业兼并具有以下2层含义：①吸收兼并，即企业通过现金购买或证券交换等方式获取其他企业的全部或具有绝对多数发言权的股权或资产，从而掌握其全部或绝对多数经营管理权的商业行为；②新设兼并，即2家或2家以上的企业合并为1家新的企业，原企业各自丧失其法人地位，由新设的企业接管它们的资产和业务的商业行为。企业收购，是指企业通过现金购买和证券交换等方式获取其他企业的全部或具有绝对多数发言权的股权或资产，从而掌握其经营控制权的商业行为。此时，被收购企业依然保留其法人地位。收购又可划分为资产收购和股权收购2类。

2. 企业并购的分类

（1）按出资方式划分，企业并购可划分为出资购买资产式并购、出资购买股票式并购、以股票购买资产式并购和以股票交换股票式并购。出资购买资产式并购与出资购买股票式并购类似，是进攻企业出资购买目标企业的绝大部分资产（股票）或全部资产（股票）而实现的并购。以股票购买资产式并购，是进攻企业接管目标企业的资产和债务，并且以进攻企业的股票支付目标企业资产与债务的差额。以股票交换股票式并购，是进攻企业直接向目标企业股东发行股票以交换目标企业的大部分股票，达到并购目的。这种并购方式通常是由2

家企业的管理层先就并购达成协议，然后对换股的价格折算进行商榷，最后拍板成交。由于这种方式可以不支付现金，所以成为当下较受欢迎的并购方式。这样并购方式的关键在于进攻企业达到一定的控股比例。

（2）按并购的方式划分，企业并购可划分为购买式并购、承担债务式并购、吸收股份式并购和控股式并购。购买式并购，是指并购企业方用现金或其他有价证券购买目标企业的全部资产并承担其全部债务，目标企业的法人地位被取消。承担债务式并购，是指对资债相当或资不抵债的目标企业，并购企业方以承担债务为条件接收资产，实施企业并购，被并购企业的法人地位被取消。吸收股份式并购，是指以目标企业的净资产作为股金投入并购企业，目标企业的所有者成为并购企业的股东。控股式并购，是指并购企业出资购买目标企业股权并达到控股地位，以控制目标企业的生产经营，目标企业事实上成为并购企业的控股子公司。

（3）按涉及的经济部门、产品划分，企业并购可划分为横向并购、纵向并购和混合并购。横向并购又称水平并购，是指并购发生在生产同一产品或相近产品的相互竞争的企业之间，是企业规模结构变化和企业组织结构变化的基本方式，也是高效率替代低效率的基本途径。纵向并购又称垂直并购，是指从事同一产品、不同阶段的生产经营活动的企业间的并购，也可以说是在生产工艺、经销上有关联关系、买卖关系的企业之间的并购。例如，服装厂并购纺织厂、钢铁厂并购矿山等。这种并购的目的是控制该行业生产经销的全过程，从而获得一体化效益。混合并购，是指跨地区、跨行业的并购或是横向并购与纵向并购以外的并购，具体可划分为以下 3 种并购模式：①产品扩张型并购，是指一家企业以原有产品和市场为基础，通过并购其他企业进入相关产业的经营领域，达到扩大经营范围、增强企业实力的目的；②市场扩张型并购，是指生产同种产品但在不同地区的市场上销售的企业间的并购；③纯混合型并购，是生产经营活动几乎没有任何联系的企业间的并购，由于不同行业、不同产品的生产周期不同，企业利用多元化经营，实行跨行业的多种产品组合，以降低经营风险、获得稳定的利润。

3. 企业并购的意义

（1）企业通过并购可以合理配置内部资源，调整经营结构，减少中间环节，充分利用人才，提高设备的利用率，降低成本，进而获取更多利润。

（2）企业扩大规模的途径有内部积累与外部扩张 2 种方式。显然，后者不仅能使进攻企业在短期内迅速获得目标企业现成的生产能力和各种资产，还获得了目标企业现存的技术、管理、经验、市场份额等，可大大缩短投入产出时间，产生规模效应。

（3）企业通过并购可以增加经营内容，扩大经营范围，获得经营、财务、人才及技术上的协同效应，有助于降低单一产品可能面临的经营风险。

（4）企业通过与竞争对手的并购，获得对手的资产及市场占有率，从而提高自己的市场份额、区位优势与行业优势或占有其他特殊资源（品牌或专用技术），增强竞争实力。此外，企业并购也是风险资本退出的一种方式。

4. 我国企业并购存在的问题与改进思路

我国企业的并购兴起于 20 世纪 90 年代。随着《中华人民共和国企业破产法》《中华人民共和国公司法》《中华人民共和国证券法》等法律法规的实施，我国企业并购的环境日趋完善，并购的力度有所加强，并购的范围正在扩大，但企业的并购也存在诸多的问题。例如，产权交易市场不完善，不合理的行政干预较多，资金缺乏，信息传递不通畅等。因此，应当采取有效措施,进一步促进我国企业并购的发展。

(1) 健全企业并购的法律体系。我国目前有关企业并购的法律法规尚不健全,可操作性差。这不仅影响了正常的企业并购活动,也给不规范的企业并购留下了可乘之机。因此,健全我国企业并购的法律体系已是当务之急。

(2) 加强投资银行在企业并购中的作用。企业并购是一项复杂的资本运作行为,涉及专业的财务和法律问题。从并购目标选择、评估、方案设计、并购实施到并购后的整合等一系列工作,都有较高的专业要求,单凭企业自身难以有效地完成。因此,应明确投资银行的法律地位和行为规范,加强其在企业并购中的作用。

(3) 政府应给予积极扶持。企业并购不仅有利于企业自身的发展,而且有利于国家产业政策的实施和产业结构的调整。美国政府的政策扶持在历次并购浪潮中均发挥了重要作用。我国政府也应通过税收优惠等政策的制定支持企业并购行为。

案例分析

雅戈尔公司的股权投资[①]

雅戈尔集团股份有限公司(简称雅戈尔)2012年年报显示,公司实现收入107.3亿元。其中,品牌服装业务实现每股收益(EPS)为0.37元,实现收入40.8亿元,同比增长11.4%,净利润达8.2亿元,同比增长18.5%;房地产业务实现每股收益(EPS)0.45元,实现收入51.6亿元,同比增长41.8%,净利润达10.1亿元,同比增长76.5%;股权投资业务产生亏损2.31亿元,拖累2012年全年业绩。

近年来,公司股权投资一直是雅戈尔产利润来源的重要组成部分。2009年,雅戈尔委托关联方凯石投资担任公司资产投资管理顾问机构。在263家公司中,最终参与了9家上市公司的定向增发投资,并且截至报告期期末全部实现浮赢。此外,雅戈尔持有数量众多的公司股权(最多时有30多家),每年会出售其中价格高估的股权,部分收益再选择新的投资标的,以实现良性循环。这一经营模式每年均为雅戈尔带来可观的投资收益,直至近2年由于股市低迷,公司投资业务出现浮亏。

对公司经营的评价有截然不同的2种意见。一种意见认为,雅戈尔是所有上市公司中很独特的公司,盈利模式较好,也是最大方的公司(从股市融资几亿元,分红已超50亿元,近年来年终分配均为10派5元);另一种意见则认为,雅戈尔将大量资金用于上市公司股权投资显然是不务正业,因为投资者购买雅戈尔的股票,看中的是雅戈尔在服装领域的竞争能力,而不是投资股票的能力。集中精力于核心业务并持续培育竞争能力才是雅戈尔的百年大计,毕竟雅戈尔并非已经处于行业绝对领先地位,并且面临着国内外高端品牌的竞争压力。类似地,公司房地产业务发展也受到质疑。

问题:

1. 既然雅戈尔有大量的资金用于股权投资,是否意味着雅戈尔的实业不需要那么多资金,或者说是产生了大量的现金流量,使得公司有足够的资金进行股权投资?

2. 如何客观评价雅戈尔的多元化经营发展策略?

---

① 作者根据相关资料整理。

二、非银行金融机构

以投资银行、保险基金等为代表的机构投资者是证券投资的中坚力量。而一个国家的投资银行的发展水平也代表着该国证券市场的发达程度。20世纪70年代以来,证券投资日趋机构化,其原因主要是保险基金、养老基金的入市以及金融业的混业经营。

(一) 投资银行的证券投资

1. 投资银行的概念

投资银行,是指主要从事证券发行、承销、交易、企业重组、兼并与收购、投资分析、风险投资、项目融资等业务的非银行金融机构。

投资银行是证券和股份公司制度发展的必然产物,是发达证券市场和成熟金融体系的重要主体,在经济发展中发挥着沟通资金供求、构造证券市场、推动企业并购、促进产业集中和规模经济形成、优化资源配置等重要作用,是证券市场中的主要中介机构。

2. 投资银行的特点

投资银行是金融业适应现代经济发展而形成的新兴行业。其行业特点有以下3个:①属于金融服务业,不同于一般性咨询、中介服务业;②主要服务于资本市场。这是投资银行与商业银行最主要的区别;③属于智力密集型行业。这是投资银行与其他专业性金融服务机构明显的不同。

3. 投资银行及其发展趋势

现代意义上的投资银行产生于欧美地区,主要由18世纪—19世纪众多销售政府债券和贴现企业票据的金融机构演变而来。投资银行早期发展主要得益于4个方面的因素:①贸易范围和金额的扩大客观上要求融资信用,于是一些信誉较好的商人便利用其积累的大量财富专门从事融资和票据承兑贴现业务,这是投资银行产生的根本原因;②证券业与证券交易的飞速发展促进了投资银行业迅速发展,投资银行则作为证券承销商和证券经纪人逐步奠定了其在证券市场中的核心地位;③18世纪—19世纪欧美地区掀起了基础设施建设的高潮,巨大的资金需求使得投资银行在筹资和融资过程中得到快速发展;④股份制的出现和发展使得投资银行作为企业和社会公众之间资金中介的作用愈发重要。

1933年金融危机之后,美国、英国等国家将投资银行和商业银行的业务分开,并进行分业管理。20世纪70年代以来,随着抵押债券、一揽子金融管理服务、杠杆收购(LBO)、期货、期权、互换、资产证券化等金融衍生工具的不断创新,投资银行、商业银行、保险公司、信托投资公司等机构绕过分业管理体制的约束,互相侵蚀对方的业务,投资银行和商业银行混业及其全球化发展趋势明显,投资银行业更加注重金融业务的国际化、多样化、专业化和集中化经营,努力开拓各种市场空间,形成了鲜明的行业发展趋势。

(1) 投行业务的多样化和专业化。投资银行现已形成了证券承销与经纪、私募发行、兼并收购、项目融资、公司理财、基金管理、投资咨询、资产证券化、风险投资等多元化的业务结构。专业化分工协作是社会化大生产的必然要求,投资银行业务的专业化也成为必然,各大投资银行在业务拓展多样化的同时也各有所长。例如,美林擅长于基础设施融资和证券管理,高盛以研究能力及承销而闻名,所罗门兄弟以商业票据发行和公司并购见长,在组织辛迪加和安排私募方面第一波士顿则居于领先地位。

(2) 投行业务的国际化。投资银行业务全球化具有以下2个深刻原因:①世界各国经济的发展速度、证券市场的发展速度不同。这是投行向外扩张的内因；②国际金融环境和金融条件的改善，客观上为投资银行实现全球经营提供了条件。早期投资银行采用与国外代理行合作的方式帮助本国公司在海外推销证券或作为投资者中介进入海外市场。1970年以后，各大投资银行纷纷在海外建立自己的分支机构。

（3）投行行业的集中化。商业银行、保险公司及其他金融机构的业务竞争，加剧了投资银行业的集中。各大投资银行纷纷通过并购、重组、上市等手段扩大规模。例如，美林与怀特威尔德公司的合并、瑞士银行收购英国华宝等。大规模的并购使得投资银行的业务高度集中。在美国25家较大的投资银行中，最大的5家占有美国证券发行总额的65%。

4. 投资银行的类型

目前，投资银行主要有以下4种类型。

（1）独立的专业性投资银行。这种形式的投资银行最为常见，美国的高盛公司、美林公司、所罗门兄弟公司、摩根·斯坦利公司，日本的野村证券、大和证券、日兴证券、山一证券，英国的华宝公司、宝源公司等均属于此类型，且它们都有各自擅长的专业方向。

（2）商业银行拥有的投资银行（又称商人银行）。这种形式的投资银行是商业银行通过对已存的投资银行进行兼并、收购、参股或建立自己的附属公司来从事商人银行及投资银行业务。在英国、德国等国家较为典型。

（3）全能型银行直接经营投资银行业务。这种形式的投资银行主要分布在欧洲大陆，在从事投资银行业务的同时也从事一般的商业银行业务。

（4）大型跨国公司兴办的财务公司。

5. 投资银行的业务

（1）证券发行、承销与证券经纪业务。这是投资银行的基础性业务。投资银行承销的职权范围，包括本国政府、政府机构发行的债券、企业发行的股票和债券、外国政府和公司在本国和世界发行的证券、国际金融机构发行的证券等。投资银行在承销过程中一般要按照承销金额及风险大小权衡是否要组成承销辛迪加和选择承销方式。

投资银行在二级市场中既是经纪商和交易商又是做市商。作为做市商，投资银行提供买卖双边报价，保证证券的流通，并维持市场价格的稳定；作为经纪商，投资银行代表买方或卖方，按照客户提出的价格代理进行交易；作为交易商，投资银行有自营买卖证券的需要。此外，投资银行还在二级市场上进行无风险套利和风险套利等活动。

证券的发行方式分为公募发行和私募发行2种。上述证券承销实际上是公募发行。私募发行的发售对象是特定的、数量有限的机构投资者。私募发行不受公开发行的规章限制，能节约发行时间和发行成本，并给投资银行和投资者带来更高的收益率，故近年来私募发行的规模在持续扩大。但同时，私募发行也有流动性差、发行面窄、难以公开上市等不足。

（2）企业并购。企业兼并与收购是现代投资银行除证券承销与经纪业务外最重要的业务组成部分，投资银行可以多种方式参与企业的并购活动。例如，寻找兼并与收购的对象，向猎手公司和猎物公司提供有关买卖价格或其他条款咨询，帮助猎手公司或猎物公司制定收购计划或反收购计划，帮助安排资金融通和过桥贷款等。此外，并购中通常还包括"垃圾债券"的发行、公司改组和资产重组等活动。

（3）项目融资。项目融资是对特定的经济单位或项目策划安排的一揽子融资服务。借款者可以只依赖该经济单位的现金流量和所获收益用作还款来源，并以该经济单位的资产作为借款担保。投资银行将与项目有关的政府机关、金融机构、投资者与项目发起人等联系在一起，协调律师、会计师、工程师等一起进行项目可行性研究，进而通过发行债券、基金、股票或拆借、拍卖、抵押贷款等形式组织项目投资所需的资金融通。投资银行在项目融资中的主要工作有项目评估、融资方案设计、有关法律文件的起草、有关的信用评级、证券价格确定和承销等。

（4）公司理财。公司理财实际上是投资银行作为客户的金融顾问或经营管理顾问提供的咨询、策划服务。这些服务包括：①根据客户要求，提供针对性的、较为全面的决策分析资料；②帮助企业谋划或应对经营管理问题（例如，制定发展战略、重建财务制度、出售转让子公司等）。

（5）基金管理。基金作为一种投资工具，是由基金发起人组织，吸收大量投资者的零散资金，聘请具有专门知识和投资经验的专家进行投资运营并取得收益。投资银行与基金关系密切的原因有以下3个：①投资银行可以作为基金的发起人发起和建立基金；②投资银行可作为基金的管理者管理基金；③投资银行可以作为基金的承销人，帮助基金发行人向投资者发售受受益凭证。

（6）财务顾问与投资咨询。财务顾问与投资咨询是投资银行所承担的对公司（尤其是上市公司）的一系列证券市场业务的策划和咨询业务的总称，主要指投资银行在公司的股份制改造、上市，在二级市场再筹资以及发生兼并收购、出售资产等重大交易活动时提供的专业性财务意见。一般将投资咨询业务的范畴定位在对二级市场投资者提供投资意见和管理服务。

（7）资产证券化与金融创新。资产证券化，是指投资银行以某公司的一定资产作为担保而进行的证券发行，是一种与传统债券筹资不同的新型融资方式。进行资产转化的公司称为资产证券发起人。发起人将持有的各种流动性较差的金融资产（例如，住房抵押贷款、信用卡应收款等）分类整理为一批资产组合，出售给特定的交易组织，即金融资产的买方（主要是投资银行），再由该组织以买下的金融资产为担保发行资产支持证券，用于收回购买资金。这一系列过程就称为资产证券化。资产证券化的证券（即资产证券）为各类债务性债券，其主要有商业票据、中期债券、信托凭证、优先股票等形式。资产证券的购买者与持有人在证券到期时可获本金、利息的偿付。证券偿付的资金来源于担保资产创造的现金流量。如果担保资产违约拒付，资产证券的清偿也仅限于被证券化资产的数额，而金融资产的发起人或购买人不承担超限额的清偿义务。

通过金融创新工具（例如，期权、期货、掉期等）的设立与交易，投资银行拓展了业务空间和资本收益。①投资银行代理客户买卖这类金融工具并收取佣金；②投资银行也可以从中获得一定的价差收入，因为投资银行往往首先作为客户的对方进行衍生工具的买卖，然后寻找另一客户作相反的抵补交易；③这些金融创新工具可以帮助投资银行进行风险控制，免受损失。

（8）风险投资。风险投资又称创业投资，是指对新兴公司在创业期和拓展期进行的资金融通，其特点表现为风险大、收益高。投资银行参与风险投资的方式有以下3种：①采用私募的方式为这些公司筹集资本；②对于某些潜力巨大的公司有时也进行直接投资，成为其股东；③设立"风险基金"或"创业基金"，为这些公司提供资金。

6. 加快我国投资银行发展的对策

我国投资银行业发展速度较快，但由于起步晚、发展时间短，目前存在不少问题。例如，规模较小，业务范围狭窄，竞争的低效、无序和不规范等。总之，与境外投资银行相比，我国投资银行无论是在资产规模、资金实力、管理机制、经营效率，还是人才素质上，都存在较大差距。为此，我国投资银行业应积极调整发展战略，采取措施，提高行业竞争力。

（1）规模化发展是中国投资银行的必由之路。我国现有投资银行可以通过以下5种方式迅速扩大规模：①业内重组，即通过投资银行之间、投资银行与信托投资公司之间的兼并收购，扩大投资银行规模，实现超常规发展；②进一步增资扩股；③抵押贷款融资；④发行债券，即通过发行中长期债券的方式筹措资金，用于自身业务的拓展；⑤股票上市，即放开对投资银行直接融资规模、融资对象的种种限制，允许符合条件的投资银行公开发行上市，允许多种社会主体参股投资银行，拓宽投资银行社会化融资的渠道，使其可以得到发展所需的资金，同时也可以通过证券市场进行并购和重组。

（2）分工专业化。合理的业务重组是中国投资银行的必然选择。我国现有投资银行应在业务重点上各有侧重，形成各自的特色经营范围。既应有资本金50亿元以上的超大投资银行，也应有综合性的证券公司，还要有在某些方面经营有特色的专业公司。例如，美国罗宾逊·斯蒂芬森公司就专门向创业企业提供全程服务，包括风险资本、中间融资、首次公募、后续发行、兼并收购、可转换债券发行等。实力较弱的国内投行可借鉴其经验，走专业化道路，在风险投资、项目融资、资产证券化、可转换债券等方面作出特色，创立中国品牌。

（3）业务多元化、服务密集化与功能增值化。拓展业务范围是与国外同行竞争的基础。而作为本土券商，国内证券经营机构的最大优势是便于提供密集服务。这主要是因为国内券商熟悉国情，与客户拥有共同的文化背景与密切联系，有提供密集服务的条件，且国内券商提供密集服务的成本相对更低。

（二）保险公司与证券投资

保险公司是西方证券市场的主要机构投资者之一，保险基金是证券市场的重要主体。保险基金是保险公司持有的投保人的投保资金中暂时不需要偿付的部分形成的基金。在保险资金的投资中，很大一部分以基金形式投资于证券市场。主要发达国家的保险公司持有上市股票占其股票市场市值的比重为：美国约占30%，欧洲约占40%，日本约占50%。全球每年保险金收入90%都用于再投资。保险公司资产中用于证券投资的比重超过了40%，高于其他投资方式。

1. 保险公司的主要资金来源与资金运用

保险公司的资金来源主要有5个：①资本金。保险公司在开业之初必须具备法律规定的最低限额以上的资本金，以保证保险业务的开展和保险经营的稳定性，资本金除去缴存的保证金外，一般可用于长期投资；②责任准备金。即保险公司为保障被保险人的利益，从收取的保费中按一定比例提留的资金，是由保险收入与支出的时间差与数量差形成的；③保留盈余。即来自上年损益的未分配部分和上年保留盈余的结转；④公积金。即按照有关财务规定提取的积累资金；⑤其他资金。主要包括对关联企业的应付款、应付税款、应付职工福利费等。

保险公司的资金运用方式有6种：①存款。包括银行存款和信托存款；②投资有价证券；③贷款。保险公司发放贷款的形式有信用贷款、担保贷款、抵押贷款等；④不动产投资；⑤项目投资；⑥货币市场投资。主要包括票据贴现、同业拆借。

2. 我国保险业基本现状与保险投资发展的路径

2019年，中国保险业全年实现原保险保费收入约为4.26万亿元，与2012年相比，年均增长率达15.57%。其中，财产险原保费收入约为11649亿元，人身险原保费收入约为3.099万亿元，分别增长11.81%和17.54%。2019年，我国总保费收入排名世界第二，但人均水平较低。保险市场结构逐步优化、对外开放程度进一步提高。预计未来一段时间，我国保费收入仍将保持较高增速。

目前，我国保费增长较快，赔付率较低，给付高峰未到，保险公司的压力尚不明显。但未来10年或20年之后，保费增长趋缓，给付高峰到来，保险公司将面临严峻的考验。由于过去我国对保险公司的资金运用方式限制较严，而外资保险公司既享有"两免三减"的税收优惠，又在资金运用上占有优势，将使得原本在经营条件和管理机制上就处于劣势的中资保险公司更缺乏竞争力。故应不断放宽保险公司的投资限制、拓宽保险公司的投资渠道，逐步允许保险公司投资于基础设施和国际资本市场，使保险公司合理运用由巨额保费收入和保险给付之间的时间差和数量差而形成的保险资金，降低保险公司承担的风险，提高保险资金的收益，进而提高保险公司的偿付能力，保护被保险人的利益，应成为当务之急。事实上，国外保险公司的资产构成中都有较大比例的资本市场投资。而近年来，由于美国资本市场的复苏，证券投资占保险公司资产的比例进一步上升。

由于基础设施投资具有资金需求大、占用时间长、收益稳定、风险相对较小等特点，能够满足保险公司（特别是寿险公司）投资的需要，应允许保险公司购买重点工程建设债券或直接投资于基础设施建设。这样，既可以增加国家基础设施投资的资金来源，又可以提高保险公司的资金运用效益。

保险公司的保险基金进入证券市场有3种具体方式：①保险公司作为机构投资者直接从事证券投资，或是新的证券投资基金发起时向保险公司定向配售以及允许保险资金进入二级市场直接购买基金；②各保险公司通过拆借市场或将资产委托给其他投资主体而间接入市；③通过设立证券投资保险基金入市，即由多家保险公司共同设立证券投资保险基金，从事证券投资。此外，还可为保险公司提供必要的政策，允许其在海外证券市场投资。

（三）社会保障机构与证券投资

社会保障基金，是指为保障社会劳动者基本生活需要，在法律的强制规定下，通过向劳动者及其所在单位征缴保险金，或由国家财政直接拨款而集中起来的资金。社会保障机构就是负责管理社会保险基金的机构，其主要职责是根据有关规定按期足额征收社会保险资金，通过有效的运作实现社会保险基金的保值和增值，并按规定支付给被保险人或其受益人、法定继承人。

我国社保基金主要由以下2个部分组成：①社会保障基金。其资金来源包括国有股减持划入的资金和股权资产、中央财政拨入资金、经国务院批准以其他方式筹集的资金及其投资收益。从2001年起新增发行彩票公益金的80%上缴社保基金。其投资范围包括银行存款、国债、证券投资基金、股票、信用等级在投资级以上的企业债、金融债等有价证券。其中，银行存款和国债的投资比例不低于50%，企业债、金融债的投资比例不高于10%，证券投资基金、股票投资的比例不高于40%。风险较低的投资（约占60%）由社保基金理事会直接运作，风险较高的投资（约占40%）则委托专业性投资管理机构进行投资运作。近年来，我国社保基金投资证券市场的年化平均收益率在9%左右，社保基金的投资标的值得普通投资者关注；②社会保险基金。它是指社会保险制度确定的用于支付劳动者或公民在患病、年老伤残、生育、死亡、失业等情况下享受的各项保险待遇的基金，一般由企业等用人单位（或雇主）和劳动者（或雇员）或公民个人缴纳的社会保险费以及国家财政给予的一定补贴组成，即由养老、医疗、失业、工伤、生育5项保险基金组成。现阶段，我国社会保险基金的部分积累项目主要是养老保险基金，其运作依据是劳动人事部门的各项相关条例和地方性规章。

1. 养老保险基金的管理与运作

世界各国养老保险基金的管理模式大体可划分为4种：①由政府部门直接管理（例如，日本）；②由社会保险基金会（公司）或社会保障银行等公共机构管理（例如，大部分西欧国家）；③新加坡、马来西亚等国设立法定机构——公积金局来集中管理，大部分用于购买国债或投资于国家基础设施而未能进入资本市场，故收益率较低；④由智利开创的、由私营的养老金管理公司进行竞争性经营的管理模式。

2. 中国养老基金的发展

1991年，中华人民共和国国务院（简称国务院）颁布了《关于企业职工养老保险制度改革的通知》和《企业职工基本养老保险社会统筹与个人账户相结合实施办法》。由此，我国养老保险基金的筹资方式逐步向部分积累式过渡。到2019年末，全国城镇基本养老保险基金累计结存达到6.3万亿元。目前，各地区、各部门、各单位的职工基本养老保险制度基本统一，一些地区的覆盖范围也有所扩大。但也存在养老保险基金多头管理、征缴不力、漏损过大、基金增值困难等问题，这既不利于养老保险基金的发展壮大，又为以后的给付造成隐患。为此，管理层应采取相应措施，确保养老保险基金的保值增值。

（1）可考虑成立专门的社会保障银行进行我国养老保险基金的管理。成立专门的社会保障银行进行养老保险基金、失业保险基金、医疗保险基金、工伤保险基金的管理，既使得我国养老保险基金的征缴、管理、投资、给付以及账户的会计、统计等统一由之负责，减少机构间的扯皮，提高效率，避免漏损，又扩大了规模，提高了资金的积聚度。同时，社会保障银行作为政策性银行，又可根据国家的产业政策进行引导性的贷款和投资，促进国民经济的持续稳定发展。

（2）逐步放宽我国养老保险基金的投资限制。目前，我国社保基金投资的范围限于银行存款、国债和其他具有良好流动性的金融工具（包括上市流通的证券投资基金、股票或信用等级在投资级以上的企业债、金融债等有价证券）。我国养老保险基金的运作模式可以参照我国社保基金的运作经验，在保障安全性的前提下，促进养老基金的保值增值。一方面，养老基金进入资本市场，有利于增加市场的资金供给，并且通过其资产组合的选择，影响其他投资者的资产选择，提高市场的投资理性和稳定性；另一方面，资本市场的风险会迫使养老基金加强管理，而资本市场的成熟和发展将带来养老基金的高速增值。鉴于目前我国资本市场还不够成熟，相关市场交易制度有待完善，养老保险基金的投资规模应有所限制，同时必须加强对养老基金的投资监管。另外，按国际上通行做法，应允许养老保险基金从事基础设施、房地产等实物投资。

（四）其他金融机构、基金与证券投资

其他金融机构（包括信托投资公司、企业集团财务公司、金融租赁公司等）通常也在自身章程和监管机构许可的范围内进行证券投资。信托投资公司可以受托经营资金信托业务和投资基金业务。企业集团财务公司达到相关监管规定的，也可申请从事证券投资业务。目前，我国尚未批准金融租赁公司从事证券投资业务。

证券投资基金，是指通过公开发售基金份额筹集资金，由基金管理人管理，基金托管人托管，为基金份额持有人的利益，以资产组合方式进行证券投资活动的基金。

社会公益基金，是指将收益用于指定的社会公益事业的基金（例如，福利基金、科技发展基金、教育发展基金、文学奖励基金等）。我国有关政策规定，各种社会公益基金可用于证券投资，以求保值增值。

企业年金，是指企业及其职工在依法参加基本养老保险的基础上，自愿建立的补充养老保险基金。按照我国现行法规，企业年金可由年金受托人或受托人指定的专业投资机构进行证券投资。

主权财富基金，是指对官方外汇储备进行运营与管理的投资机构。中国投资有限公司即专门从事外汇资金投资业务的国有投资公司，以境外金融产品组合为主、开展多元投资，以期实现外汇资产的保值增值，是我国的主权财富基金。

此外，随着金融市场的不断开放，外国机构投资者（例如，QFII、RQFII）也参与我国证券市场投资。

三、银行机构

银行机构主要指的是商业银行。商业银是证券市场上重要的投资主体。它既是资金需求者也是资金的供给者。

（一）证券市场对商业银行的影响

证券市场的发展对商业银行的资产、负债和表外业务将产生全面的影响。一方面，证券市场的发展为企业提供了直接融资渠道，打破了银行作为唯一资金供求中介的局面，减轻了银行信贷资金的需求压力，从而使银行可以自主决策贷款规模与结构，以提高其资产的流动性、收益性和安全性，并加剧了商业银行在信贷市场上的竞争；另一方面，证券市场的发展分流了商业银行的社会公众存款，增加了商业银行的同业存款（商业银行之间、商业银行与其他金融机构之间的存款），并为商业银行推行主动负债提供了条件。同时，证券市场的发展也为商业银行发展表外业务创造了机遇。

目前，我国商业银行资产结构较为单一，信贷资产占总资产的比重偏大，而证券资产、外汇资产等其他资产所占比例偏低。这种单一的资产结构，既不利于分散风险，也不利于资金周转。随着证券市场的发展，证券资产在金融资产中的比重会逐步提高、金融资产证券化的趋势日益明显。商业银行通过提高其所持证券资产的比重，可提高其资产安全性、流动性和收益性。同时也可通过发行长期债券和股票募集资金、增加资本，提高其负债的稳定性，解决资本充足率不足的问题。

（二）商业银行的证券投资

1. 商业银行证券投资的目的

与其他金融机构相比，商业银行从事证券投资更多是出于保持资产的流动性方面的考虑。

（1）获取收益是最主要的目的。银行证券投资是在贷款收益较低或贷款风险较高时为保住盈利水平或提高利润所做的一种选择。银行从事证券投资,既避免了资金的闲置,又提高了效益。

(2) 资产分散化,降低风险。现代投资理念之一就是资产组合分散风险。证券投资既不受地区的限制,也不受投资数额的限制。相比贷款,资产组合具有选择面较宽、资产更加分散的特点,从而有效地分散了风险。

(3) 增加银行资产的流动性。证券投资为保持商业银行资产的流动性提供了必要条件。在日常应付中,如果现金不足,可利用短期证券迅速变现来满足资金要求。因此,银行证券投资通常占到商业银行资产的20%左右。

(4) 商业银行可通过发行股票和债券筹集资金,扩充资本金和负债,增强竞争力。事实上,商业银行发行的有价证券在各国证券市场上都占有重要的地位。

2. 商业银行证券投资的方式

根据《中华人民共和国商业银行法》规定,我国商业银行不能直接大规模进入证券市场买卖有价证券或从事有价证券的发行(金融债券除外),但可通过以下5种渠道参与证券投资:①通过证券市场筹集资本金,扩大资本规模;②通过发行中长期金融债券实现负债多样化,增强负债稳定性;③通过发行有价证券抵押贷款实现资产的多样化,提高资产安全性;④大力开展为证券市场服务的表外业务;⑤通过资产证券化,实现商业银行不良资产重组。

第三节 政府机构

中华人民共和国财政部(简称财政部)、中国人民银行作为官方机构,主要通过发行国债和公开市场业务,影响货币流通量及利率水平与结构,从而影响或改变证券市场的规模、结构和收益水平。

一、财政部与证券投资

(一) 国债的基本职能

国债是由中央财政代表中央政府发行的一种以政府为债务承担主体的债务凭证。国债的主要职能有3个:①弥补财政赤字,即通过增加税收、向中国人民银行透支或借款及政府举借国债3种办法实现。其中,举借国债弥补财政赤字的负作用较小;②筹集建设资金,通过举借国债将一部分消费基金转化为积累基金,增加政府公共投资,有利于调节储蓄与投资的比例并引导储蓄向投资转化,有利于资源的优化配置、对居民和企业投资不会产生挤出效应;③提供金融工具,国债收入稳定、低风险,数量大、流动性强,因而成为基金、银行、证券机构以及个人、企业的投资对象。

(二) 我国国债市场的现状及改进思路

我国国债市场已形成了以国债为主体的市场,具体表现为以下4个方面:①强化了国债的商品属性,确立了国债在市场上的核心地位。2019年,我国发行国债约4.16万亿元。从发行期限上看,长期债券的发行规模所占比重有减少趋势,长期国债的稀缺性将日益显著;

②国债发行利率已成为金融市场资金供求的基准利率之一；③内债品种多样、期限结构多重，外债币种结构优化；④发行方式以招投标和贴现发行方式为主，与国际市场上通行的方法接轨。

国债作为政府间接调控的一种经济手段在20世纪90年代得到充分的展现。国债投资每年拉动经济增长1.5%—2%。此外，国债发行利率频频下调，既体现了国债收益率的优势，又有利于防止国际游资的套利行为，对保持人民币汇率的稳定起到了积极作用。今后国债市场的深化发展应重点做好以下工作：

1. 适度控制国债规模

前些年增发的国债表明，其对GDP的增长产生了较好的拉动效应。但国债无论是从社会应债能力角度或是从政府偿债能力角度来看，都存在一个适度发行规模的问题。因此，在确定国债发行规模时，应首先考虑中央财政的收支状况；在确定国债规模的增长速度时，应考虑国债对财政本身的依存度。

2. 进一步优化国债结构

一是力求国债品种的多样化。我国国债品种应遵循"发展短长期、控制中期品种"的原则，向银行等金融机构发行短期国债，增加中国人民银行对市场的调控能力，并适时推出长期国债的现货或期货品种，以增加国债的吸引力、扩大国债投资者队伍；二是增加可上市国债，国债上市品种的增加将增强国债的流动性，有利于国债市场的发展。为此，新发行的国债应增加可上市流通品种。

3. 大力培育机构投资者

一是加大证券公司培养力度，继续鼓励证券公司对国债的持有；二是加大保险公司培养力度，鼓励保险公司的国债投资，因为保险资金运用的不确定性、安全性和方向单一性决定了其选择国债作为主要投资对象的必然性；三是加大基金机构培养，可发展专门的国债投资基金；四是引入外资机构，以促进国债交易市场的扩大。

4. 加强国债市场管理

（1）发展场外交易。我国国债市场的结构现状是场内市场交易活跃，场外市场交易相对平淡。发展场外市场能有效弥补单一结构的不足，尤其是它为个人参与国债二级市场的买卖提供了便利的场所和途径，同时也全面解决了国债的流动性问题。场外市场的发展可划分为2个阶段，即先试点取得经验，再逐步形成全国性场外的自动报价系统。

（2）建立统一的、多层次的国债回购市场。当前，国债回购市场主要由场内回购市场、银行间债券交易市场和公开市场3个部分组成，客观上存在市场相互割裂、资金在市场之间流通不畅、参与主体成分单一等问题。因此必须将相互分割的市场统一起来，形成货币政策、调整头寸和短期融资3个有序的层次。

（3）完善国债偿还制度。改变到期一次性还本付息的兑付方式，提高息债比例。

二、中国人民银行与证券投资

（一）中国人民银行的职能与货币政策

首先，中国人民银行是国家货币发行的机关，负责全国货币的统一发行；其次，中国人民银行是统管全国货币金融的国家机关，是制定和执行国家货币政策的综合部门，是国家信用的提供者，并代理执行国库出纳职能；再次，中国人民银行代表政府管理和监督商业银行和其他金融机构的业务活动；最后，中国人民银行通过制定和执行货币政策、调节货币供应量来影响货币流通，实现社会总供给和总需求的平衡，以达到调节宏观经济运行的效果。

（二）中国人民银行公开市场业务活动

中国人民银行公开市场业务活动，即中国人民银行在公开市场上买进或卖出有价证券的行为，其目的是通过该业务活动来实现货币政策的目标。当中国人民银行推行扩张性的货币政策时，它在公开市场上买进有价证券，向社会注入一定量的基础货币或直接增加公众手持货币量，亦或通过金融机构的信用扩张而使货币供应量增加。反之，当实施紧缩性的货币政策时，它在公开市场上卖出有价证券，回笼相应数量的基础货币，引起信用规模的收缩和货币供应量的减少。

1. 公开市场业务的特点

一是公开市场业务可由中央银行充分控制规模，中央银行拥有主动权；二是操作灵活，具有弹性，可对货币供应进行微调或较大幅度的调整；三是公开市场业务可以经常、连续地操作，使其不会对金融市场产生强烈的影响；四是公开市场业务的时效性强，可快速影响参加交易的金融机构的流动性储备。因此，公开市场业务已成为各国中央银行的主要货币政策工具之一。

2. 公开市场业务的传导机制

中央银行公开市场业务操作面对的主体是大的商业银行的货币市场专柜、大的证券一级自营商，并通过它们的活动将货币政策的意图传导给商业银行和货币市场。例如，中国人民银行欲收缩银根、抛出有价证券，可先与券商联系，由各券商报出愿意购进的数量和价格后再确定抛出的价格和数量，然后将成交结果通知支付系统进行资金和有价证券的划拨清算。这样，中国人民银行就能通过减少货币流通实现了基础货币的紧缩，这一紧缩信号再通过货币市场传导至各商业银行，并通过银行的信用创造机制的乘数效应引起整个社会信用的收缩。

3. 公开市场业务操作的对象

中国人民银行公开市场业务操作的对象主要是国债、其次是央行票据。这主要是因为国债的种类多、期限结构合理，流动性强且无风险，交易额较大，投资者众多，既有各类金融机构和一般企业，也有外国政府和个人投资者，故与经济部门的关联度较高。中国人民银行通过对国债的买卖，既可以影响商业银行的超额准备金，调节货币供应量，又可以引起市场利率和利率结构发生变化，即中国人民银行购进国债、投放货币，市场利率随之下降。反之，市场利率则会上升，而中国人民银行买卖哪种国债，则会对市场利率结构产生影响；还可以引起国债收益和价格的变动，并通过对国债市场传递信息，影响投资者的预期，进而影响国债市场的资金供求。

本章小结及要点

内容摘要：本章主要介绍证券投资3大主体——居民、机构投资者、政府机构的投资及其对证券市场的影响。

1. 我国居民金融资产总量增长迅速，但人均水平仍然较低；居民家庭金融资产结构已出现多元化格局，但储蓄存款仍居主导地位。

2. 机构投资者是指运用自有资金或通过各种金融工具筹集资金进行投资管理的金融机

构。目前，主要以投资银行、商业银行、投资基金、社保基金、保险基金、QFII 为主体。

3. 投资银行是从事证券发行、承销、交易、企业重组、兼并与收购、投资分析、风险投资、项目融资等业务的非银行金融机构。

4. 世界各国养老保险基金的管理模式大体可划分为 4 种：政府部门直接管理、社会保险基金会（公司）或社保银行等公共机构管理、公积金局集中管理、私营的养老金管理公司管理。

5. 中国人民银行在公开市场上买进或卖出有价证券的行为，其目的是通过该业务活动来实现货币政策的目标。

思考题与应用训练

1. 我国居民证券资产持有比例较低的主要原因是什么？
2. 我国商业银行证券投资收入占比较低，原因何在？
3. 有人认为，中国的资产负债平衡表非常健康，发行国债的潜力也非常大。如果增加中央国债发行比较困难，可以增加一些地方债券的额度，也可以拉动经济的增速，你怎么看？
4. 中国人民银行可否把一些优质的国企大盘股作为资产配置的对象，以便进行公开市场业务操作？
5. 我国券商的企业并购指导业务收入占比较低，为什么？
6. 目前，我国事业法人可用自有资金和有权自行支配的预算外资金进行证券投资，对吗？
7. 近年来，基金热销，尤其受到中青年投资者的追捧，为什么？
8. 走访当地证券公司，了解普通投资者证券开户及交易情况、大中户投资者占比及投资金额的数量区间。
9. 我国养老金入市投资问题一直是市场关注的焦点。查阅相关资料，关注我国养老金运营管理模式的相关研究，分析其入市对证券市场的影响。

案例分析

327 国债期货交易案

1992 年 12 月 18 日，上海证券交易所首先向证券商自营推出国债期货交易。1993 年 10 月 25 日，向社会公众开放。由于股票市场的低迷和钢材、煤炭、食糖等大宗商品期货品种相继被暂停，大量资金云集国债期货市场尤其是上海证券交易所。1994 年，全国国债期货市场总成交量达 2.8 万亿元。

1992—1994 年中国面临高通胀压力，银行储蓄存款利率不断调高，国家为了保证国债顺利发行，对已发行的国债实行保值贴补。保值贴补率由财政部根据通胀指数每月公布，因此，对通胀率及保值贴补率的不同预期，造成国债期货品种的多空分歧。"327" 国债是指 1992 年发行的 3 年期国债 1992（三），1995 年 6 月到期兑换，它的 9.5% 的票面利息加保值补贴率，每百元债券到期应兑付 132 元。但与银行的利息和通货膨胀相比，其回报明显是太低了。于是有市场传闻,财政部可能要提高"327"国债的利率,到时会以148元的面值兑付,而不是132元。但当时的万国证券老总管金生则认为:国家财力紧张,不可能拿大笔钱补贴"327"国债利率与市场利率的差,且当时通胀局势已得到控制。于是管金生联合辽宁国发集团股份有限公司(简称辽国发)等一批机构在"327"国债期货合约上作空。而以中国经济开发信托投资公司为首的机构在此国债期货品种上作多。

1995年2月23日,传言得到证实,财政部确实要对"327"国债进行贴息。此时的管金生已经在"327国债期货"上重仓持有空单,而其重要盟友辽国发突然翻空为多。联盟阵营的瓦解让管金生面对巨额亏损。于是,1995年2月23日下午休市前的短短8分钟之内,万国证券抛出大量的卖单,最后一笔730万口的卖单让市场目瞪口呆(按照上海证券交易所的规定,国债期货交易1口为2万元面值的国债,730万口的卖单为1460亿元,而当时"327"国债总共有240亿元),"327"国债期价从151.3元被打到147.4元。当日开仓的多头全线爆仓,万国证券由巨额亏损转为巨额盈利。

"327"事件从此震惊中外。当晚,上海证券交易所即发布公告,以某会员蓄意违规为由,决定尾市8分钟所有成交无效。紧接着中国证券监督管理委员会(简称中国证监会)和财政部就发布《国债期货交易管理暂行办法》;其后又出台了《关于加强国债期货交易风险控制的紧急通知》《关于落实国债期货交易保证金规定的紧急通知》《关于要求各国债期货交易场所进一步加强风险管理的通知》等一系列通知。然而,这一系列通知并不能在短期内改变上海证券交易所的风险控制机制,各种违规操作仍然不断。1995年5月18日,中国证监会《关于暂停国债期货交易试点的紧急通知》的发布,宣布暂停国债期货交易试点。

经调查后,此案定性为违规操作,万国公司损失14亿元,不久被重组,管金生被捕,上海证券交易所总经理尉文渊被撤职。

问题:

1. 327国债期货事件的起因是什么?试分析该事件背后的深层次原因。

2. 国债期货交易重启,应当从该事件中汲取哪些经验教训?

提示:(1)当时,国债期货开户保证金只需1万元,每手保证金只要500元,浮盈还可以再开新仓;(2)当时,机构之间互借仓位的现象非常普遍,虽不合规但未出问题,上海证券交易所亦不管。

第三章 债　券

本章导读

在市场经济中，各种经济主体为了解决其资金运作的缺口，经常通过发行债券的方式筹措资金。债券是发行人依照法定程序发行，承诺按约定的利率和日期支付利息，并在特定日期偿还本金的书面债务凭证。

债券是证券投资工具的主要品种之一，相对于股票和基金以及其他金融衍生工具而言，债券的风险相对较小。对债券进行投资首先要了解债券的种类有哪些。不同种类的债券，风险不同，适合投资的对象也不同。对债券的分类主要可以从发行主体、计息方式、募集方式、信用形式、记名与否、发行地域加以划分。当新发债券进入二级市场交易时，对债券价值进行分析可以借助债券价值的要素、评估公式、债券的收益指标、债券价格指数、利率期限结构以及债券信用评级完成。

本章主要学习和思考以下问题：

1. 债券的种类有哪些？
2. 债券价值评估如何入手？
3. 债券收益指标有哪些？如何计算？
4. 如何通过信用评级判断债券投资风险？

第一节　债券及其基本特点

一、债券的性质

（一）债券反映了筹资者和投资者之间的债权债务关系

投资者的合法权益由此得到法律上的保护。债券的发行人就是债务人，而购买债券的投资者则是债权人。债券的发行人为筹措资金而发行债券，并在债券出售后获得了这笔资金在一定期限内的使用权，但资金的所有权仍归债权人。因此，债务人必须支付一定的利息给债权人，作为有偿使用资金的代价。

（二）债券是一种社会化的债务凭证

和一般的借贷凭证比较，债券的社会化体现在以下2个方面：第一，债券的发行条件不是针对某一个人或法人，它适合所有愿意按该条件借出资金的投资者，具有高度的社会化；

第二，债券本息的提前支付或展期支付在发行条件中予以载明，其选择权在发行者，而债务人无权予以干涉。因此，债券一般都可以上市流通转让。

（三）债券是一种有价证券

每张债券都有票面金额，它通常反映了投资者的投入资金。持有债券意味着到期可以被归还等于面额的资金。另外，债券的有价性还体现在债券利息上。除了贴现债券，大多数债券在票面上注明了利率和付息期。债券的持有人有权按期取得利息，债券的价值和拥有的权利附于其本身之上。债券持有人债券者一旦进行债权转让，则债券代表的还本附息权也随之转让他人。

二、债券的票面因素

（一）债券名称和发行单位

在债券的票面上，应注明该债券的名称（例如，政府债券、金融债券、公司债券等）。一些非公开发行的债券则要标明内部发行字样。在债券票面上，还应标明发行单位的名称和地址、发行日期和编号、审批机关批准发行的文号和日期、是否可转让、是否记名、记名债券的挂失办法和受理机构以及发行人认为应说明的其他事项，并加盖发行单位印记和法人代表的签章、发行单位印记和法人代表的签章。这些票面要素不仅表明了该债券的债务主体，同时也便于债权人行使其权利。

（二）债券发行总额和票面金额

在债券的票面要素中，须注明本次债券发行的总金额。这便于投资者明确发行单位的筹资规模，进而了解发行单位的负债情况和偿债能力。债券的票面金额，是指债券的票面价值，是发行人对债券持有人在债券到期后应偿还的本金数额，也是企业向债券持有人按期支付利息的计算依据。在债券的票面金额处理上，要表明该债券面额的计量币种，不同币种的债券适应不同地区、不同投资需求，也能满足发行单位对该币种的筹资需求。另外，票面金额设计也需考虑经济性与适销性，票面金额的大小不同可以满足不同需求的投资者。如果票面金额大、发行成本小，则有利于机构投资者认购，但小额投资者无法参与；如果票面金额小，则有利于小额投资者认购，但会造成发行成本增加。因此，有些发行量大的债券在一次发行时制定有不同面额的债券，以适应不同需求的投资者，同时也尽可能降低发行费用。债券的面值与债券实际的发行价格并不一定一致。债券的实际发行价格大于债券面值称为溢价发行，债券的实际发行价格小于债券面值称为折价发行，债券的实际发行价格等于债券面值称为平价发行。

（三）债券的票面利率、利息支付方式和支付时间

债券的票面利率，是指债券利息与债券面值的比率，是发行人承诺在一定时期支付给债券持有人报酬的计算标准。债券利率形式有单利和复利之分。贴息发行的债券未注明利率，但其发行价格与票面面额的差额仍然可以换算成发行时的实际利率。利息的支付方式可划分为到期一次付息和分期支付利息。如果是分期支付利息，则要载明每次的付息日期。债券利息是筹资者的资金使用成本，同样也是投资者的投资收益。因此，利率的高低直接影响着双方的利益。债券票面利率的确定主要受银行利率、发行者的资信状况、偿还期限、利息计算方法以及当时资金市场上资金供求情况等因素的影响。一般情况下，债券的期限长、信用级别低、发行债券时市场利率高等因素都会导致债券利率定价较高。

(四) 债券的还本期限和方式

债券偿还期，是指债券上载明的偿还债券本金的期限，即债券发行日至到期日之间的时间间隔。除个别国家发行的永续国债外，债券通常都有期限，短则2—3个月，长则30—40年。不同的还本期限既可满足发行人对不同期限资金的需求，又可满足认购者不同的投资需求。还本方式有到期一次偿还、期中偿还和展期偿还之分。短期债券大多数都采取到期一次偿还的方式，中长期债券常采用其他还本方式，其目的是吸引投资者，并减轻筹资者到期的附息压力。债券发行人要结合自身资金周转状况以及外部资本市场的各种影响因素确定债券的偿还期。

(五) 债券是否记名和流通

债券如果是记名债券，应载明债券持有人的姓名、挂失方法以及挂失受理机构。对于可上市流通的债券，应说明可参与流通的起始日、流通的方法以及办理转让的受理机构。记名债券的转让还应说明办理转让过户的手续及相关受理机构。

(六) 其他事项

其他事项包括债券提前归还本金的条件、可转换债券的转换条件、购买债券的优惠条件等。

以上6个条件构成了债券票面的基本要素。除此之外，有些要素（例如，发行日期、审批单位的批号等）不一定会在债券的票面上反映，而是可以通过发行公告等形式公布于众。

三、债券的特征

(一) 收益性

债券的收益性，是指债券能定期给持有人带来的利息收入。通常，投资者的收益可通过如下2个途径得到实现：①持有债券至期满。这样可按约定的条件收到债券本息；②在债券期满之前将债券售出，取得转让差价。债券的转让差价取决于转让时市场利率和债券票面利率的差异。一般情况下，当市场利率低于债券的票面利率时，投资者可获得较高的转让差价；当市场利率等于债券的票面利率时，转让差价等同于持有者即时收到的债券利息；当市场利率高于债券的票面利率时，投资者的转让差价将降低，甚至出现亏损。

(二) 安全性

债券的安全性，是指债券在市场上抵御价格下降的能力，一般是指其不跌破发行价的能力。债券在发行时都承诺到期偿还本息，所以其安全性一般都较高。有些债券虽然流动性不高，但其安全性较好，因为持有人在持有债券较长的一段时间后可以不受损失地出售或变现。虽然如此，债券持有人也有可能遭受不履行债务的风险及市场的风险。不履行债务的风险，是指债券的发行人不能充分和按时支付利息或偿付本金的风险。这种风险主要取决于发行者的资信程度。一般来说，政府的资信程度最高，其次为金融公司和企业。市场风险，是指债券的市场价格随资本市场的利率上升而下跌。因为债券的价格与市场利率呈反方向变动的。当利率下跌时，债券的市场价格便上涨；当利率上升时，债券的市场价格就下跌。债券距离到期日的时间越长，其价格受利率变动的影响越大。

(三) 流动性

债券有约定的偿还期限，到期前不能兑付。但债券持有人在债券到期前如果需要现金，可到证券市场转让变现，也可到银行等金融机构进行抵押贷款。几乎所有的证券营业部或银行都开设了债券买卖业务，并且收取的相应费用都较低。因此，债券具有迅速变现的能力，即流动性。债券流动性的强弱主要取决于债券所在国证券市场的发达程度。如果所在国的证券市场供需两旺，交易便利，则债券的流动性较强。债券的流动性弥补了中长期债券期限长且到期才能还本的缺陷。债券投资者可根据自身需要持券至期满收回本息或在流通市场出售变现。

（四）期限性

债券的期限性，是指从发行日到偿还日止的这段时间。债券的期限性表现为按一定的法定程序发行，并在发行时约定还本付息的日期。如果债券有提前还本或展期支付的可能性，也须要在发行时注明。债券一般都明确规定期限，但也有例外。例如，英国政府曾经发行过一种没有确切偿还日期的公债，这种无期国债没有规定必须全部偿还的最后期限，发行后经过一段时间，政府有随时归还本金的权利，即每年回购一定比例的债券，也可以无限期地支付利息而不偿还本金，且投资者无偿还请求权。

第二节 债券的分类

债券市场历史悠久，债券种类繁多，近年来又不断涌现出许多新的不同种类的债券。债券根据不同的标准，债券有不同的分类方法。

一、按发行主体分类

按发行主体分类，债券可划分为政府债券、金融债券、央行票据和企业债券。

（一）政府债券

政府债券是各级政府为筹措资金而发行的一种债务凭证，发行主体是中央政府或地方政府，包括国债和地方政府债券。

1. 国债的定义、特点及其分类

国债又称国家公债，是国家以其信用为基础，按照债的一般原则，通过向社会筹集资金形成的债权债务关系。国债是由国家发行的债券，目的往往是弥补国家财政赤字或为一些耗资巨大的建设项目以及某些特殊的政治经济目标筹措资金。由于国债以中央政府的税收作为还本付息的保证，因此风险小、流动性强，利率也较其他债券低。国债因具有最高的信用度，也被公认为是最安全的投资工具。国债的特点体现在以下4个方面。

（1）安全性高。发债主体的性质决定了它具有其他任何种类的债券都无法比拟的安全性。国债是最高信用级别的债券，所以被形象地称为金边债券。

（2）流动性高。不论是现货交易还是在国债现货基础上的资金融通，国债的交易量都很大，流通极为便利。

（3）免税特征。投资者在付息日或持有到期时取得的国债的利息收入以及在付息日或持有到期之前交易取得的利息收入，均免征所得税，这是国债不同于其他债券的显著特征。

（4）稳定的收益。我国的国债票面利率基本上都高于银行同期存款利率，投资国债可以获得较稳定的收益。

从债券形式来看,我国发行的国债可划分为凭证式国债、无记名(实物)国债、储蓄国债和记账式国债。

(1) 凭证式国债。凭证式国债是一种国家储蓄债,是以收款凭证的形式证明认购者的债权。该债券在发行时由承销机构以特定的收款凭证代替实物券,到期持券在指定兑现点取回本息。在持有期内,凭证式国债的持券人如遇特殊情况需要提取现金,可以到购买网点提前兑取。提前兑取凭证式国债时,除偿还本金外,利息按持券人的实际持有天数及相应的利率档次计算,经办机构按兑付本金的0.1%收取手续费。由于凭证式国债可记名、可预留印鉴,一旦遗失可以挂失,因此安全性较高。但凭证式国债不能上市流通,流动性较差。

(2) 无记名(实物)国债。无记名(实物)国债是一种实物债券,是一种格式标准化的实物券面的债券。大多数记名债券和不记名债券都属于实物债券,在其票面上说明债券面额、票面利率、期限、还本付息方式等。无记名(实物)国债发行期内,投资者可直接在国债销售机构的柜台购买。在证券交易所设立账户的投资者,可委托证券公司通过交易系统申购无记名(实物)国债。无记名(实物)国债发行期结束后,实物券持有者可在柜台卖出,也可将实物券交证券交易所托管,再通过交易系统卖出。目前,此类国债已停止发行。

(3) 储蓄国债。储蓄国债又称电子式国债,是政府面向个人投资者发行的,以吸收个人储蓄资金为目的,满足长期储蓄性投资需求的不可流通记名国债品种。电子储蓄国债就是以电子方式记录债权的储蓄国债品种。

(4) 记账式国债。记账式国债以记账形式记录债权。由中华人民共和国财政部发行,通过证券交易所的交易系统发行和交易,可以记名、挂失和上市转让。投资者进行记账式国债买卖时,必须在证券交易所设立账户。由于记账式国债的发行和交易均已实现无纸化,所以效率高、成本低、交易安全。

我国自1981年恢复国债发行,到1994年面向个人发行的国债品种才从单一型无记名国库券逐步转向多样型凭证式国债、记账式国债和凭证式国债(电子记账)。2000年,无记名国债退出国债发行市场。目前,我国面向储蓄存款市场发行的国债品种主要是凭证式国债(电子记账)和记账式国债。

凭证式国债(电子记账)与记账式国债的不同之处主要表现为以下几点。

(1) 流动或变现方式不同。前者只能在发行期认购,不能上市流通,但可以按有关规定提前兑取,而且可以用来办理质押贷款实现变现;后者可以上市流通,可以在二级市场买卖。

(2) 到期前变现的收益预知程度不同。前者在发行时就对提前兑取条件进行了规定,即投资者所能获得的收益是可以预知的,投资者无论是持有到期还是提前兑取,都不必承担利率变动风险;后者如果持有到期,则获得到期收益,但如果未到期在二级市场变现,则可能遭遇卖出价低于买入价的情况,需承担价差损失,甚至遭遇亏本。当然,持券人也有可能因卖出价高于买入价不但能得到相应期限的利息,还能获得价差收益。

(3) 发行利率确定机制不同。前者是中华人民共和国财政部参照同期银行存款利率以及市场供求关系等因素确定发行利率;后者是根据记账式国债承销团成员投标确定发行利率。

(4) 发行对象不同。前者只限个人购买;后者个人和机构都可购买。

(5) 购买渠道不同。前者可到国债承销团成员的银行网点购买;后者可到开办了柜台记账式国债业务的银行或证券公司购买。

2. 地方政府债券

地方政府债券，是指某一国家中有财政收入的地方政府、地方公共机构发行的债券。地方政府债券一般用于交通、通信、住宅、教育、医院和污水处理系统等地方性公共设施的建设。一般情况下，地方政府债券是以当地政府的税收能力作为还本付息的担保。地方发债有以下2种模式：①地方政府直接发债；②中央发行国债，再转贷给地方，也就是中央发国债之后给地方用。在某些特定情况下，地方政府债券又称市政债券。

20世纪80年代末至90年代初，我国许多地方政府为了筹集资金修路建桥，都曾经发行过地方债券。其中，有的是无息的，以支援国家建设的名义摊派给各个单位；有的甚至直接充当部分工资。但到了1993年，这一行为被国务院制止，原因是对地方政府承付的兑现能力有所怀疑。1995年1月1日起施行的《中华人民共和国预算法》（简称《预算法》）第二十八条明确规定：除法律和国务院另有规定外，地方政府不得发行地方政府债券。"地方政府债券"的禁令一直保持至2009年。为应对当年暴发的全球性金融危机，地方政府债券在我国恢复发行，由中华人民共和国财政部于2009年代理发行2000亿元地方债券。

2009年，新疆维吾尔自治区政府债券（一期）作为首期地方政府债券，于2009年3月30日—2009年4月1日在上海证券交易所发行，发行结束后于2009年4月3日上市。该债券为固定利率债券，票面年利率为1.61%，期限为3年，利息每年支付一次。该债券起息日为2009年3月30日，每年3月30日支付利息，2012年3月30日偿还本金并支付最后一年利息。

允许地方政府发行债券，无疑解决了地方政府财政吃紧的问题。地方政府可以根据地方人民代表大会通过的发展规划，更加灵活地筹集资金，解决发展中存在的问题。但同时，地方政府发行债券筹集资金总额面临着《预算法》的制约。地方政府发行债券将会产生一系列的法律问题。如果没有严格的约束机制，地方政府的过度举债将可能出现破产问题。

（二）央行票据

1. 央行票据的定义与特点

央行票据是中国人民银行为调节商业银行超额准备金而向商业银行发行的短期债务凭证，其实质是中国人民银行债券。之所以称为央行票据，是为了突出其短期性特点（从已发行的央行票据来看，期限最短的为3个月，最长的也只有3年）。

但央行票据与金融市场各发债主体发行的债券有以下本质的区别：各发债主体发行的债券是一种筹集资金的手段，其目的是为了筹集资金，即增加可用资金；中国人民银行发行的央行票据是中国人民银行调节基础货币的一项货币政策工具，目的是减少商业银行可贷资金量。商业银行支付认购央行票据款项的直接结果，就是可贷资金量的减少。

2. 央行票据的发行与流通

央行票据由中国人民银行在银行间市场通过中国人民银行债券发行系统发行，其发行的对象是公开市场业务一级交易商。目前，我国从事公开市场业务的一级交易商有50家，包括商业银行、证券公司等。央行票据采用价格招标的方式贴现发行。除竞争性招标外，还向中国工商银行、中国农业银行、中国银行和中国建设银行等9家双边报价商通过非竞争性招标方式配售。由于央行票据发行不设分销机构，其他投资者只能在二级市场投资。

和在银行间债券市场上发行的其他债券品种一样，央行票据发行后也可以在银行间债市场上市流通，银行间市场投资者均可像投资其他债券品种一样参与央行票据的交易。央行票据的交易方式为现券交易和回购交易。其中，回购交易又可划分为正回购和逆回购。正回购是中国人民银行向一级交易商卖出有价证券，并约定在未来特定日期买回有价证券的交易行为。正回购是中国人民银行从市场收回流动性的操作，正回购到期，则为中国人民银行向市场投放流动性的操作。逆回购是中国人民银行向一级交易商购买有价证券，并约定在未来特定日期将有价证券卖给一级交易商的交易行为。逆回购是中国人民银行向市场上投放流动性的操作，逆回购到期，则为中国人民银行从市场收回流动性的操作。

作为中国人民银行公开市场业务回购操作工具，央行票据在银行间债券市场上市流通和作为中国人民银行公开市场业务回购操作工具的时间为 T+2 日，即发行日的第三个工作日。通过配售方式购买央行票据的双边报价商必须将央行票据作为双边报价券种，在交易时同时连续报出现券买卖双边价格，以提高其流动性。央行票据由于其流动性优势受到了投资者的普遍欢迎。

3. 央行票据的作用

央行票据的作用主要体现在以下3个方面。

（1）丰富公开市场业务操作工具，弥补公开市场操作的现券不足。自1998年5月中国人民银行恢复公开市场业务操作以来，主要以国债等信用级别高的债券为操作对象。但无论是正回购还是现券买断，都受到中国人民银行实际持券量的影响，使公开市场操作的灵活性受到了较大的限制。央行票据的发行，改变了以往只有债券这一种操作工具的状况，增加了中国人民银行对操作工具的选择余地。同时，我国现有国债和金融债券的期限均以中长期为主，缺少短期品种。中国人民银行公开市场以现有品种为操作对象，容易对中长期利率产生较大影响，而对短期利率影响有限。引入央行票据后，中国人民银行可以利用票据或回购及其组合，进行"余额控制、双向操作"，对央行票据进行滚动操作，增加了公开市场操作的灵活性和针对性，增强了货币政策的执行效果。

（2）为市场提供基准利率。国际上一般采用短期的国债收益率作为该国基准利率。但从我国的情况来看，中华人民共和国财政部发行的国债绝大多数是3年期以上的，短期国债市场存量极少。在财政部尚无法形成短期国债滚动发行制度的前提下，由中国人民银行发行票据，在解决公开市场操作工具不足的同时，利用设置票据期限可以完善市场利率结构，形成市场基准利率。

（3）推动货币市场的发展。目前，我国货币市场的政策工具有限。由于缺少短期的货币市场工具，众多机构投资者只能去追逐长期债券，带来债券市场的长期利率风险。央行票据的发行将改变货币市场基本没有短期工具的现状，为机构投资者灵活调剂持有头寸、减轻短期资金压力提供重要工具。

（三）金融债券

1. 金融债券的定义与特点

金融债券，是指银行及非银行金融机构依照法定程序发行并约定在一定期限内还本付息的有价证券。例如，在英国、美国等欧美国家，金融机构发行的债券归类为公司债券；在中国、日本等国家，金融机构发行的债券称为金融债券。金融机构的资金来源很大部分来源于吸收的存款，但有时它们为改变资产负债结构或用于某种特定用途，也有可能发行债券以拓宽资金来源。目前，我国的金融债券种类非常多，包括政策性银行债、商业银行债券、非银行金融机构债券、证券公司债、证券公司短期融资券等。其中，政策性银行债发行规模最大。金融债券的特点有以下4个方面。

（1）专用性。发行金融债券筹集的资金，一般情况下是专款专用，用于定向的特别贷款。而通过吸收存款所得的资金，通常用于一般性贷款。

（2）集中性。在筹资方面，发行金融债券是集中的，具有间断性，而且有一定的规模限额。而吸收存款对于金融机构来说，是经常的、连续的业务，而且无限额。

（3）高利性。在筹资成本方面，金融债券一般利率较高，相对来说成本较高。而相同期限的存款利率往往比金融债券低，成本较低。

（4）流动性。在流通转让方面，金融债券不能提前兑取，延期兑付亦不计逾期利息，但它作为一种债券，一般不记名，不挂失，可以抵押，可以在证券市场上流通转让。存款（尤其是活期存款）虽然可以随时兑取，但一般需记名，不能在证券市场上流通。

2. 商业银行次级债券

商业银行次级债券，是指商业银行发行的，本金和利息的清偿顺序列于商业银行其他负债之后，先于商业银行股权资本的债券。可按照有关规定，将符合条件的次级债务计入银行附属资本。

次级债券在银行间债券市场发行，其投资者范围为银行间债券市场的所有投资者。次级债券发行结束后，经中国人民银行批准可在银行间债券市场上市交易。由于次级债券可计入银行附属资本，并且相对于发行股票补充资本的方式来说，发行次级债程序相对简单、周期短，是一种快捷、可持续的补充资本金的方式。特别对于那些刚刚发行新股或未满足发行新股条件的商业银行而言，如果亟须扩大资本金以捕捉新的业务机会，通常会倾向于先发行次级债。如果投资者判断整个商业环境走好，企业及个人贷款需求旺盛，银行能够顺利地发行数额可观的次级债扩大资金规模，是偏利好的新闻。不过，次级债的风险和利率成本一般都会高于银行发行的其他债券。

3. 商业银行混合资本债券

商业银行混合资本债券，是针对巴塞尔资本协议对于混合资本（债务、股权）工具的要求设计的一种债券形式，所募资金可计入银行附属资本。作为商业银行补充资本金的重要金融工具，混合资本债券在国际上已普遍被各个银行采用。商业银行混合资本债券的特点有以下4个方面。

（1）债券期限在15年以上（含15年）时，发行之日起10年内不得赎回。10年后银行可以具有1次赎回权，但行使赎回权需得到中国银行业监督管理委员会（简称银监会）的批准。若10年后银行未行使赎回权，可以适当提高债券的利率，但提高利率的次数只有1次。

（2）当核心资本充足率低于4%时，银行可以延期支付利息。若同时盈余公积与未分配利润之和为负且最近一年内未支付普通股现金股利，银行必须延期支付利息。递延的利息将根据本期债券的利率计算利息。在不满足延期支付利息的条件时，银行应立即支付欠息及欠息产生的利息。

（3）债券到期时，若银行无力支付索偿权在该债券之前的银行债务，或支付该债券将导致无力支付索偿权在该债券之前的银行债务，可以延期支付该债券的本金和利息。

（4）当银行倒闭或清算时，该债券清偿顺序列于商业银行发行的长期次级债之后，先于商业银行股权资本。

商业银行混合资本债券和长期次级债券的主要区别可归纳为以下5个方面。

(1) 期限不同。混合资本债券的期限在15年或15年以上,而长期次级债的期限只需在5年以上。前者在公司流动性遭遇困难时可以充当吸收损失的缓冲器。

(2) 资本品质不同。混合资本债券的索偿权位于长期次级债之后,还可延期支付利息。遇到偿债能力不足时可先于弥补亏损,混合资本债券不能启动破产程序,这就使得混合资本债券较长期次级债券具有更高的资本品质。而长期次级债不能用于弥补日常经营亏损,但可以启动破产程序。

(3) 拥有赎回权不同。混合资本债券发行10年后银行可行使赎回权再重发,可以避免最后5年计入附属资本时的累计折扣获得更高的收益。

(4) 计入附属资本的上限不同。长期次级债计入附属资本的额度不得超过核心资本的50%。混合资本债券的理论上限可以直逼核心资本的100%(如果其他附属资本为零)。

(5) 发行条件不同。公募发行长期次级债必须满足核心资本充足率达5%以上的条件,而发行混合资本债券只需核心资本充足率达到4%即可。

(四) 企业债券

1. 企业债券的定义和特点

企业债券,是指企业依照法定程序发行的、约定在一定期限内还本付息的有价证券。在我国,企业债券泛指各种所有制企业发行的债券;在西方国家,由于只有股份公司才能发行企业债券(公司债券),所以企业债券包括的范围较广。例如,可转换债券和资产支持证券等。企业债券的特点有以下2个方面。

(1) 风险性。债券的还款来源是公司的经营利润,但是任何一家公司的未来经营都存在很大的不确定性。因此,企业债券具有一定的风险性。对于发行人来说,需要保证所发债券按期还本付息,提高公司信誉;对于投资者来说,承担着债券损失利息甚至本金的风险。

(2) 收益率。根据风险与收益成正比的原则,较高风险的债券需给予投资者较高的投资收益。对于发行人来说,债券融资相比银行贷款或其他融资方式的融资成本更低,可以优化企业财务结构;对于投资者来说,债券投资比股票投资风险小,收益相对低,但比银行存款收益高、风险大。

2. 我国企业债券分类

我国企业债券大致可划分为以下4类。

(1) 企业债券(法人资格企业)。在我国,企业债券是按照《企业债券管理条例》规定发行与交易的,由国家发展与改革委员会监督管理的债券。在实践中,其发债主体为中央政府所属机构、国有独资企业或国有控股企业。因此,我国企业债券在很大程度上体现了政府信用。2008年4月15日起施行的《银行间债券市场非金融企业债务融资工具管理办法》进一步促进了企业债券在银行间债券市场的发行。

(2) 公司债券(上市公司)。公司债券管理机构为中国证券监督管理委员会,发债主体为按照《中华人民共和国公司法》设立的公司法人。在实践中,其发行主体为上市公司,其信用保障是发债公司的资产质量、经营状况、盈利水平和持续赢利能力等。公司债券在证券登记结算公司统一登记托管,可申请在证券交易所上市交易,其信用风险一般高于企业债券。

(3) 中期票据。中期票据的期限通常为5—10年。公司发行中期票据，通常会通过承办经理安排一种灵活的发行机制，通过单一发行计划，多次发行期限不同的票据，这样更能切合公司的融资需求。

1981年，美林公司发行了一期中期票据，用来填补商业票据和长期贷款之间的空间。之后，福特公司作为第一个非金融机构也发行了中期票据，国际金融的一个创举——资产支持票据由此诞生。中期票据的出现主要是从期限上弥补了短期融资券和公司债券之间的空当。同时，随着市场的发展，中期票据在灵活性方面的特点日益体现出来。与公司债券相比，中期票据能够为筹资者和投资者提供更多的选择。

(4) 短期融资券。短期融资券，是指企业在银行间债券市场发行（即由我国各家银行购买而不向社会发行）和交易并约定在1年内还本付息的有价证券，是企业筹措短期（1年以内）资金的直接融资方式。

相关链接

根据《中华人民共和国公司法》的规定，可发行公司债券的企业只能是股份有限公司和有限责任公司。企业的范畴要远大于公司。我国企业债券发行的主要依据是1993年出台的《企业债券管理条例》。企业债券的发行主体一开始就限制在国有经济部门内，与众多的公司数量相比，它所涉及的发债主体比公司债券要窄得多。20世纪90年代中期，一些地方发生了企业债券到期难以兑付本息的风险。而后，中华人民共和国国家计划委员会上收了企业债券的审批权，形成了企业债券由中华人民共和国国家计划委员会集中管理审批的格局。这一历史过程表明，企业债券并非公司债券。

3. 我国企业债的现存问题及改进思路

(1) 我国企业债现存以下6个主要问题：①证券市场的战略误导，企业债券市场未被纳入证券市场总体发展规划。我国企业债券市场欠发达的深层次制度根源是政府驱动型证券市场发展模式的误导。政府驱动模式导致我国证券市场发展目标的二元化，即既要承担优化配置资金的任务，又要肩负对企业实行股份制改造、推进经济改革的使命。只有满足上述2个要求的市场形式才能得到政府扶持和鼓励。当二元目标发生冲突，难以两全时，实际操作中往往是牺牲资金配置效率，以保证经济改革顺利进行。这一战略模式使得企业债券市场变成政府发展证券市场实践中最不受重视的部分。我国企业债券市场的发展受到约束的另一重要原因在于企业自身存在许多缺陷，主要表现在企业产权制度不合理、企业资本结构不合理、企业自身缺乏信誉等方面。②缺乏企业债券定价的人民币基准利率。基准利率，是指资金市场上公认的具有普遍参考价值的利率，是形成其他金融产品的市场价格的基础。国债发行时间固定，品种期限结构合理，市场参与者随时可以得到3个月至10年期以上的国债收益率。正是因为国债收益率具有这些特点，金融市场参与者一般都以此利率作为市场利率的基准。在过去很长一段时间里，由于我国国债市场还不够发达，在金融市场上缺乏一个债券定价的人民币基准利率，这在客观上就给企业债券的定价带来了困难。在这种情况下确定的企业债券利率很难对投资者产生吸引力。③缺乏科学的企业债券定价体系。由于缺乏市场公认的基准利率，在为企业债券定价时，只能采取行政方法确定。例如，我国政府规定，企业债券的票息不能高于同期银行存款的40%。实践证明这种定价方法极不合理，因为这种定价方法没有考虑信用的价值。根据这个规定，无论企业信誉好坏，偿还能力强弱以及投资者承担风险的大小，只要发行债券的期限相同，债券品种的价格就一样。这在客观上造成了企业债券的价格信号混乱。④二级市场发育不够成熟，企业债券流动性差。相比我国企业债券一级市场的发展缓慢，目前我国企业债券的二级市场几乎处于发展停滞状态，主要表现为上市品种少、规模小、交易量不大。企业债券二级市场发展缓慢的直接后果是企业债券的变现能力差，投资者需要资金，手中的债券却卖不出去。企业债券甚至还不如定期存款（定期存款可提前支取，而企业债券不能），无法体现债券的优越性，影响投资者的信心。企业债券二级市场滞后必然会反过来影响一级市场的发行，从而制约企业债券市场的总体发展。⑤企业债券的品种、期限单一，缺乏金融创新。自1988年我国发行企业债券以来，我国企业债券的发行品种基本上属于同一个模式，即为重点建设债券、中央企业债券或地方企业债券，期限为2—3年，到期一次还本付息，统一利率等，缺乏灵活与金融创新，对投资者吸引力不大。即使有投资者，其面对的企业信用风险和利率风险也很大。因此，企业债券市场缺乏活力。⑥缺乏权威的评级机构，企业债券信用评级不规范。目前，我国虽然出现了许多中介机构（例如，会计师事务所、资产评估事务所、信用评级机构等），每次发行的企业债券也都有信用评级，但由于缺乏客观的标准，出现有些中介机构给钱就盖章的缺乏职业道德的现象，甚至出现了被中介机构评为AA级的企业债券到期不归还本金的现象。投资者对中介机构的客观、中立和公正表示疑虑，从而使中介机构失去了投资者的信任。

（2）我国企业债券市场的改进思路如下：①转变证券市场的发展战略，扩大企业债券发行额度，提高资金的配置效率。首先，应理顺股票、国债和企业债券的关系，明确企业债券的主体地位。在证券市场发展指导思想上，不应把企业债券同股票、国债对立起来。其次，应扩大企业债券的发行额度，满足一些经营优良的大企业的发展需求。最后，在企业债券发行额度的结构控制上，在保证国有重点企业发债需求的同时，应兼顾一些经营业绩优良却又资金短缺的民营企业；②对企业债券的发行市场进行配套改革。首先，应建立人民币债券市场的基准利率，使发行利率市场化；其次，应建立科学的企业债券定价体系。这将迫使企业改变经营机制，提高自身信誉和信用级别，在投资者群体中树立良好形象；再次，应发行方式创新，发行规模化，降低发行成本；最后，应积极推行企业债券的新品种；③积极培育企业债券的流通市场，提高企业债券的流动性。我国的企业债券长期以来一直处于"只发行，无交易"的状态，尤其是地方企业债券。由于企业债券交易呆滞、流通性差，加大了投资者对其的风险预期，到期兑现要求增加，使债券的滚动发行更加困难。因此，发展企业债券市场的当务之急。首先，应发展企业债券的二级市场；其次，应建立企业债券的场外交易市场；最后，应建立统一的债券登记、保管和清算中心。只有这样，才可能使我国的企业债市场形成一个完整体系；④明晰企业产权，严格发债主体，提高企业信誉。建立企业债券市场的准入与监管机制，将不具备发行条件的企业拒于企业债券市场之外。明晰企业产权，严格发债主体，提高企业信誉，重建企业债券市场形象，进而树立投资者信心，规范举债企业的行为；⑤培育企业债券的机构投资者队伍。机构投资者可根据自己的风险偏好进行资产组合，提高抗御市场风险的能力。机构投资者有一套内部和外部制约机制，规范投资行为。机构投资者的发展和壮大有利于二级市场的繁荣。因此，要使我国证券市场走向规范和成熟，就必须大力发展机构投资者队伍。

二、按计息方式分类

按计息方式分类,债券可划分为附息债券、一次还本附息债券、贴现债券和累进利率债券。

(一) 附息债券

附息债券,是指在债券券面上附有息票的债券,或是按照债券票面载明的利率及支付方式支付利息的债券。其息票上标有利息额、支付利息的期限和债券号码等内容。持有人可从债券上剪下息票,并据此领取利息。附息债券一般会在偿还期内按期付息(例如,每6个月付息一次或每12个月付息一次)。

(二) 一次还本附息债券

一次还本付息债券,是指在债务期间不支付利息,只在债券到期后按规定的利率一次性向债券持有人支付利息并还本的债券。我国的一次还本付息债券可视为零息债券。

(三) 贴现债券

贴现债券,是指期限比较短的折现债券。债券券面上不附有息票,在票面上不规定利率,发行时按规定的折扣率以低于债券面值的价格发行,到期按面值支付本息。

(四) 累进利率债券

累进利率债券,是指以利率逐年累进的方法计息的债券。随着时间的推移,此种债券的后期利率将比前期利率更高,有一个递增率,呈累进状态。累进利率债券的期限一般是浮动的,投资者可以自行选择,但须符合最短持有期和最长持有期的限制。

三、按募集方式分类

按募集方式分类,债券可划分为公募证券和私募债券。

(一) 公募债券

公募债券,是指向社会公开发行,向不特定的大多数投资者公开募集的债券。任何投资者均可购买公募债券,它可以在证券市场上转让。

(二) 私募债券

私募债券,是指向与发行人有特定关系的少数投资者募集的债券,其发行和转让均有一定的局限性。私募债券的发行手续简单,一般不能在证券市场上交易。

我国中小企业私募债的试点办法于2012年5月份正式公布。上海证券交易所和深圳证券交易所于2012年6月起正式接受私募债券的备案。截至2012年12月末,中小企业私募债券共筹资84.1亿元。这种面对非上市中小企业、不设财务指标限制、不强制要求信用评级的新型融资方式,成为中小企业解决融资难问题的又一创新途径。

四、按信用形式分类

按信用形式分类,债务可划分为信用债券、抵押债券和担保债券。

(一) 信用债券

信用债券,是指没有抵押品,完全凭借公司的良好信誉发行的债券。通常只有经济实力雄厚、信誉较高的企业才能发行这种债券。

（二）抵押债券

抵押债券，是指债券发行人为了保证债券的还本付息，以土地、设备、房屋等不动产作为抵押品发行的债券。如果发行人到期不能还本付息，债券持有人有权处理抵押品作为抵偿。一般抵押品的价值要高于债券发行总额，发行人必须先到有关主管机构办理抵押权设定登记手续。

（三）担保债券

担保债券，是指由一定保证人做担保而发行的债券。当企业没有足够的资金偿还债券时，债权人可要求保证人偿还。

五、按记名与否分类

按记名与否分类，债券可划分为记名债券和无记名债券。

（一）记名债券

记名债券，是指在债券上记载债权人的姓名或名称，并在发行单位或代理机构进行登记的债券。转让时原持有人要背书，办理相应的过户手续。通常，记名债券可以挂失。

（二）无记名债券

无记名债券，是指不需在债券上记载持有人的姓名或名称，也不需在发行单位或代理机构登记造价的债券。此种债券可随意转让，不需办理过户手续。

六、按发行所在地分类

按发行所在地分类，债券可划分为国内债券和国际债券。

（一）国内债券

国内债券，是指本国政府、企业等机构在本国发行的、以本国货币标明面额的债券。

（二）国际债券

1. 国际债券的定义与特点

国际债券，是指一个国家的政府、金融机构、工商企业或国家组织为筹措和融通资金，在国外金融市场上发行的以外国货币标明面值的债券。国际债券的重要特征是发行人和投资者属于不同的国家，筹集的资金来源于国外金融市场。国际债券的发行和交易，既可用来平衡发行国的国际收支，也可用来为发行国政府或企业引入资金从事开发和生产。

2. 国际债券的分类

国际债券可划分为外国债券和欧洲债券。

（1）外国债券，是指借款人在其本国以外的某一个国家发行的、以发行地所在国的货币标明面值的债券。外国债券是传统的国际金融市场的业务，已存在几个世纪。它的发行必须经发行地所在国政府的批准，并受该国金融法令的管辖。例如，在美国发行的外国债券（美元）称为扬基债券，在日本发行的外国债券（日元）称为武士债券。

（2）欧洲债券，是指借款人在债券票面货币发行国以外的国家或在该国的离岸国际金融市场发行的债券。欧洲债券是欧洲货币市场3种主要业务之一。因此，它的发行不受任何国家金融法令的管辖。

第三节 债券的价值分析

案例分析

美国奥兰治县破产案

1994年12月6日,美国南加利福尼亚州(简称加州)的奥兰治县向圣地安那邦法院申请破产保护,涉及亏损金额高达16.9亿美元,是美国有史以来金额最大的县级地方政府破产案。

为增加财政收入,弥补财政资金的不足,奥兰治县以通过发行市政债券筹集的巨额资金、县公共机构和镇政府的行政基金、退休金及公积金等资金创建了县财政投资基金。基金管理人罗伯特·西纯管理的基金投资绩效一直居加州同类基金的前列,投资年收益率高达9%,比加州州政府基金年收益率高出50%。那么,奥兰治县财政基金的巨额亏损是如何造成的呢?

该基金的投资包括美国财政部和其他政府机构的债券。这些债券的期限大部分为5年或5年以下。购买债券的资金最初来源于市政债券发行收入。但西纯采用了不断以购入的债券做抵押借入短期贷款,并以之再购入债券的策略。西纯以上述资产作为抵押,向华尔街经纪行借入130亿美元,使投资基金账面金额高达200亿美元。在中长期债券利率高于短期贷款利率的情况下,这种高杠杆率的投资策略能够产生巨额的盈利。但是,如果利率走向与预期相反,就会使基金的短期借贷成本提高,一旦超过其持有的投资收益率,投资基金就会遭受亏损。例如,1993年10月,西纯利用每6个月滚转一次的短期贷款,购买了面值为12480万美元的5年期财政部债券,实际年收益率为4.61%。由于当初6个月的短期贷款利率为3.31%,如果持有期间利率的期限结构不变,基金每年可以从这笔投资中获得1.3%的盈利,也就是160万美元。但实际情况却是,到1994年末,6个月的贷款利率猛升至6%左右,不仅原预定的基金账面利润消失了,而且仅此一项投资就使基金亏损150多万美元。

上述投资能够获利的前提是市场利率趋于下降,长期利率高于短期利率,并且长、短期利率间的差额不变甚至能够扩大。西纯作出上述投资决策的基本理由是,美国经济正在复苏,美国联邦储备系统(简称美联储)理应放松利率以支持复苏过程。实际上,这也是当时经济界颇为普遍的认知。

但1994年美国长短期利率的发展趋势正好与西纯的预料相反。从1993年第四季度起,美国经济出乎意料地强劲增长。1994年前三季度,美国GDP增长率分别高达3.5%、4.1%和3.9%,大大超出美联储划定的经济增长安全区,使美国经济的通胀压力增大。为抑制通胀率上升,1994年美联储将短期贷款利率从年初的3%提高至年末的5.5%。经济的强劲增长也促发了人们对通胀率上升的预期,使投资者不愿在中长期资本市场投资,从而造成了美国中期债券利率的急跌。美国长、短期利率的这种变化,使该财政基金短期借贷的融资成本提高,超过了其持有的投资组合的收益率。另外,市场利率的上升也使基金持有的固定利率债券的价格下跌,造成基金出现巨额的账面亏损。

问题:

1. 对债券价值进行合理估价是成功投资者必备的素质,结合本案例分析影响债券价值的因素。
2. 当前,我国兴起发行地方政府债券的热潮。通过本案例警示,应采取怎样的风险防范措施?
3. 收集国债交易品种,分析影响其价格波动的因素,并了解国债投资方法。

一、债券的价值评估

(一) 债券价值的评估要素

总地来说,影响债券价值的因素有2个:一是内在因素,包括债券期限、票面利率、是否可赎回、税收待遇、流动性、二级市场的活跃程度、发债主体的信用度等(如表3-1所示);二是外在因素,包括供求状况、基础利率、市场利率风险波动程度、通货膨胀水平等(如表3-2所示)。

表3-1　债券内部因素对债券价值的影响及变动方向(以其他因素不变为前提)

影响因素	变动方向	对债券价值的影响
票面利率	越高	内在价值越高
债券期限	越长	内在价值变化的可能性和幅度越大
税收待遇	税收越低甚至免税	内在价值越大
流动性	越好	内在价值越大
发债主体信用	等级越高	内在价值越大
是否可赎回	提前赎回可能性越高	内在价值越小

表3-2　债券外部因素对债券价值的影响及变动方向

影响因素	变动方向	对债券价值的影响
供求状况	供大于求	整体价值越低
基础利率	提高	整体价值降低
市场利率风险	越大	整体价值越低
通货膨胀水平	越高	整体价值越低

(二) 债券价值的计算公式

1. 到期一次还本付息债券的价值

$$PV = \frac{A(1 + n \times i)}{(1 + R)^n}$$

式中,PV 为债券现值;A 为债券面值;i 为票面利率;n 为期限;R 为贴现率。

例如,某债券面值为1000元,年利率为10%,3年到期一次还本付息,贴现率为12%。则该债券的价值(PV)应为:

$$PV = 1000 \times (1 + 3 \times 10\%) \div (1 + 12\%)^3$$
$$= 925 (元)$$

即该证券的理论发行价格应为 925 元。对于非发行日购买的上市债券,由于债券的存续期减少,在计算债券的价值时应调整到期期限。

例如,上例中债券已过了 1 年,即到期期限只剩 2 年,则其市场价值(PV)应为:

$$PV = 1000 \times (1 + 3 \times 10\%) \div (1 + 12\%)^2$$
$$= 1036 \text{(元)}$$

2. 分期付息到期还本债券的价值

$$PV = \sum_{t=1}^{n} \frac{A_i}{(1+R)^t} + \frac{A}{(1+R)^t}$$

例如,某债券面额为 1000 元,年利率为 10%,期限为 3 年,每年末付息,贴现率为 2%,则该债券的价值(PV)为:

$$PV = \frac{1000 \times 10\%}{(1+0.12)} + \frac{1000 \times 10\%}{(1+0.12)^2} + \frac{1000 \times 10\%}{(1+0.12)^3} + \frac{1000}{(1+0.12)^3}$$
$$= 952 \text{(元)}$$

3. 贴现债券的价值

贴现债券由于每期利率为零,其现值是到期面额的贴现值。因此,贴现债券价值(PV)的计算公式为:

$$PV = \frac{A}{(1+R)^n}$$

例如,某贴现国债的面额为 1000 元,期限为 3 年,贴现率为 12%,则此国债的价值(PV)为:

$$PV = \frac{1000}{(1+0.12)^3}$$
$$= 712 \text{(元)}$$

二、债券的收益指标

(一)直接收益率

直接收益率又称本期收益率,是根据债券利息和债券市场价格计算出来。直接收益率的计算公式为:

$$r_d = C \div P$$

式中,r_d、C、P 分别表示直接收益率、债券年利息和债券市场价格。

例如,某债券面额为 1000 元,3 年期,到期一次还本付息,票面利率为 10%,投资者以 1020 元的发行价购入。则该债券的直接收益率为:

$$r_d = 1000 \times 10\% \div 1020$$
$$= 9.8\%$$

(二)到期收益率

到期收益率又称最终收益率。其计算的条件须满足以下 2 点:①债券持有人持有债券到期满;②期间的利息再投资。

到期收益率(R_A)的计算公式为:

$$R_A = (C + \frac{A - P_0}{n}) \div \frac{A - P_0}{2} \times 100\%$$

式中，R_A 为到期收益率；C 为债券利息；A 为债券面额；P_0 为债券市场价；n 为至债券到期日的期限。

例如，某债券面额为1000元，距到期日4年，利率为10%，每年支付一次利息，债券市场价格为900元，则该债券到期收益率（R_A）的计算公式为：

$$R_A = \left(1000 \times 10\% + \frac{1000-900}{4}\right) \div \frac{1000-900}{2} \times 100\%$$

$$= 25\%$$

（三）持有期收益率

持有期收益率是当债券未到期就卖出时的收益率指标。持有期收益率（R_h）的计算公式为：

$$R_h = \left(\frac{P_1 - P_0 + i}{P_0}\right) \times \frac{360}{n} \times 100\%$$

式中，R_h 为持有期收益率；P_1 为债券卖出时的价格；P_0 为债券买入价格；i 为期间利息收入；n 为持有期限（天数）。

例如，某投资者购入3年期债券，该债券以面额1000元发行，利率为10%，每年付息一次，1年后以1050元价格售出。该投资者的持有期收益率为：

$$R_h = \left(\frac{1050 - 1000 + 1000 \times 10\%}{1000}\right) \times \frac{360}{360} \times 100\%$$

$$= 15\%$$

三、债券价格指数

债券指数，是指反映债券市场价格总体走势的指标体系。和股票指数一样，债券指数是一个比值，其数值反映了当前市场的平均价格相对于基期市场平均价格的位置。国际上已有了成熟的债券指数，并且还在不断地发展。

（一）债券指数的作用

1. 债券指数可以用来进行市场分析研究和市场预测

对于投资者而言，了解债券指数的编制方法并掌握其变化的意义，可以全面地把握债券市场的走势，为投资决策提供有力的帮助。投资人可以通过对静态与实时债券指数走势图线进行一定的技术分析，预测未来债券市场整体的变化趋势。

2. 债券指数是评估投资人业绩的标准

债券指数作为衡量债券整体市场收益率水平的基础，债券指数是评估投资人业绩的标准。投资人可以选择一定的投资评估区间，在这段时间内计算出指数的回报率，然后再与自己的投资回报水平进行比较，评判投资业绩的优劣。这也为金融机构考核债券投资相关部门的业绩提供了依据。

3. 债券指数可以帮助投资人建立指数型债券投资组合

相当多的研究表明，整体而言，大多数投资人的长期收益并不会高于市场整体收益（马科维兹的市场组合理论也恰好说明了这一点）。债券指数可以帮助投资人建立指数型债券投资组合，用以模拟和钉住债券市场整体收益水平，减少频繁市场操作的成本，同时也可以用来规避投资人收益低于市场整体收益的风险。

4. 债券指数可以帮助金融监管部门及时掌握债券市场的信息

债券指数作为债券市场整体的价格走势指标，可以帮助金融监管部门及时准确地掌握市场当前的情况，制定公开市场操作的策略。同时市场上反常的价格也会在指数上清晰地反映出来，可以帮助监管部门及时地发现违规的市场行为。

5. 债券指数可以帮助债券发行主体了解市场情况并确立发债计划

各类债券的发行主体可以通过债券指数了解债券市场的当前行情和历史情况，为其制定债券发行的期限和价格提供决策帮助。

（二）我国债券指数

1981 年我国恢复国债发行，上海证券交易所、深圳证券交易所于 1990 年末相继成立并陆续开始国债交易。我国债券市场的债券品种及市场规模都有了长足发展。为帮助投资者更好地把握和分析债券市场走势。2000 年以来，全国同业拆借中心等机构陆续推出了同业中心银债指数等一系列针对不同市场、券种的债券指数，这些指数设计各有侧重，从而为不同风格投资者调整投资组合和绩效评估提供了比较可靠、科学的决策依据，也为债券市场的金融创新奠定了良好基础。目前，中国证券市场上应用较为广泛的债券指数主要有以下 5 个。

1. 中国债券指数

该指数由中央债券登记结算中心于 2003 年 1 月 1 日编制发布，为一指数系列。根据债券品种及所处市场的不同，该指数主要分为国债券总指数（样本涵盖交易所、银行间市场记账式国债、金融债）；债总指数；融债总指数；业债指数。

其中，国债总指数又细分为银行间国债指数和交易所国债指数，同时还根据债券付息方式的不同将债券总指数、国债、金融债总指数进一步细分为固定利率和浮动利率指数。

2. 上海证券交易所国债指数

该指数由上海证券交易所于 2003 年 1 月编制发布。

3. 中信债券指数

该指数由中信集团于 1999 年末编制并发布，主要包括中信全债指数（样本涵盖交易所、银行间市场国债、金融债、企业债）、中信国债指数、中信企业债指数、中信银债指数。

4. 中国银行银债指数

该指数由中国银行于 2002 年 5 月编制发布，主要包括中国银行银行间综合指数和中国银行银行间国债指数和中国银行银行间金融债指数。

5. 银行间同业拆借中心银债指数

该指数由全国银行间同业拆借中心于 2000 年 1 月编制发布，主要包括同业中心综合指数（样本涵盖银行间市场国债、金融债、企业债）和同业中心国债指数。

四、利率期限结构

（一）资本风险和收入风险

在证券投资中，投资者经常遇到由于市场利率的变化所带来的资本风险和收入风险。资本风险，是指在进行长期债券的投资中，由于未来的市场利率趋于上升，促使了原有长期债券价格的下跌，给长期债券持有者的资本造成损失的风险；收入风险，是指在进行短期债券的滚动操作时，因利率下降使再投资收益减少的风险。例如，投资者在 1994 年购入利率为 8% 的 5 年期债券，于 1994 年准备出售时却发现当时市场即期利率已达 13%，5 年期债券价格大幅下跌,于是他转而买进利率为13%的1年期债券,1年后收回本金时发现市场利率已降至11%。在上述债券投资中,投资者分别遇上了在长期投资中因市场利率上升而导致的资本风险以及短期投资时利率下降所形成的再投资风险。因此,对市场利率的分析及对未来利率变动趋势的预测分析,无论对投资者还是对发行者来说都相当重要。

课堂讨论

分析当经济繁荣、货币供应量增加、通货膨胀时的资本风险和收入风险。

(二) 利率期限结构

1. 利率期限结构的定义

债券有长、中、短期之分。债券的期限越长,其所面临的风险越大。因此,不同期限的债券有着不同的利率水平。不同期限资金对应的相互联系、相互制约的一组利率称为利率期限结构。对利率期限结构的分析一般局限于品质相同而期限不同的证券及其到期收益率与到期期限之间的关系。能满足这一条件的只有政府债券。政府发行的众多品种的长、中、短期债券,因期限不同而利率不同,这便于分析整个债券体系的利率结构,从而对整个金融市场的利率走势的变化做出正确的预期。

2. 利率期限结构理论

解释利率的期限结构的理论有以下3种,即市场预期理论、流动偏好理论和市场分割理论。

(1) 市场预期理论。市场预期理论认为,利率期限结构产生于投资者对未来市场利率变动的预期,假设市场是有效的,投资者是有理性的,并对未来的利率预期是一致的。预期理论认为,长期利率是同一时期内各期利率的几何平均数。例如,一个期限为 N 的债券在某时点的到期收益率等于这 N 年内全部1年期债券收益率的几何平均数。长期债券的年收益率用公式表示为:

$$R_n = [(1+R_1)(1+R_2)(1+R_3)\cdots(1+R_{n-1})]^{\frac{1}{n}} - 1$$

式中,R_n 为长期债券的年收益率;R_1、R_2、R_{n-1} 为 n 年内1年期债券的预期年收益率。

该公式揭示了在市场有效率的前提下,无论是进行债券的长期投资,还是进行短期滚动式投资,在某一时点上,其年收益率应是相同的,不存在套利机会。我们以某投资者2年的投资方案为例。

例如,市场上1年期债券的年收益率为8%,2年期债券的年收益率为9%。该投资者可进行的投资选择有以下2种:①购买2年期债券;②购买1年期债券,到期满取回本息后再进行1年期债券的投资。按照预期理论,不论投资者持有什么期限的债券组合,在某一时点上,其期望收益是相同的。按照上一公式,第二年的1年期债券利率应是:

$$R_2 = [(1+R_n)^2 \div (1+R_1)] - 1$$
$$= [(1+0.09)^2 \div (1+0.08)] - 1$$
$$\approx 0.1$$

即第二年的1年期债券利率为10%。

因此,无论进行短期滚动式投资,还是长期投资,其年收益率相等,即:

$$(1+0.08) \times (1+0.1) = (1+0.09)^2$$

预期理论较好地解释了长期利率和短期利率的关系，其利率期限结构的上升趋势与下降趋势的时间跨度从预期理论的逻辑来看，应是基本对称的。但对利率期限结构的实证却发现，在大多数的时间里利率呈上升趋势。流动偏好理论对预期理论的不足之处进行了必要的修正和补充。

（2）流动偏好理论。流动偏好理论是由约翰·希克斯（1932）在《工资理论》中提出的。流动偏好理论和市场预期理论相似，都认为利率期限结构是由人们对未来市场利率的预期决定的，但与市场预期理论不同，该理论认为短期债券的流动性较强。由于人们偏好于流动性，购买长期债券时就会要求得到流动性补偿，即对失去流动性的补偿。债券的期限越长，投资者要求得到的流动性补偿就越高。因此，按照流动偏好理论，长期债券的年收益率等于短期债券预期年收益率的算术平均数与流动性补偿之和。

流动偏好理论和市场预期理论的区别，可以用表3-3和表3-4说明。如表3-3所示，由于投资者对不同期限的债券没有不同的偏好，不同期限的债券在同一年的预期年收益率是相同的。例如，第一年不同期限的债券的预期年收益率均为3%。第二年不同期限的债券的预期年收益率均为7%，如此等等。另外，表3-3的第一列表明，投资者对1年期债券在不同年份的年收益率的预期是先趋于上升再趋于下降。例如，1年期债券的预期年收益率从第一年的3%上升到第四年的12%，再下降到第五年的10%。

表3-3　　　　　　　　　　　市场预期理论

时　期	预期年收益率				
	1年期债券	2年期债券	3年期债券	4年期债券	5年期债券
第一年开始	3%	3%	3%	3%	3%
第二年开始	7%	7%	7%	7%	7%
第三年开始	10%	10%	10%	10%	10%
第四年开始	12%	12%	12%	12%	12%
第五年开始	10%	10%	10%	10%	10%
算术平均数	3%	5%	6.67%	8%	8.4%

随着时间的推移，不同年限的债券都如表3-3中箭头所示向左下方移动。例如，在第一年结束和第二年开始时，2年期债券变成1年期债券，3年期债券变成2年期债券，如此等等。各种不同期限的债券的年收益率，等于它们从开始到期满的预期年收益率的算术平均数，也就是等于表3-3中用箭头联系起来的预期年收益率的算术平均数。例如，1年期债券的年收益率等于其第一年的预期年收益率（3%），2年期债券的年收益率等于其第一年预期年收益率（3%）和1年期债券第二年预期年收益率（7%）的算术平均数（5%），也就是1年期债券第一年预期年收益率（3%）和第二年预期年收益率（7%）的算术平均数，其余照此类推。这就是说，不同期限的债券的年收益率等于1年期债券在不同年份的预期年收益率的算术平均数。由此表明，利率的期限结构（相应表中第六行）是由人们对市场利率变化的预期（相应表中第一列）决定的。

与表3-3不同，表3-4表明由于投资者偏好于流动性，债券的年限越长，流动性补偿就越高，在同一期间里的预期年收益率就越高。例如，在第一年开始的时候，1年期债券的预期年收益率是 3%，2 年期债券的预期年收益率是 3.5%，如此等等。另外，表 3-4 的第一列表明，投资者对 1 年期债券在不同年份的年收益率的预期是先上升，然后再趋于下降。例如，1 年期债券的预期年收益率从第一年开始的 3% 逐渐上升到第四年的 12%，然后又下降到第五年的 7%。

随着时间的推移，不同年限的债券都如表 3-4 中箭头所示的方向移动。各种不同期限的债券的年收益率等于它们从开始到期满的预期年收益率的算术平均数，也就是等于表 3-4 中用箭头联系起来的预期年收益率的算术平均数。例如，1 年期债券的年收益率等于其第一年的预期年收益率（3%），2 年期债券的年收益率等于其第一年预期年收益率（3.5%）和 1 年期债券第二年预期年收益率（7%）的算术平均数（5.25%），其余照此类推。这就是说，利率的期限结构（相应表中第六行）是由人们对市场利率变化的预期（相应表中第一列）和流动性补偿（相应表中第一行至第五行）决定的。当人们预期市场利率趋于上升时，利率的期限结构是上升的期限结构；当人们预期市场利率趋于下降时，利率的期限结构是下降的期限结构。

表 3-4　　　　　　　　　　　流动偏好理论

时 期	预期年收益率				
	1 年期债券	2 年期债券	3 年期债券	4 年期债券	5 年期债券
第一年开始	3%	3.5%	4%	4.5%	5%
第二年开始	7%	7.5%	8%	8.5%	9%
第三年开始	10%	10.5%	11%	11.5%	12%
第四年开始	12%	12.5%	13%	13.5%	14%
第五年开始	7%	7.5%	8%	8.5%	9%
算术平均数	3%	5.25%	7.17%	8.75%	8.8%

与市场预期理论相比，流动偏好理论增加了流动性补偿的因素。因此，如果在以横轴表示期限、纵轴表示收益率的坐标系里描出利率期限结构曲线，在其他条件相同的情况下，流动偏好利率期限结构曲线通常位于市场预期利率期限结构曲线的上方。

（3）市场分割理论。市场分割理论是由卡伯特森于 1957 年提出的。市场分割理论认为，在通常的情况下，投资者不愿冒太大的风险，而是希望确保收益。投资者要做到确保收益，就要使自己的资产和负债的期限相一致。例如，商业银行的债务大部分是短期存款。如果商业银行投资长期债券，一方面，它的资产的流动性不足，难以应付存款者提取存款；另一方面，在短期利率上升的情况下，它支付短期存款的利息不断增加，而得到的长期债券的利息却保持不变，从而会遭受损失。因此，商业银行将选择投资与自己的债务的期限相一致的短期债券。又如，退休基金的债务大部分是定期定量支付的退休金。如果退休基金投资短期债券，在短期利率下降的情况下，它支付的退休金不变，但得到的短期债券的利息却不断减少，从而会遭受损失。所以，退休基金将选择投资与自己的债务期限相一致的长期债券。由于投资者总是努力使自己的资产和负债的期限相一致，不同期限的债券是不能相互替代的，债券市场将分割为期限不同的多个市场。

为方便起见，假定债券市场分割为短期债券市场和长期债券市场 2 个市场。在这两个债券市场上,债券的发行者是资金的需求者,其所需资金的数量是随着债券收益率的上升而下降的。债券收益率越高,其所需的资金越少。债券的购买者是资金的供给者,其提供资金的数量是随着债券收益率的上升而增加的。债券收益率越高,其所提供的资金越多。因此,在横轴表示资金数量、纵轴表示债券收益率的坐标系里,资金需求曲线 D 是一条向右下方倾斜的曲线,资金供给曲线 S 是一条向右上方倾斜的曲线。当资金需求量和资金供给量相等时,也就是当资金需求曲线和资金供给曲线相交时,形成了均衡的收益率(如图 3-1 所示)。

如果资金需求者从短期资金转向长期资金。例如,厂商从投资存货转向投资厂房,那么短期资金的需求减少,短期资金需求曲线向左方移动;长期资金需求增加,长期资金需求曲线向右方移动。这样,短期债券市场的收益率将会下降,长期债券市场的收益率将会上升。如果资金供给者从短期市场转向长期市场。例如,银行因长期存款增加而转向投资长期债券,那么短期资金供给减少,短期资金供给曲线向左方移动;长期资金供给增加,长期资金供给曲线向右方移动。结果,短期债券市场的收益率将会上升,长期债券市场的收益率将会下降。

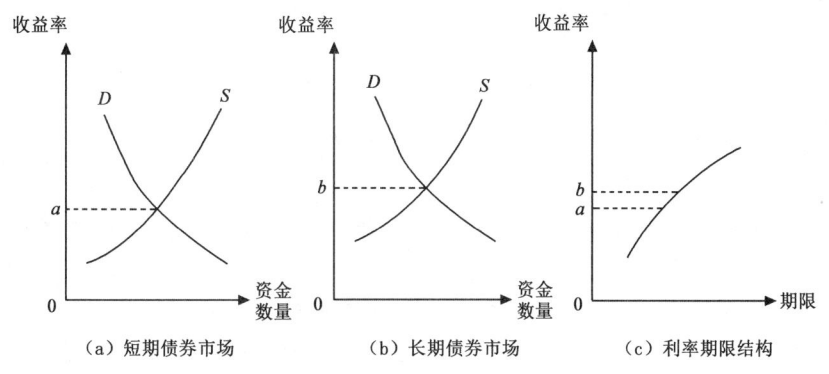

图 3-1 市场分割理论示意图

因为债券市场被分割为多个期限不同的市场,而每个市场的收益率是由该市场上资金的供给和需求决定的,所以就形成了水平的利率期限结构、上升的利率期限结构或下降的利率期限结构。例如,在图 3-1 中,短期债券市场的收益率较低,长期债券市场的收益率较高,就形成了上升的利率期限结构(如图 3-1 中(c)所示)。

(三)到期收益率曲线

收益率曲线,是指一种标明各种不同剩余期限债券的到期收益率的曲线图,横坐标是期限,纵坐标是到期收益率。收益率曲线可以提供对债券市场利率期限结构的估计值。常见的收益率曲线大致可划分为 3 种类型,即上升型、水平型和下降型(如图 3-2、图 3-3 和图 3-4 所示)。

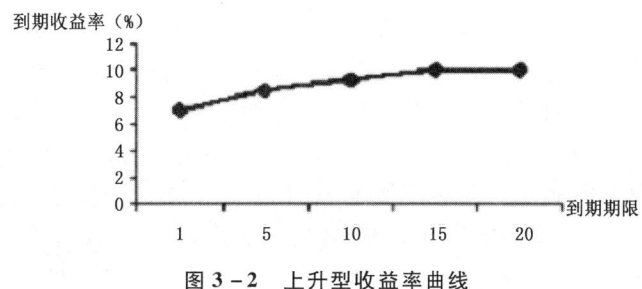

图 3-2 上升型收益率曲线

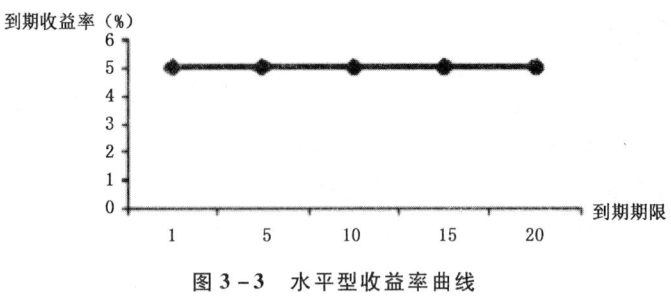

图 3-3 水平型收益率曲线

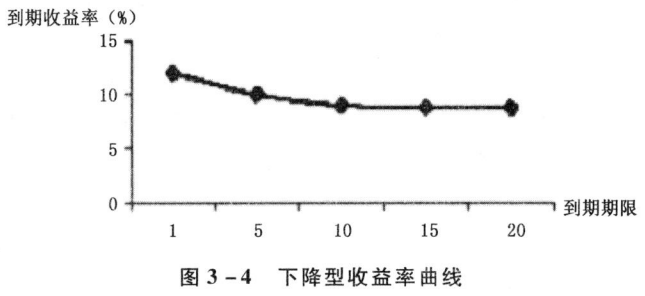

图 3-4 下降型收益率曲线

上升型收益率曲线,表示在正常情况下短期债券的收益率低于长期债券,债券期限越长,收益率越高。

水平型收益率曲线,则反映了在上升、下降收益率曲线相互转换的过程中出现的过渡阶段。

下降型收益率曲线,表示一种反常的利率期限结构现象,即短期债券收益率较高,长期债券收益率较低。这反映了市场对经济发展预期变坏,对长期资金需求下降,从而造成长期利率的下降。

这三种收益率曲线中最常见的是上升型收益率曲线,因为长期债券的收益在正常情况下要比短期债券的收益高。

五、债券的信用评级

(一) 债券的信用评级的意义

1. 债券的信用评级有利于证券市场健康发展

随着金融市场的发展,债券市场品种繁多,良莠不齐。信用评级可以对不同质量的债券进行等级区分,有助于债券的合理定价和正常流动,从而保证债券市场的健康发展。

2. 债券的信用评级沟通了投融资者的信息交流渠道,有利于社会投融资机制顺利运转

投资者需要了解发行主体的信息情况,以优化投资选择,实现投资安全性,并取得可靠收益。企业则希望自己的经营状况得到合理的分析和恰当的评价,以利于银行和社会公众投资者按照自己的经营管理水平和信用状况给予资金支持,并通过不断改善经营管理,提高自己的资信级别,降低筹资成本,最大限度地享受相应的权益。信用评级可以为投资者提供公正、客观的信息,从而起到保护投资者利益的作用,进而满足企业的资金需求。

3. 债券的信用评级有利于提高市场监管者的管理质量

信用评级能为政府部门间接控制市场提供强有力的手段,可加强对企业的指导和监督。政府监管部门采用评级结果可以作为资本市场管理部门审查决策的依据,提高信息透明度,

有效防范市场风险。这是因为信用等级是政府主管部门审批债券发行的前提条件,它可以使发行主体限制在偿债能力较强、信用程度较高的企业。

(二) 债券评级

1. 评级机构

目前,国际上公认的最具权威性的信用评级机构主要有标准普尔公司(简称标准普尔)、穆迪投资服务公司(简称穆迪)和惠誉国际信用评级有限公司(简称惠誉)。上述3家公司负责评级的债券很广泛,包括地方政府债券、公司债券、外国债券等。由于它们占有详尽的资料,采用先进科学的分析技术,又有丰富的实践经验和大量专门人才。因此,它们作出的信用评级具有很高的权威性。

标准普尔、穆迪和惠誉都是独立的私人企业,不受政府的控制,也独立于证券交易所和证券公司。它们作出的信用评级不具有向投资者推荐债券的含义,只供投资者决策时参考。因此,它们对投资者并不承担任何法律上的责任。

2. 债券的评级程序

从时间顺序来看,评级业务可以划分为前期准备、评级实施、评级跟踪3个阶段。

(1) 前期准备阶段要完成下列工作内容:①评级对象与评级机构签订协议,明确双方权利及义务,在银行间市场交易商协会备案。②评级机构与债券发行人、承销商等就项目制定进程表。同时,完成评级资料的收集,这些资料包括公司章程、协议、营业执照、验资报告、近3年财务报表及审计报告、近3年工作总结、远景规划、董事会记录以及其他评估相关资料。

在这一阶段工作的初期,评级公司会由资深评级分析师对项目进行综合评价,做出一个初步评级,即预评。预评有着重要的作用。首先,预评要确定企业的性质及行业是否满足发行要求。例如,集合票据对中小企业的认定条件,国家规定的行业限制等;其次,预评结果的高低对企业发行能否成功有一定预判功能,一般而言,发行人的级别应不低于BBB-才可能发行成功;最后,市场部根据预评结果预判企业最终实际评级结果的可能的区间,与企业沟通,以免企业期望过高,导致双方产生矛盾。

(2) 评级实施阶段。评级实施阶段包括企业访谈、报告撰写、审核(二审、三审和评审委员会审核)、报告出具、评级结果公布等内容。

企业访谈属于信息收集的部分。评级分析师首先要在第一阶段收集的资料基础上,列出访谈提纲,包括对企业股权结构、制度设置、历史沿革、公司业务、上下游客户关系、技术研发、财务状况等各个方面进行考察,然后与企业职能部门进行交流。根据需要,还可向第三方机构进行了解、核实。

在报告撰写过程中,评级分析师要对已有资料进行整理分析、归纳,对财务数据进行处理,形成工作底稿。然后,按照信用评级标准的要求,将定性资料与定量资料结合起来,加以综合评价,形成初步的评级结果。

审核,是指对项目信用级别的确定。首先,由评级报告撰写人与二级审核人员沟通,汲取二审意见,进一步确定级别;在二审认可的基础上,进入三审阶段,撰写人、二审以及三审人员反复沟通,形成最终级别;完成上述步骤后,项目负责人向公司评审委员会递交评级报告。评级委员会在审阅评估分析依据后,以投票方式进行表决,确定信用等级,并向撰写人员反馈评审意见。撰写人根据反馈意见修改,形成最终的信用评级报告。

报告出具，是指公司向评级对象发出信用评级报告，征求意见。评级对象在接到报告后应于 5 日内提出意见，如无意见，评级结果以此为准。若评级对象有意见，提出复评要求，须提供复评理由，并附必要资料。公司评级委员会审核后给予复评，复评一般以一次为限，复评结果即为最终结果。评级结果公布阶段，公司视评级对象要求，决定是否在公开刊物上刊登评级结果。

（3）跟踪评级阶段。为了控制后续风险，评判企业信用稳定性，满足政府主管部门监管要求以及评级机构的业务操作规范，在信用等级有效期内，评级机构将持续关注发行人外部经营环境的变化、影响发行人经营或财务状况的重大事件、发行人履行债务的情况等因素，并出具跟踪评级报告，动态地反映发行人及其债券的信用状况。持续跟踪评级包括持续定期跟踪评级与不定期跟踪评级。

评级机构根据信用等级有效期的长短，每隔一段时间（6 个月或 12 个月）将出具一次正式的定期跟踪评级报告。不定期跟踪评级自首次信用评级报告出具之日起进行，如果发行人发生了影响前次评级报告结论的重大事项（例如，发行人受突发、重大事项的影响），评级机构有权决定是否对原有信用级别进行调整，出具不定期跟踪评级报告。

（三）债券的等级

国际上流行的债券等级是 3 等 9 级。AAA 级为最高级，AA 级为高级，A 级为上中级，BBB 级为中级，BB 级为中下级，B 级为投机级，CCC 级为完全投机级，CC 级为最大投机级，C 级为最低级。

1. A 级债券

A 级债券是最高级别的债券，其特点如下。

（1）本金和收益的安全性最大；

（2）债券价格受经济形势影响的程度较小；

（3）收益水平较低，筹资成本也低。

对于 A 级债券来说，利率的变化比经济状况的变化更为重要。因此，一般人们把 A 级债券称为信誉良好的"金边债券"，其对特别注重利息收入的投资者或保值者是较好的选择。

2. B 级债券

B 级债券对那些熟练的证券投资者来说特别有吸引力，因为这些投资者不情愿只购买收益较低的 A 级债券，他们更愿意冒一定风险购买收益较高的 B 级债券。B 级债券的特点如下。

（1）债券的安全性、稳定性以及利息收益会受到经济中不稳定因素的影响；

（2）经济形势的变化对这类债券的价值影响很大；

（3）投资者承担一定的风险，但收益水平较高，筹资成本与费用也较高。因此，对 B 级债券的投资，投资者必须具有选择与管理证券的良好能力。对愿意承担一定风险，又想取得较高收益的投资者，投资 B 级债券是较好的选择。

3. C 级和 D 级债券

这两类债券是投机性或赌博性的债券。从正常投资角度来看，没有多大的经济意义。但对于敢于承担风险，试图从差价变动中取得巨大收益的投资者来说，C 级和 D 级债券也是一种可供选择的投资对象。

（四）我国的信用评级

我国信用评级最初产生于银行系统内部。银行出于对贷款安全的考虑，组织专门人员对贷款企业的履约能力和信用状况进行分析和评价。随着债券市场的发展，独立于银行系统的专门评级机构开始出现。1987年3月，国务院颁布了《企业债券管理暂行条例》，中国各省市纷纷开始组建资信评级机构。第一家评级机构是1988年3月成立的上海远东资信评估有限公司。目前，我国活跃的有资质的评级公司包括上海新世纪资信评估投资服务有限公司（简称上海新世纪）、中诚信国际信用评级有限公司（简称中诚信）、联合资信评估有限公司（简称联合）、大公国际资信评估有限公司（简称大公）、鹏元资信评估有限公司（简称鹏元）。此外，全球著名的评级机构也已进入我国评级市场，参股本土评级机构或与之展开合作。例如，穆迪参股中诚信（穆迪占49%的股份），惠誉参股联合（惠誉占49%的股份），上海新世纪与标准普尔在研发、评级方法等方面展开了合作。在上述评级机构中，大公是我国唯一纯本土的全国性评级机构，上海新世纪是唯一具有"学院派"背景的评级机构（原财大三产）。在证券市场上由信用评级业务管理部门——中国证监会认定拥有评级资质的公司为大公、上海新世纪、联合、中诚信、鹏元和东方金城国际信用评估有限公司（简称东方金城）6家；在银行间债券市场上由信用评级行政管理部门——中国人民银行认定拥有信用评级资质的公司为大公、上海新世纪、联合、中诚信和东方金城5家；取得全牌照的目前只有大公、上海新世纪和东方金城3家机构。

目前，我国评级机构呈现多头监管模式，不同的发行主体对应的监管机构不一样。在证券市场从事公司债评级的机构归属于证监会监管；在银行间债券市场和信贷市场从事信用评级的机构归属于中国人民银行监管；而从事投标、企业债等信用评级的机构由发改委监管。另外，中国银监会、中国银行保险监督管理委员会（简称保监会）也曾发布相关规定，对评级机构作出特定要求。这种多头监管的模式，导致我国缺乏一个统一、明确的信用评级机构认定标准，这也是导致我国信用评级机构缺乏公信力的一个原因。

本章小结及要点

内容摘要：本章主要介绍债券，债券的主要种类，债券的估值方法，债券的评级，并对我国企业债现存问题、相应的改进思路加以介绍。

1. 债券属于证券投资工具中风险相对较低的品种，具有收益性、安全性、流动性和期限性的特点。

2. 债券按发行主体不同可划分为政府债券、金融债券、央行票据和企业债券；按计息方式不同可划分为付息债券、一次还本付息债券、贴现债券和累进利率债券；按募集方式不同可划分为公募债券和私募债券；按信用形式分类可划分为信用债券、抵押债券和担保债券；按记名与否可划分为记名债券和无记名债券；按发行所在地可划分为国内债券和国际债券。

3. 影响债券价值有2个因素。一是内在因素，包括债券期限、票面利率、是否可赎回、税收待遇、流动性、二级市场的活跃程度、发债主体的信用度等；二是外在因素，包括供求状况、基础利率、市场利率风险波动程度、通货膨胀水平等。

4. 债券价值评估包括对到期一次还本付息债券、分期付息到期还本债券和贴现债券价值的评估，可以用评估公式来计算。债券的收益指标包括直接受益率、到期收益率和持有期收益率。

5. 评估债券风险可以根据评级机构给出的信用等级来衡量，国际上流行的债券等级是3等9级。

思考题与应用训练

1. 按面值出售的债券，息票率为8%，半年付息一次。如果想每年付息一次，并且仍按面值出售，则息票率应为多少？

2. 假定有一种债券的售价为953.1美元，3年后到期，每年付息。此后3年内的利率依次为8%、10%、12%，计算该债券的到期收益率与实际复利率。

3. 简要说明期限不同的债券如何因预期、流动性和市场分割假说而有不同的收益。简述当收益率曲线在向上倾斜和向下倾斜时以上3种假说的含义。

4. 自2003年12月9日中国银监会发布《关于将次级定期债务计入附属资本的通知》以来，商业银行发行次级债持续升温。商业银行将发行次级债作为其经常性、可持续的资本补充渠道，可以增强市场对商业银行的约束功能，有利于完善我国商业银行的治理机制。这一功能是如何实现的？

5. 目前，我国4家全国性的信用评级机构，除大公始终坚持民族品牌国际化发展外，其余已经与全球著名的评级机构展开合作。根据这一现象，结合欧洲主权债务危机，分析其对我国未来债券评级和信息安全的影响。

6. 目前，我国地方政府债务规模高达30万亿元，部分债券出现清偿困难问题，查阅相关资料，分析地方政府债形成的原因并提出解决该问题的思路。

7. 与西方企业融资顺序相反，我国企业融资为何偏好股权融资、而非债权融资，为什么？

8. 到和讯债券、东方财富网站收集债券投资信息，寻找值得投资的国债、企业债，利用所学知识分析其投资价值。

9. 查阅资料，分析信用债、中小企业私募债风险，提出投资建议。

案例分析

俄罗斯金融危机

1998年，俄罗斯金融市场的动荡愈演愈烈，俄罗斯金融市场投资者的心理崩溃，一场自俄罗斯独立以来最为严重的金融危机爆发了。

1998年8月17日，俄罗斯政府及俄罗斯联邦中央银行发布联合声明，对俄罗斯出现的金融危机采取三大措施：①扩大卢布汇率浮动幅度；②延期清偿内债；③冻结部分外债。俄罗斯各大商业银行和俄罗斯各个公司在他国银行和投资公司的贷款、以有价证券作为担保的贷款保险金以及定期外汇契约，支付期冻结90天。同时，禁止外国投资者将资金投入偿还期短于1年的卢布资产。俄罗斯政府强调，冻结的外债不涉及政府举借的外债。

上述三大措施出台后，俄罗斯的金融危机并未得到缓解，相反，金融市场上一片混乱，对国家的政治、经济和社会产生了巨大的负面影响。就金融市场来看，汇市混乱、股市暴跌、债市停滞。俄罗斯债券市场停业近4个月，俄罗斯政府债券在国际债市上的市值仅为面值的6%。

这是一场起源于债市崩溃，进而牵动股市、汇市，并殃及整个银行体系的金融业全面危机。俄罗斯金融市场的建构和发展一直是以债市为中心，债市的主体又是自1993年以来由俄罗斯财政部发行的期限在1年以内的短期国债。同时，外资在短期国债市场上的份额约为50%，正是这一特点决定了其历次危机大都起源于债市，此次也不例外。

1990年以来，由于税收不力导致俄罗斯财政赤字日益严重，每周一次的短期国债拍卖发行就成了弥补赤字的主渠道。由于债券本身的偿还期短，在缺乏其他"非发行"资金来源的情况下，借新还旧也就逐渐成为一种必需，而这无形中已为铸造"金融金字塔"埋下了伏笔。1998年，在持续的危机下，外资在债市上一直是出多入少，外贸出口收入、私有化收入及税收来源的减少导致俄罗斯财政收支严重失衡，更加重了投资者对政府偿债能力的怀疑。

1998年5月，1年期俄罗斯国债的二级市场收益率曾突破80%，至1998年7月初，1个月期以上的俄罗斯债券的年收益率均超过100%。与此同时，投资者在一级市场上所提出的收益率要求越来越高，最终迫使俄罗斯财政部在1998年7月中旬以后接连3周放弃拍卖发行，仅仅靠储备和从欧洲市场上紧急筹资勉强偿债。1998年8月17日，俄罗斯财政部及央行宣布"停止1999年末到期国债的交易和偿付"，成为"金融金字塔"坍塌的标志。债市的崩溃不仅造成了投资者资产的巨额缩水，更带来了卢布资产的严重贬值。因此，股市上即刻掀起一片抛售狂潮。为保值，从债市、股市撤离的资金涌向汇市，造成外汇供求关系的严重失衡，俄罗斯联邦中央银行无力依靠微薄的储备去满足巨额需求，只有贬值。与以往历次金融市场动荡相比，此次危机对俄罗斯银行体系造成了毁坏性的严重打击：一方面，由于银行业对金融市场，尤其是债市的高度参与，债市的持续下跌乃至最后崩溃使其资产损失惨重；另一方面，债市持续下滑导致银行盈利严重减退，银行无力清偿庞大的对外到期债务。此外，在市场危机日益加重情况下，储户的大规模挤提和银行间同业市场的实际停滞，使一些银行濒临破产的边缘。

问题：

1. 俄罗斯的这场金融危机的起源是什么？分析其背后深层次原因。
2. 俄罗斯金融市场结构存在的问题及原因有哪些？

提示：(1) 健全和发达的金融市场对促进一国经济与金融的发展有积极的意义。如果金融市场的组成结构不合理，或是缺乏必要的调控和管理让其自由地运作和发展，或是采取的管理方式不合理，那么金融市场对经济发展会产生消极影响甚至破坏作用。(2) 俄罗斯当时债市的发行总额为650亿美元。其中，居民法人持有近450亿美元的各种债券，并且在各种债券中，短期国债占3/4以上，又以6个月国债和3个月国债为主。

第四章 股　票

本章导读

股票既是融资需求者发行的融资工具，又是投资者进行证券投资的对象。本章主要以证券投资对象来对股票投资进行分析，介绍了股票的发行主体只能是股份公司、股票的不同分类方式及不同类型股票持有者享有的不同权利、股东如何获得股息与红利、如何通过股价指数衡量市场股价波动状况、如何对股票价值进行分析。

分析股票投资价值主要通过经济增长率来判断，一般情况下，一国的经济增长与其证券市场的股价上涨是同步的；经济周期也会影响股价变动，但两者的变动不是同步的；政府在财政政策、税收政策、产业政策、货币政策、外贸政策等方面的变化也会影响股价变动；通货膨胀也是影响股价的一个重要宏观经济因素，通货膨胀主要是过多地增加货币供应量造成的，与股票价格一般呈正相关关系，但有时呈相反的关系；还有一个影响股价的重要因素是企业因素，公司的经营业绩、股息政策、公司增资、股票拆细、公司并购都会影响股票市场价格变动。

本章主要学习和思考以下问题：
1. 股份有限公司及其组织架构是什么？
2. 股票的基本属性及分类方式是什么？
3. 股价指数的编制方法及作用是什么？
4. 如何分析股票投资价值？

第一节　股份有限公司

股份公司（stock corporation），是指以公司资本为股份所组成的，股东以其认购的股份为限对公司承担责任的企业法人。在我国，设立股份有限公司应当有2人以上200以下为发起人，注册资本的最低限额为人民币500万元。由于所有股份公司均须是负担有限责任的有限公司（但并非所有有限公司都是股份公司），所以一般合称股份有限公司。

一、股份有限公司的特征

（一）公司是法人企业

股份有限公司按照一定的章程、法律程序设立，它以自己独立的法人资格取得资产、承担债务、自主运营，独立地履行民事权利和义务。

（二）公司通过发行股票筹资且全部资本分为等额股份

股份公司通过发行股票筹集资本，股东按持股比例享有相应的权利和义务。一股一权、一权一利一责，股权平等。在这里，股东的个人身份、名誉、地位不再具有意义，任何人持有公司的股票就是公司的股东，享有相应的权利和义务。

（三）股东的责任是有限的

股东对公司的债务仅以自己股本额为限承负有限责任。公司法人也仅以公司本身的全部资产为限对债务承负有限责任。股东的其他财产与公司债务无关。

（四）股东不能中途退股，但股票可在证券市场上自由买卖

股份有限公司的股票不可退回，但可自由转让，具有充分的流通性。这一特征是公司经营的稳定性、连续性的需要，只有保证法人资产的完整性、稳定性，公司运营才能连续和稳定。但股东可转让和买卖股票，股票的转让和买卖事实上就是股权的转让和买卖，股票一旦转让或卖出，相应的权利和义务也随之转让和卖出。

（五）公司的账目必须公开

各国公司法一般都规定股份有限公司必须定期公布其财务状况和经营状况，定期将年度报告和有关的财务报表（例如，经营报告书、资产负债表、损益表、盈利分配表、财产目录等）公之于众，以便加强社会公众对公司的了解和监督，保护股东和债权人利益。

（六）公司实行专业管理

股份公司有严密科学的管理体制。董事会、股东代表大会、由董事会聘用的总经理（有的还设有监事会）之间权、责、利明确，形成了既能相互制衡又能高效运转的机制，从而保证了企业具有长期行为，同时保证了所有者、经营者、劳动者各方面的利益。

股份公司的这些特征使它具有诸多优势，成为现代市场经济中规模经营的最佳组织方式。在市场经济国家，大中型企业通常采取股份有限公司的形式，虽然这些大中型企业占企业总数的比例不大，但它们的产值、利润、就业人数却占比很大，在国民经济中具有重要的地位。

二、股份有限公司的组织结构

（一）股东大会

股东大会是公司的最高权力机关。它由全体股东组成，对公司重大事项进行决策，有权选任和解除董事，并对公司的经营管理有广泛的决定权。股东大会既是一种定期或临时举行的由全体股东出席的会议，又是一种非常设的由全体股东所组成的公司制企业的最高权力机关。它是股东作为企业财产的所有者，对企业行使财产管理权的组织。企业一切重大的人事任免和重大的经营决策一般都需经过股东会认可和批准方才有效。

（二）董事会

董事会是公司对内执行业务、对外代表公司的常设理事机构，对股东大会负责。董事会的职权主要有：代表公司对各种业务事项做出意见表示或决策，并组织实施和执行这些决策。除股东大会决议的事项外，公司日常业务活动中的具体事项也均由董事会决定。

（三）总经理

总经理（general manager）是公司的业务执行的最高负责人。但实际上，总经理所在的

层级，还是会因公司的规模大小而有所不同。例如，在一般的中小企业，总经理通常就是整个组织里职务最高的管理者与负责人；在规模较大的组织或跨国企业里，总经理所扮演的角色通常是旗下某个事业体或分支机构的最高负责人。

股份公司的总经理是董事会聘任的，对董事会负责，在董事会的授权下，执行董事会的战略决策，实现董事会制定的企业经营目标。并通过组建必要的职能部门，组聘管理人员，形成一个以总经理为中心的组织、管理、领导体系，实施对公司的有效管理。总经理的主要职责是负责公司日常业务的经营管理，经董事会授权，对外签订合同和处理业务；组织经营管理班子，提出任免副总经理、总经济师、总工程师及部门经理等高级职员的人选，并报董事会批准；定期向董事会报告业务情况，向董事会提交年度报告及各种报表、计划、方案，包括经营计划、利润分配方案、弥补亏损方案等。

（四）监事会

监事会是指对董事会执行的业务活动实行监督的机构。它是公司的常设机构，由股东大会从股东中选任，不得由董事或经理兼任。监事会的职权主要有：列席董事会会议，监督董事会的活动，定期和随时听取董事会的报告，阻止董事会违反法律和章程的行为；随时调查公司业务和财务情况，查阅账簿和其他文件；审核公司的结算表册和清算时的清算表册；召集股东大会；代表公司与董事交涉或对董事起诉。

第二节　股票的基本特征及其分类

一、股票的基本特征

（一）股票的定义

股票，是指股份公司在筹集资本时向出资人公开或私下发行的，用以证明出资人的股本身份和权利，并根据持有人所持有的股份数享有权益和承担义务的凭证。股票是一种有价证券，代表着其持有人（股东）对股份公司的所有权，每一股同类型股票所代表的公司所有权都是相等的，即"同股同权"。股票可以公开上市，也可以不上市。在股票市场上，股票也是投资和投机的对象。

（二）股票的基本特征

1. 权责性

股东凭其持有的股票，享有其股份数相应的权利，同时也承担相应的责任。权利主要表现为参加股东大会，投票表决，参与公司的经营决策，领取股息或红利，获取投资收益。责任主要表现为承担公司的经营风险，对公司的经营决策承担责任（责任的限度为其认购股票的全部的投资额）。

2. 无期性

股票是一种无偿还期限的有价证券，投资者认购了股票后，就不能再要求退股，只能到二级市场交易。股票的转让只意味着公司股东的改变，并不减少公司资本。从期限上看，只要公司存在，它所发行的股票就存在，股票的期限等于公司存续的期限。

3. 流通性

股票的流通性是指股票在不同投资者之间的可交易性。流通性通常以可流通的股票数量、股票成交量以及股价对交易量的敏感程度来衡量。可流通股数越多，成交量越大，价格对成交量越不敏感（价格不会随着成交量一同变化），股票的流通性就越好，反之就越差。通过股票的流通和股价的变动，可以看出人们对于相关行业和上市公司的发展前景和盈利潜力的判断。那些在流通市场上吸引大量投资者、股价不断上涨的行业和公司，可以通过增发股票不断吸收大量资本进入生产经营活动，收到了优化资源配置的效果。

4. 收益性

股东凭其持有的股票，有权从公司领取股息或红利，获取投资的收益。股息或红利的大小，主要取决于公司的盈利水平和公司的盈利分配政策。股票的收益性还表现在股票投资者可以获得价差收入，即通过低买高卖获利。

5. 风险性

股票在交易市场上作为交易对象，同商品一样，有自己的市场行情和市场价格。由于股票价格要受到（例如，公司经营状况、供求关系、银行利率、大众心理等）多种因素的影响，其波动有很大的不确定性，这种不确定性有可能使股票投资者遭受损失。价格波动的不确定性越大，投资风险也越大。因此，股票是一种高风险的金融产品。

二、股票的分类

（一）按股东所享有的权益和承担的风险不同对股票分类

按股东所享有的权益和承担的风险不同，可把股票划分为普通股和优先股。

1. 普通股

普通股，是指在公司的经营管理和盈利及财产的分配上享有普通权利的股份，代表满足所有债权偿付要求及优先股东的收益权与求偿权要求后对企业盈利和剩余财产的索取权。它构成公司资本的基础，是股票的一种基本形式，也是发行量最大、最为重要的股票。目前，在上海和深圳证券交易所上市交易的股票都是普通股。

普通股股票持有者按其所持有股份比例享有以下基本权利。

（1）参与公司经营的表决权。普通股股东一般有出席股东大会的权利，有表决权、选举权和被选举权，可以间接地参与公司的经营。

（2）参与股息红利的分配权。普通股的股利收益没有上下限，视公司经营状况的好坏、利润的大小而定，公司税后利润在按一定的比例提取了公积金并支付优先股股息后，再按股份比例分配给普通股股东。但如果公司亏损，则得不到股息。

（3）优先认购新股的权利。当公司资产增值，增发新股时，普通股股东有按其原有持股比例认购新股的优先权。

（4）请求召开临时股东大会的权利。

（5）公司破产后依法分配剩余财产的权利。但这种权利要等债权人和优先股股东权利满足后才轮到普通股。

2. 优先股

优先股是相对于普通股而言的，主要指在利润分红及剩余财产分配的权利方面，优先于普通股。

优先股股票持有者按其所持有股份比例享有以下基本权利。

（1）在公司分配盈利时，拥有优先股的股东比持有普通股的股东分配在先，而且享受固定数额的股息，即优先股的股息率是固定的。普通股的红利却不固定，而是视公司盈利情况而定。

（2）在公司解散、分配剩余财产时，优先股在普通股之前分配。优先股一般不上市流通，也无权干涉企业经营，不具有表决权。优先股的种类很多，为了适应一些专门想获取某些优先收益的投资者的需要，优先股有各种各样的分类方式。

（3）有限表决权，对于优先股股东的表决权限财务管理中有严格限制，优先股东在一般股东大会中无表决权，但当召开会议讨论与优先股股东利益有关的事项时，优先股东具有表决权。

（二）我国现行的股票类型

1. 国家股

国家股，是指以国有资产向有限公司投资形成的股权。国家股股权也包含国有企业向股份有限公司形式改制变更时，现有国有资产折成的股份。

由于我国大部分股份制企业都是由原国有大中型企业改制而来的，因此，国有股在公司股份中占有较大的比重，通过改制，多种经济成分可以并存于同一企业。国家则通过控股方式，用较少的资金控制更多的资源，巩固公有制的主体地位。

2. 法人股

法人股，是指企业法人或具有法人资格的事业单位和社会团体，以其依法可支配的资产，向股份有限公司投资所形成的股份。如果该法人是国有企业、事业及其他单位，那么该法人股为国有法人股；如果是非国有法人资产投资于上市公司形成的股份，则为社会法人股。

目前，在我国上市公司的股权结构中，法人股平均占20%左右。根据法人股认购的对象，可将法人股进一步分为境内发起法人股、外资法人股和募集法人股。

3. 公众股

公众股也称个人股，是指社会个人或股份公司内部职工以个人合法财产投入公司形成的股份。公众股有公司职工股和社会公众股2种基本形式。公司职工股，是指股份公司职工在本公司公开向社会发行股票时按发行价格所认购的股份；社会公众股，是指股份公司采用募集设立方式设立时向社会公众募集的股份。

4. 外资股

外资股，是指国外和中国港澳台地区的投资者，以购买人民币特种股票形式向股份有限公司投资形成的股份。外资股包括境内上市外资股和境外上市外资股、法人外资股和个人外资股。

（1）境内上市外资股（B股）。境内上市外资股原来是指股份有限公司向境外投资者募集并在我国境内上市的股份，投资者限于外国和我国港澳台地区的投资者。这类股票被称为B股，B股以人民币标明股票面值，以外币认购、买卖。

经国务院批准，中国证监会决定自2001年2月下旬起，允许境内居民以合法持有的外汇开立B股账户，交易B股股票。自从B股市场对境内投资者开放之后，境内投资者逐渐取代境外投资者成为投资主体，B股由"外资股"演变为"内资股"。

（2）境外上市外资股（H、N、S、L股）。境外上市外资股是指股份有限公司向境外投资者募集并在境外上市的股份。它也采取记名股票形式，以人民币标明面值，以外币认购。

H股，即注册地在中国大陆、上市地在中国香港的外资股。中国香港的英文是 Hong Kong，取其首字母，在港上市外资股就叫作H股。依此类推，美国纽约的第一个英文字母是N，新加坡的第一个英文字母是S，英国伦敦第一个英文字母是L，在美国纽约、新加坡和英国伦敦上市的股票就分别叫作N股、S股和L股。

在境外上市时，可以采取境外存股凭证形式或股票的其他派生形式。在境外上市的外资股除了应符合我国的有关法规外，还须符合上市所在地国家或地区证券交易所制定的上市条件。我国境外上市外资股主要采取美国存托凭证ADRs、全球存托凭证GDRs等。

相关链接

蓝筹股与红筹股

在海外股票市场上，投资者把那些在其所被属行业内占有重要支配性地位、业绩优良、成交活跃、红利优厚的大公司股票被称为蓝筹股。"蓝筹"一词源于西方赌场。在西方赌场中，蓝色筹码最为值钱，红色筹码次之，白色筹码最差。投资者也把这些行话套用到股票上。美国通用汽车公司、埃克森美孚公司和杜邦公司的股票都属于蓝筹股。

红筹股是指最大控股权直接或间接隶属于中国大陆有关部门或企业，并在中国香港联合交易所上市的公司所发行的股份，即在港上市的中资企业。由于人们形容中国是红色，且中国国旗又是五星红旗，故把与中国相联系的上市公司发行的股票称为红筹股。

三、股票的基本要素

（一）面额

股票票面价值的最初目的，是保证股票持有者在退股之时能够收回票面所标明的资产。随着股票的发展，购买股票后将不能再退股，所以股票面值现在的作用主要有以下2个方面：

（1）表明股票的认购者在股份公司投资中所占的比例，作为确认股东权利的根据。例如，某上市公司的总股本为1000万元，持有一股股票就表示在该股份公司所占的股份为千万分之一。

（2）在首次发行股票时，将股票的面值作为发行定价的一个依据。如果一股股票被拆成10股，那么新股每股价格也相应地变成此前的1/10。此时在票面上看是1元拆成10股0.1元，同样为等价的换算关系。反之亦然。随着市场发展，也出现了无面额的股票。

（二）市场价格

股票的市场价格，一般是指股票在二级市场上交易的价格。股票的市场价格由股票的价值决定，但同时受到许多其他因素的影响。其中，供求关系是直接的影响因素，其他因素都是通过作用于供求关系而影响股票价格的。由于影响股票价格的因素复杂多变，所以股票的市场价格呈现出高低起伏的波动性特征。

（三）股票的发行价与账面价值（净值）

股票的发行价由券商与发行人协商，不低于面值和每股净资产

账面价值＝净资产÷总股本

账面价值是评估上市公司实力的参照指标之一。

(四) 股票的内在价值(理论价值)与清算价格

股票内在价值,是指股票未来收益的现值,取决于股票收入和市场收益率。

清算价格,是指股份公司因破产或存续期满进行清算时,每股股票所代表的实际价值。

(五) 股息与分红

1. 股息

股息就是股票的利息,是指公司按照票面金额的一个固定比率向股东支付的利息。股息不同于红利,股息与红利合起来被称为股利。

2. 分红

分红,是指在上市公司分派股息之后按持股比例向股东分配的剩余利润,也称红利。红利虽然也是公司分配给股东的回报,但它与股息的区别在于,股息的利率是固定的(特别是对优先股而言),而红利数额通常是不确定的,它随着公司每年可分配盈余的多少而上下浮动。因此,有人把普通股的收益称为红利,而股息则专指优先股的收益。

一般来说,股东可以以如下 3 种形式实现分红权:①以上市公司当年利润派发现金;②以公司当年利润派发新股;③以公司盈余公积金转增股本。这三种形式俗称"派""送""转"。我国股民通常将"送""转"分红形式当作利好炒作,而实际上"送""转"分红后投资者股票市值没有变化。

(六) 除息与除权

1. 除息

股票发行企业在发放股息或红利时,需要事先进行核对股东名册、召开股东会议等多种准备工作,于是规定以某日(股权登记日)在册股东名单为准,并公告在此日以后的一段时期为停止股东过户期。停止过户期内,股息红利仍发给登记在册的旧股东,新买进股票的持有者因没有过户就不能享有领取股息红利的权利,这就称为除息。同时股票买卖价格就应扣除这段时期内应发放股息红利数,这就是除息交易。

2. 除权

除权,是指新的股票持有人在停止过户期内不能享有该种股票的增资配股权利,就是把流通股东(在全流通市场中,其实只有股东这个概念)获得的权益从股票市值中扣除。当上市公司发生送股、转增股、配股时都要除权。

除权实质是由于公司股本增加,每股股票所代表的企业实际价值(每股净资产)有所减少,需要在发生该事实之后从股票市场价格中剔除这部分因素,而形成的剔除行为。

3. 除息与除权价的计算方法

除息价 = 股息登记日的收盘价 − 每股分配红利金额

例如,某股票股息登记日的收盘价为 4.17 元/股,每股配送红利 0.03 元,则其次日股价为 4.14 元/股。

送红股后的除权价 = 股权登记日的收盘价 ÷ (1 + 每股送红股数)

例如,某股票股权登记日的收盘价是 24.75 元/股,每 10 股送 3 股,即每股送红股数为 0.3,则次日股价为 19.04 元/股。

配股后的除权价 = (股权登记日的收盘价 + 配股价 × 每股分配股数) ÷ (1 + 每股分配股数)

例如,某股票股权登记日的收盘价为 18 元/股,每 10 股分配 3 股,即每股配股数为

0.3，配股价为 6 元/股，则次日股价为 15.23 元/股。

除权除息价 =（股权登记日的收盘价 − 每股分配红利金额 + 配股价 × 每股分配股数）÷（1 + 每股送红股数 + 每股分配股数）

例如，某股票股权登记日的收盘价为 20.35 元/股，每 10 股派发现金红利 4 元，送 1 股，配 2 股，配股价为 5.5 元/股，即每股分红 0.4 元，送 0.1 股，配 0.2 股，则次日除权除息价为 16.19 元/股。

第三节 股票价格指数

一、股价指数的概念与作用

（一）股价指数的概念

股价指数亦称股票价格指数，是动态地反映某个时期股市总价格水平的一种相对指标。它是由金融服务公司根据市场上一些有代表性的公司股票的价格加权平均后计算的平均数值编制而成的。具体地说，就是以某一个基期的总价格水平为 100，用各个时期的股票总价格水平相比得出的一个相对数，即各个时期的股票价格指数。股票价格指数一般是用百分比表示的，简称"点"。

（二）股价指数的作用

（1）股价指数是反映一国国民经济发展状况和趋势的"晴雨表"。股票价格指数由专门的金融机构编制后，在报刊、电台、电视上登载和播放，投资者可以根据指数的升降看出股票市场的变化趋势。由众多股票构成的股票价格指数，体现了一个国家经济建设的健康状况，它的变化大致反映了该国经济结构和经济活动的宏观变化趋势。从这点上讲，股票价格指数比股票价格重要得多。股票价格仅对股市，至多是对证券金融，具有直接衡量作用和分析功能；股票价格指数则不仅对股市，而且对整个国民经济都具有衡量作用和分析功能。

（2）股价指数能够综合反映股市价格变动及其发展趋势，为投资者投资决策提供重要依据。

（3）股价指数是分析、观察企业的主要技术指标。股指变动与企业经营好坏密切相关。

二、股价指数的编制步骤与计算方法

（一）股价指数的编制步骤

1. 确定样本股

根据上市公司的行业分布、经济实力、资信等级等因素，选择适当数量的有代表性的股票。作为编制指数的样本股票可随时变换或做数量上的增减，以保持良好的代表性。

2. 确定基期和基期指数

按期到股票市场上采集样本股票的价格，简称采样。采取的时间间隔取决于股价指数的编制周期。以往的股价指数较多为按天编制，采样价格即为每一交易日结束时的收盘价。近年来，股价指数的编制周期日益缩短，由"天"到"时"直至"分"，采样频率由每天 1 次

变为全天随时连续采样。采样价格也从单一的收盘价发展为每时每刻的最新成交价或一定时间周期内的平均价。一般来说,编制周期越短,股价指数的灵敏性越强,越能及时体现股价的涨落变化。

3. 确定计算方法及指数化

股价指数的计算方法主要有简单算术平均法和加权平均法两种。计算机技术增强了股价指数的准确性和灵敏性。为保持股价指数的连续性,使各个时期计算出来的股价指数相互可比,有时还需要对指数值做相应的调整。指数化是将股价平均数换算成以"点"数为计算单位的股价指数。

(二) 股价指数的计算方法

1. 简单算术平均股价指数

算术平均法,是将组成指数的每支股票价格进行简单平均,计算得出一个平均值。

例如,如果计算的股票指数包括 A、B、C、D4 种股票,其价格分别为 10 元、16 元、24 元、30 元,则其股价的算术平均值为 20 元。

2. 加权股价指数

加权平均法,就是在计算股价平均值时,不仅考虑到每支股票的价格,还要根据每支股票对市场影响的大小,对平均值进行调整。实践中,一般是以股票的发行数量或成交量作为市场影响参考因素,纳入指数计算,称为权数。

例如,上例中 4 种股票的发行数量分别为 1 亿股、2 亿股、3 亿股、4 亿股,以此为权数进行加权计算,则价格加权平均值为 23.4 元。

由于以股票实际平均价格作为指数不便于人们计算和使用,一般很少直接用平均价来表示指数水平,而是以某一基准日的平均价格为基准,将以后各个时期的平均价格与基准日平均价格相比较。计算得出各期的比价后,再转换为百分值或千分值,以此作为股价指数的值。例如,上海证券交易所和深圳证券交易所发布的综合指数基准日指数均为 100 点,而这 2 个交易所发布的成分指数基准日指数都为 1000 点。

3. 修正股价指数

修正股价平均数的方法分为除数修正法和股价修正法。

(1) 除数修正法又称道式修正法,是美国的道·琼斯在 1928 年创造的一种计算股价平均数的方法。该算法的核心是求出一个常数除数,以修正因股票分割、增资、发放红股等因素造成的股价平均数的变化,以保持股份平均数的连续性和可比性。具体做法是以新股价总额除以旧股价平均数,求出新的除数,再以计算期的股价总额除以新除数,这就得出修正的股价平均数,即:

新除数 = 变动后的新股价总额 ÷ 旧的股价平均数

修正的股价平均数 = 报告期股价总额 ÷ 新除数

例如,上述 D 股票发生以 1 股分割为 3 股时,股价势必从 30 元下调为 10 元,这时股价的算术平均数就不是按前文计算得出的 20 元,而是 15 元。这就是说,由于 D 股票分割技术上的变化,导致股价的算术平均数从 20 元下跌为 15 元(在未考虑其他影响股价变动的因素的情况下)。这显然不符合以算术平均数作为反映股价变动指标的要求。

希望则股价水平不会因股票分割而变动,即在股票分割后,得出的股价平均数与未分割时一样,须将上述例子中的除数(4)调整为 3,将新的除数代入下列公式中,得到修正后的股价平均数：

修正后的股价平均数 = (10 + 16 + 24 + 10) ÷ 3
= 20（元）

（2）股价修正法。股价修正法是将因拆股、送配股等原因发生变动的股价还原为变动前的股价，使股价平均数不会因此发生变动的方法。

例如，在样本股中第 t 种股票发生拆分，1 股拆为 $1+r$ 股，拆股前的股价为 P_t，拆股后的股价为 P_t'。那么，修正后的股价平均数计算公式为：

$$P = [P_1 + P_2 + \cdots + (1+r)P_t' + \cdots P_n] \div n$$

因为

$$P_t = (1+r)P_t'$$

所以股价平均数与拆股前一样。

上述例子中，

$$P = [10 + 16 + 24 + (1+2) \times 10] \div 4$$
$$= 20（元）$$

这样虽然 D 股票 1 股拆为 3 股，股价从 30 元下调为 10 元，但是经过股价修正后，股价平均数依然等于拆股前的 20 元，从而剔除了由于拆股造成的股价不合理下跌。由此，该股价平均数不会受股票分割等的影响。

三、我国和世界上主要股价指数

（一）上证综合指数与深证综合指数

1. 上证综合指数

上证综合指数是上海证券交易所编制的，以上海证券交易所挂牌上市的全部股票为计算范围，以发行量为权数的加权综合股价指数。上证综指反映了上交所股票的总体走势。

上证股价指数最初是中国工商银行上海分行信托投资公司静安证券业务部根据上海股市的实际情况，参考国外股价指标的生成方法编制而成。上证指数以 1990 年 12 月 19 日为基期，1991 年 7 月 15 日开始公布。上证股价指数以上海股市的全部股票为计算对象，计算公式如下：

股票指数 =（当日股票市价总值 ÷ 基期股票市价总值）× 100

由于采取全部股票进行计算，因此，上证指数可以较为贴切地反映上海股价的变化情况。

2. 深证综合指数

深证综合指数是深圳证券交易所从 1991 年 4 月 3 日开始编制并公开发表的一种股价指数，该指数规定 1991 年 4 月 3 日为基期，基期指数为 100 点。深证综合指数是以所有在深圳证交所上市的所有股票为计算范围，以发行量为权数的加权综合股价指数。

（二）全世界主要股价指数

1. 道琼斯指数

道琼斯指数又称道氏指数，它采用简单算术平均法计算。道氏指数包括：①道氏工业平均指数，由 30 家工业公司的股票价格平均数构成；②道氏公用事业平均指数，由 15 家公用事业公司的股票价格平均数构成；③道氏运输业平均指数，由 20 家运输公司的股票价格平均数构成；④道氏65种股票价格平均数，由上述工业、运输业、公用事业的65家公司的股票价格混合构成。

道琼斯股票价格平均指数以1928年10月1日为基期，在纽约交易所每30分钟公布1次，用当日当时的股票价格算术平均数与基期的比值求得，是被西方新闻媒介引用最多的股票指数。

2. 标准普尔股价指数

标准普尔指数由美国标准普尔公司于1923年开始编制发表。当时主要编制2种指数：①包括90种股票每日发表1次的指数；②包括480种股票每月发表1次的指数。1957年扩展为现行的以500种采样股票通过加权平均综合计算得出的指数，在开市时间每30分钟公布1次。

标准普尔指数以1941—1943年为基数，用每种股票的价格乘以已发行的数量的总和为分子，以基期的股价乘以股票发行数量的总和为分母相除后的百分数来表示。由于该指数是根据纽约证券交易所上市股票的绝大多数普通股票的价格计算而得，能够灵活地对认购新股权、股份分红和股票分割等引起的价格变动做出调节，指数数值较精确，并且具有很好的连续性，所以其比道琼斯指数具有更好的代表性。

3. 金融时报指数

金融时报指数的采样股票是根据英国伦敦国际证券交易所上市的100家主要的大公司的股票选定的，并以每分钟1次的频率更新。该指数采用加权平均法计算。

4. 日经225股价指数

日经225指数由日本经济新闻有限公司（NKS）编制于1949年，它由东京股票交易所第一组挂牌的225种股票的价格所组成，是考察日本股票市场最常用和最可靠的指标。日经225指数选取的股票虽然只占东京证券交易所第一类股的两成，但该股指指数却代表着第一类股近六成的交易量以及近五成的总市值，涵盖了金融、运输、公共、消费等各行业的高流通性股票。

5. 中国香港恒生指数

恒生指数是中国香港股市历史最久的一种股价指数，由中国香港恒生银行于1969年11月24日公布使用。现行恒生指数以1996年7月31日为基期，根据各个行业在中国香港上市股票中的三十三种具有代表性的股票价格加权计算编制而成。因为这三十三家公司的股票总值占全部在港上市股票总值的65%以上，所以恒生指数是目前中国香港股票市场最具权威性和代表性的股票价格指数。

6. 股指期货标的指数

2010年4月16日沪深300股指期货合约上市交易，意味着我国股指期货交易的诞生。沪深300指数是上海证券交易所和深圳证券交易所于2005年4月8日联合发布的反映A股市场整体走势的指数。沪深300指数的编制目标是反映中国证券市场股票价格变动的概貌和运行状况，并作为投资业绩的评价标准，为指数化投资和指数衍生产品创新提供基础条件。它的推出有利于投资者全面把握中国股票市场的总体运行状况。

第四节 股票的价值分析

一、影响股票价格的主要因素

（一）经济增长

一般而言，一国的经济增长与其证券市场的股价上涨是同步的，因为国民经济增长是平均增长率，对作为企业代表的上市公司来说，其增长率应高于国民经济的平均增长率，其给投资者发放的股息、红利也应更高，从而支撑股价上升。据美国学者对美国1874—1955年国民生产总值变化和同期425种工业股标准普尔指数变化的分析，得出的结论是：从长期趋势来看，股价增长率为同期国民经济增长率的2/3。而对不同样本的调查得出的结论几乎一致，即经济增长可以促使股价上扬。

（二）经济周期

经济周期有衰退、危机、复苏和繁荣4个阶段。一般说来，在衰退时期，股票价格逐步下跌；到危机时，股价跌至最低点；在经济复苏开始时，股价又逐步上升；到繁荣时，股价上涨至最高点。这种变动的具体原因是：当经济开始衰退之后，公司的产品滞销，促使公司生产减少，利润相应减少，从而导致股息、红利分配也随之不断下降，股东因收益下降开始抛售，导致股票价格下跌。经济衰退到达危机程度时，整个经济处于瘫痪状态，公司纷纷倒闭，股票持有者由于对形势的悲观而纷纷卖出手中的股票，从而使整个股市价格大跌，市场处于萧条和混乱之中。当经济从低谷徘徊，缓慢回升，产品销量逐步增加，又可以股东分发一些股息红利，股东慢慢觉得持有这类股票会有收益，于是纷纷购买，使股价回升。当经济由复苏达到繁荣阶段时，工业生产快速增长，产品畅销，公司盈利大增，股息、红利增高，股票价格往往上涨至最高点。

由此可见，经济周期影响股价变动，但两者的变动又不是同步的。通常的情况是，不管在周期的哪一阶段，股价的变化总是比实际的周期变动要领先一步。即在衰退以前，股价已开始下跌，而在复苏之前，股价已经回升。经济未步入高峰期前，股市已经见顶；经济仍处于衰退期间，股市已开始从谷底回升。这是因为股市价格的涨落包含着投资者对经济变动预期和心理反应的因素。

（三）经济政策

政府在财政政策、税收政策、产业政策、货币政策、外贸政策等方面的变化，也会影响股价变动。

国家财政资金的来源，主要来自于企业的纯收入。财政支出主要用于经济建设、公共事业、教育、国防以及社会福利。一方面，国家通过调节企业税负影响企业利润，从而导致企业股价变动；另一方面，国家通过加大或缩小生产性财政支出，调节经济发展速度，进而影响企业发展，并最终影响企业股价。

此外，产业政策的执行受到政策扶持的相关企业股价上涨明显（例如，近几年的节能环保行业）；政府对产品和劳务的限价会导致相应股票的价格下跌；税收制度的改变，如果调高个人所得税,则可能影响社会消费水平下降,引起商品滞销,进而影响公司盈利并导致股价下跌。

中央银行利用公开市场业务、准备金增减、调整再贴现利率、央票回购等工具,调节货币流通量,会影响市场利率的变动,进而影响企业股价的变动。例如,2010年以来,在美国政府量化宽松货币政策支持下,美国股市不断创出历史新高,尽管美国经济复苏依旧缓慢。

(四) 通货膨胀

通货膨胀是影响股市价格的一个重要宏观经济因素。通货膨胀主要是由于过多地增加货币供应量造成的。货币供应量与股票价格一般呈正相关关系,但有时呈相反的关系。

(1) 货币供应量增加。一方面,可以支持生产,扶持物价,阻止利润下降;另一方面,对股票的需求增加,又成为股价止跌回升的重要因素。反之,如果货币供应量减少,社会购买力降低,投资减少,失业增加,股价下跌。

(2) 货币供应量增加引起社会商品的价格上涨,股份公司的销售收入相应增加,从而使得以货币数量表现的股利(即股票的名义收益)会有一定幅度的上升,使股票需求增加,股票价格也相应提高。

(3) 货币供应量的剧增引起通胀率上升,通胀背后往往是虚假的市场繁荣,最终出现企业利润上升的假象,保值意识使人们倾向于将货币投到贵金属、不动产,股票需求也会有所增加,从而使股价也相应提高。但是,通货膨胀到一定程度,甚至超过了两位数,将会推动利率上涨,导致企业生产成本提高,从而促使股票价格下跌。

股市中一般将通胀视为利空,尤其是通胀预期增强时,股价往往都会下跌。

(五) 企业因素

1. 公司的经营业绩

股票发行公司的盈利水平是影响股票市场价格的主要因素之一。由于股票价值是未来各期股息收益的折现值,而股息又来自公司利润,所以利润的增减变化就成为影响股票价值以及价格的最主要因素。在一般情况下,公司的盈利水平上升,其所发行的股票的市场价格必将上升;反之,股票的市价将下跌。如今在欧美证券市场,多以净盈利为标准衡量股价的高低。

通常的情况是,股票价格的变化往往是在公司盈利的变动之前发生,其变动的幅度也大于公司盈利的变动幅度。原因在于股票投资者的心理预期。股票发行公司盈利水平的上升或者下降往往事前会有一些征兆易被投资者观测到。通常,投资者对公司有关盈利情况进行的分析包括以下3个方面。

(1) 由于公司的盈利额是由收入总额减去支出总额而得出的,在核算公司的盈利时,要把那些一次性或临时性影响盈利增减的因素剔除,以便正确地估计公司的正常盈利。

(2) 对公司的盈利能力可以从各个不同的角度进行衡量。例如,在销售上,计算业务经营上获得盈利的能力;在资产的使用上,计算资产产生收入的能力;在投入的资本上,计算资本的净盈利能力。此外,还应与其他公司,特别是领先的公司进行比较,以准确地评定出公司盈利能力的强弱。

(3) 要对公司未来的盈利进行预测。盈利的多寡是表现一个公司经营好坏的主要标志,但过去的盈利额只能表示公司过去的经营成果,因此,应进一步对公司今后盈利的变动趋势进行预测。预测未来盈利的一般方法是根据过去的资料来推算未来的增长,或根据过去销售额与盈利之间的关联进行推测,或根据利润和预测的销售量进行计算。

此外,对公司新项目的投资前景、建设期、投资回报率的预测有助于把握未来企业利润增长情况,公司在技术方面的突破也将带动公司未来利润的增长。这是挖掘成长性企业应考虑的因素。

2. 公司的股息政策

股份公司的股息派发政策对股票价格的影响最直接。通常情况是股利高,股价涨;股利低,股价降。但公司盈利的增加并不一定就意味着股利同时能够增加。盈利的增加只是提供了增加股利派发的可能性。公司盈利增加后,可能不增加股利,而是将其用于扩大投资,使利润资本化。也可能在盈利增加后增加股利派发,这取决于公司实行的股利政策。

不同的股利政策将对股票价格产生不同的影响,而且股利政策比公司盈利对股价的影响更为直接和迅速。一般情况下,公司宣布增加股利时,股价上升;公司宣布减少股利时,则股价下降。但我国股市往往相反,即利好出尽是利空。

另外,公司有时采用股票分割政策,也会刺激股票价格上升。虽然股票分割后股票持有者保持的股权份额没有发生变化,但却能够给股票持有人带来更高收益的希望,故股票分割政策往往比公司宣布增加股利派发更具吸引力。

3. 公司增资

股份公司最初资本来自于发售股票。若公司继续扩大经营,还可能增发股票以增加资本额。增发对股价影响表现在 2 个方面:①增发使公司资金量增大,增资投向新项目产生利润增加预期,促使股价上涨;②新股发行方式及发行价格会影响股价短期走势。如果采取社会公开发行,由于不考虑原有股东利益,公司股价在发行前后往往出现下跌走势。若采取向原股东配售的方式,配售价大大高于每股净资产且接近市价,则可能导致股价下跌;反之,配售价略高于每股净资产且明显低于市价,则股价一般会上升。股价变动较为充分地反映了投资者对公司增资的公正与合理与否的态度。

4. 公司股票分割

股票分割又称拆股、拆细,是将 1 股股票均等地拆成若干股。股票分割一般在年度决算月份进行。股票分割给投资者带来的不是现实的利益,但投资者持股数量的增加能给投资者带来未来多分股息和获得更高收益的希望。因此,股票分割往往会刺激股价上涨。

5. 公司并购

公司并购,是指收购上市公司的股份,来达到控制公司这一目的的市场行为。并购行为总是能引起公司股价的剧烈变动。从并购方来说,如果斥巨资购入的公司物有所值,且能改善原有公司目前经营状况的话,将会促使其股价上升。对被购者来说,通过被并购活动总能使其股价上升,其原因是:一方面,被购企业经营状况往往不太好,投资者期望公司管理层更换后,企业有新的起色;另一方面,通过市场来收购,由于受到法定收购程序的制约,完成收购的过程将持续相当长一段时间,其间股价会发生极大的变化。并购与资产重组是中外股市永恒的炒作题材。

我国资本市场还不够成熟,并购重组往往被当作炒作的题材,以期谋取短期利益而非看中长期回报。统计显示,市场对资产重组有一定的反应,但不同类型的重组市场反应不同,股权转让、资产剥离、资产置换类公司的股价在公告前后都经历了先升后降的过程,而兼并收购类公司的股价没有出现明显波动。

案例分析

万科转股与上柴回购

2013年1月20日上海证券交易所发布了鼓励上市公司以集中竞价的方式回购股份的文件，鼓励符合下列情形之一且回购股份不影响其持续经营能力的上市公司回购股份：①股价持续低于每股净资产的；②经营活动产生的现金流量持续为正，或有大量闲置资金的；③资产负债率大幅低于行业平均水平的；④因实施重大资产重组后存在未弥补亏损，而长期无法向股东进行现金分红的；⑤具有分红能力但现金分红水平较低的；⑥发行的A股、B股或H股股票市场定价存在较大差异，其中某类股票股价偏低，未能合理反映公司价值的；⑦为适应证券市场发展变化和保护投资者合法权益的需要而认定的其他情形。

指引出台后，万科企业股份有限公司公布"B转H方案"，拟将B股以介绍方式转换至中国香港交易所主板上市。全体B股股东还将享有现金选择权，行权价较停牌前股价高5%。与此同时，上海柴油机股份有限公司成为首家提出回购方案的沪市B股公司，根据方案，公司拟在股东大会通过本次回购股份决议之日起9个月内，以不高于0.748美元/股的价格至多回购8680万股，回购上限价格较停牌前股价高12%，上限数量相当于B股股本的25%。

问题：

1. 股份回购对公司股价有何影响？这则消息对股票市场意味着什么？
2. 结合万科和上柴股份转股和回购方案分析其动机。

提示：（1）股份回购，是指公司按一定的程序购回发行或流通在外的本公司股份的行为，是通过买回本公司发行在外的股份来改变资本结构的防御方法，由目标公司或其董事、监事回购目标公司的股份。（2）通过收集相关资料了解股份转换和回购的目的、形式、功能及意义。

二、股票的估价模型

（一）基本估价模型

基本估价模型的公式为：

$$股票价值 = \sum_{t=1}^{n} \frac{D_t}{(1+R)^t}$$

式中，R为投资者要求的必要收益率；D_t为第t期的预计股利；n为预计股票的持有期数。

（二）股息固定增长估价模型

设最近一期支付的股利为D_0，预计第一期支付的股利为D_1，股利增长率为g，投资者要求的必要收益率为R_s，则：

$$股票价值 = \sum_{t=1}^{\infty} \frac{D_t}{(1+R_s)^t}$$

$$= \frac{D_1}{(1+R_s)^1} + \frac{D_2}{(1+R_s)^2} + \cdots + \frac{D_n}{(1+R_s)^n} + \cdots$$

$$= \frac{D_0(1+g)^1}{(1+R_s)^1} + \frac{D_0(1+g)^2}{(1+R)^2} + \cdots + \frac{D_0(1+g)^n}{(1+R)^n} + \cdots$$

$$= \frac{D_0(1+g)}{R_s - g}$$

$$= \frac{D_1}{R_s - g}$$

例如，某公司发行的股票，经分析属于固定成长型，预计获得的报酬率为10%，最近一年的每股股利为2元，预计股利增长率为6%，则该种股票的价值为：

$$股票价值 = \frac{2 \times (1+6\%)}{10\% - 6\%}$$

$$= 53（元）$$

若购入价格为46元，在不考虑风险的前提下，投资该股票是可行的。

（三）每股盈利估价法

每股盈利估价法，是指将公司的未来每股盈利和该公司股票市盈率的乘积作为股票的预计价格，是评估股票市场价格时常用的方法。这种评估方式认为，公司股价主要受公司未来盈利能力的影响，而与股息关系不大。

1. 评估模型

每股盈余估价法的公式为：

$$P_t = \frac{P}{E} E_t$$

式中，P_t 为第 t 期股票的预计价格；$\frac{P}{E}$ 为预估市盈率；E_t 为第 t 期每股预计盈利。

评估模型以预估市盈率和每股预计盈利作为股价的计算基础。由于有多种预估方法，因此，采用不同方法计算出的股价也略有不同。

2. 每股盈利预测方法

每股盈利预测的方法很多，这里介绍2种简易实用的方法。

（1）每股盈利的增长率法。该方法运用历史数据来确定平均增长率，以此来推算以后各期的每股盈利。计算公式为：

$$g = (\frac{e_2 - e_1}{e_1} + \frac{e_3 - e_2}{e_2} + \cdots + \frac{e_n - e_{n-1}}{e_{n-1}}) \div (n-1)$$

$$= (g_1 + g_1 + \cdots + g_{n-1}) \div (n-1)$$

式中，g 为平均年增长率；g_1、g_2、$\cdots$、g_{n-1} 为各年的增长率；e_1、e_2、$\cdots$、e_{n-1} 为各年的盈利。

例如，B公司前4年的每股盈利如表4-1所示，试预测第五年的每股盈利。

根据上式，B公司平均年增长率为：

$$g = (\frac{0.38 - 0.32}{0.32} + \frac{0.27 - 0.38}{0.38} + \frac{0.44 - 0.27}{0.27}) \div 3$$

$$= 0.18$$

$$E_5 = E_4(1 + g)$$
$$= 0.44 \times (1 + 0.18)$$
$$= 0.52 \text{（元）}$$

表 4-1　　　　　　　　B 公司前 4 年的每股盈利和市盈率

项　目 \ 年份	第一年	第二年	第三年	第四年
市场平均价（元）	10.08	9.99	4.16	7.39
每股盈利（元）	0.32	0.38	0.27	0.44
市盈率（倍）	31.5	26.3	15.4	16.8

（2）前后年度同期资料对比法。该方法是以本年度已公布的，按季计算的每股盈利之和，除以上年度同期每股盈利之和，计算出同期比率，再以此比率乘以去年每股盈利，得出本年预估盈利。这种方法相当实用，在公司经营稳定时，准确度也较高。

例如，某公司 2003 年每季度的每股盈利分别为 0.13 元、0.09 元、0.08 元、0.15 元，全年合计为 0.45 元，2004 年中期每股盈利为 0.33 元。根据资料，该公司 2004 年预测盈利为：

$$E = 0.45 \times \frac{0.33}{0.13 + 0.09}$$
$$= 0.68 \text{（元）}$$

3. 市盈率预测方法

市盈率又称价格盈利比，是每股价格与每股盈利的比率，即

市盈率 = 每股价格 ÷ 每股盈利

市盈率表示价格对盈利的倍率，通常 10 倍左右的市盈率被认为是安全投资区域。但是，如果以市盈率作为选股标准，可能将导致投资失败。一般而言，大凡市盈率低的公司股票，大多成长性极差。因此，对不同股票，市盈率的判断标准不同。下面，我们选择一种简易实用的预估市盈率的方法——平均数法。平均数法是根据最近时期的市盈率，计算出平均值来作为未来年度市盈率的预估值。平均数法较适用于历年来市盈率变化稳定的股票，在取样时，应把一些变化不正常的年份剔除出去。计算公式为：

$$\frac{P}{E} \text{平均值} = \frac{\sum (\frac{P}{E})i}{n}$$

根据表 4-1 的数据进行计算，B 公司的预估市盈率为：

$$\frac{P}{E} \text{平均值} = (31.5 + 26.3 + 15.4 + 16.8) \div 4$$
$$= 22.5 \text{（倍）}$$

根据前述第五年的预测利润和本例中的预估市盈率，B 公司第五年的股票市场价格为：

$$P_5 = \frac{P}{E} \times E_t$$

= 22.5 × 0.52
　　= 11.7（元）
根据计算结果，在 B 公司股价高于 11.7 元时可卖出，低于 11.7 元时则可买入。

第五节　股票的交易方式

一、现货交易

股票现货交易，是指股票买卖成交后，交易双方于当日或 2 个交易日内办理交割手续的交易方式，即卖出者交出股票，买入者付款，钱货两清。

二、信用交易

股票信用交易又叫保证金交易或垫头交易，也是通常所说的买空卖空。这就是当投资者在看好后市但资金又不充足时，以购入的股票为担保向经纪人借入一定的款项来购买股票，或在看空后市但没有股票时，以一定数额的资金为担保向经纪人融通股票而卖出股票的行为。

（一）保证金买空交易

保证金卖空交易又称多头交易。当投资人预料股票行情将上涨时，想立即买入而后在合适的时机以更高的价格卖出，但手中现金不够，于是通过股票信用交易方式，按照规定比例预交一部分价款，其余的差额部分由经纪人设法垫付，这就是保证金多头交易。在保证金多头交易中，投资人可以以少许的现款买入价值较大的股票。当股票行情上涨后，投资者可将股票抛出，再将借款本息偿还与经纪人，从而获得较多的盈利。

在股票的信用交易中，做保证金多头交易的前提是投资者预测行情上涨，如果股票后市不像投资者预测的那样乐观，则投资者的损失也将扩大。

例如，某投资者认为某种股票的价格将上涨，其市价为 100 元/股，但其手中只有 1 万元资金，只能购入 1 手。该投资者想大量买进然后在股价上涨时抛出以获取高额价差，于是决定做保证金多头交易。该投资者与券商签订信用交易协议，言明保证金比例为 25%。这样，该投资者便以 100 元/股的价格购得股票 4 手。不久之后，股价上涨到 120 元/股，该投资者便抛出股票并与经纪人清算。在扣除各种费用后，该投资者每手股票赚得价差 1700 元，4 手股票累计赚取利润 6800 元。如果不采取信用交易方式，该投资者以自有资金只能购入 1 手股票，赚得的利润只有 1700 元。

如果投资者的预测错误，其损失将比不做信用交易要大得多。如果上例中的投资者购入股票后股价不涨反而急剧下跌，为了避免股价进一步下跌造成更大的损失，该投资者决定以 80 元/股的价格将股票抛出，这样每手股票就亏损 2300 元。如果该投资者仅以自有资金购入股票，其亏损仅为 2300 元，但由于采取了信用交易，该投资者将累计损失 9200 元，几乎将把自己的本金都赔进去了。

（二）保证金空头交易

保证金空头交易又称卖空交易。投资者预期股票价格将下降，想从股票的下跌中得到好处,但其手中股票不多甚至一点都没有。在这种情况下,该投资者也可借助于信用交易方式,向经纪人缴纳一定比例的保证金,而后由该经纪人垫付股票,同时将股票出售,这就是保证金空头交易。当一段时间股价下跌后,该投资者再以市价买进同等数额的股票归还经纪人,扣除佣金和垫款的利息后,其余额就是该投资者卖出买进差价利润。

保证金空头交易成功的前提条件是投资者预测行情下跌并被证实,如果股票后市不像投资者预测的那样下跌,则投资者的损失也将加倍。

例如,某种股票的市价为100元/股,投资者认为它的价格已处高位,不久将下跌,但其手中只有1万元资金且不持有该种股票。该投资者想大量抛售此种股票,然后在价格下跌后补进以获取高额价差,于是决定做保证金空头交易。该投资者与券商签订信用交易协议,言明保证金比例为25%,这样,该投资者便从券商处借得股票4手并以市价抛出。其后不久,该股票价格果然跌至80元/股,该投资者便将股票买回交与券商并与其结算。在扣除各种费用后,该投资者每手股票赚得价差1700元,4手股票累计赚取利润6800元。

如果预测错误,投资者将因股票价格的上涨而遭受损失。假设投资者抛出股票后价格不跌反涨,为了避免股价进一步上涨带来更大的损失,该投资者决定以120元/股的价格将股票买回,这样每手股票就造成亏损2300元,4手就一共造成亏损9200元。

三、期货交易

例如,某投资者从股票现货市场上以10元/股的价格买进 N 手 A 种股票,由于银行利率存在着上调的可能性,未来几个月里股市行情就可能下跌。为了避免股票价格因利率调整而贬值,该投资者便在期货交易市场上与某投机者签订了一份期货合约,在3个月后将股票以10元/股的价格全部转让给投机者。在期货合约到期后将会有2种结果,第一种是利率果真上调而导致股票价格的大幅下跌。例如,股票价格跌至8元/股。由于投资者已约定此时将股票以10元/股的价格转让与投机者,而市场上的现货价格只有8元,投资者可将以10元卖出的股票在市场上补回,除了保持原有的股票数量外,每股还能盈利2元。由于投机者在3个月前对行情预测的错误,此时其将以高于现货市场的价格将投资者的股票全部买入,每股股票将损失2元。第二种是在这一时段中利率没有调整,在期货合约到期时,股票的价格不跌而反涨至12元/股,此时投资者仍将履行期货合约所规定的义务,将股票以10元/股的价格交与投机者。而投机者由于事先预测正确,可将以10元买入的股票立即以市价卖出,在每股股票的期货交易中便获取了2元的利润。在上面的期货交易中,合约到期后投资者与投机者之间也不一定非要进行实物的交割,而只要按照市场价格将其价差补齐即可。例如,当股票价格涨至12元/股时,投资者也不一定非要将股票以10元/股的价格交出,其只需将2元/股的价差补给投机者就可以了。而对手中的股票,投资者愿意继续持有就保留下来,愿意卖出则以12元/股的价格在现货市场抛售即可。

四、期权交易

股票期权交易(stock options trading),是指期权交易的买方与卖方经过协商之后以支付一定的期权费为代价,取得一种在一定期限内按协定价格购买或出售一定数额股票的权利,超过期限,合约义务自动解除。

（一）看涨期权

看涨期权，即购买者可以在规定期内按协定价格购买若干单位的股票（芝加哥期权交易所规定一个合同为100股，伦敦证券交易所规定为1000股）。当股票价格上涨时，可按合约规定的低价买进，再以市场高价卖出，从而获利；反之，若股票价格下跌，低于合约价格，就要承担损失。由于买方盈利大小视涨价程度高低而定，故称看涨期权。

例如，某期权买方与卖方签订一个6个月的合约，买卖100股某公司股票，股票面值为10美元/股，每份合同100股，期权费为1美元/股共100美元，协定价格为11美元/股。

如果在合约期内股价上涨，为13.5美元/股，这时买方有以下2种选择：

第一种是执行期权。按11美元买入100股，支付1100美元，然后再将这100股在交易所以13.5美元/股卖出，收入1350美元，利润为250美元，扣除期权费后，净利达150美元。第二种是转让期权。如果在股价上涨时，期权费也上升。例如，把本例中的期权债每股1美元升为每股3美元，则买方可出让该看涨期权，收入300美元，净赚200美元，收益率高达200%。以较小的代价就能获取极大的利润，正是期权的魅力所在。

如果股市走势与买方预测相反，买方就要承担损失。这时买方有2种选择：

第一种选择是不执行期权，也就是使期权自动到期，买方损失100美元期权费。第二种选择是削价出售期权，也就是买方在合约有效期内对行情上涨已失去信心，于是中途就削价出售期权，以0.5美元/股出售，损失50美元。

（二）看跌期权

看跌期权，是指在规定期内按协定价格出售若干单位的股票。当股票价格下跌时，期权买方就按合约规定价格把期权卖给卖方，然后再在交易所低价购进股票从中获利。由于此时买方盈利大小视股价下跌程度而定，故称看跌期权。

例如，期权买方与卖方签订一份6个月的合约，协定价格为14元/股，出售股数100股，期权费为1.5美元/股，共150美元，股票面值为15美元/股。买方在这笔交易中有2种选择：

第一种选择是执行期权。如果在规定期内股价果然下降，降为12美元/股，这时买方就执行期权，即按协定价格卖给卖方100股，收进1400美元。然后在交易所按市场价买入100股，支付1200美元，获利200美元，扣除期权费150美元，净利50美元。第二种选择是卖出期权。当股价下跌，同时看跌期权费也升高，如果涨至3.5美元/股，则买方就出售期权，收进350美元，净利200美元。反之，如果股价走势与预测相反，买方则会遭受损失，损失程度即为其所付的期权费。

（三）双重期权

双重期权，是指期权买方既有权买也有权卖，买卖看价格走势而定。由于这种买卖都会获利，因此期权费会高于看涨或看跌期权。

本章小结及要点

内容摘要：本章主要介绍股份有限公司及股份有限公司的组织结构，股票的基本特征及其分类和要素，反映股票市场总体走势的股票价格指数，影响股票价格的主要因素，股票的交易方式。

1. 了解股份有限公司的特征和组织结构有利于理解什么是股票。股票是股份公司在筹集资本时向出资人发行的用以证明出资人的股本身份和权力，并根据持有人所持有的股份数享有权益和承担义务的凭证，具有权责性、无期性、流通性和收益性和风险性的特征。

2. 股票按股东所享有的权益和承担的风险不同，可划分为普通股和优先股，我国现有股票类型可划分为国家股、法人股、公众股和外资股。

3. 股东获得收益分配的形式主要有股息和红利，红利包括现金、送股和转增股3种形式，通常在股权登记日属于在册股东可享有这些权利，除权除息之后权益到账。

4. 股票价格指数是动态反映某个时期股市总价格水平的一种相对指标。我国主要股价指数包括上海证券综合指数和深圳成分指数。世界主要股价指数包括道琼斯指数、标准普尔股价指数、金融时报指数、日经225股价指数、中国香港恒生指数等。

5. 股票投资价值主要依据经济增长状况、经济周期、经济政策、通货膨胀、企业因素等来决定。

6. 股票交易主要有现货交易、信用交易、期货交易和期权交易4种形式。

思考题与应用训练

1. 投资者购买了股份有限公司发行的股票想要收回本金有哪些方式？

2. 近年来，国内不少上市公司（如宁波银行、隆平高科）对公司经营管理人员实施了股权激励方案，股权激励有哪些具体方式？与其他激励方式相比有哪些优缺点？在我国目前市场经济环境下实行股权激励应该注意哪些问题？

3. 中国工商银行股份有限公司2020年利润分配方案中，向优先股股东每10股派发45元现金，普通股股东每10股派发2.66元现金，为何同为股东，分红相差这么大？

4. 2021年3月31日，美国总统拜登宣布了逾2万亿美元（约合人民币13.1万亿元）的基建和经济复苏计划，旨在重建美国老化的基础实施，创造就业机会。分析这一政策对股票市场价格走势的影响？

5. 某股票股息登记日的收盘价是4.17元/股，每股送红利现金0.03元，则其次日股价为多少？某股票股权登记日的收盘价是24.75元/股，每10股送3股，即每股送红股数为0.3，其次日股价为多少？某股票股权登记日的收盘价为18元/股，10股配3股，即每股配股数为0.3，配股价为每股6元，其次日股价为多少？

6. 如何判断一家上市公司是否是国有控股企业？控股权集中还是分散？

7. 四川科伦药业股份有限公司自2019年8月14日至20日股价自33.5元/股跌至27.59元/股，短短几个交易日跌去18%，起因是公布了向老股东每10股配售不超过1.4股的配股方案，请分析原因。

8. 观察道琼斯指数走势，基本上一路长牛，疫情影响也只是短期下跌，为什么？

9. 到中国人民银行、新浪财经等网站收集当年中国人民银行货币政策信息。利用所学知识，分析其对当年股市价格走势的影响。

10. 查阅资料，分析大连天神娱乐股份有限公司并购案例，看上市公司商誉减值存在的问题及对策。

案例分析

宜宾五粮液股份有限公司股票股利分配

一、宜宾五粮液股份有限公司历年利润分配简况

宜宾五粮液股份有限公司（简称五粮液）自上市后，一直维持了较高的利润水平。但是，这样一支绩优股，在1998年高派现后，就只采用送红股的方式分配股利，或者干脆不分配（2000年和2004年均未分配）。

上市公司股东获取回报的方式主要有2种：经由上市公司分配股利以及所持有股票价格上涨的资本利得。理论上，一个业绩优良的上市公司所能给股东的回报应该既包括稳定的股利分配，也包括股票价格的稳定增长。

五粮液的第一大股东是宜宾市国有资产经营有限公司，持有五粮液75%的股份，属于国有非流通股。由于非流通股不能上市进行交易，股东不能通过股价增长获得收益，因此理论上非流通股股东偏好发放现金股利。五粮液在1998年的分配方案是，每10股派现12.5元，扣税后实际每10股派10元。通过这种方式，非流通股股东分得2.4亿元。但在以后的分配中，五粮液却将派现方式改为高比例送红股和公积金转增股份。经过若干年的送股和转赠，五粮液从最初的3.2亿股，到2004年已经变为约27亿股。2012年其总股本约38亿股。

从历年市场对五粮液分配方案的反应来看，除1998年市场对高派现表现出认可的态度外，在其余送红股的年份中，市场交易量仅在除权日有较大幅度上升，但很快就回落到原先的水平。说明中小股东选择"用脚投票"，通过出售股票来表达自己对分配方案的不满。

二、五粮液分配股票股利的分析

通过送红股和转赠股，无论是流通股还是非流通股股东，虽然手中的股票数翻了数倍，但实际财富并没有增加。因为从五粮液股价的反应可以看到，除权引起股价下跌后，并没有回升产生填权效应。那么，五粮液的利润到哪里去了呢？在中国，大股东通过各种方式转移上市公司资金的现象普遍存在。要转移资金，需要先把资金留在企业内。分发股票股利而不派现，就是留住资金的一种方式。红股的发放，并不会像派发现金那样导致控股股东实际控制公司现金的减少，只是仅仅把当年利润从公司的"利润"科目调整到"股本"科目的会计账目。虽然五粮液的大股东是宜宾市国有资产经营有限公司，但其实际控制人却是宜宾五粮液集团有限公司（简称五粮液集团）。对五粮液集团来说，设立宜宾五粮液股份有限公司并将最具市场价值的品牌"五粮液"注入上市公司，一定会要求有所回报。五粮液集团通过各种方式从上市公司获得了大量的利益输送，包括以下方面。

1. 商标和标识使用费

这是五粮液集团利用其影响力向上市公司收取费用的一种典型方式。五粮液集团通过这些项目，自上市起至2003年度累计从上市公司获取现金约5.4亿元。

2. 服务费及设备使用费

由于五粮液改制上市时，只是将主要经营性资产及供销公司划入上市公司。这样，五粮液上市公司其余所有服务都需要由五粮液集团提供。五粮液集团可以相应地收取综合服务费、货物运输、资产租赁费等费用。

3. 资产往来

我国资本市场一个常见的现象就是公司改制上市后，五粮液集团或控股公司通过各种方式，将手中的各项实物资产陆续卖给上市公司，而五粮液上市公司通常支付的都是现金。五粮液上市公司通过这种方式共向集团公司支付超过20亿元的现金。五粮液2001年2月20日的股东大会上，面对小投资者和机构投资者关于五粮液盈利高、账面现金充足但不分配、不转赠的不满质询时，所回应的理由就是公司要预留现金进行资产置换。

4. 产品往来

产品往来，是指由集团公司或其所属企业向五粮液股份有限公司提供各类产品。在生产基酒的车间于2001年完全置换进上市公司后，又新增向集团公司购买伏特加、葡萄酒等产品。五粮液股份有限公司向五粮液集团提供的产品主要是成品酒销售，两者现金流相抵后，五粮液股份有限公司支付给五粮液集团的净现金流出约为28亿元。

尽管五粮液公司业绩优良，但小股东却没有取得相应的回报，相反，五粮液集团在五粮液上市后的6年里从上市公司获得超过90亿元的现金。

问题：

1. 简述五粮液上市公司选择发放股票股利的原因。

2. 虽然送红股这种形式为上市公司控股股东留存了一定规模的资金，但送股导致公司股本短期快速扩张，在利润规模没有相应扩张的同时不可避免地引起盈利能力的下降，每股盈余、净资产收益率等指标都会出现下降。这些会对公司造成什么影响？

3. 在2000年证监会出台将再融资资格与派现捆绑在一起的硬性规定后，上市公司选择分配股票股利的公司数急剧减少。因为对于上市公司控股股东而言，一旦公司丧失了配股、增发等后续融资资格，就将无法再获得外部资源以扩大企业经营。为什么五粮液集团却对此规定置之不理？

第五章

基　金

本章导读

证券投资基金，是一种实行组合投资、专业管理、利益共享、风险共担的集合投资方式。与股票、债券不同，证券投资基金是一种间接投资工具。一方面，证券投资基金以股票、债券等金融有价证券为投资对象；另一方面，基金投资者通过购买基金份额的方式间接地进行证券投资。基金投资者、基金管理人和基金托管人是基金运作中的主要当事人。基金募集的资金在法律上具有独立性，由选定的基金托管人保管，并委托基金管理人进行股票、债券的分散化组合投资。基金投资收益在扣除基金管理人和托管人承担费用后的盈余全部归基金投资者所有，并依据各个投资者购买基金份额的多少在投资者之间进行分配。近年来，不少投资基金收益率远超市场平均收益、其专业投资的优势日益显现。2020年，中国基金业的发展尤为突出。

证券投资基金是主要证券投资工具之一，也适合普通投资者用其进行投资理财，投资者通过了解基金构成要素、基金特点、基金的种类结合自己风险偏好选择不同基金进行投资。在基金投资过程中，投资者需要了解基金费用的收取模式，分析基金投资价值，并对基金投资绩效进行正确评价与选择。

影响基金价值的主要因素有基金管理公司、基金发行制度、基金举债规模。基金投资绩效评价主要依靠收益评价指标、风险评价指标、风险调整后收益指标。投资者购买基金时应注意评价基金业绩、正确看待基金排名、设计好投资组合、选择好投资时间。

本章主要学习和思考以下问题：

1. 学习投资基金的构成要素与特点。
2. 投资基金如何分类？
3. 投资基金的收益与费用是怎样的？
4. 如何分析基金投资价值及选择投资基金？

第一节　投资基金概述

一、投资基金的定义

投资基金是一种利益共存、风险共担的集合证券投资方式，即通过发行基金份额，集中投资者的资金，由基金托管人托管，由基金管理人管理和运用资金，从事股票、债券等金融工具投资，并将投资收益按基金投资者的投资比例进行分配的一种间接投资方式。

投资基金起源于1868年的英国，是在18世纪末—19世纪初产业革命的推动后产生的，而后兴盛于美国，现在已风靡全世界。在不同的国家和地区，投资基金的称谓有所区别，英国称之为"单位信托投资基金"，美国称之为"共同基金"，日本则称之为"证券投资信托基金"。这些不同的称谓在内涵和运作上无太大区别。投资基金在西方国家早已成为一种重要的融资、投资手段，并在当代得到了进一步发展。20世纪60年代以来，一些发展中国家积极仿效，运用投资基金这一形式吸收国内外资金，促进本国经济的发展。我国在20世纪80年代末出现了投资基金形式，并在20世纪90年代后得到了较快的发展。这不仅支持了我国经济建设和改革开放事业，而且也为广大投资者提供了一种新型的金融投资选择，活跃了金融市场，丰富了金融市场的内容，促进了金融市场的发展和完善。

二、投资基金的基本要素

（一）管理公司

基金管理公司，是指依据有关法律法规设立的对基金的募集、基金份额的申购和赎回、基金财产的投资、收益分配等基金运作活动进行管理的公司。基金管理公司成立以后主要的任务就是发行、管理基金。

基金管理公司在不同国家有不同的名称。例如，在英国称投资管理公司，在美国称基金管理公司，在日本称投资信托公司，但其职责基本都是一致的，即运用和管理基金。

（二）投资顾问

投资顾问，是指专门从事于提供投资建议而获薪酬的人士，它是专户理财服务中非常重要的角色。客户在接受专项理财服务的过程中，第一个遇到的服务者就是投资顾问，并且投资顾问与客户的沟通与交流将贯穿服务的始终。投资顾问的任务是帮助客户达成财务目标。为此，投资顾问需要与客户保持全面深入的交流。

（三）托管人或受托人

基金托管人是依据基金运行中"管理与保管分开"的原则对基金管理人进行监督和对基金资产进行保管的机构。基金托管人与基金管理人签订托管协议，在托管协议规定的范围内履行自己的职责并收取一定的报酬。概括地说，基金托管人应该是完全独立于基金管理机构，具有一定的经济实力，实收资本达到一定规模，具有行业信誉的金融机构。《中华人民共和国证券投资基金法》规定，基金托管人应由依法设立并取得基金托管资格的商业银行担任。

（四）投资者

投资者是基金的出资人、基金资产的所有者和基金投资收益的受益人。其享有的权利包括：①分享基金财产收益；②分配清算剩余财产；③依法转让或申请赎回持有份额；④按规定要求召开基金份额持有人大会；⑤大会上的表决权；⑥查阅或复制公开披露信息资料；⑦对管理人、托管人、销售机构提出诉讼。

三、投资基金的特点

（一）集合理财、专业管理

基金，是指将零散的资金巧妙地汇集起来，交给专业机构投资于各种金融工具，以谋取资产增值的一种投资方式。基金对投资的最低限额要求不高，投资者可以根据自己的经济能力决定购买数量，有些基金甚至不限制投资额大小，完全按份额计算收益的分配。因此，基金可以最广泛地吸收社会闲散资金，汇成规模较大的投资资金。投资者在参与证券投资时，可享有大额投资在降低成本上的相对优势，从而获得规模效益。

基金实行专家管理制度，这些专业管理人员都经过专门训练，具有丰富的证券投资和其他项目投资经验。其运用先进的技术手段分析各种信息资料，能够对金融市场上各种品种的价格变动趋势作出比较正确的预测，从而最大限度地避免投资决策的失误，提高投资成功率。对于那些没有时间，或对市场不太熟悉，没有能力专门研究投资决策的中小投资者来说，投资于基金，实际上就可以获得专家们在市场信息、投资经验、金融知识和操作技术等方面所拥有的优势，从而避免盲目投资带来的失败。

（二）组合投资、分散风险

以科学的投资组合降低风险、提高收益是基金的另一大特点。在投资活动中，风险和收益总是并存的，但要想实现投资资产的多样化，还需要一定的资金实力，小额投资者资金有限，很难做到这一点。基金可以凭借其雄厚的资金，在法律规定的范围内进行科学的投资组合，分散投资于多种证券品种或其他项目，利用不同的投资对象之间的互补性，真正做到分散风险，提高投资的安全性和收益性。

（三）利益共享、风险共担

基金投资者是基金的所有者，基金投资者共担风险共享收益。基金投资收益在扣除由基金承担的费用后的盈余全部归基金投资者所有，并依据各投资者所持有的基金份额比例进行分配。为基金提供服务的基金托管人、基金管理人只能按规定收取一定的托管费、管理费，并不参与基金收益的分配。

（四）独立托管、保证安全

基金管理人负责基金的投资运作，本身并不经手基金财产的保管。基金财产的保管由独立于基金管理人的基金托管人负责。这种相互制约、相互监督的制衡机制对投资者的利益提供了相应的保护。

（五）严格监管、信息透明

为切实保护投资者的利益，增强投资者对基金投资的信心，世界各国的基金监管机构都对基金业实行严格的监管，对各种有损投资者利益的行为进行严厉的打击，并强制基金进行较为充分的信息披露。

第二节 投资基金的分类

一、投资基金的基本分类

（一）按投资基金的组织形态不同，投资基金可划分为契约型基金和公司型基金

1. 契约型基金

契约型基金又被称为单位信托基金，是指把投资者、管理人和托管人三方作为基金的当事人，通过签订基金契约的形式，发行受益凭证而设立的一种基金。契约型基金起源于英国，后在新加坡、印度尼西亚、中国香港等国家和地区十分流行。

契约型基金是基于契约原理而组织起来的代理投资行为，没有基金章程，也没有董事会，而是通过基金契约来规范三方当事人的行为。基金管理人负责基金的管理操作。基金托管人作为基金资产的名义持有人，负责基金资产的保管和处置，对基金管理人的运作实行监督。

2. 公司型基金

公司型基金是按照公司法以公司形态组成的，该基金公司以发行股份的方式募集资金。一般投资者则为认购基金而购买该公司的股份，也就成为该公司的股东，凭其持有的股份依法享有投资收益。这种基金要设立董事会，重大事项由董事会讨论决定。

公司型基金的特点如下：基金公司的设立程序类似于一般股份公司，基金公司本身依法注册为法人。但不同于一般股份公司的是，它是委托专业的财务顾问或管理公司来经营与管理。基金公司的组织结构也与一般股份公司类似，设有董事会和持有人大会，基金资产由公司所有，投资者则是这家公司的股东，承担风险并通过股东大会行使权利。

契约型基金与公司型基金的不同点有以下4个方面。

（1）法律依据不同。契约型基金依照基金契约组建，信托法是其设立的依据，基金本身不具有法律资格；公司型基金是按照公司法组建的，具有法人资格。

（2）资金的性质不同。契约型基金的资金是通过发行基金份额筹集起来的信托财产；公司型基金的资金是通过发行普通股票筹集的公司法人的资本。

（3）投资者的地位不同。契约型基金的投资者购买基金份额后成为基金契约的当事人之一，投资者既是基金的委托人（即基于对基金管理人的信任，将自己的资金委托给基金管理人管理和营运），又是基金的受益人（即享有基金的受益权）；公司型基金的投资者购买基金的股票后成为该公司的股东。因此，契约型基金的投资者没有管理基金资产的权力，而公司型基金的股东通过股东大会享有管理基金公司的权力。

（4）基金的营运依据不同。契约型基金依据基金契约营运基金；公司型基金依据基金公司章程营运基金。

由此可见，契约型基金和公司型基金在法律依据、组织形态以及有关当事人扮演角色上是不同的。但对投资者来说，投资于公司型基金和契约型基金并无多大区别，它们的投资方式都是把投资者的资金集中起来，按照基金设立时所规定的投资目标和策略，将基金资产分散投资于众多的金融产品上，获取收益后再分配给投资者。

从世界基金业的发展趋势看，公司型基金除了比契约型基金多了一层基金公司组织外，其他各方面都与契约型基金有趋同化的倾向。

（二）按受益凭证可否赎回以及买卖方式的不同，投资基金可划分为封闭式基金和开放式基金

1. 封闭式基金

封闭式基金，是指基金的发起人在设立基金时，限定了基金单位的发行总额，筹集到这个总额后，基金即宣告成立，并进行封闭，在一定时期内不再接受新的投资。其又被称为固定型投资基金。基金单位的流通采取在证券交易所上市的办法，投资者日后买卖基金单位都必须通过证券经纪商在二级市场上进行竞价交易。

封闭式基金的期限，是指基金的存续期，即基金从成立起到终止之间的时间。决定基金期限长短的因素主要有2个：①基金本身投资期限的长短。如果基金运营的运营目的是进行中长期投资（例如，创业基金），其存续期就可能长一些；如果基金运营的目的是进行短期投资（例如，货币市场基金），其存续期就可能短一些；②宏观经济形势，一般经济稳定增长，基金存续期可长一些，若经济波浪起伏，则应相对短一些。当然，在现实中，存续期还应考虑基金发起人和众多投资者的要求来确定。基金期限届满即为基金终止，管理人应组织清算小组对基金资金进行清产核资，并将清产核资后的基金净资产按照投资者的出资比例进行公正合理的分配。

如果基金在运行过程中，因为某些特殊的情况，使得基金的运作无法进行，报经主管部门批准，可以提前终止。提前终止的一般情况有以下4种。

（1）国家法律和政策的改变使得该基金的继续存在为非法或者不适宜。

（2）管理人因故退任或被撤换，无新的管理人承继的。

（3）托管人因故退任或被撤换，无新的托管人承继的。

（4）基金持有人大会上通过提前终止基金的决议。

2. 开放式基金

开放式基金，是指基金管理公司在设立基金时，发行基金单位的总份额不固定，可视投资者的需求追加发行。投资者也可根据市场状况和各自的投资决策，或者要求发行机构按现期净资产值扣除手续费后赎回股份或受益凭证，或者再买入股份或受益凭证，增持基金单位份额。为了应对投资者中途抽回资金，实现变现的要求，开放式基金一般都会从所筹资金中拨出一定比例，以现金形式保持这部分资产。这虽然会影响基金的盈利水平，但作为开放式基金来说，这是必需的。

封闭式基金和开放式基金的不同点有以下7个方面。

（1）期限不同。封闭式基金通常有固定的封闭期，通常在5年以上，一般为10年或15年，经受益人大会通过并经主管机关同意可以适当延长期限；开放式基金没有固定期限，投资者可随时向基金管理人赎回基金单位。

（2）发行规模限制不同。封闭式基金在招募说明书中列明其基金规模，在封闭期限内未经法定程序认可不能再增加发行；开放式基金没有发行规模限制，投资者可随时提出认购或赎回申请，基金规模随之增加或减少。

（3）基金单位交易方式不同。封闭式基金的基金单位在封闭期限内不能赎回，持有人只能寻求在证券交易场所出售；开放式基金的投资者则可以在首次发行结束一段时间（多为3个月)后,随时向基金管理人或中介机构提出购买或赎回申请,买卖方式灵活。除极少数开放式基金在交易所做名义上市外,通常不上市交易。

(4)基金单位的交易价格计算标准不同。封闭式基金与开放式基金的基金单位除了首次发行价都是按面值加一定百分比的购买费计算外,以后的交易计价方式均不相同。封闭式基金的买卖价格受市场供求关系的影响,常出现溢价或折价现象,并不必然反映基金的净资产值;开放式基金的交易价格则取决于基金每单位净资产值的大小,其申购价一般是基金单位资产值加一定的购买费,赎回价是基金单位净资产值减去一定的赎回费,不直接受市场供求影响。

(5)投资策略不同。封闭式基金的基金单位数不变,资本不会减少,因此基金可进行长期投资,基金资产的投资组合能有效在预定计划内进行;开放式基金因基金单位可随时赎回,为应付投资者随时赎回兑现,基金资产不能全部用来投资,更不能把全部资本用于长线投资,在投资组合上需保留一部分现金和高流动性的金融商品,以保持基金资产的流动性。

(6)基金份额资产净值公布的时间不同。封闭式基金一般每周或更长时间公布一次;开放式基金一般在每个交易日连续公布。

(7)交易费用不同。投资者在买卖封闭式基金时,在基金价格之外要支付手续费;投资者在买卖开放式基金时,则要支付申购费和赎回费。

从发达国家金融市场来看,开放式基金已成为世界投资基金的主流。世界基金发展史从某种意义上说就是从封闭式基金走向开放式基金的历史。

(三)按投资策略不同,投资基金可划分为成长型基金、收入型基金、平衡型基金、指数型基金

1. 成长型基金

成长型基金是基金中最常见的一种,它追求的是基金资产的长期增值。为了达到这一目标,基金管理人通常将基金资产投资于信誉度较高、有长期成长前景或长期盈余的所谓成长公司的股票。成长型基金又可划分为稳健成长型基金和积极成长型基金。

2. 收入型基金

收入型基金主要投资于可带来现金收入的有价证券,以获取当期的最大收入为目的。收入型基金资产成长的潜力较小,损失本金的风险相对也较低,一般可划分为固定收入型基金和股票收入型基金。固定收入型基金的主要投资对象是债券和优先股,因而尽管收益率较高,但长期成长的潜力很小,而且当市场利率波动时,基金净值容易受到影响。股票收入型基金的成长潜力比较大,但易受股市波动的影响。

3. 平衡型基金

平衡型基金将资产分别投资于两种不同特性的证券上,并在以取得收入为目的的债券及优先股和以资本增值为目的的普通股之间进行平衡。这种基金一般将25%—50%的资产投资于债券及优先股,其余的资产投资于普通股。平衡型基金的主要目的是从其投资组合的债券中得到适当的利息收益,与此同时又可以获得普通股的升值收益。平衡型基金的特点是风险比较低,缺点是成长的潜力不大。

4. 指数型基金

指数型基金,是指基金的操作按所选定指数(例如,美国标准普尔500指数、日本日经225指数、中国台湾加权股价指数等)的成分股在指数所占的比重,选择同样的资产配置模式投资,以获取和大盘同步的获利。

银河证券基金研究中心的数据显示,截至 2021 年 3 月,我国基金市场上有标准指数基金 1249 支,增强型指数基金 228 支。不同指数覆盖的市场范围不同,其风险收益特征也不同。例如,上证 180 指数和深证 100 指数分别反映沪深两市的情况;中证 100 指数和中小板指数则分别反映沪深两市大盘蓝筹企业与中小企业的情况。随着跨境 ETF 的推出,投资者同时投资于沪深 300 指数基金和海外市场指数基金也是很好的资产配置方向,能够在一定程度上起到分散投资、分散风险的作用。

投资者在选择指数基金时需要关注以下 2 个方面:一是选择跟踪成长性较好的指数的基金(找到这样的指数的难度不亚于选股票);二是选择投资跟踪误差较小的指数基金,跟踪误差越小的基金,表明基金经理的管理能力越强,投资者更能实现获得指数收益率的目标。

此外,按基金的投资计划的可变性,投资基金可划分为固定型基金、半固定型基金、融通型基金;按基金的资金来源不同,投资基金可划分为国内基金和海外基金;按基金的投资地区不同,投资基金可划分为区域基金和环球基金。

二、投资基金的业务品种

(一)股票基金

股票基金,是指以股票为主要投资对象的证券投资基金。股票基金的投资目标侧重于追求资本利得和长期资本增值。基金管理人拟定投资组合,将资金投放到一个或几个国家,甚至是全球的股票市场,以达到分散投资、降低风险的目的。

投资者之所以选择股票基金,原因在于可以有不同的风险类型供选择,而且可以克服股票市场普遍存在的区域性投资限制的弱点。此外,股票基金还具有变现性强、流动性强等优点。由于聚集了巨额资金,几支甚至一支基金就可以引发股市动荡,所以世界各国对股票基金的监管都十分严格,不同程度地规定了基金购买某一家上市公司的股票总额不得超过基金资产净值的一定比例,防止基金过度投机和操纵股市。

(二)债券基金

债券基金,是指一种以债券为主要投资对象的证券投资基金。由于债券的年利率固定,因而这类基金的风险较低,适合于稳健型投资者。

通常,债券基金收益会受货币市场利率的影响。当市场利率下调时,其收益就会上升;若市场利率上调,则基金收益率下降。除此以外,汇率也会影响基金的收益,管理人在购买非本国货币的债券时,往往还在外汇市场上做套期保值。

(三)货币基金

货币市场基金,是指以货币性资产为投资对象的一种基金,其投资工具期限在 1 年内,包括银行短期存款、国库券、公司债券、银行承兑票据和商业票据等。通常,货币基金的收益会随着市场利率的下跌而降低,与债券基金正好相反。货币市场基金通常被认为是无风险或低风险的投资品种。

(四)期货基金

期货基金(CTA fund)又称商品基金,是指广大投资者将资金集中起来委托给专业的期货投资机构,并通过商品交易顾问(CTA)进行期货投资交易,投资者承担投资风险并享有投资利润的一种集合投资方式。

(五) 对冲基金

对冲基金（hedge fund）又称避险基金或套利基金，是指由金融期货（financial futures）和金融期权（financial option）等金融衍生工具（financial derivatives）与金融组织结合后以高风险投机为手段并以盈利为目的的金融基金。它是投资基金的一种形式，属于免责市场（exempt market）产品，意为"风险对冲过的基金"。对冲基金名为基金，实际上与互惠基金安全、收益、增值的投资理念有本质区别。

对冲基金通过采用各种交易手段（例如，卖空、杠杆操作、程序交易、互换交易、套利交易、衍生品种等）进行对冲、换位、套头、套期赚取巨额利润。这些概念已经超出了传统的防止风险、保障收益的操作范畴。加之发起和设立对冲基金的法律门槛远低于互惠基金，使之风险进一步加大。为了保护投资者，北美地区的证券管理机构将对冲基金列入高风险投资品种行列，严格限制普通投资者介入。例如，规定每个对冲基金的投资者应少于100人，最低投资额为100万美元等。又如，基金管理人在购入一种股票后，同时购入这种股票的一定价位和时效的看跌期权（put option）。看跌期权的效用在于当股票价位跌破期权限定的价格时，卖方期权的持有者可将手中持有的股票以期权限定的价格卖出，从而使股票跌价的风险得到对冲。再如，在另一类对冲操作中，基金管理人首先选定某类行情看涨的行业，买进该行业中看好的几支优质股，同时以一定比率卖出该行业中较差的几支劣质股。如此组合的结果是，如果该行业预期表现良好，优质股涨幅必超过其他同行业的劣质股，买入优质股的收益将大于卖空劣质股而产生的损失；如果预期错误，此行业股票不涨反跌，那么劣质股跌幅必大于优质股，则卖空盘口所获利润必高于买入优质股下跌造成的损失。正因为如此的操作，早期的对冲基金可以说是一种基于避险保值的保守投资策略的基金管理形式。

经过几十年的演变，对冲基金已失去其初始的风险对冲的内涵，成为一种新的投资模式的代名词，即基于最新的投资理论和极其复杂的金融市场操作技巧，充分利用各种金融衍生产品的杠杆效用，承担高风险，追求高收益的投资模式。

(六) 伞形基金与基金中的基金

伞形基金（umbrella fund）又称"系列基金"，是基金的一种经营方式（或说组织结构），它是在开放式基金的组织结构下，基金发起人根据一份总的基金招募书发起设立多支子基金，各子基金独立进行投资决策，其主要特点在于在基金内部就可以为投资者提供多种投资选择，并且子基金之间可以相互转换。伞形基金，也称"伞子基金"或"伞子结构基金"，是基金的一种组织形式。伞形基金的发起人根据一份总的基金招募书，设立多支相互之间可以根据规定的程序及费率水平进行转换的基金，即一个母基金之下再设立若干子基金，各个子基金依据不同的投资方针和投资目标进行独立的投资决策。其最大特点是在母基金内部可以为投资者提供多种投资选择，费用较低或不收转换费用，能够方便投资者根据市场行情的变化选择和转换不同的子基金。伞形基金是与目前中国流行的单一结构的基金相对应的一种基金模式。

基金中的基金（fund of fund, FOF）是一种专门投资于其他证券投资基金的基金。FOF并不直接投资股票或债券，其投资范围仅限于其他基金，通过持有其他证券投资基金而间接持有股票、债券等证券资产。FOF是结合基金产品创新和销售渠道创新的基金新品种。一方面，FOF将多支基金捆绑在一起，投资FOF等于同时投资多支基金，但比分别投资的成本大大降低；另一方面，与基金超市和基金捆绑销售等纯销售计划不同的是，FOF 完全采用基金的法律形式，按照基金的运作模式进行操作。FOF 中包含对基金市场的长期投资策略，与其他基金一样，是一种可长期投资的金融工具。

FOF 的优势在于收益较高并有补偿机制。目前在中国，FOF 属于银行、券商理财产品。

（七）交易所交易基金（ETFs）和上市开放式基金（LOF）

交易所交易基金（Exchange-Traded Funds，ETFs），是指可以在交易所交易的基金。交易所交易基金从法律结构上说仍然属于开放式基金，但它主要是在二级市场上以竞价方式交易，并且通常不准许现金申购及赎回，而是以一篮子股票来创设和赎回基金单位。对一般投资者而言，交易所交易基金主要还是在二级市场上进行买卖。

上市开放式基金（listed open-ended funds，LOF），是一种既可以在场外市场进行基金份额申购赎回，又可以在交易所（场内市场）进行基金份额交易、申购或赎回的开放式基金，它是我国对证券投资基金的一种本土化创新。

（八）QFII 和 QDII

QFII（qualified foreign institutional investors），是合格境外机构投资者的英文首个字母缩写，QFII 机制是指外国专业投资机构到境内投资的资格认定制度。

作为一种过渡性制度安排，QFII 制度是在资本项目尚未完全开放的国家和地区，实现有序、稳妥开放证券市场的特殊通道。包括韩国、印度和巴西等市场的经验表明，在货币未自由兑换时，QFII 不失为一种通过资本市场稳健引进外资的方式。在该制度下，QFII 将被允许把一定额度的外汇资金汇入并兑换为当地货币，通过严格监督管理的专门账户投资当地证券市场，包括股息及买卖价差等在内的各种资本所得经审核后可转换为外汇汇出。实际上这就是对外资有限度地开放本国的证券市场。

QDII（qualified domestic institutional investors），是合格境内机构投资者的英文首个字母缩写。它是指在本币资本项下不可兑换、资本市场未开放条件下，在一国境内设立，经该国有关部门批准，有控制地允许境内机构投资境外资本市场的股票、债券等有价证券的一项制度安排。

基金公司开展 QDII 业务，主要是直接投资境外证券市场不同风险层次的产品。与此前银行同类产品主要投资单一市场或结构性产品以及多数实施投资外包不同，基金公司的 QDII 产品投向更为广泛，把目标锁定全球股票市场，具有专业性强、投资更为积极主动的特点。与第二代银行 QDII 允许直接投资海外股市的比例达 50% 相比，基金 QDII 产品投资比例理论上可达到 100%。在投资管理过程中，除了借助境外投资顾问的力量外，国内基金公司组成专门的投资团队参与境外投资的整个过程，享有完全的主动决策权。此外，基金 QDII 产品的门槛较低，适合更为广泛的投资者参与。大部分银行 QDII 产品认购门槛为人民币几万元甚至几十万元，而基金 QDII 产品起点仅为人民币 1000 元。

QDII 产品目前主要可划分为保险系 QDII、银行系 QDII 及基金系 QDII，3 个系列各有不同，各自的主要特征如下：

保险系 QDII 运作的是保险公司自己在海外的资产，一般不对个人投资者开放。

银行系 QDII 以前只能投资境外的固定收益类产品，但根据中国银监会最新的规定，现在也可以投资境外股票，收益率有了显著上升。总体而言，属于风险居中、收益也居中的 QDII。认购门槛较高。

基金系 QDII 的投资不受限制，可以将 100% 的资金投资于境外股票。因此，其风险和收益都比银行系 QDII 高得多。由于采用基金的形式发行，其认购门槛比银行系低得多，往往 1000 元即可起步。

QDII 和 QFII 的最大区别在于投资主体和参与资金的不同。从中国的情况来说，在中国以外国家发行，并以合法的渠道参与投资中国资本市场的资金管理人就是 QFII；在中国发行，并以合法的渠道参与投资中国以外的资本市场的资金管理人就是 QDII。

资料链接

读者可以登录中国基金网（http://www.chinafund.cn），了解更多有关基金实务的内容。

第三节　基金的价值分析

案例分析

封闭式基金折价之谜

王女士在国内一家著名通信公司工作，每月薪水丰厚。2007 年 3 月 16 日，她本打算购买净值为 2.3719 元的一支开放式基金，忽略交易成本的话，投资成本为 2.3719 元/份。后来她听了一朋友的建议，最终决定购买当日折价率最大的封闭式基金——基金普惠。不计交易成本，她可以从二级市场上以 1.544 元的收盘价买入，而当日该基金的净值也是 2.3719 元。也就是说，其资产与成本相比的溢价程度为：

$(2.3719 - 1.544) \div 2.3719 \times 100\% = 34.9\%$

就以上 2 种投资方案而言，王女士如果将这两支基金都持有到基金普惠到期日，由于封闭式基金在到期时普遍会转为开放式基金，届时 2 支基金均会按净值赎回。假设持有期间这两支基金的净值都没有任何增长，开放式基金依旧按 2.3719 元赎回，忽略交易成本，她的收益为 0，而基金普惠按 2.3719 元赎回，她的收益率则为：

$(2.3719 - 1.544) \div 1.544 \times 100\% = 53.62\%$

问题：

封闭式基金为什么一般会出现折价交易？封闭式基金存续期满后的处理对基金持有人有什么影响？

提示：（1）从美国和我国封闭式基金运行来看，封闭式基金的交易价格在大部分时间内表现出折价，即基金的市场价格低于单位资产净值；（2）决定基金投资价值的因素有收益、费用、投资组合、基金净资产估值以及基金经理等。通过查阅相关资料，学习如何挑选有投资价值的基金。

一、基金的收益

基金收益，是指基金资产在运作过程中所产生的超过自身价值的部分。具体地说，基金收益包括基金投资所得红利、股息、债券利息、存款利息和其他收入。

(一) 经常性收入

1. 红利

红利，是指基金因购买公司股票而享有的对该公司净利润分配的所得。一般而言，公司对股东的红利分配有现金红利和股票红利两种形式。基金作为长线投资者，其主要目标在于为投资者获取长期、稳定的回报，红利是构成基金收益的一个重要部分。所投资股票的红利的多少，是基金管理人选择投资组合的一个重要标准。

2. 股息

股息，是指基金因购买公司的优先股权而享有对该公司净利润分配的所得。股息通常是按一定的收益比例事先规定的，这是股息与红利的主要区别。与红利相同，股息也构成投资者回报的一个重要部分，股息高低也是基金管理人选择投资组合的重要标准。

3. 债券利息

债券利息，是指基金资产因投资于不同种类的债券（国债、地方政府债券、企业债、金融债等）而定期取得的利息。我国《证券投资基金管理暂行办法》规定，一个基金投资于国债的比例不得低于该基金资产净值的20%，由此可见，债券利息也是构成投资回报的不可或缺的组成部分。

4. 存款利息

存款利息，是指基金资产的银行存款利息收入。这部分收益仅占基金收益很小的一个组成部分。开放式基金由于必须随时准备支付基金持有人的赎回申请，必须保留一部分现金存在银行。

(二) 资本利得

资本利得，是指基金资产投资于证券而形成的价差收益。

二、基金费用

(一) 销售赎回费用

1. 销售费用

（1）初次认购费，是指在基金第一次发行时的认购费用。例如，华安创新基金的初次认购费率根据不同的认购金额定，认购费率分为1.2%和1.5% 2档：一次认购金额1万—1000万元（含1万元，不含1000万元）的，认购费率为认购金额的1.5%；一次认购金额高于1000万元（含1000万元）的，认购费率为认购金额的1.2%。

（2）申购费，是指在基金开始交易后的"日常申购"费用，《开放式证券投资基金试点办法》规定申购费不超过申购金额的5%。根据交易量大小有不同的费率标准。

2. 赎回费用

《开放式证券投资基金试点办法》规定赎回费用不超过申购金额的3%，具体由基金管理公司确定。

3. 转移费用

转移费用，是指投资人在同一基金管理人所管理的不同基金之间，由投资的一支基金转换成另一支基金所要支付的费用。

(二) 管理费用

基金管理费，是指基金管理人管理基金资产而向基金收取的费用，主要包括基金管理费、基金托管费和信息披露费等。它是固定比率的，没有业绩提成。这些费用由基金资产承担。对于不收取申购、赎回费的货币市场基金和部分债券基金，还可按不高于0.25%的比例从基金资产中计提一定的费用，专门用于基金的销售和对基金持有人的服务。

1. 计提标准

基金管理费率通常与基金规模成反比，与风险成正比。基金规模越大，基金管理费率越低；基金风险程度越高，基金管理费率越高。不同类别不同国家或地区的基金，管理费率不完全相同。但从基金类型看，证券衍生工具基金管理费率最高。例如，认股权证基金的管理费率约为1.5%—2.5%；股票基金居中，约为1%—1.5%；债券基金约为0.5%—1.5%；货币市场基金最低，管理费率约为0.25%—1%。目前，我国基金大部分按照1.5%的比例计提基金管理费，债券型基金的管理费率一般低于1%，货币市场基金的管理费率为0.33%。

基金托管费收取的比例与基金规模、基金类型有一定关系。目前，我国封闭式基金按照0.25%的比例计提基金托管费，开放式基金根据基金合同的规定比例计提，通常低于0.25%；股票型基金的托管费率要高于债券型基金及货币市场基金的托管费率。

2. 计提方法和支付方式

目前，我国的基金管理费、托管费也均是按前一日基金资产净值的一定比例逐日计提，按月支付。

(三) 基金运作费用

基金运作费用，是指保证基金正常运作而发生的应由基金承担的费用。发生的费用大于基金净值的十万分之一时，应采用预提或待摊的方法计入基金损益。发生的费用小于基金净值的十万分之一时，应于发生时直接计入基金损益。

三、影响基金价值的主要因素

(一) 基金管理公司

投资基金的价值在很大程度上取决于基金管理公司。好的基金管理公司往往能给基金持有者极高的投资回报，但运营不佳的基金则会因投资失败而使净值大幅下降。

对基金管理公司可以从以下2个方面考察：①对基金领导班子的整体专业水平、调研能力、实际运作经验的考核，尤其是要注意主要负责者的社会背景和决策能力。一个和社会各阶层人士有密切关系的主要负责人，更有可能及时获取投资决策所必需的信息，从而捕捉到投资良机，规避市场风险；②考察基金管理公司的以往业绩。一般认为，基金的长期业绩是专业水平、信息量、决策能力等诸项要素的综合反映，不存在偶然因素，而以往的业绩则具体反映了基金管理公司的诸项能力的高低。因此，在人事上没有大变动的情况下，其将来也很可能会维持目前的获利水平。

（二）基金的发行制度

基金的发行规模与销售费用对基金价值的影响体现在如下 2 个方面。

1. 基金发行规模的影响

基金发行规模的大小将影响基金的收益水平，从而影响基金的价值。这是因为：①基金规模大小影响着基金投资证券的持有期。小型基金由于进出容易，常进行短期投资，因此，回避系统性风险的能力较强，常可获得较高的投资收益率；大型基金则相反，因进出难的特点决定了其长期持有的投资策略，因此在发生价格的不利波动时，不能有效地规避风险，从而影响基金的收益；②基金规模大小影响着基金的单位费用率。小型基金在发行、运作时由于受其中的不变成本影响，使单位费率标准居高不下，影响了投资收益率；而大型基金由于规模大，易产生规模效应，从而摊低了单位费率；③基金规模大小影响着基金持有证券品种的多寡。小型基金由于资金量小，投资分散程度不够，不能有效规避非系统性风险；大型基金规模大，为了达到有关法律要求的持有比例（例如，股票型基金持股比例一般最低70%），往往投资于数十种证券，但增加了管理成本，同时，也不利于选择最佳的投资目标。

2. 基金销售费用的影响

基金销售费用，是信托资产运行时必不可少的费用，但费用率的高低则影响着投资者的回报率。一项对美国投资基金的调查研究认为，销售费用收取的高低与基金的经营管理无关，即收费高的基金与收费低的基金业绩相差不大。在这种情况下，收费高的基金很明显地降低了基金的资产，少了一部分可以产生利润的基金资产。收费低或不收费的基金则可将大部分基金资产或全部基金资产用来投资，产生利润的基数要比前者大。

（三）基金的举债规模

封闭性投资基金由于受固定规模的约束，不能靠增发基金份额来扩充经营规模，但它有多种筹资渠道，其中之一就是向金融机构及民间举债。举债的目的有以下 2 个：①解决日常运作费用；②扩大经营规模。

举债投资又称投资的财务杠杆，它具有成倍放大盈亏的功能。例如，净资产为 100 万元的基金拆入 100 万元资金进行证券投资，当市值上升 50% 时，基金将获利 100 万元，收益放大一倍。若市值下跌，则风险也相应放大，一些破产清盘的投资基金就属于这种情况。例如，1998 年宣布清盘的美国长期资本管理公司，其举债规模可为基金净资产值的几十倍，在如此高的举债规模下，只要稍有价格的不利波动，即可造成基金本金的全军覆没。

另外，分析举债规模时，不仅要分析债务占基金净资产的比重及对基金本金的影响程度，还要分析债务利率对基金经营的影响。一般来说，当利率低于基金投资收益率时，使用财务杠杆较为有利；反之，则应弃之不用。

四、投资基金的价值分析

（一）投资基金净资产的估值

1. 确定估值日

基金管理人应于每个交易日当天对基金资产进行估值。经基金资产估值后确定的基金资产净值而计算出的基金份额净值，是计算基金份额转让价格，尤其是计算开放式基金申购与赎回价格的基础。

2. 计算单位基金净资产

每份基金单位的净资产价值等于基金的总资产减去总负债后的余额除以基金全部发行的单位份额总数。开放式基金的申购和赎回都以这个价格进行。基金净值（Net Asset Value, NAV）即基金份额资产净值，也称每份基金份额的净值。

基金份额资产净值 =（总资产 – 总负债）÷ 基金份额总数

其中，总资产是基金拥有的所有资产，包括股票、债券、银行存款和其他有价证券等；总负债是基金运作及融资时形成的负债，包括应付给他人的各项费用、应付资金利息等；基金份额总数是当日发行在外的基金份额的总量。开放式基金的份额总数每天都在变化，因此须以当日交易结束后的统计数为准。在每个营业日收市后，将当日基金资产净值除以当日交易截止时的基金份额总数，就得出当日的份额资产净值。

份额基金净值是反映基金绩效表现的一个重要指标。开放式基金的交易价格就是以每份基金份额的净值为依据确定的。由于基金拥有的资产的价值总是随市场的波动而变动的，所以基金净值也会不断变化。

（二）开放式基金的价格决定

开放式基金可以随时进行申购或赎回。其认购和赎回价格每天由基金管理人根据一定的计价方式对外公布。认购价又称卖出价，是投资者认购基金单位的价格。赎回价又称买入价，是投资者向基金公司卖出基金单位的价格。开放式基金的价格以基金资产净值为基础进行计算。一般基金的卖出价包括首次认购费用，或者为了吸引投资者，在报价时免掉销售费用；而买入价则除了包括销售费用外，有时还包括一定比例的赎回费用，这增加了赎回基金的成本。具体用公式表示为：

卖出价 = 基金单位资产净值 + 首次购买费

买入价 = 基金单位资产净值 – 赎回费

基金的首次购买费率一般为 3%—7%，有些新创立的基金为了吸引投资者，在首次推出时，不收首次购买费。

（三）封闭式基金的价格决定

封闭式基金的定价是在证券交易所（即二级市场）投资者的买卖过程中根据供求关系形成的。封闭式基金的净值是根据基金的投资情况，按照基金总资产除以基金总份额算出的，是每一份基金份额实际代表的基金资产额。价格与净值不符是由供求关系决定的。

目前，我国大多数封闭式基金的价格低于净值，即主要是折价交易，而在封闭式基金成立之初也曾出现过溢价交易的情况。开放式基金的申购赎回是根据净值计算的，而封闭式基金由于是投资者之间的买卖，所以价格受到供求关系的影响。封闭式基金在二级市场上的交易价格低于实际净值的情况被称为"折价"。

折价率 =（单位份额净值 – 单位市价）÷ 单位份额净值

根据此公式，折价率大于 0（即净值大于市价）时为折价，折价率小于 0（即净值小于市价）时为溢价。除了投资目标和管理水平外，折价率是评估封闭式基金的一个重要因素。由于规模限制和流动性影响，封闭式基金普遍存在折价率。高折价率是目前引发投资的重要因素。

例如，某一封闭式基金某日净值为 2.23 元，当天的收盘价为 1.76 元，那么，这支基金的折价值就是 0.47 元；折价率就是 21.08%。以后封转开的时候就算这支基金不涨也不跌，也能获得21%的收益率。

五、我国基金投资绩效评价与选择

(一) 我国投资基金现状与发展趋势

中国的证券投资基金初创于20世纪90年代初期,规范于20世纪90年代末期。在短短的10余年里,中国证券投资基金从无到有,经历了初创到规范、规范与发展并重的历程。

1998年3月,基金开元和基金金泰2支封闭式基金的成功发行拉开了中国证券投资基金试点的序幕。随着规模的增加,证券投资基金在居民的资产配置中的地位逐步提高,为广大中小投资者拓展了投资渠道。我国基金业的发展呈现出如下特点。

(1) 开放式基金逐渐成为基金设立的主流形式。2001年8月—2020年5月末,我国总共发行了6120支开放式基金,资产规模达16万亿元;封闭式基金则发行了949支,资产规模达1.8万亿元。开放式基金占全部基金净值总额的95%。2020年末,公募基金管理规模接近20万亿元。

(2) 基金业对外开放的步伐加快。一方面,中外合资基金管理公司从无到有,数量逐渐增加。截至2020年末,我国已有基金管理公司143家。其中,中外合资基金管理公司有44家,占全部基金管理公司的30%,但是这44家中外合资基金管理公司的管理规模已经占全部基金管理公司的管理规模的一半;另一方面,中国基金业开始国际化进程,获得合格境内机构投资者(QDII)资格的国内基金管理公司可以通过募集外币基金投资国际市场。各家基金公司的基金均通过在全球范围内科学配置资产寻求获得风险尽可能分散的高额回报。

(3) 证券投资基金产品的类型和种类正不断丰富。基金产品线日益全面,产品差异化明显,基金的投资风格也趋于多样化。目前,我国的基金产品除传统的成长型基金、混合型基金、债券基金、收益型基金、价值型基金外,指数基金、行业基金、保本基金、货币市场基金、QDII基金纷纷问世,各种基金创新产品不断推出。

继续坚持"规范、专业、创新"仍将是中国基金业未来成长的必由之路。我国证券投资基金的未来发展趋势如下:第一,基金业将长期保持稳定增长。我国的潜在个人投资需求巨大。可以预见,社会公众的投资理财需求将为证券投资基金提供持续的资金来源,保证基金业的发展。第二,股票型基金的占比将有所下降,股票在所有基金产品中的配比也将有所下降。一方面,市场中的投资工具逐步丰富,各种衍生金融工具的增加扩大了基金的投资范围;另一方面,为满足不同投资者的不同风险偏好和收益率的组合,各种创新基金产品纷纷问世。例如,近期发展很快的结构分级基金,投资于海外的QDII基金以及满足人们稳健投资需求的混合基金和债券基金。这些基金的快速发展相对降低了股票型基金占全部基金的比重。第三,随着人才竞争的加剧,公募基金的股权激励问题将有望得到根本解决。建立良好的互相制约的公司治理制度,将有助于保证基金公司的长期、可持续发展。海外市场的实证分析显示,公募基金和对冲基金长期业绩表现的差距有限。我国基金业现存问题主要是由于制度不完善、公募优秀人才流失所致。从资产管理的规模来看,海外成熟市场上也始终是公募基金占据主体地位,而私募基金更多地是对市场的补充和完善。随着基金业内部治理制度的不断健全,今后我国公募基金和私募基金将保持均衡稳定、互相促进的发展态势。

(二) 我国基金投资绩效评价

20世纪50年代以来,国外就开始了对证券投资基金绩效评价的研究,随着半个多世纪的发展，西方国家对证券投资基金的绩效评价方法日趋成熟，评价体系也日趋完善。而在我国，从1992年第一家比较规范的投资基金——淄博乡镇企业投资基金正式成立至今，基金业发展时间较短，对基金的绩效评价也大多建立在国外的评级模型基础上。

基金的绩效评价具有非常重要的意义。基金绩效评价是对基金经理投资能力的量化，目的是将具有较高投资能力的基金经理鉴别出来，从而指导投资者投资基金。基金投资组合的投资回报并不能准确反映各类基金所面临的不同情况，严格的业绩评价研究需要考虑投资目标、投资标的，投资风险和投资风格等许多不同因素。另外，对数据不同的处理方法也会对基金的绩效评价产生重大影响。

由于国内基金起步较晚，国内学者对基金的绩效研究较少，并且多停留在使用国外模型对国内基金进行业绩评价的阶段。我国最早的基金业绩分析都是针对封闭式基金的，最近几年开放式基金的研究才逐渐多起来。

（三） 投资基金评级

目前，世界上有两大主要基金评级机构——晨星公司和理柏公司。

2003年2月20日，晨星中国总部在深圳成立，是美国晨星公司在中国大陆设立的子公司。晨星评级是目前美国最主要的投资研究机构之一和国际基金评级的权威机构。晨星把每支具备1年以上业绩数据的基金归类，在同类基金中，基金按照"晨星风险调整后收益"指标由大到小进行排序：前10%被评为5星；接下来22.5%被评为4星；中间35%被评为3星；随后22.5%被评为2星；最后10%被评为1星。晨星提供基金1年、2年、3年、5年和10年评级，并将推出综合评级。晨星星级评价以基金的过往业绩为基础，进行客观分析，旨在帮助投资人找出值得进一步研究的基金，而并非代表买卖基金的建议。

理柏是汤森路透旗下的公司。"理柏基金评级"在中国所推出的评估标准有4种，包括总回报、稳定回报、保本能力和费用。所有属于股票型、债券型或混合资产型的开放式基金，且具有至少1年的价格数据的，就符合评级资格。

我国基金评级机构（例如，银河、中信评级），与晨星的经营模式并不相同。银河和中信的基金评级机构都不是独立的，而是由其证券研究部门兼任，其基金评级报告与其他研究报告一起打包给机构客户。

目前，银河、中信和晨星对基金的评级从方法论上来讲基本是一致的，只是在具体细节上有一些差异。

首先，从排名指标上看，3家机构基本都是采用收益评价指标、风险评价指标和风险调整后收益指标这三项衡量，只是在具体方法上有一些差异。第一，收益评价指标。晨星采用的是风险调整后回报率指标；中信采用了分红和再投资的时间加权几何收益率作为基金收益评价指标；银河则综合考虑基金在评价期内的净值增长率、平均季度净值增长率以及平均月度净值增长率，并将基金在每个阶段的净值增长率转换为标准分，合计标准分越高，基金的收益越好。第二，风险评价指标。晨星采用的是标准差和晨星风险系数；中信采用最近三年的年化标准差，银河则采用将月度净值增长率的标准差转化为标准分的形式进行评价。第三，风险调整后收益指标。晨星和中信的评级标准建立在投资者风险偏好的基础上，不考虑收益和风险的结合方式；而银河考虑基金的收益评价和风险评价，收益评价的得分减去风险评价的得分，即为风险调整后收益标准分。标准分越高，基金整体表现越好。

其次，从基金分类来看，3家机构基本是按投资标的来划分，具体分类方法上的差异，导致划分结果稍有不同。目前，各机构采用的基金分类方法大致可分事前和事后2种，晨星采用事后分类法，用已公布的投资组合为依据进行分类；银河则采用事前分类法，按照基金契约中"资产配置比例"，再加上业绩比较基准和投资目标等来进行分类；中信则是事前和事后分类法相结合。

最后，从基金的评级标准上，3家机构都采用五星级的评价标准，星级越高排名越好，但在星级的评定标准上略有差异。

（四）投资者选择购买基金时应注意的问题

1. 评估基金业绩

只要知道了基金的净值增长率和分红比率，就可以知道基金的投资收益率。但要注意的是，单单一个简单的收益率数字，并不能用来完全表达基金的业绩。还需要考虑其他因素对收益率的影响以及收益率长期的变化趋势，才能客观地判断基金的真实业绩表现。具体做法如下。

（1）将基金收益与该基金的业绩比较基准做比较。每个基金都有其自身约定的业绩比较基准，可以在基金契约和招募说明书中查得。但这个业绩比较基准，很少被个人投资者重视。

（2）对主动管理的股票型基金，其收益可以与股票大盘走势做比较。如果1支基金在大多数时间内的业绩表现都比大盘指数好，那么，可以说这支基金的管理是有效的，管理这支基金的管理公司拥有出色的研究和投资能力。

（3）将基金收益与其他同类基金的收益进行比较。不同类别的基金应该区别对待，不能把不同类别基金的业绩进行直接比较。

（4）将基金收益与投资者自己的预期收益做比较。根据基金的投资原则和基金经理的操作理念，看看基金的表现是否符合预期。当基金表现与预期极不相符时，应该确认基金经理是否违反了基金契约上承诺的投资原则和理念。

（5）将基金的当期收益与历史收益比较。稳定的业绩才是真正的业绩，偶尔的成功可能只是运气。故应从较长的时间段来综合评判基金的业绩表现。

（6）借助专业基金研究机构的评判结果。对于初入市场的投资者来说，自己做比较可以增强对基金的直观认识，结合专业基金研究机构对基金的评价和研究，则可以充分地、全方位地了解基金，并迅速提高自己的基金投资能力。

2. 正确看待基金排名

权威评级机构的基金排行榜，是指对基金的业绩表现和收益情况的整理和排序。排名前列的基金确实在过去的一段时间里通过自己的优异表现，证明了自己的投资价值。但仅凭基金排名信息，不能作为投资某支基金的全部理由。基金的过往收益完全不能代表其未来收益，其基金经理或投研团队等在未来都可能发生变化。另外，每支基金都有自己的风险收益特征，投资者购买基金之前要仔细分析排名在前的基金风格是否适合自己。

3. 设计好投资组合

构建投资组合分散投资，通俗地讲就是不能把鸡蛋搁在一个篮子里。投资者可根据自身情况来选择基金品种，进而构建投资组合。投资者可以将个人投资分成2个部分，一部分侧重收益，投资于股票型基金或平衡型基金；另一部分则侧重安全，投资于货币市场基金、短债基金和活期存款。在分散组合的前提下，也可以适当集中投资。

4. 选择好投资时间

从长期看来，只要股市仍旧处于上升期，无论什么时候买入基金都是正确的。不过从短期看来，最好选择低位入市，也就是在股市出现震荡，或者较大幅度下跌的时候。在实际投资时，对上涨和下跌很难准确把握，所以在投资时应"适度择时"，选择一个相对低的时点买进，做中长期投资。在需要使用现金时，也应该提前做好规划，预留出一段时间，可以选择一个相对高的时点赎回。

5. 投资基金的省钱方法

（1）后端申购，长期持有。基金发行时就收取认购（或申购）费的方式称为前端收费。后端收费，是指认购（或申购）新基金时暂不收费，而在赎回时补交费用的发行方式。一般而言，后端收费会随持有基金时间的延长而减少，而且在持有一定年限后，就可免后端认购（或申购）费，相当于零成本买基金。而对于投资期限较短的投资者来说，后端收费就不太划算了。

（2）看好基金，尽早出手。既使是同一支基金，基金发行时的认购费率和基金存续期间的申购费率也是不一样的，认购费率普遍比申购费率低。若单从节省手续费的角度考虑，投资者看好某支基金，可选择在发行时认购。

（3）红利投资，滚动生利。基金投资者可以选择2种分红方式，一种是现金红利，另一种是红利再投资。红利再投资既可免掉再投资的申购费，而且再投资所获得的基金份额还可以享受下次分红。若投资期限较长，建议可以选择红利转投。通常默认分红方式是现金分红，需要在购买基金时或购买基金后，主动将红利分配方式修改为"红利再投资"。

（4）巧用转换，节省成本。选择实力雄厚的基金公司旗下的基金便于转换投资风格，灵活运用基金转换，节省交易时间、也能降低交易成本。投资基金时，若先赎回再申购，一般需要5个工作日，而选择基金转换，则只要2个工作日。此外，基金转换费率大多低于申购费率。同时不断监控自己的基金组合、剔除收益低的基金。

（5）网上购买，省钱省时。现在各大银行、基金公司都推出了网上基金交易业务，且有一定的优惠。

6. 基金购买中常见的错误

基金购买中常见的错误有以下5种：一是喜欢买净值低的基金；二是用高抛低吸的方式操作基金；三是喜欢买频繁分红的基金；四是跟风申购或赎回基金；五是按照以往排名选基金。

本章小结及要点

内容摘要：本章主要介绍证券投资基金及其种类，基金的收益与费用，基金的价格决定基础（例如，开放式基金与封闭式基金的价格决定），我国基金业基本状况和发展趋势，如何对我国证券投资基金业绩进行评价，投资者购买基金时应注意的问题。

1. 证券投资基金是一种利益共存、风险共担的集合证券投资方式。由基金管理公司、投资顾问、托管人（受托人）和投资者构成。具有集合理财、专业管理、组合投资、分散风险、利益共享、风险共担、独立托管、保证安全、严格监管、信息透明的特点。

2. 证券投资基金分类有2种方法：基本分类法和业务品种分类法。基本分类法是按投资基金按组织形态不同划分为契约型基金和公司型基金;按受益凭证可否赎回以及买卖方式不同划分为封闭式基金和开放式基金;按投资策略不同划分为成长型基金、收入型基金、平衡性基金和指数型基金。业务品种分类法是将基金分为股票基金、债券基金、货币基金、期货基金、对冲基金、伞形基金与基金中的基金、交易所交易基金(ETFs)和上市开放式基金(LOF)、QFII 和 QDII 基金。

3. 基金的收益包括经常性收入和资本利得 2 个部分。其中,经常性收入由红利、股息、债券利息和存款利息构成;资本利得指基金资产投资于证券而形成的价差收益。基金的费用包括销售赎回费用、管理费用和基金运作费用。

4. 投资基金的价值分析主要包括资基金净资产的估值、开放式基金的价格决定和封闭式基金的价格决定。

5. 随着我国居民收入水平的不断提高,证券投资基金在居民资产配置中的地位逐步提高,为广大中小投资者拓宽了投资渠道,基金产品类型也在不断丰富,未来我国基金业仍将保持长期稳定增长。

6. 证券投资基金业绩评价可以通过收益评价指标、风险评价指标和风险调整后收益指标来衡量。

7. 投资者选择购买基金时应注意正确评估基金业绩和看待基金排名,设计好投资组合选择好投资时间,了解一些投资基金省钱方法。

思考题与应用训练

1. 新股民投资基金前必须了解哪些基金基础知识?
2. 你在挑选基金时主要考虑哪些因素?投资新基金和老基金有何区别?
3. 试分析,2020 年我国权益类基金大爆发的原因有哪些?
4. 基金的收益分配有现金和基金份额分配 2 种形式。试分析,股市分别处于牛市和熊市时,何种收益分配形式更有利于增加投资收益?
5. 历经牛熊市洗礼,指数基金作为一种重要的长期资产配置和短期波段操作工具,得到越来越多投资者的认同。怎样选择适合你的投资策略的指数基金?
6. 个人投资者如何利用 ETF 基金进行投资?试分析,因看好美国纳斯达克指数长期趋势而买入纳指 ETF(代码:513100)是有效的投资方式吗?
7. 如果你要进行基金定投,该注意哪些事项?
8. 近年来,公募基金经理跳槽频繁。请你结合对公募基金管理制度的思考谈谈对这一现象的看法以及从中得到的进行基金投资的启示以及。
9. 如何理解"投基金就是投基金经理"?试分析,明星基金经理转投私募后业绩下滑的内在成因?
10. 请根据当前宏观经济形势和股票市场走势,制定一份 50 万元定投 2 年的基金定投计划。
11. 如果你是理财经理,需要向客户推荐基金组合,请你在股票型基金、债券型基金、QDII 基金和货币型基金中分别选出 1 支,并说明看好理由。

案例分析

QDII 投资之惑

我国首支公募QDII基金——华安国际配置基金于2006年11月成立,同时聘请了雷曼兄弟作为海外投资顾问。2007年6月中国证监会颁布了《合格境内机构投资者境外证券投资管理试行办法》及相关通知,标志着国内基金公司QDII产品的正式启航。2007年9月—10月,首批4支QDII基金(即南方全球精选配置、华夏全球精选、嘉实海外中国股票、上投摩根亚太优势)正式成立。当时A股市场人气爆棚,加之QDII新鲜的投资噱头加强了投资者的高收益预期,4支QDII产品发行募集资金均在300亿元左右,是当年开放式基金平均募资规模的3.1倍,这充分说明国内投资者对海外投资需求的增加和对差异化理财产品的热情。

首批QDII基金匆匆建仓后便遭遇百年一遇的金融危机,加之国内QDII基金严重缺乏海外投资经验,使得这几支QDII基金风光未过便前赴后继地跌破单位净值。这严重打击了投资者对QDII基金的投资信心。尽管2008年以来均有新的QDII基金发行,但基于首批QDII基金的接连破发、对全球经济的悲观预期和当时A股市场仍处下降通道的市况,投资者的认购热情不高,新QDII基金的募集规模大不如前。随着在2007—2008年成立的QDII基金在2009年市场反弹后的净值的回升,被套牢的资金大量赎回。鉴于2008年投资QDII基金的惨痛教训,个人和机构投资者、基金公司行为均较为谨慎,故在2009年QDII基金表现回暖的背景下,QDII基金的整体规模和份额却没有实现有效增长。同时,由于监管机构为控制风险而增加了QDII基金在产品审批和外汇额度申请方面的障碍,2009年没有QDII基金发行。

进入2010年后,全球市场出现了震荡局面,QDII增长率也随之波动。随着2009年QDII基金业绩的回升和全球基金的回暖,2010年,我国QDII基金的发行数量激增,全年共成立16支QDII基金,数量超过前3年成立的QDII基金的数量总和。然而,由于投资者已有教训及理性,QDII基金整体规模和份额都不大,大部分份额都在5亿份左右。同时,QDII在产品设计上出现些许创新,指数化投资开始被采用,且出现了债券类QDII。2010年,得益于海外市场的普遍上涨和部分货币对人民币升值,在已成立的22支基金中,共有16支获得正收益,占比约73%。这二十二支QDII基金的涨跌幅分布在-9.96%—21.9%。

问题:

1. 中国QDII发展的制约因素有哪些?
2. 分析QDII的投资风险。

提示:(1) QDII基金设立的初衷在于分散单一市场风险,提高投资组合收益;(2) QDII的设立有利于推动我国的基金公司走向国际市场,增强其在投资策略、风险管理、公司治理以及信息披露等方面的专业知识,使有实力的基金公司具有更大的发展空间和积累国际业务经验的机会。

第六章 衍生工具

本章导读

起源于20世纪的全球金融创新是金融领域一次全方位的变革，而表现最突出的是金融工具的创新。金融衍生工具是指在原有证券（例如，股票、债券）价格中衍生出自身价值的金融产品，即基于或衍生于基础产品的金融工具。从其性质上看，它只有对原有证券的要求买卖权，而无原有证券所拥有的特定的股权、债权等其他权利。在国际金融市场上最为普遍运用的衍生金融工具有金融期货、金融期权与互换。

金融衍生工具是交易双方通过对利率、汇率、股价等因素变动趋势的预测，约定在未来某一时间按照一定条件进行交易或选择是否交易的合约。金融衍生工具具有以下特性：跨期性、杠杆性（只需要支付少量的保证金或权利金就可签订远期大额合约或互换不同的金融工具）、联动性（指金融衍生工具的价值与基础产品或基础变量紧密联系，规则变动）、不确定性或高风险性。此外，金融衍生工具还伴随有信用风险、市场风险、流动性风险、运作风险、法律风险等。

金融期货市场有多方面的经济功能，其中最基本的功能是规避风险和发现价格。

本章主要学习和思考以下问题：

1. 金融期货的特征与功能、金融期货市场主体及参与者、金融期货的种类。
2. 金融期权的性质、市场主体及参与者、金融期权的种类，金融期货与金融期权的区别。
3. 互换交易的功能、种类及交易原理。
4. 权证、优先认股权、可转换证券等衍生金融工具。

第一节 金融期货

一、金融期货的基本特征与功能

金融期货（financial futures），是指交易双方在金融市场上，以约定的时间和价格买卖某种金融工具的具有约束力的标准化合约，是以金融工具为标的物的期货合约。金融期货一般划分为货币期货、利率期货和指数期货3类。金融期货作为期货中的一种，具有期货的一般特点，但与商品期货相比较，其合约标的物不是实物商品，而是传统的金融商品，如证券、货币、利率等。目前，金融期货占整个期货市场交易量的80%。

（一）金融期货的基本特征

1. 金融期货交易的特点

（1）交易对象是金融工具的标准化合约，即金融期货合约是由期货交易所为进行期货交易而设计的对指定金融工具（例如，外汇、债券、股票、股票价格指数）的种类、价格、数量、交收月份、交收地点等作出统一规定，具有固定格式和内容的标准化书面协议书。即实行标准化管理，只有合约的交易价格是可变的，因而便于市场流通转让，又可避免发生纠纷。所以，就期货合约而言，它具有标准化和流动性强的特点。

（2）对冲交易多，实物交割少，具有明显的投机性。金融工具现货交易的主要目的之一就是为了筹资或投资，或为暂时闲置的货币资金寻找生息获利的投资机会。另一个主要目的是套期保值，即为不愿承担价格风险的生产经营者提供稳定成本的条件，从而保证生产经营活动的正常进行。因此，在金融期货交易中，金融工具的销售者不一定卖出金融工具，金融工具的购买者也不一定真的要买入金融工具，真正需要履约进行现货交割的是极少数（约占合约的1%—2%）。绝大部分交易都在合约到期前通过做相反交易进行对冲，只进行现金差额结算，减少或免除金融工具实物的交换。

（3）依托有形市场交易，实行保证金交易制度，交易安全可靠。期货交易所采用会员制，只有交易所会员才有资格进场交易。且为防止交易者毁约，实行保证金制度，一般按成交金额的10%缴纳。每天收盘时，要按市价重新核算需缴纳的保证金数额，实行多退少补。投资者只需支付少量的保证金，就可以买卖大额证券。

（4）交易者众多，交易活跃，流动性好。参与金融期货的交易者不仅有套期保值者，更有跨期套利者，使交易趋于活跃，风险得以分散。

2. 金融期货源于又不同于商品期货

（1）金融期货没有实际的标的资产（例如，股指期货等）；而商品期货交易的对象是具有实物形态的商品（例如，农产品、金属等）。

（2）金融期货的交割具有极大的便利性，一般采取现金结算，即使有些金融期货（例如，外汇期货和债券期货）发生实物交割，但由于这些产品具有同质性以及基本上不存在运输成本，交割也较为简便；而商品期货的交割比较复杂，除了对交割时间、地点、交割方式都有严格的规定以外，对交割等级也要进行严格划分。

（3）有些金融期货适用的到期日比商品期货要长，美国政府长期国库券的期货合约有效期限可长达数年；而商品期货价格，尤其是农产品期货价格，受季节性因素的影响非常明显。

（4）金融期货和商品期货的持有成本不同。将期货合约持有到期满日所需的成本费用即持有成本，包括贮存成本、运输成本、融资成本。各种商品期货都需要仓储存放，就会产生仓储费用；而金融期货合约不需要贮存费用。如果金融期货的标的物存放在金融机构，则还有利息（例如，股票的股利、债券与外汇的利息等）。有时这些利息会超出存放成本，产生持有收益（即负持有成本）。

（5）金融期货的交割价格盲区大大缩小。在商品期货中，存在较大的交割成本，从而给多空双方均带来一定的损耗；而金融期货不存在运输成本和费用，价格盲区大大缩小了。

（6）在商品期货中，有时会出现逼仓行情，它通常表现为期现价格存在较大的差异，并且超过了合理的范围。更严重的逼仓是操纵者同时控制现货和期货。而金融期货中逼仓行情难以发生。首先,金融期货市场是一个庞大的市场,庄家不易操纵;其次,因为强大的期现套利力量的存在,发动逼仓行情的庄家面临极大风险;最后,一些实行现金交割的金融期货,期货合约最后的交割价就是当时的现货价,这等于是建立了一个强制收敛的保证制度。

(二) 金融期货的功能

金融期货市场有多方面的经济功能,其中最基本的功能是规避价格变动风险功能、发现价格功能和套利功能。

1. 规避价格变动风险功能

20世纪70年代以来,由于汇率、利率的频繁、大幅波动,广大投资者客观上要求规避这一系列金融风险。金融期货市场正是顺应这种需求而建立和发展起来的。因此,规避风险是金融期货市场的首要功能。投资者通过购买相关的金融期货合约,在金融期货市场上建立与其现货市场相反的头寸,并根据市场的不同情况采取在期货合约到期前对冲平仓或到期履约交割的方式,实现其规避风险的目的。例如,期货套期保值就是通过期货市场与现货市场的盈亏对抵得以实现,因为期货交易大多不会到期交割。金融期货市场具有风险转移的功能是因为期货价格与现货价格存在着平行性和收敛性的关系。所谓平行性是指期货价格与现货价格同方向变化;收敛性是指期货价格到期收敛于当时的现货价格。

此外,金融期货市场通过规范化的场内交易,集中了众多愿意承担风险而获利的投机者。他们通过频繁、迅速地买卖对冲,转移了实物金融商品持有者的价格风险,从而使金融期货市场的规避风险功能得以实现。

2. 发现价格功能

金融期货市场的发现价格功能,是指金融期货市场能够提供各种金融商品的有效价格信息。在金融期货市场上,各种金融期货合约都有着众多的买者和卖者,他们通过类似于拍卖的方式来确定交易价格。这种情况接近于完全竞争市场,能够在相当程度上反映出投资者对金融商品价格走势的预期和金融商品的供求状况。因此,某一金融期货合约的成交价格,可以综合反映金融市场各种因素对合约标的商品的影响程度,具有公开、透明的特征。由于现代电子通信技术的发展,主要金融期货品种的价格一般都能够即时播发至全球各地。因此,金融期货市场上所形成的价格不仅对该市场的各类投资者产生了直接的指引作用,也为金融期货市场以外的其他相关市场提供了有用的参考信息。各相关市场的职业投资者、实物金融商品持有者通过参考金融期货市场的成交价格,可以形成对金融商品价格的合理预期,进而有计划地安排投资决策和生产经营决策,从而有助于减少信息搜寻成本,提高交易效率,实现公平合理、机会均等的竞争。

3. 套利功能

套利的理论基础在于经济学中的"一价定律"。严格意义上的期货套利是指利用同一合约在不同市场上可能存在的短暂价格差异进行买卖,赚取差价,成为"跨市场套利"。行业内通常也根据不同品种、不同期限合约之间的比价关系进行双向操作,分别称为跨品种套利和跨期限套利。对于股价指数等品种,还有"指数套利"等。期货套利机制的存在对于提高金融市场的有效性具有重要意义。

影响金融期货的因素主要有:国家经济增长情况,货币供应量,通货膨胀率,国际收支差额,国家货币、财政、外汇政策,国际储备,市场参与者心理因素等。

二、金融期货市场

金融期货市场，是指进行金融期货交易的场所。期货交易者委托经纪公司在期货交易所内依照一定的交易规则，通过公开竞价方式，达成期货合约的交易。之后，通过结算所的确认，在合约到期时进行交割。因此，金融期货市场的要素包括期货交易所、结算所、保证金、经纪公司、金融期货交易者、金融期货合约。

（一）期货交易所

期货交易所，是指买卖标准化期货合约的场所，它的组织机制和运行机制类似于股票交易所。公司制是期货交易所最常见的一种形式，董事会是最高权力机构，下设各个业务部门来处理交易所的日常事务。交易所的经纪人采用会员制，有一般会员和全权会员。一般会员只能自营，全权会员拥有自营和经纪的双重身份。

期货交易所的主要职能大致有如下9个：①提供交易场所、设施及相关服务；②制定并实施业务规则；③设计合约，安排上市；④组织和监督期货交易；⑤监控市场风险；⑥保证合约履行；⑦发布市场信息；⑧监管会员的交易行为；⑨监管指定交割仓库。

（二）结算所

结算所，是指负责期货交易中票据交换和钱货两清的专职机构，其主要功能是结算合约，并保证履约。在每一笔期货交易中，合约的买卖方都以结算所作为对象并与之结算。结算所在期货交易中担当了第三方的角色，负有清偿的连带责任，从而有效地保证了期货交易的安全进行。结算所的另一功能是简化结算手续。在期货交易中，由于结算所是买卖双方的交易对象，这使得每个合约持有者在不愿意进行实物交割时，都可以随时平仓出局，并结清买卖的价格差异。因此，每张合约由于中间不断地转手且随时结算价差，到交割时涉及的合约持有者只是2个。

期货结算所大部分实行会员制。结算会员须缴纳全额保证金并存放在结算所，以保证结算所对期货市场的风险控制。期货结算所的最高权力机构是董事会（理事会）。

（三）保证金

保证金，是指为了防范结算风险、保证合约的履行而建立的准备金。结算所为了保证期货交易的清算工作能够正常进行，从交易所收取的费用里建立一笔基金，以保证每笔交易的履行。此外，结算所还规定每个会员经纪公司必须向结算所缴纳一定数量的履约保证金，每个交易者则向其经纪人（结算所会员）缴纳合约保证金。保证金分为原始保证金和维持保证金。原始保证金是指在每笔期货交易时按标的金额的一定百分比所缴纳的保证金。通常，原始保证金比率在10%以下。维持保证金是指要继续持有每张未平仓合约所要达到的最低保证金的水平。期货交易者按照规定缴纳保证金并完成期货交易（开仓），结算所采取不负债的原则，每天计算合约持有者的保证金账面余额，并不断调整交易双方的保证金账户，账面余额根据原始保证金加减浮动盈亏计算而来（浮动盈亏＝开仓价－每日结算价，做多时负数为盈，做空时正数为盈）。当期货合约的价格出现了不利波动，保证金水平低于维持保证金时，结算所将要求经纪人追加账户中的保证金，而经纪人则要求其客户再存入资金，使保证金账户的资产达到原始保证金的水平，即追加保证金。一旦合约持有者没有在规定期限内补交保证金，经纪人有权强行平仓，由此造成的损失由合约持有者自负。

(四) 期货经纪公司

按照期货交易所的规定，只有交易所会员才有资格入场交易，也只能是具有会员资格的经纪人才可代客交易，并按交易金额收取佣金。期货交易所把所有客户的交易都归并在各自经纪人的账户上，这意味着经纪人必须为其代理过的各笔交易承担责任。因此，经纪人除了接受委托、收取保证金并下单之外，还要实时监控手中客户合约的价格变动，并计算其持仓风险，以便及时向客户提出追加保证金的要求。当经纪人手中的客户增多时，为了使经纪事务能有效进行，便产生了经纪公司。经纪公司都是股份制或合伙制，是介于客户和交易所之间的中介机构，负责处置诸如客户资金管理、期货交易结算、委托、交割及实物交收等业务。根据业务需要，期货经纪公司内部机构设置一般有结算部、按金部、信贷部、落盘部、信息部、现货交收部、研究部等职能部门。

(五) 金融期货交易者

参与金融期货交易的交易者可划分为4种类型，即套期保值者、投机者、套利者和做市商。

套期保值者，是指利用期货交易来对冲其在现货市场上的证券和货币价格风险的交易者。套期保值者是金融期货市场的中坚，也是金融期货得以生存和发展的基本条件。

投机者，是指愿意承担风险，并根据各自对金融期货价格的预测，对期货合约进行买卖，从中获利的个人和机构。投机者的特征是单向开仓且无现货供需，收益和风险较大。

套利者，是指利用金融期货的同种商品在不同市场、不同交收月份，或不同商品在同一市场、相同交收月份间出现的不合理的价格差异，进行低买高卖，希望价格回归合理后再进行对冲平仓来获取价差的个人或机构。套利者的特征就是同时进行数量相等、方向相反的交易。由于相对锁定了价格变动，其收益和风险较小。

做市商，是指期货交易所的自营商在金融期货交易期内，不断主持期货合约的买卖，通过买入低价合约、卖出高价合约，从中赚取价差。做市商的存在，对平衡市场供需关系、活跃期货合约的交易起着积极的影响。

一个健全的期货市场需要有各种成分的交易者，其中最主要的是有足够的套期保值者、投机者和套利者。没有套期保值者，期货市场就失去了生存的条件；没有投机者，套期保值者的价格风险就无从转移；没有套利者，不合理的价差不会很快消失，期货和现货的价格不能联动和趋向一致，套期保值就可能失效。因此，这些不同成分的交易者是相互依存的，成功的金融期货产品又是以各种成分的相对平衡为前提的。套期保值不足，期货品种会被市场所淘汰；投机成分不够，市场会交易清淡；投机成分太多，则会造成投机过度而酿成清算风险。

(六) 金融期货合约

金融期货合约，是指在期货交易所达成并约定在将来某一时点按成交价和标的数量交割某一金融商品的，受法律约束的标准化合约。所谓标准化，是指同一品种、同一交收月份的期货合约的交易条件，除了成交价格（到期履约价格）不同外，其他都相同。标准化合约的内容一般包括下列基本要素。

(1) 合约单位（合约数量单位）。合约单位，是指期货交易所规定的每一种金融期货合约应包括的金融商品交易数量。通常称1张合约为"1手"（例如，芝加哥商品交易所中美元期货合约的交易单位为25000美元，"1手"合约就是25000美元）。

（2）单位报价。单位报价，是指金融期货的报价单位，通常以"点"表示（例如，股指期货以"指数点"表示，利率期货以合约面额的"百分点"表示，货币期货以汇率的最后一位"小数点"表示）。

（3）最小浮动价位。最小浮动价位，是指单位报价的货币变动幅度。

（4）价格波动幅度。价格波动幅度，是指每日交易价格的最高限度和最低限度，通常也以"点数"表示。不同种类的金融期货的限价幅度各有不同。

（5）其他条件。标准化合约的其他条件包括以下4个：①交收月份。交收月份是指合约到期的月份，大多数金融期货每年有3月、6月、9月、12月这四个交收月份；②交易时间。交易时间是指每天正常的交易时间；③最后交易日。最后交易日是指到期合约交易的最后时间；④交收日期。交收日期是指进行实物交收的期限。

期货合约由期货交易所自行制定交易内容和规格，不同交易所有不同的制定标准，同种商品在各个交易所也有可能条件不同。投资者应注意了解相关信息。

三、金融期货的种类

目前，金融期货已经开发出来的品种主要有以下3类。

1. 利率期货

利率期货，是指以利率为标的物的期货合约。世界上最先推出的利率期货是于1975年由美国芝加哥商业交易所推出的美国国民抵押协会的抵押证期货。利率期货主要包括以长期国债为标的物的长期利率期货和以2个月短期存款利率为标的物的短期利率期货。

例如，某银行在5月1日计划将8月份收回的100万美元贷款用于购买3个月期国库券。该银行预计利率将会下降，短期国库券价格将会上升。为避免损失，它按93.25的指数价格买入1份短期国库券期货。同年8月1日，它买入面值100万美元的短期国库券，其收益率为5.7%；同时，它按94.16的指数价格对利率期货进行平仓。在不考虑交易成本的情况下，套期保值后的国库券实际收益率是多少？

解：

(100 − 93.25) − (100 − 94.16) = 0.91

在利率期货交易中，收益率差额为0.91%。

5.7% + 0.91% = 6.61%

经过多头利率期货套期保值，它所购买的国库券的实际收益率6.61%。

多头利率期货套期保值，是指人们通过买入利率期货合约以避免利率变动可能带来的损失，即在期货市场先买后卖。反之，空头利率期货套期保值者则是先卖后买。

2. 货币期货

货币期货又称外汇期货，是金融期货中最先产生的品种，是指以汇率为标的物的期货合约。货币期货是适应各国从事对外贸易和金融业务的需要而产生的，目的是借此规避汇率风险。1972年，美国芝加哥商业交易所的国际货币市场推出第一张货币期货合约并获得成功。其后，英国、澳大利亚等国相继建立货币期货的交易市场，货币期货交易成为一种世界性的交易品种。目前，国际上货币期货合约交易涉及的货币主要有英镑、美元、欧元、日元、瑞士法郎、加拿大元、澳大利亚元等。

例如，一位美国制造商在瑞士的工厂面临短期财务困境，急需瑞士法郎以支付即期费用。6 个月后该厂财务状况好转。该制造商正好有美元（以下用 $ 表示）资金可兑换 30 万瑞士法郎（以下用 SF 表示），但又担心汇率波动风险，故进行如下操作（如表 6-1 所示）。

表 6-1　　　　　　　　　　　　　货币期货套期保值实例

现货市场	期货市场
6 月 1 日：以 $ 4.05/SF，买入 30 万 SF，价值 $ 1215000，汇给瑞士工厂	6 月 1 日：以 $ 4.06/SF，卖出 2 张 12 月份期满的 SF 期货合约（2×125000SF）＝250000SF，价值 $ 1015000
12 月 1 日：以 $ 4.06/SF，卖出 30 万 SF，价值 $ 1218000，汇回美国	12 月 1 日：以 $ 4.065/SF，买回 2 张 12 月份期满的 SF 期货合约，价值 $ 1016250（$ 250000×4.065）
现货市场盈利：$ 1218000 － $ 1215000 ＝ $ 3000	期货市场损失：$ 1015000 － $ 1016250 ＝ － $ 1250

注：每份 SF 期货合约数量单位为 125000，故买卖 2 份或 3 份合约均可（与 30 万 SF 大致相当）。

相抵之后盈余 $ 1750（3000 － 1250，不含交易费用）。

同理，现货市场出现亏损，则期货市场的盈余将可以弥补。该制造商通过套期保值交易有效回避了汇率波动风险。

3. 股票指数期货

股票指数期货，是指以股票指数为标的物的期货合约。股票指数期货是目前金融期货市场最热门和发展最快的期货交易品种。股票指数期货不涉及股票本身的交割，其价格根据股票指数计算，合约以现金清算形式进行交割。股指期货最早产生于 1982 年美国堪萨斯农产品交易所的股指期货交易，以股票价格指数为标的物和交易对象进行交易，采用现金结算的方式，合约的价值以股票价格指数值乘以一个固定的金额来计算。

现有的股指期货主要有以下 6 种：CME 的标准普尔 500 股票价格综合指数期货、NSE 的综合指数期货、堪萨斯农产品交易所的价值综合指数期货、悉尼期货交易所股指期货、伦敦国际金融期货交易所的金融时报 100 股指期货、中国香港恒生价格指数期货。

沪深 300 指数由中证指数有限公司编制与维护，成份股票有 300 支。该指数借鉴了国际市场成熟的编制理念，采用调整股本加权、分级靠档、样本调整缓冲区等先进技术编制而成（如表 6-2 所示）。中金所首个股指期货合约以沪深 300 指数为标的物。沪深 300 股指期货以 2004 年 12 月 31 日为基日，基日点位 1000 点。成份股每半年定期调整 1 次。

表 6-2　　　　　　　　　　　　　沪深 300 指数期货合约

合约标的	沪深 300 指数
合约乘数	每点 300 元
报价单位	指数点
最小变动价位	0.2 点
合约月份	当月、下月及随后 2 个季月
交易时间	上午：9：15—11：30，下午：13：00—15：15
最后交易日交易时间	上午：9：15—11：30，下午：13：00—15：00
每日价格最大波动限制	上一个交易日结算价的 ±10%

续表

合约标的	沪深 300 指数
最低交易保证金	合约价值的 12%
最后交易日	合约到期月份的第三个周五，遇法定假日顺延
交割日期	同最后交易日
交割方式	现金交割
交易代码	IF
上市交易所	中国金融期货交易所

据统计，2020 年末沪深两市总市值约为 45 万亿元。2018—2020 年，中国台湾地区股指期货成交额均值约占现货市值的 30%，而沪深 300 指数期货的年成交额已经超过现货市场的成交额。股指期货交易的发展也将为外汇期货、外汇期权、股指期权等金融衍生产品的推出积累运作经验。

例如，某投资者预期沪深股市股价下跌，做空股指期货。2020 年 3 月 5 日，售出一份股指期货合约，沪深 300 指数 2500 点，合约价值为 75 万元。2020 年 3 月 9 日，补进期货合约，沪深 300 指数为 2450 点，合约价值为 73.5 万元，获利 1.5 万元。若指数未下跌而是上升至 2550 点，则该投资者将亏损 1.5 万元。

同理，如果预期股指上涨，则可以做多股指期货，但也要承担指数可能下跌的损失。由于指数涨跌一个点就值 300 元，也称 300 倍杠杆率，可见股指期货收益大风险亦大。股指期货实行保证金交易。若股指期货的保证金是 15%，沪深 300 指数是 5000 点，则买一手股指期货的保证金需要 22.5 万元，即至少需付出 22.5 万元操作一手股指期货。因此，股指期货的交易门槛较高，投资者介入不易。

第二节 金融期权

一、金融期权的含义与性质

（一）金融期权的含义

金融期权，是指在特定的时间内按协议价格及规定数量买卖某个指定金融商品的权利。早期的金融期权交易主要是股票期权。由于交易分散在场外，经常是有行无市。1973 年 4 月，芝加哥期权交易所成立后，期权交易步入了集中交易的时代。世界各地的交易所纷纷引入金融期权业务，使金融期权迅速发展，交易品种不断增加，交易范围也从原来的股票期权扩展到股指期货期权、货币现货和期货的期权、利率现货和期货的期权等。目前，金融期权已成为金融创新的主要手段。

（二）金融期权的性质

金融期权是在商品期货交易的原理上发展起来的，和期货有着很多相似之处，但又有着自己独特的性质。

（1）金融期权的交易对象是买卖商品的权利，而不是商品本身。

(2) 该项买卖商品的权利是可以选择的。持有这项权利的投资者可以选择执行这项买卖商品的权利（行权），或是转让这项权利予他人，也可以选择放弃执行这项权利。

(3) 该项买卖商品的选择权是单方面拥有的。在所有期权交易中，只有期权的买入方因交纳给对手一定费用后才享有这项权利，而期权的卖出方只能被动地履行其义务。

(4) 该项买卖商品的权利是有时效的。在期权规定的期限内，买入者可以执行期权或转让期权，期限一过，期权合约自动失效，买入方只能放弃该项权利。

二、金融期权的要素

（一）期权买入方和卖出方

期权买入方通过支付一笔期权费，获得在一特定时间内以双方协定的价格买卖一定数量指定金融商品的权利。在期权合约所规定的有效期内，买入方可以行权或弃权，无论其是否行使期权。卖出方通过提供期权合约（出售权利），获得买入方所支付的期权费，为此需要承担期权有效期内履行合约的义务。只要期权买入方决定行使权力，卖出方只能履约。由于有违约的可能性，通常卖出方要支付标的金额30%以上的保证金。

（二）协议价格

协议价格又称履约价格，是由期权交易双方在买卖期权时所议定的某项实际金融商品执行时的买卖价格。在集中性的交易所里，这项价格是由交易所制定的，即交易所根据标的物的价格走势、现有的交易价格等来确定当前的协议价。当标的物的价格发生较大变化时，交易所会适时调整后推出新的期权协议价。期权合约的协议价一经确定，合约期内就不再变动。

（三）期权费

期权费，是指期权买入方购买期权所赋予的权利时支付给期权卖出方的代价，又称期权价格。期权费是由市场供需所决定的。通常，标的物的市场价格、协议价格、到期期限、价格的波动率、市场的无风险利率，以及预期标的物商品的收益等都会影响期权费。一般来说，标的物价格越高，看涨期权的期权费越大；而协议的价格越高，看涨期权的期权费越小。看跌期权正好相反。从期权的执行期来看，有欧式期权和美式期权之分，欧式期权的执行期在期权合约规定的到期日后若干个工作日内，美式期权则在期权有效期内任何一天都可执行。这两种不同执行期的期权，其期权费也不同。在其他条件相同时，期限较长的美式期权的期权费要比同期的欧式期权的期权费高得多，因为有效期长的美式期权执行期权的机会更多。

（四）期权标的物、合约标的物和期权数量单位

期权标的物，是指期权合约中买卖的指定金融商品。合约标的物，可以是股票、债券等实际金融商品，也可以是金融期货等衍生产品。期权数量单位，即合约单位。期权合约是标准化合约，每张合约数量相同。例如，美国的股票期权每张的合约数量是100股股票。不同标的物的期权合约，合约数量单位不同。例如，美国长期国债期权合约每张的合约单位为10万美元。

（五）合约期限和到期日

合约期限，是指合约签约至失效日止的有效期限，合约期限大多数为3个月。在合约有限期内，持有者可随时转让合约，美式期权则可任意行权。期权到期日又称失效日，是执行

期权合约进行实物交收的最后一天，过期则期权失效。如要执行期权，就应在到期日前的1—2个交易日通知经纪人，以便经纪人可在到期日前通知期权结算公司进行实物交收。

三、金融期权的基本种类及盈亏特征

金融期权从行权的方向来分类，可划分为看涨期权（买入期权）和看跌期权（卖出期权）2种基本类型。

（一）看涨期权

看涨期权，是指投资者买入期权后，等待期权标的物价格上涨时行权的一种期权合约。看涨期权对买入方来说，其最大的损失是买卖期权合约时支付给卖出方的期权费。也就是说当期权标的物的市场价格下跌时，买入式可以放弃执行期权，损失的只是期权费。当期权标的物的市场价格超过执行价格和期权费之和时开始获利，获利的多少要看价格上涨幅度。由于股票价格的上升没有最高价，故其理论上的收益是无限的。执行期权时，按协议价买入标的金融商品，在现货市场出售即可获利。看涨期权对卖出方来说，其最大收益是期权费，即对方弃权；其理论上的亏损是无限的，亏损多少仍要看标的物价格的上涨幅度。

例如，3个月的欧式D股票看涨期权，执行价为10元，市场价为9元，期权费2元。对看涨期权的买方来说，若到期时D股票的市场价格低于10元，其将弃权，损失为2元；若股价上升至10元以上，其损失逐渐减少；12元处是执行价格和所支付的期权费之和，即盈亏平衡点；12元以上开始获利。因此，D股票的股价超过10元后，为减少损失，投资者将执行期权（不考虑交易费用）。

对看涨期权的卖方而言，如果股价下跌，因对手弃权而稳获期权费，最大收益为2元；股价上升到10—12元，是盈利减少区域；12元处盈亏平衡；当股价超过12元后，其损失逐步扩大。

（二）看跌期权

看跌期权，是指投资者买入期权后，等待标的物价格下跌时行权的一种期权合约。对期权买入方来说，期权费是其最大损失，即标的物价格上升，放弃行权。而一旦价格下跌，买入方就可获利，获利的程度要看标的物价格的下跌程度。届时，看跌期权买入方只要在现市买入现货交割即可实现盈利。对看跌期权卖出方而言，最大盈利仍然是期权费，而一旦标的物的市场价格下跌，其将因买入方要执行期权而遭受损失。一般来说，因金融商品价格不会跌至0以下，所以看跌期权卖出方的损失不可能是无限的。

例如，3个月的D股票欧式看跌期权，执行价格为10元，市场价格为9元，期权费3元。对看跌期权买入方来说，到期D股市场价在10元以上时，其将弃权，损失为期权费3元；股价在7—10元，是减亏区域；7元为盈亏平衡点；7元下方是盈利区域。毫无疑问，股价在10元以下时，买入方都将行权。

对看跌期权的卖出方而言，对方的亏损就是其盈利，当对方弃权时其将获得最大的收益——全部的期权费；在7—10元，盈利逐渐消失；7元为盈亏平衡点；7元以下出现亏损。

四、金融期权的价值分析

期权交易在很长一段时间内交易量稀少，其主要原因是期权的定价处于一种猜测状态。1973年5月，布莱克—斯科尔斯公式解决了期权定价问题，从而推进了期权市场的发展。

期权的价值由其内在价值和时间价值所组成。期权的内在价值是指立即执行该期权所能得到的收益,即标的物市场价格与期权执行价之间正值的差额。对看涨期权来说,市场价格大于执行价格时其具有内在价值,而看跌期权是市场价格小于执行价格时具有内在价值。我们把有着内在价值的期权称为实值期权,无内在价值的期权称为虚值期权,执行价格与市场价格持平的期权称为平价期权(如表6-3所示)。

表6-3　　　　　　　　　　按内在价值区分的期权类型

标的物市价	看涨期权	执行价	期权类型	看跌期权	执行价	期权类型
20	甲	18	实值	A	21	实值
20	乙	20	平价	B	20	平价
20	丙	23	虚值	C	17	虚值

在期权交易的实践中,人们发现,大多数期权是以高于其内在价值的价格进行交易的。也就是说,期权价格除了受其内在价值影响外,还受到其他因素的影响,这就是期权的时间价值。期权的时间价值是指投资者为买期权所支付的期权费大于内在价值的那部分价值。它可通过期权价格减去内在价值而得到,表6-3中,丙看涨期权在实际交易中期权价格为1元,则其时间价值为4元。

五、金融期货与金融期权的区别

(一) 标的物不同

一般来说,凡可做期货交易的金融商品都可做期权交易,但可做期权交易的金融商品却未必可做期货交易。在实践中,只有金融期货期权,而没有金融期权期货。通常,金融期权的标的物多于金融期货的标的物。随着金融期权的发展,其标的物有日益增多的趋势,甚至连金融期权合约本身也成了金融期权的标的物,即所谓复合期权。

(二) 投资者权利与义务的对称性不同

金融期货交易的双方权利与义务对称,即对任何一方而言,都既有要求对方履约的权利,又有自己对对方履约的义务。而金融期权交易双方的权利与义务明显不对称,期权的买方只有权利而没有义务,而期权的卖方只有义务而没有权利。

(三) 履约保证不同

金融期货交易双方均需开立保证金账户,并按规定缴纳履约保证金。而在金融期权交易中,只有期权出售者,尤其是无担保期权的出售者才需开立保证金账户,并按规定缴纳保证金,以保证其履约的义务。至于期权购买者,因期权合约未规定其义务,故无需开立保证金账户和缴纳任何保证金。

(四) 现金流转不同

金融期货交易双方在成交时不发生现金收付关系,但在成交后,由于实行逐日结算制度,交易双方将因价格的变动而发生现金流转,即盈利一方的保证金账户余额将增加,而亏损一方保证金账户余额将减少。当亏损方保证金账户余额低于规定的维持保证金时,必须按规定及时缴纳追加保证金。因此,金融期货交易双方都必须保有一定数量的流动性较高的资产,以备不时之需。而在金融期权交易中,在成交时,期权购买者为取得期权合约所赋予的权利，必须向期权出售者支付一定的期权费；但在成交后，除了到期履约外，交易双方不发生任何现金流转。

（五）盈亏的特点不同

金融期货交易双方都无权违约也无权要求提前交割或推迟交割，而只能在到期前的任一时间通过反向交易实现对冲或到期进行实物交割。而在对冲或到期交割前，价格的变动必然使其中一方盈利而另一方亏损，其盈利或亏损的程度取决于价格变动的幅度。因此，从理论上说，金融期货交易双方的潜在盈利和潜在亏损都是无限的。

相反，在金融期权交易中，由于期权购买者与出售者在权利和义务上的不对称性，双方在交易中的盈利和亏损也具有不对称性。从理论上说，期权购买者在交易中的潜在亏损是有限的，仅限于支付的期权费，而可能取得的盈利却是无限的；相反，期权出售者在交易中取得的盈利是有限的，仅限于收取的期权费，而可能遭受的损失却是无限的。当然，在现实的期权交易中，由于成交的期权合约事实上很少被执行，期权出售者未必总是处于不利地位。

（六）套期保值的作用与效果不同

利用金融期货进行套期保值，在避免价格不利变动造成的损失的同时也必须放弃若价格出现有利变动可能获得的利益。利用金融期权进行套期保值，若价格发生不利变动，套期保值者可通过执行期权来避免损失；若价格发生有利变动，套期保值者又可通过放弃期权来保护利益。这样，通过金融期权交易，既可避免价格不利变动造成的损失，又可在一定程度上保住价格有利变动而带来的利益。

但是，这并不是说金融期权比金融期货更为有利。只是从保值角度来说，金融期货通常比金融期权更为有效，也更为便宜，而且要在金融期权交易中真正做到既保值又获利，事实上也并非易事。所以，金融期权与金融期货各有优劣，现实交易活动中，一般将两者结合起来，通过一定的组合或搭配来实现某一特定目标。

世界范围内期权交易量数倍于期货。例如，韩国的指数期权就是全世界交易量最大的品种。

第三节 金融互换

金融互换交易，主要指对相同货币的债务和不同货币的债务通过金融中介进行互换的一种行为。金融互换交易是继20世纪70年代初出现金融期货后，又一典型的金融市场创新业务。

一、金融互换的主要功能

（1）通过金融互换可在全球各个市场之间进行套利，从而既降低筹资者的融资成本，提高投资者的资产收益，又促进全球金融市场的一体化。

（2）利用金融互换，可以管理资产负债组合中的利率风险和汇率风险。

（3）金融互换为表外业务，可以逃避外汇管制、利率管制及税收限制。

二、种类

金融互换虽然历史较短,但品种创新却日新月异。除了传统的利率互换和货币互换外,一大批新的金融互换品种不断涌现。

(一) 利率互换

利率互换,是指双方同意在未来的一定期限内根据同种货币的同样的名义本金交换现金流,其中一方的现金流根据浮动利率计算,而另一方的现金流根据固定利率计算。互换的期限通常在 2 年以上,有时甚至在 15 年以上。

(二) 货币互换

货币互换,是指将一种货币的本金和固定利息与另一货币的等价本金和固定利息进行交换。其产生的主要原因是交易双方在各自国家中的金融市场上具有比较优势。

(三) 其他互换

1. 交叉货币利率互换

交叉货币利率互换,是利率互换和货币互换的结合,是以一种货币的固定利率交换另一种货币的浮动利率。

2. 基点互换

基本交换,是交换的利息支付额以 2 种不同的浮动利率指数进行核算。例如,3 个月的美元伦敦银行同业拆借利率对美国商业票据利率的互换交易。

3. 零息互换

零息互换,是固定利息的多次支付流量被一次性的支付所代替,该一次性支付可发生在期初或在期末。

4. 远期互换

远期互换,是指互换生效日在未来某一确定时间开始的互换。

5. 互换期权

互换期权本质上是期权而不是互换,该期权的标的物为互换。

6. 股票互换

股票互换,是指以股票指数产生的红利和资本利得与固定利率或浮动利率交换。

此外,还有增长型互换、减少型互换、滑道型互换、后期确定互换、差额互换、可延长互换、可赎回互换等。我国的企业与金融机构仅是近几年才开始涉足金融互换交易业务,而且目前主要局限于一些简单的利率互换与货币互换等形式。

三、互换实例

根据以下资料设计一个利率互换,并收取 10 个基点作为手续费。说明通过利率互换甲、乙 2 家公司可分别节省多少利息成本。

甲公司信用等级:AAA;乙公司信用等级:A;

甲公司固定利率借款成本:10%;乙公司固定率借款成本:10.7%;

甲公司浮动利率借款成本:LIBOR -0.1%;乙公司浮动利率借款成本:LIBOR +0.3%;

甲公司财务需求:需要浮动利率资金;乙公司财务需求:需要固定利率资金。

分析:由于甲、乙 2 家公司的信用程度不一样,借款利率不同。在借固定利率款中,甲公司比乙公司利率低 0.7%，而借浮动利率款，乙公司利率比甲公司高 0.4%。显然，乙公司选择浮动利率贷款有相对优势，甲公司选择固定利率借款有相对优势。

现在，甲公司需要浮动利率资金，乙公司需要固定利率资金。进行利率互换，即甲公司采取固定利率借款，乙公司采取浮动利率借款，共可节省利率为：

(LIBOR − 0.1% + 10.7%) − (10% + LIBOR + 0.3%) = 0.3%

手续费 10 个基点，即 0.1%，甲、乙 2 家公司通过互换各节省 0.1% 的利率水平。

互换后，甲公司固定利率贷款利率为 10%，由乙公司承担；乙公司浮动利率借款利率为 LIBOR + 0.3%。其中，LIBOR − 0.25% 由甲公司承担。

这样，甲公司需要浮动利率资金，支付浮动利率 LIBOR − 0.25%；乙公司需要固定利率资金，支付固定利率 10.55%。甲、乙 2 家公司各向中介机构支付 0.05% 的利息费。

最终，甲公司承担的利率为 LIBOR − 0.2%，乙公司承担的利率为 10.6%。

第四节 其他衍生工具

一、权证

（一）权证的含义及其要素内容

1. 权证的含义

权证，是指认购或出售特定资产的权利证明。权证持有人在约定的时间内，有权按照约定价格要求发行人出售（或认购）权证对应的资产。通俗地说，权证就是一种权利，一种可以以某个事先约定的价格买入或者卖出特定资产（某支股票或某种指数等）的权利。

权证的本质就是期权。按照执行权利的不同，可划分为认购权证和认沽权证。认购权证是一种买进权利，权证持有人有权在约定的时间，以约定的价格向发行人购买约定数量的标的资产；认沽权证是一种卖出权利，权证持有人有权在约定时间，以约定价格向发行人出售约定数量的标的资产。

2. 权证的要素内容

权证的各要素会在发行公告书中得到反映。

例如，A 公司发行以该公司股票为标的证券的权证，假定发行时 A 公司股票的市场价格为 15 元/股，发行公告书列举的发行条件为：①发行日期为 2014 年 3 月 8 日；②存续期间为 6 个月；③权证种类为欧式认购权证；④发行数量为 5000 万份；⑤发行价格为 0.5 元/份；⑥行权价格为 17 元/股；⑦行权期限为到期日；⑧行权结算方式为证券给付结算；⑨行权比例为 1:1。

以上条款告诉投资者，由 A 公司发行的权证是一种股本认购权证，该权证的权利金为 0.5 元/份，发行总额为 5000 万份，权证可以在 6 个月内买卖，但行权则必须在 6 个月后的到期日进行。如果到期时 A 公司股票市场价格为 19 元/股，高于权证的行权价 17 元/股，投资者可以 17 元/股的价格向发行人认购市价 19 元/股的 A 公司股票，每股净赚 2 元；若到期时 A 公司股价为 15 元/股，低于行权价 17 元/股，投资者可以不行权，从而仅损失权利金

0.66元/股。

(二) 权证的分类

权证根据不同的划分标准有不同的分类。

(1) 按买卖方向不同,可划分为认购权证和认沽权证。认购权证持有人有权按约定价格在特定期限内或到期日向发行人买入标的证券;认沽权证持有人则有权按约定价格在特定期限内或到期日向发行人卖出标的证券。以下是认购权证与认沽权证的区别(如表6-4所示)。

表6-4　　　　　　　　　　认购权证与认沽权证的区别

	认购权证	认沽权证
持有人的权利	持有人有权利(但没有义务)在某段期间内以预先约定的价格向发行人购买特定数量的标的证券。	持有人有权利(但没有义务)在某段期间内以预先约定的价格向发行人出售特定数量的标的证券。
到期可得的回报	(权证结算价格-行权价)×行权比例 (注:未考虑行权相关费用)	(行权价-权证结算价格)×行权比例 (注:未考虑行权相关费用)

(2) 按权利行使期限不同,可划分为欧式权证和美式权证。美式权证的持有人在权证到期日前的任何交易时间均可行使其权利,欧式权证持有人只可以在权证到期日当日行使其权利。

(3) 按发行人不同,可划分为股本权证和备兑权证。股本权证一般由上市公司发行,备兑权证一般由证券公司等金融机构发行。以下是股本权证与备兑权证的区别(如表6-5所示)。

表6-5　　　　　　　　　　股本权证与备兑权证的区别

比较项目	股本权证	备兑权证(衍生)
发行人	标的证券发行人	标的证券发行人以外的第三方
标的证券	需要发行新股	已在交易所挂牌交易的证券
发行目的	为筹资或高管人员激励用	为投资者提供避险、套利工具
行权结果	公司股份增加,每股净值被稀释	不造成股本增加或权益稀释

(4) 按权证行使价格是否高于标的证券价格,可划分为价内权证、价平权证和价外权证(如表6-6所示)。

表6-6　　　　　　　　　　价内权证、价平权证和价外权证

价格关系	认购权证	认沽权证
行使价格>标的证券收盘价格	价外	价内
行使价格=标的证券收盘价格	价平	价平
行使价格<标的证券收盘价格	价内	价外

(5) 按结算方式不同,可划分为证券给付结算型权证和现金结算型权证。权证如果采用证券给付方式进行结算,其标的证券的所有权发生转移;如采用现金结算方式,则仅按照

结算差价进行现金兑付，标的证券所有权不发生转移。

（三）权证价值及其影响因素

认购（沽）权证是使持有人具有在约定时间内以事先约定的价格认购或沽出一定数量标的证券的权利的凭证，即允许持有人在有效期内，按某一既定比率，以某一既定价格认购或沽出一定数量的标的证券。因此，权证票面本身是没有价值的，但它在市场上却有价格。作为一种衍生产品，权证的价值主要受其标的证券的影响。具体说来，认购或认沽权证的价格走势主要受以下5个因素的影响：①标的证券的现价；②权证的执行价格；③标的证券预期的未来价格；④距离权证到期日的时间；⑤标的证券预计派发的股息。

在其他因素不变的情况下，以下是每项因素对认购和认沽权证的影响概括（如表6-7所示）。

表6-7 认购权证与认沽权证的影响因素及影响情况

	认购权证价值	认沽权证价值
标的证券价格越高	越高	越低
行权价格越高	越低	越高
标的证券价格波动性越高	越高	越高
距离权证到期日时间越长	越高	越高
现金红利派发越多	越低	越高

这些因素不但分别影响着权证价值，而且它们之间也相互关联，形成综合效应。除这几个主要因素之外，可能存在的每股盈利的"稀释"、权证的发行数量、权证是否在交易所上市等因素也会影响权证的价值。

一般来说，权证的价值可划分为内在价值和时间价值2个部分。内在价值是权证的底价，由下面公式决定：

$$V = (P - EP) N$$

式中，V 为权证内在价值；P 为标的证券现价；EP 为行权价；N 为一份权证可认购（沽）的标的证券份数。

权证的市价不会低于内在价值（底价），否则，市场上就会出现无风险套利。权证的市场价格和内在价值之差为时间价值。

例如，某公司发行的权证是一种股本认购权证，该权证的行权价格为20元，行权比例为1:1，权证的市场价格为3元。如果A公司股票市场价格为20元，则权证的内在价值为0元。而市场上权证的价格为3元，高于内在价值的部分就是时间价值的体现。如果A公司股票市场价格为22元，则权证的内在价值为2元；如果A公司股票市场价格为18元，投资者是不会行权的，权证的内在价值还为0元，不会出现负数。

（四）权证的特征与风险

（1）权证一般具有便利融资、对冲风险、高杠杆等特点。具体从以下5个方面分析：①权证的持有者有权利而无义务，具有期权的特征。在资金不足、股市形势不明朗的情况下，投资者可以购买权证而推迟购买股票，减少决策失误所造成的损失；②风险有限，可控性强。从投资风险看，认股权证的最大损失是权证买入价，其风险被锁定，便于投资者控制;③权证为投资者提供了杠杆效应。投资人可用少量资金购买备兑权证,取得认购一定数量股份的权利,可能得到股份的价差,具有以小搏大的特性;④结构简单、交易方式单一。认股权证是一种个性化的最简单的期权。它的认购机理简单,交易方式与股票相同,产品创新的运作成本相对较低。大部分衍生产品都是以现金进行交割,而认股权证可以用实券交割,更符合衍生产品发展初期投资者的交易习惯;⑤权证的发行不涉及发行新股或配股。它的发行是因为发行人已拥有大量已发行的股票,或通过市场吸纳了现有的股票,以备各备兑权证持有者行使权利。因此发行备兑权证具有套现的目的,它并不增加证券的总量,不会摊薄正股的每股盈利。而一般认购证因涉及发行新股或配股,所以在发行时都伴随着股本的扩张,具有集资的目的。

(2) 权证是一种高风险高收益的投资品种,投资者参与权证交易应充分树立风险意识。权证的风险主要表现在以下4个方面:①价格剧烈波动的风险。由于权证的高杠杆性,其价格只占标的证券价格的较小比例,可能出现权证价格剧烈波动,涨跌幅均超过股票的情况。同理,权证的涨跌停板幅度是变化的,不同于股票的涨跌停板幅度(10%);②时效性风险。权证是有一定期限的,持有者应及时在到期日或此之前对价内权证行权,因为期满后权证就没有任何价值了;③履约风险。权证实质是发行人和持有人之间的一种契约,存在权证发行人违约的风险。目前设计的权证方案,对发行人的履约安排了充分的担保,违约风险较低;④计算权证的价值并不是简单等于"股价减去行权价"。决定权证价值的因素很多,包括正股股价、正股的波动率、权证的剩余期限、无风险利率、行权价格、红利收益率等。

(五) 权证产生的必然性

认股权证能够成为新的投资工具有其必然性。认股权证实质是一种远期的集资方式,它不仅对公司现时财务状况有好处,而且可在较长的有效期限内一直为公司带来灵活集资的机会,使公司的资金周转更灵活。最初推出的认股权证,是一些发展速度较快的成长型小公司采用发行优先股或债券方式筹集资金时,为了使这些优先股或债券更具有吸引力,又为了降低筹资成本,在发行优先股或债券的同时向投资者发行的一种认购股份权利证明书。例如,某公司发行优先股,股息率为7%。为减轻优先股股息负担,减少股息支付对公司利润的影响,将7%的股息率改为5%,并发行认股权证。该证书规定,只要购买优先股股票1000股,该公司就配给优先股持有人在10年内的任何时间以10元/股的价格购买该公司100股普通股股票的认股权利。首先,认股价格的制订要高于发行时的市场价格,目的是当公司发展壮大时,股票市场价格会高于认股价格,从而使认股权证持有者可以择机行权,认股获利,也可以将认股权证售出,赚取价差收益。假如公司普通股股票从10元/股上涨至15元/股,认股权证持有人就可以向发行公司以10元/股的价格认购股票100股,然后到流通市场以15元/股价格卖出股票,从而获利500元。可见,认股权证具有期权性质。其次,在公司急用资金时,发行认股权证集资较于发售新股集资更容易为证券市场所接受。最后,如果遇到股市低迷或公司经营不景气、公司派息有困难的情况,公司还可以利用认股权证代替派息,使公司的现金或流动资金得以保留,有助于公司渡过难关。故认股权证受到各类股份公司的欢迎。随着金融市场的不断发展,在认股权证基础上又出现了买卖方向相反的认沽权证等金融工具。

二、优先认股权

(一) 优先认股权及其特征

优先认股权又称优先认缴权或股票先买权,是公司增发新股时为保护老股东的利益而赋予老股东的一种特权,在我国习惯称之为配股权证。这种权利可划分为以下2类:①股东在转让股份时,其他股东有优先购买的权利;②当公司增资发行新股票时,公司现有股东有优先根据其持有的股票在已发行股票中所占比例购买相应新股票的权利。

优先认股权是普通股股东的优惠权,拥有优先认股权的老股东可以按低于股票市价的特定价格购买公司新发行的一定数量的股票。其做法是给每个股东一份证书,写明有权购买新股票的数量,数量多少根据股东现有股数乘以规定比例求得。一般来说,新股票的定价低于股票市价,从而使优先认股权具有价值。股东可以行使该权利,也可以转让他人。优先认股权是一种选择权,其实质是一种短期的看涨期权。

(二) 优先认股权的要素

公司在增资发行前,由公司股东大会通过并公布本次增资发行的认股期限、认股价格、认股数量等情况。

1. 认股期限

优先认股权的认股期限一般都较短,通常在2周至3个月。较短的认股期限,是为了保证公司在短期内完成筹资任务。享有优先认股权的股东在认股期限内可作出如下3种选择:①放弃权利,让其作废;②出售优先认股权,在股权宣布日至除权日之前,优先认股权就附于股票上进行交易;③按照规定的认股价,在到期日前购入股票。

2. 认股价格

优先认股权的认股价格比公司普通股的市价低,其作用主要是弥补原有股东因股本扩大使每股收益稀释所造成的损失。

3. 认股数量

一般来说,每一股股票都拥有一份优先认股权。优先认股权的认股数量可通过每一股股票可认购新股的数量来表示,也可通过认购一股新股所需的股权数来表示。

4. 赎回权

发行认股权证的股份有限公司大都制定了赎回权条款,即规定在特定情况下,公司有权赎回其发行的认股权证。

5. 认股权证的交易

认股权证的交易既可以在交易所内进行,也可以在场外交易市场上进行,其具体交易方式与股票类似。

(三) 优先认股权的价值

(1) 附权优先认股权的价值。在股权除权日前,优先认股是附于股票上进行交易的,称附权股票。优先认股权的价值依附于股票的市场价格,其理论价值如下式所示:

$$V = (P - P_t) \div (1 + N)$$

式中,V为附权优先认股权价值;P为附权股票市价;P_t为新股认购价;N为买一股新股所需股权数。

(2) 除权优先认股权的价值。股票除权后,优先认股权与股票价格剥离。从理论上讲,股票除权后，投资者买入一股股票的价格应等于买入一股股票所需的优先股股权的数量和认购价格之乘积。因此，除权优先认股权的价值如下式表示：

$V_1 = (P_1 - P_t) \div N$

式中，V_1 为除权优先认股权价值；P_1 为除权股票市价。

（四）认股权证与股票优先认股权的区别与联系

1. 优先认股权与认股权证的区别

（1）认股权证是由公司发行的，能够按照特定的价格在特定的时间内购买一定数量该公司股票的选择权凭证，其实质是一种有价证券；而优先认股权则是公司在增发新股时为保护老股东的利益而赋予老股东的一种特权。老股东可以凭此权利按特定的价格购买新股。

（2）认股权证是与股票同时发行的，但发行后则可与股票独立，形成自己的市场和价格；优先认股权则是在配股登记日前要附着在股票上进行交易，登记日之后，优先认股权才脱离股票可以在市场上独立交易。

（3）两者的目的不同。优先认股权是赋予老股东的特权，允许老股东按其原来的持股比例购买新股；认股权证的发行则主要是为了更多地筹措资金，培养潜在的增资来源。

2. 优先认股权与认股权证的联系

优先认股权和认股权证都是一种凭据，凭此可以在规定的时间内按照特定的价格购买一定数量的股票，都是由股票发行公司推出的，与股票直接相关。优先认股权和认股权证都可以进行交易，并在交易中形成自己的价格。

三、可转换证券

（一）可转换证券的定义及分类

1. 定义

可转换证券，是指在规定时间内可以按固定的转换比例和转换价格转换成公司普通股的固定收益证券，通常包括可转换债券和可转换优先股。公司之所以在其所发行的有价证券上附加可转换的条件，主要有以下2个原因：①增强所发证券的吸引力或降低筹资成本。对公司可转换债券而言，到时可换成普通股，使投资者增加一种选择。因为普通股的市场价格有较大的想象空间，这使得可转换债券受到投资者的青睐。同样原因，在发行债券时，可转换成普通股这一选择权可降低付息利率；而一旦到期转成普通股，又可免除还本付息的压力。②可吸引大额资本。大多数国家都禁止金融机构直接投资普通股，而债券和优先股则不在禁止之列。公司发行可转换证券，可使金融机构名正言顺地购入可转换证券，到时自然转换成普通股，从而合法地拥有普通股，享有公司快速发展所带来的投资收益。

2. 分类

可转换证券一般可划分为可转换债券和可转换优先股票。

可转换债券是债券的一种，它可以转换为债券发行公司的股票，通常具有较低的票面利率。从本质上讲，可转换债券是在发行公司债券的基础上，附加了一份期权，并允许购买人在规定的时间范围内将其购买的债券转换成指定公司的股票。

可转换优先股票是指发行后在一定条件下允许持有者将其转换成其他种类股票的优先股票。在大多数情况下，股份公司的转换股票是由优先股票转换成普通股票，或者由某种优先股票转换成另一种优先股票。

(二) 可转换证券的要素

1. 转换期限

转换期限，是指可转换证券换成普通股的起止日期。在转换有效期内，持有者可按公司规定的转换条件转换成普通股，过期则失效。为鼓励投资者不放弃转换权，一些公司在发行时还附有赎回条款，其主要内容是在公司普通股的市场价格高于转换价较多时，公司行使赎回权。这将迫使持有者执行转换权，把可转换证券换成普通股。

2. 转换价格

转换价格是指可转换证券转换成普通股时每股的价格，其公式如下：

转换价格 = 可转换证券面额 ÷ 转换比例

转换比例，是指一单位可转换证券可转成普通股的数量。转换价格，是指在发行可转换债券时即已确定的，将可转换债券转换为股票的价格。例如，某公司 2004 年初发行每张票面价值为 1000 元的债券，规定 20 年内的任何时间，公司债券持有人可用每一债券调换成 20 股普通股，则：

转换价格 = 公司债券面值 ÷ 转换率
     = 100 ÷ 20
     = 50（元）

有时，公司在发行公告中规定了可转换证券的转股初始价格，在遇到公司派息及送股或增发股票时，转换的初始价格也随之调整。调整方法如同除息除权。

例如，某公司 2009 年 8 月发行 3 年期的可转换债券，面额 100 元，初始转换价格为 10 元。2010 年 4 月，公司实施利润分配方案，每 10 股派发现金股息 4 元，股票股息 6 股。该公司调整后的转股价格为：

转股价格 = (10 - 0.4) ÷ (1 + 0.6)
     = 6（元）

3. 可转换证券的价值

可转换证券有 2 种价值，即理论价值和转换价值。

（1）理论价值。可转换证券的理论价值，是指可转换证券失去转换特性时的价值，其价值由未来各期的收益及到期本金的贴现值构成。

（2）转换价值。可转换证券的转换价值，是指转换成普通股的市场价值，即：

转换价值 = 普通股市价 × 转换成普通股的数量

4. 可转换证券的市场价格

可转换证券的市场价格受市场供需状况的影响。一般来说，要高于其理论价值。即使在普通股股价大幅下跌导致失去可转换特性时，理论价值作为证券的内在价值来说，仍可成为可转换证券的价格底线。可转换证券的市场价格在转换期间也高于转换价值。当其市场价格低于转换价值时，买入可转换证券立即转股并兑现，可实现无风险收益。随着转股到期日的临近，可转换证券的市场价格逐渐收敛于转换价值。

例如，某公司的可转换债券，年利率为 10.25%，2000 年 12 月 31 日到期。其转换价格为 30 元，其股票基准价格（普通股当期市价）为 20 元，该债券价格为 1200 元。

转换率 = 1200 ÷ 30 × 100%
    = 40%

$$转换升水 = 30 - 20$$
$$= 10$$
$$转换升水比率 = 10 \div 20 \times 100\%$$
$$= 50\%$$

案例分析

宝钢认股权证爆炒案

中国宝安企业（集团）股份有限公司1992年末向社会发行5亿元可转换债券，并于1993年2月10日在深圳证券交易所挂牌交易。宝安可转换债券是我国资本市场首个A股上市可转换债券。

宝安可转换债券的主要发行条件是：发行总额为人民币5亿元，按债券面值每张5000元发行，期限为3年（1992年12月—1995年12月），票面利率为年息3%，每年付息一次。债券载明两项限制性条款，其中可转换条款规定债券持有人自1993年6月1日起至债券到期日前可选择以25元/股的转换价格转换为宝安公司的人民币普通股1股；推迟可赎回条款规定宝安公司有权利但没有义务在可转换债券到期前半年内以5150元/张的赎回价格赎回可转换债券。债券同时规定，若在1993年6月1日前该公司增加新的人民币普通股股本，按给定公式调整转换价格。

宝安可转换债券发行时的有关情况是：由中国人民银行规定的3期银行储蓄存款利率为8.28%，3期企业债券利率为9.94%，1992年发行的3期国库券的票面利率为9.5%，并享有规定的保值贴补。根据发行说明书，可转换债券募集的5亿元资金主要用于房地产开发业和工业投资项目。

宝安公司可转债的设计是基于当时股票市场持续的大牛市行情和房地产项目开发的热潮及公司可转债设计者对转股形势和公司经营业绩过于乐观的估计。但从1993年下半年起，由于宏观经济紧缩，大规模的股市扩容及由此引发的长时间低迷行情、房地产业进入调整阶段等一系列的形势变化，宝安公司的可转换债券在转股中遇到了困难。宝安可转换债券从上市到摘牌（1995年末可转换公司债券到期，深宝安股价为2.8元/股。1996年1为到期支付日），共计转换股票1350.75万股。按19.392元/股的转换价格计算，转换为宝安A股691584股，实现转换部分占发行总额的2.7%。如此低的比率大大出乎宝安可转换债券发行决策者的意料，亦与宝安公司经营者的意图和最初愿望背道而驰。可以说，宝安可转换债券的转股结果是彻底的失败。

转换失败以及由此带来的巨额资金的偿还给公司经营带来极大压力。在短时期内拿出5亿多元的现金，是相当困难的。根据宝安公司1995年度的财务报告反映，为这笔巨资的偿还，该公司不得不提前1年着手准备确保资金到位，其间不得不放弃许多的投资获利机会。宝安公司在经营上也被迫做出了很大的调整。这些都成为公司该年度利润下降的直接原因。但宝安公司最终还是顺利完成了可换券的还本付息工作，按期将现金兑付给了宝安可转债的持有人，避免了债务违约纠纷的出现。

问题：

1. 宝安公司为何发行可转债，发行可转债失败的原因是什么？

2. 企业基于何种考虑会发行可转债？

本章小结及要点

内容摘要：本章主要介绍金融衍生工具及其交易原理，具体涉及金融期货、金融期权、金融互换、权证及可转换证券等。

1. 金融期货，是指交易双方在金融市场上，以约定的时间和价格买卖某种金融工具的具有约束力的标准化合约，是以金融工具为标的物的期货合约。金融期货一般可划分为3类：货币期货、利率期货和指数期货。金融期货市场最基本的功能是规避风险和发现价格，期货价格引领现货价格。

2. 金融期权实际是一种选择权交易，是指在特定的时间，按协议价格及规定数量买卖某个指定金融商品的权利。

3. 金融互换交易，主要指对相同货币的债务和不同货币的债务通过金融中介进行互换的一种行为。金融互换可在全球各市场之间进行套利、管理资产负债组合中的利率风险和汇率风险、逃避管制及税收限制。除了利率互换和货币互换外，各种创新型金融互换品种不断出现。

4. 权证，是指一种可以以某个事先约定的价格买入或者卖出特定资产（某支股票或某种指数等）的权利。权证本质就是期权。常见的权证有认购权证和认沽权证，欧式权证与美式权证，价内权证、价平权证和价外权证等。

5. 认股权证与股票优先认股权既有区别又有一定的联系。

6. 可转换证券，是指在规定时间内可以按固定的转换比例和转换价格转换成公司普通股的固定收益证券，一般包括可转换债券和可转换优先股。

7. 金融衍生工具的创新与应用，既缓解了局部市场的风险，又加大了整个金融市场的风险。

思考题与应用训练

1. 金融衍生工具有哪些基本特征？
2. 金融衍生工具产生的原因是什么？
3. 为什么金融期货具有化解和转移风险的功能？
4. 金融期货和金融期权的主要区别是什么？
5. 金融期权有何特点？
6. 期权价格的决定因素是什么？
7. 权证交易的风险何在，我国为何停止了权证交易？
8. 登录百度，了解我国可转债发行及相关案例。
9. 阅读《证券从业人员资格考试》丛书并通过网络收索，了解我国配股权证的基本知识与交易情况。

案例分析

中国航空油料集团有限公司石油期权交易案

中国航油（新加坡）股份有限公司（简称中国航油（新加坡））是中国航空油料集团有限公司的控股子公司，它于1993年5月在新加坡注册成立，2001年12月6日在新加坡交易所主板挂牌上市，成为首家完全利用自有资产在海外上市的中资企业。

中国航油（新加坡）自上市后，一直受到投资者的青睐，股票价格翻升近6倍。其资本市值也迅速攀升，由上市时的3.22亿新元上升至5.5亿新元（约合人民币78亿元）。高速的增长、显著的投资回报，使其一度入选新加坡国立大学MBA课程教学案例，入选道·琼斯新加坡蓝筹股，并成为英国金融时报全球亚太指数股。

2003年下半年，中国航油（新加坡）时任总裁陈久霖擅自扩大业务范围，开始进入石油期权交易市场。陈久霖和日本三井住友银行、法国兴业银行、英国巴克莱银行、新加坡发展银行和新加坡麦格理银行等在衍生品市场外市场签订期权合约，进行场外期权交易。2003年末，中国航油（新加坡）的仓位是空头200万桶，因为石油价格的短暂下跌，公司有所盈利。然而，进入2004年之后，石油价格就一路上涨，中国航油（新加坡）逐渐由盈利变为亏损。为了掩盖账面亏损，陈久霖决定对合约进行展期，致使交易仓位放大。至2004年6月，公司因期权交易导致的账面亏损已扩大至3500万美元。此时，受赌徒心理的影响，陈久霖不仅没有止损，反而将期权合约展期至2005年及2006年，并且在新价位继续卖空。到2004年10月，公司持有的期权总交易量已达到5200万桶之巨，超过公司每年实际进口量的3倍以上，账面亏损已达1.8亿美元，公司现金全部消耗殆尽。其后，石油价格不但未降反而继续一路走高，陈久霖不得不向母公司中国航空油料集团有限公司请求援助，而母公司不仅没有责令新加坡公司迅速斩仓，反而决定对其实施救助。当年10月20日，母公司以私募方式卖出手中所持15%的股份，获资1.08亿美元，立即交给新加坡公司补仓。此举愈发使新加坡公司泥潭深陷。10月26日和28日，新加坡公司因无法补加一些合约的保证金而强行平仓，从而蒙受1.32亿美元实际亏损。2004年11月8日—25日，中国航油（新加坡）的期权合约继续遭逼仓。截至2004年11月25日，实际亏损已达3.81亿美元。2004年12月1日，在亏损5.5亿美元后，中国航油（新加坡）宣布向法庭申请破产保护。

2004年12月10日，国务院国有资产监督管理委员会正式表态：中国航油（新加坡）开展的石油指数期货业务属违规越权炒作行为。2006年3月3日，中国航空油料集团有限公司召开特别股东大会，其重组方案以99%的赞成票获得通过。其后，陈久霖因涉嫌6项指控被处以33.5万新元的罚款和4年3个月的监禁。

问题：

1. 中国航油（新加坡）公司与多家银行签订对赌协议后，为何一味做空？
2. 中国航油（新加坡）公司内部风险控制存在哪些问题？

第七章

证券市场

本章导读

证券市场是股票、债券、证券投资基金、金融衍生工具等各种有价证券发行和买卖的场所，也是资本供求的中心。证券市场按照功能不同，可划分为发行市场流通市场，即一级市场和二级市场。证券市场通过证券信用方式融通资金、通过证券买卖活动引导资金流动，有效合理地配置社会资源，支持和推动经济发展，因而是金融市场中最重要的组成部分。我国证券市场发展历史较短，市场运行中存在较多的问题，有待于进一步完善。

本章主要学习和思考以下问题：
1. 证券市场的含义、特征及基本功能。
2. 证券市场的参与者、市场分类、证券市场产生与发展趋势。
3. 证券发行管理原则与制度、发行方式与承销方式、定价机制与发行条件。
4. 了解证券交易场内市场与场外市场。
5. 了解作为中介机构的证券公司与证券服务机构。

第一节 证券市场概述

一、证券市场的含义

证券市场，是指有价证券发行与流通以及与此相适应的组织和管理方式的总称。证券市场是市场经济发展到一定阶段的产物，是社会为解决资本供求的矛盾和资本流动性而产生的市场。证券市场作为资本市场，是整个金融市场体系中的重要组成部分，是金融市场的核心和精华。一方面，证券市场对社会资本的运动进行调节；另一方面，证券市场通过这种调节对社会经济资源进行配置与再配置。

二、证券市场的特征

各类市场均有其特点，正因为特点的不同形成了不同种类的市场，进而组成社会市场体系。相比于其他市场，证券市场的自身特点包括以下4个方面：①证券市场的交易对象是各种设定权利证书的有价证券（例如，股票、债券、基金、衍生品证券），这些有价证券与其他市场的交易对象区别明显；②证券市场的有价证券主要是用来进行投融资、保值和投机。

而其他市场上的交易对象则通常只能满足人的某一特定使用需要;③有价证券价格反映的是投资者与融资者对未来的预期收益,它与社会利率水平升降关系密切。而其他市场的商品价格则取决于供求关系、生产商品社会必要劳动时间,是其内在价值的货币表现;④有价证券的价格形成中,影响因素较多,风险性较大,表现出前景的不可预测性。而其他市场一般实行的是等价交换,价格风险相对固定,市场价格前景大致可预测。

三、证券市场基本功能

证券市场是市场经济发展到一定阶段后的产物,是一种高级的市场组合形态,它对一个经济体的经济资源合理配置与再配置起着重要的作用。

(一)投融资功能

证券市场的投融资功能,是指证券市场为社会投资人提供了一个投资平台和投资对象(各类证券),为社会资金需求者提供了一个筹资场所和工具。

由于在证券市场交易的对象是各种有价证券,这些有价证券本身具有两面性,其既是筹资工具也是投资工具,因而筹资者需要资金时就可发行证券筹资,在筹资者看来,其发行的证券是当筹资工具用的。而对于投资者来说,其购买的证券代表了一定的权益,是其实现投资的工具。投融资双方通过有价证券这一媒介各得其所,实现了社会资金的融通与再配置。

(二)资本资产定价功能

证券市场中,资本的表现形式为证券,资本的价格表现为证券的市场价格,这一价格的形成是证券投资者和筹资者间、各类投资者间的自由竞争博弈的结果,且处于不断变化中。这种价格的自由竞争与博弈,使最终能产生高回报的资本证券获得较高定价,而低回报的资本证券就只能是低定价,因而可以说证券市场对资本资产的定价源于证券投资人和证券筹资者间的自由选择和竞争。

(三)社会经济资源的配置与再配置功能

证券市场的有价证券背后是实体经济中的企业产权和债权,这些产权与债权因为采取有价证券形式进行了细分和明晰,可以自由买卖,打破和扫除了实物资产的凝固和封闭状态,使其具备了流动性。这样,那些有发展前景、效益好的企业即可通过在证券市场发行证券筹资,广泛吸纳社会资金,开辟新的经营领域,兼并重组一些资产效益低的企业,实现优胜劣汰。同时因为发行有价证券可短期内筹措巨额资金,打破了少量资金难以进入一些部门的数量限制,迅速进入到规模经济。证券市场这种为资本需求者短期内提供巨额资金和灵活兼并重组落后产能的作用,为资本所有者提供投资对象和自由选择投资方向与数量的作用,促成了社会经济资源优化配置和再配置,增进了社会经济资源的利用效率,增加了社会的总福利。它对于生产要素在社会各产业部门间的合理配置起着极为重要的作用。

> **相关链接**
>
> 证券化率,是指一国各类证券总市值与该国国内生产总值的比率(股市总市值与GDP总量的比值)。证券化率越高,意味着证券市场在国民经济中的地位越重要。2020年,我国证券化率约为83%。

第二节 证券市场结构与发展趋势

一、证券市场参与者

(一) 证券发行人

证券发行人,是指通过发行证券筹措资金的社会各类经济主体和政府,具体包括公司法人、政府和政府机构、金融机构。

1. 公司法人

公司作为独立运营的经济法人,发行股票和债券筹资已成为当今趋势和主要渠道,其中通过发行股票新筹资金属于股本,而通过发债筹集资金属于借入资本。为把握市场商机和获得规模经济,公司法人在证券市场上的发行人主体地位已成为一种必然。只有股份有限责任公司才能发行股票,而有限责任公司、股份公司在理论上均可发行债券。

2. 政府和政府机构

政府也是一种社会经济主体。政府新发证券仅限于债券,中央政府或中央财政直属机构为弥补财政赤字或筹措经济建设资金,通常在债券市场上发行国库券、财政债券、国家建设公债等政府债券。地方政府为筹措本地公用事业建设资金,亦可发行地方政府债券,亦称市政债券,特殊时期(例如,战争时期)政府还可发行政府特别公债。

3. 金融机构

欧美等西方国家将金融机构发行的证券归入公司证券。在我国把金融机构发行的债券定义为金融债券。实际上随着我国大型商业银行和其他金融机构的股份制改制,金融机构公司化已成现实,它们亦成为证券市场的股票和债券发行主体。

(二) 证券投资人

1. 机构投资者

(1) 政府和政府机构(参见本书第二章第三节相关内容)。

(2) 金融机构。金融机构包括:①证券经营机构;②商业银行,商业银行在我国不允许直接进行股票证券投资,但若有超额储备,可以进行债券类证券的投资。在全能制商业银行的西方国家,各类有价证券均可构成商业银行的投资对象;③保险公司。

(3) 企业和事业法。企业可以通过委托专业机构进行证券投资,也可直接自营进行有价证券投资。事业单位法人在有预算外资金结余时亦有权进行证券投资。

(4) 各类基金。基金包括:①证券投资基金;②社保基金。我国的社保基金包括2种类型:社会保险基金和社会保障基金。由于基金来源和用途有所不同,这两种社保基金的管理方式亦不同;③企业年金,企业年金是在依法参加基本养老保险的基础上,企业及其职工自愿建立的补充养老保险基金;④社会公益基金,社会公益基金主要包括福利基金、科技发展基金、教育发展基金、文学奖励基金等。

我国现行法规规定,企业年金、各种社会公益基金可由年金或公益基金受托人或受托人指定的专业投资机构进行证券投资。

2. 个人投资者

参见本书第二章相关内容。

（三）证券市场中介

1. 证券公司

证券公司，是指依照《中华人民共和国公司法》和《中华人民共和国证券法》设立的，经营证券业务的有限责任公司或股份有限公司。证券公司的主营业务是进行各类证券的发行承销和证券经纪。世界各国对专营证券业务的机构称谓各种各样，有投资银行、商人银行、证券公司等多种称谓。

2. 证券服务机构

证券服务机构，是指依法设立的，为证券发行和交易提供相关服务业务的社会法人，一般有证券登记结算公司、证券投资咨询公司、会计师事务所、律师事务所、资产评级机构、信用评级机构。

（四）证券监管机构和自律性组织

中国证券市场监管机构，是指中国证券监督管理委员会及其派出机构，隶属于国务院。中国证监会作为国务院直属事业单位，是全国证券、期货市场的主管部门，按照国务院授权并依据相关法律法规对证券、期货监管机构实行垂直管理和对证券市场进行集中统一监管。

证券市场自律性组织主要指证券业协会。证券业协会是由会员组成的社会团体法人，其最高权力机构为全体会员组成的会员大会。

（五）证券交易所（或证券交易中心）

证券交易所，是指依法设立的，为证券发行和交易提供固定场所和设施，组织严密、制度完备的证券集中交易的证券交易市场，它是实行自律管理的事业（或企业）法人。

二、证券市场分类

按一定标准对证券市场构成及其之间的量比关系进行种类归并，常见的分类有以下4种（如表7-1所示）。

（一）按交易对象不同分类

表7-1　　　　　　　　　　证券市场按交易对象不同分类

交易对象	价格	收益	风险	流动性
股票市场	波动大，因素多	不确定	较大	较强
债券市场	较稳定	固定	较小	较差
基金市场	随投资对象价格波动	不确定	较小	一般
衍生混合证券市场	波动大	不确定	极大	较强

(二) 按组织形式不同分类（如表7-2所示）

表7-2　　　　　　　　　　证券市场按组织形式不同分类

组织形式	交易场所	交易时间	交易资格	交易对象	交易制度
有形市场	制度化固定、有组织	有规定	会员	证券公开上市	公开、拍卖制度或做市商制度
无形市场	场外，不固定	无规定	无规定	未上市证券	随机随时

(三) 按证券进入市场先后不同分类（如表7-3所示）

表7-3　　　　　　　　　　证券市场按进入市场先后不同分类

证券入市顺序	市场功能	市场形式	价格	市场参与人
发行市场（一级市场）	投融资	无形	溢价 面值式	服务中介 发行人、投资人、监管人
交易市场（二级市场）	证券流通	有形	供求决定	投资人、中介人、监管人

(四) 按市场结构不同分类（如表7-4所示）

表7-4　　　　　　　　　　证券市场按市场结构不同分类

市场类别	市场功能	参与人	交易对象
证券产品市场	投融资	投资者，筹资者	证券和资金
证券服务市场	中介服务	筹资人、中介人、投资人	中介服务
证券信用市场	转融资融券	投资人、筹资人、金融机构	证券和资金

三、证券市场的产生及发展趋势

(一) 证券市场产生的三大动因

1. 社会化大生产和商品经济的发展是证券市场形成的客观基础

自然经济社会中，生产力较低，生产所需资本有限。自然经济过渡到商品经济的初期，生产所需资本仍可以通过自身积累和向他人借贷（商业银行）得到满足。然而随着社会化大生产规模的日益扩大，分工的越来越复杂，商品经济范围的越来越广泛，单个资本的自身积累与向他人借贷越来越难以满足大规模生产和经营的资本需求。证券市场作为一种直接融资方式应运而生，客观上适应了社会化大生产和商品经济发展的需要，因而可以说证券市场的产生是社会化大生产和商品经济发展的产物。

2. 股份经济的发展为证券市场的形成提供了催化剂

企业作为生产经营的基本单位，在商品经济发展初期采用的是独资经营或合伙制经营的组织形式。当生产规模进一步扩大，其经营组织形式也演变成相应的有限责任公司制与股份有限公司制。特别是股份有限公司制通过股份化资产、发行股票筹资，使企业生产经营资产证券化、财产证券化，从而加速了全社会的经济证券化过程，证券市场的形成也就成为必然。

3. 信用制度的发展使证券市场的形成成为现实

商品经济的发展是建立在社会信用制度发展前提下的，商业信用、政府信用、银行信用、消费信用等多种信用制度,对促进商品经济的生产、交换、消费等环节的加速进行和量能放大起着至关重要的作用。而作为信用载体和工具的债券、股票、票据等也大量涌现。通常,信用工具都有流通兑现的客观要求,这就客观上要求有专门提供这些信用工具流通变现的场所,于是证券市场的形成也就成为现实。

(二) 世界主要证券市场产生发展简介

世界证券市场产生发展历史,其过程大概可划分为如下5个阶段。

1. 证券市场的萌芽阶段

(1) 世界上第一个股票交易所——1602年成立于荷兰的阿姆斯特丹。

(2) 伦敦证券交易所的前身——1773年乔那森咖啡馆。

(3) 美国最早的证券市场——1790年的费城证券交易所。

2. 证券市场的初步发展阶段

20世纪初,资本主义从自由竞争阶段过渡到垄断阶段,证券市场以其独特的形式有力地促进了资本的积聚和集中,同时其自身也获得了高速发展。

3. 证券市场的停滞阶段

1929—1933年,主要资本主义国家爆发了严重的经济危机,危机的先兆表现为股市的暴跌,随之而来的经济大萧条使证券市场遭受了严重打击,危机过后证券市场仍一蹶不振。

4. 证券市场的恢复元气阶段

第二次世界大战后至20世纪60年代,因欧美地区与日本经济的恢复和发展以及各国经济的恢复增长,大大地促进了证券市场的恢复和发展,公司证券发行量增加,证券交易开始复苏,证券市场规模不断扩大,交易日趋活跃。

5. 证券市场的加速发展阶段

20世纪70年代始至今,世界各国的证券市场出现了高度繁荣的局面,不仅发达国家的证券市场牛市连连,在发展中国家也不断地出现新兴证券市场,证券市场的规模日益庞大,证券交易活跃,证券化率已成为衡量一国经济发展水平的重要指标之一。

(三) 我国证券市场发展史简述

最早在我国出现的股票是外商股票,最早在我国出现的证券交易机构也是由外商开办的上海股份公所和上海众业公所。上市证券主要是外国公司股票和债券。1872年设立的轮船招商局是我国第一家股份制企业。1914年,北洋政府颁布的《证券交易所法》推动了证券交易所的建立。1917年,北洋政府批准上海证券交易所开设证券业务。1918年成立的北平证券交易所是中国人自己创办的第一家证券交易所。1920年7月,上海证券物品交易所得到批准成立,是我国当时规模最大的证券交易所。此后,相继出现了上海华商证券交易所、青岛市物品证券交易所、天津市企业交易所等,逐渐形成了旧中国的证券市场。

新中国成立后,证券市场一度处于停滞状态。改革开放以来我国资本市场的发展大致可划分为以下3个阶段。第一阶段,新中国资本市场的萌生(1979—1992年)。这一阶段中,我国资本市场的萌生源于中国经济转轨过程中企业和大众的内生需求。发展初期,市场处于一种自我演进、缺乏规范和监管的状态,且以试点为主,市场发展及对市场的认识均处于混乱无序状态。第二阶段,全国性资本市场的形成和初步发展(1993—1998年)。1992年10月,国务院证券管理委员会和中国证监会成立,标志着中国资本市场开始纳入全国统一监管框架,区域性试点推向全国,全国性市场由此形成和开始发展。第三阶段,资本市场的逐步规范和发展（1999年至今）。1999年1月1日《中华人民共和国证券法》正式实施，以此为标志我国资本市场的发展逐步走向法制化、规范化。随着市场经济体制改革的持续深入，国有与非国有股份公司不断进入证券市场。2001年12月，中国加入WTO，中国经济全面对外开放，金融改革深化，资本市场的深度和广度日益扩大。2004年1月31日，国务院发布《关于推进资本市场改革开放和稳步发展的若干意见》，肯定了中国资本市场建设的重大成就，明确了中国资本市场的指导思想和任务，提出了支持中国资本市场发展的若干政策。2004年8月和2005年11月，全国人民代表大会常委会两次修订《中华人民共和国证券法》，夯实了中国证券市场发展的法律基础。2005年4月，中国证监会《关于上市公司股权分置改革试点有关问题的通知》启动了中国资本市场股权分置改革试点工作，至今这项改革已基本完成。另外，为使我国证券市场与国际市场接轨，中国证监会先后于2003年和2007年颁布了《合格境外机构投资者管理试行办法》和《合格境内机构投资者境外证券投资管理试行办法》，使我国的证券市场逐步向国际开放。2020年3月1日新证券法开始实施。

（四）证券市场发展现状及发展趋势

1. 证券市场一体化

随着经济发展的全球化日益加深，投融资的全球化亦成常态。异地上市发行股票、发行债券、"两地"或"三地"同时发行上市、投资者跨国投资、借助互联网跨境投资等，使得资产配置的全球化成为趋势。全球各地的证券交易所市场之间联动性和相关性日益显著，跨境与跨国间的合作与合并、跨国并购事件亦常有发生。

2. 证券投资法人化

当前国际证券市场的一个突出特点是各种类型的机构投资者占据了市场的大部分投资额，发挥着市场的主导作用。截至2019年6月，全球资产管理行业资产管理规模创下95.3万亿美元新高，我国资管行业规模达115.83万亿元。成立于1988年的贝莱德是全球资管规模最大的综合性金融服务集团，为全球逾100个国家和地区的机构及零售客户提供资产管理服务。2019年，该机构的资产管理规模已达7.4万亿美元。

3. 金融创新深化

创新是永恒的动力与源泉。21世纪以来，在金融新理论和新技术的支持下，金融产品、金融组织和金融监管方面的创新，极大地丰富了金融市场的活动内容。在有组织的金融市场中，金融新产品（例如，结构化票据、交易所交易基金、证券化资产和权证、混合型衍生工具、天气衍生金融产品、能源风险管理工具、巨灾衍生产品、信贷衍生产品甚至是政治风险管理工具等）层出不穷；在场外市场和新兴市场，衍生金融产品快速发展，以各类奇异型期权为代表的非标准化交易大量涌现。

4. 金融机构混业化

1999年11月4日，美国国会通过的《金融服务现代化法案》取消了银行、证券、保险公司相互渗透业务的障碍，标志着金融业分业制度的终结。而在欧洲由于一直保持的全能型银行体系，金融混业经营早就存在。混业经营使金融机构间的经营范围变得模糊，金融机构间的竞争与并购推动了其资产规模的高速增长，形成了一批各类金融业务紧密结合、相互渗透的大型跨国金融控股集团。

5. 交易所重组与公司化

为应对市场竞争，全球证券交易所之间展开了战略性合作，各交易所之间通过产品交叉上市，共享交易平台，共享交易代码进行合作，甚至进行重组与合并。2000年成立的"新泛欧交易所"就是典型案例，它通过兼并伦敦国际金融期货交易所、葡萄牙交易所成为拥有金融现货和衍生品交易的全球最大的交易所之一。除了交易所间的合作外，另一突出表现是交易所的改制，自20世纪90年代以来的20年间，全球已有30多家交易所实现了公司化改制。全球最大的纽约证券交易所在收购美国群岛电子交易所后成立纽交所集团并于2006年3月8日在纽约证券交易所挂牌上市，结束了其会员制生涯而变身为盈利性上市公司。

6. 证券市场网络化

随着电子交易系统和金融信息交换应用程序界面技术的普遍应用，通信卫星的网络覆盖全球，全球各国证券市场已打破了时间和空间上的限制，证券市场的交易效率得到了空前的提高。

7. 金融风险复杂化

随着全球证券市场一体化、网络化、金融创新不断，竞争越来越复杂和激烈，资本在国际间的快速流动，各国经济发展间的矛盾与失误均可诱导引发一国或多国的金融危机和动荡，而只要有一国存在金融风险，通常都会直接而迅速地传播至周边及世界各国。这使得一国的金融风险不仅存在国内因素，还存在国际因素，金融风险的控制和应对越来越复杂。近几十年来，国际金融风险事件频频发生充分说明了这一点。例如，1992年英镑危机，导致英镑和意大利里拉退出欧洲汇率机制；1997年东南亚金融危机，泰铢贬值，泰国政府放弃多年的固定汇率，最终演变成一场严重的地区性经济危机；2008年始于美国的次贷危机及后续的欧债危机演绎成一场全球性的经济危机，世界各国无不深受其害，世界经济复苏步履沉重。

第三节　证券发行市场

证券发行市场又称一级市场或初级市场，它是社会为解决以证券形式直接投融资而产生的市场，是证券从无到有的市场，是一种具间歇性交易特征、无固定场所的无形市场。它涉及的问题包括：为什么要发行证券？谁有资格和条件发行证券？社会如何管理证券发行？证券发行的程序、发行方式、发行价格如何确定？如何保证证券发行的成功？

一、证券发行与证券发行市场

（一）证券发行的含义

证券发行，是指社会经济主体（除个人外）为筹措资金，依法律规定条件和程序向社会投资人出售有价证券的行为。

（二）证券发行的特点

证券发行从形式上看是一种售卖有价证券的行为，但与售卖商品、技术或服务的其他行为相比具有明显不同的特点，具体表现在以下3个方面。

（1）证券发行具有严格的法律法规限制。为保护社会投资者的利益，维护社会信用制度，世界各国政府均对筹资者发行证券应具备的条件和发行程序作了严格的法律规定，只有那些具备资格和条件的经济主体依照合法的程序方能发行证券筹资，才有权利发行证券并售卖给投资者。

（2）证券发行的实质是投资者出让资金相关权利而获取以收益权为核心的相关权利的过程。股票投资者出让资金所有权购得发行股票后就取得了发行公司的股权。债权投资者购得债券后就获得了债权。基金投资者购得基金份额后就有相应的收益权。这些行为与其他市场的商品、技术、服务交易行为区别明显。

（3）证券发行具有间断性，而证券发行市场亦表现为间歇性市场。一方面，证券发行人出售证券筹得资金后，通常做法是将新筹措资金投资于实体经济项目，退出发行市场，只有在实体经济规模发展需要时，才会返回证券市场发行证券再融资，而这当中时间间隔通常以年计，这就使证券发行在时间上出现了间断期；另一方面，虽然一个国家的证券筹资者成千上万，但符合资格与条件的筹资者是有限的，且筹资人总是期望在市场条件好时筹资，故筹资性的证券发行无论是证券筹资品种、证券筹资次数均表现为有限，证券发行市场的间歇性特征从另一侧面表露出来。

（三）证券发行市场的概念

证券发行市场，是指证券发行人为筹资而向投资者出售证券的市场。它是一个无固定场所、间歇性的无形市场。通常由证券发行人、投资者和证券中介与服务机构组成。

二、证券发行管理的基本原则和制度

证券发行管理的基本原则为公开原则、公平原则、公正原则。

（一）证券发行管理的基本原则

1. 公开原则

公开原则又称为信息公开制度。由于证券的虚拟资本特性，投资者在不能充分了解有关证券背后的发行人财务与经营状况下是无法判断其价值的，所以对证券发行人实行强制性的信息披露规定。强制性的信息披露规定实际上是对筹资者的一种外部法律约束。通过这种约束，避免发行人在发行过程中不当行为的发生（例如，欺诈、造假、投机等），让投资者对于其购买的证券有一个全面、充分、完整的了解。信息公开制度通常包括证券信息的首次披露和持续性披露2个方面。

（1）证券信息的首次披露。信息的首次披露，是指证券发行人在首次发行证券时应披露出与发行证券有关的所有信息和情况。这是证券发行人的基本法律责任和义务。

（2）证券信息的持续披露。信息的持续披露，是指在证券发行后，发行人应定期向社会公众就公司的经营情况和财务状况作出报告，还应对任何一种可能对发行公司证券价格产生重大影响的信息（例如，公司的业务前景、股权变更、重大投资项目、重要人员变更、公司内部人员拥有或代表公司控制的公司证券所有权的重大变化情况等）进行及时、全面、真实的披露，否则相关当事人应承担相应的法律责任。

2. 公平原则

公平原则，是指在证券市场上，各市场参与者的法律地位平等，参与机会均等。它要求证券发行和交易在平等、自愿、等价有偿、诚实信用的基础上进行，不允许因资金、信息、机构与个人差异等因素而导致市场投资者出现一方优势或压制另一方现象的存在。需要指出的是理论上这种公平原则在目前我国的证券市场实践中还难以体现，所以更应该强调公平原则在市场中的实现和坚持。

3. 公正原则

公正原则，是指对证券监管层的管理行为要求，它要求代表社会管理证券行业的政府机构及其工作人员行为必须公正，禁止欺诈、操纵以及内幕交易等一切不正当的证券违法犯罪行为，遵循证券市场的内在规律，保护正当的市场行为与运作。公正原则要求做到以下3个方面。

（1）反欺诈。严禁证券发行人制造、散布虚假或使人迷惑的信息欺诈投资者。世界各国对欺诈行为均规定了详细而具体的处罚细则。《中华人民共和国刑法》《中华人民共和国证券法》《股票发行与交易管理暂行条例》《禁止证券欺诈行为暂行办法》等都规定了欺诈行为的当事人。其中，包括因欺诈给投资者造成损失的，应依法承担赔偿责任和刑事责任的条款。

（2）反操纵。操纵行为较多发生在证券交易市场，在发行市场的操纵主要通过集中资金、虚报价格而不申购以及虚假评估资产价值影响证券的发行价格并从中获利。操纵行为大多数与欺诈行为联系在一起。我国股市价格的大起大落，市场的投机操纵行为难辞其咎。

（3）反内幕交易。内幕交易，是指内幕人员利用内幕信息买卖证券或根据内幕信息使他人利用该信息进行内幕交易，非内幕人员通过不正当手段或其他方式获得内幕信息，并根据信息买卖证券或建议他人买卖证券以及其他的内幕行为。内幕人员，是指由于持有发行人的证券，或在与发行人有密切关联的公司中担任董事、监事、高级管理人员，或由于其会员地位、管理地位、监管地位和职业地位，或作为雇员、专业顾问履行职务，能够接触、获得内幕信息的人员。内幕信息，是指被内幕人员知悉的，尚未公开的，可能影响证券市场价格的重要信息。

《中华人民共和国证券法》《中华人民共和国刑法》对内幕交易行为进行了相关界定和处罚规定。从国际发展的趋势来看，对证券内幕交易的处罚规定有向重罚化方向发展的趋势。

"三公"原则不仅是指导证券发行的原则，也贯穿于整个证券市场的监管始终，三者间密切联系形成一个有机的整体，它是设计和修正证券发行与交易制度的基石。

（二）证券发行管理制度

证券发行管理制度是为贯彻证券发行原则而设计的一种"门槛"制度，它摒弃了那些不符合条件与资格的证券发行人，将其挡在证券直接投融资的门外。世界各国对证券发行的管理制度大体上可划分证券发行登记制和证券发行核准制2种。

1. 证券发行登记制

证券发行登记制又称注册制、注册登记制。其主要内容包括：证券发行人在准备发行证券时，必须将依法公开的各种资料完全准确地向主管机关呈报并申请注册，证券监管部门要求发行人提供的资料不得包含任何不真实的陈述和事项。这种发行制度实行公开管理原则，可以说是一种发行公司的财务公开制度，它强调市场对证券发行的决定权。注册制并不禁止质量差、高风险的证券上市。证券发行登记的内容主要包括以下5个方面。

（1）公司的经营情况。包括开始营业日期，过去若干年的发展情况，主要顾客情况，重要的国内外市场，同业竞争情况，未来发展趋势。

（2）公司财务信息。包括公司若干年（一般为3—5年）内的经营情况和财务状况，具体包括营业收入（尤其是主营业务收入）、利息支付情况、资产负债及其构成情况和变化趋势、其他需说明的财务资料。

（3）资产状况。资产总额及其构成情况。

（4）证券持有者的名单。3个月内持有公司股份10%以上的证券持有者名单。

（5）公司主要成员及其报酬情况。具体包括董事、监管人员，高级管理人员及其报酬情况。

如果证券发行人在注册申报书中有意谎报、漏报公司实况，并蒙骗证券主管机关，使发行注册生效，根据相关法律，证券购买者有权起诉，对以下各方当事人追究民事责任：证券发行人、承购并分售证券的投资银行、参与"证券注册申报书"起草与审定并在其上签章证明属实的会计师及其他专家。

2021年3月实施的《中华人民共和国刑法》第一百六十条规定："在招股说明书、认股书、公司、企业债券募集办法等发行文件中隐瞒重要事实或者编造重大虚假内容，发行股票或者公司、企业债券、存托凭证或者国务院依法认定的其他证券，数额巨大、后果严重或者有其他严重情节的，处五年以下有期徒刑或者拘役，并处或者单处罚金；数额特别巨大、后果特别严重或者有其他特别严重情节的，处五年以上有期徒刑，并处罚金"。

2. 证券发行核准制

证券发行核准制，是指证券发行人不但必须公开其发行证券的真实情况，而且须经证监会对若干实际条件审查，经批准后才能发行证券的制度。在审核发行过程中，证监会有权否决不符合规定条件的证券发行申请。

核准制吸收了注册制的强制性信息披露原则，同时要求申请发行证券的公司必须符合有关法律和证监会规定的必要条件。中国证监会发行审核委员会除进行注册制要求的形式审查外，还关注发行人的法人治理结构、营业性质、资本结构、发展前景、管理人素质、公司竞争力等，并据此作出发行人是否符合发行条件的判断。核准制遵循的是实质管理原则，即在信息公开的基础上，阻止不符合要求的低质量证券进入证券市场。实行核准制的主要有实行大陆法系的欧洲地区的证券市场以及新兴的证券市场。

3. 证券发行登记制和核准制的区别

证券发行登记制假定投资者是理性与成熟的，能够对拟发行证券的情况说明作出正确的判断，且有较健全的法律法规，行业自律性较好。在证券发行登记制下，投资者有能力辨别证券质量高低，有能力自我保护。而证券发行核准制是由政府主管部门代理投资人对拟发行证券进行实质条件的审查，并作出批准与否的判断，从而保护市场投资者利益。它通常是在证券市场发展初期，投资者结构不合理、投资人不成熟时常用的一种发行管理制度。相较于登记制，核准制存在着较明显的越俎代庖现象。政府监管者分担了一部分本应由投资者自己承担的责任，导致投资者对政府担责的依赖，并且因证券发行的权力被政府垄断，易滋生发行过程中的权力寻租腐败。

4. 我国证券发行的现行管理制度

我国现行的证券市场管理制度是核准制下的保荐人制，即任何准备发行证券的筹资者首先须聘请具有保荐人资格的证券公司和其指定的保荐代表履行保荐职责，并签订保荐协议，明确双方的权利和义务,按照保荐协议协商确定履行保荐职责的相关费用,并报中国证监会派出机构备案。其次,保荐人在与发行人签订保荐协议后,应当尽职推荐发行人证券发行上市,并持续督导发行人履行规范运作、信守承诺、信息披露等义务,出具并向中国证监会提交发行保荐书及其相关文件资料,向证券交易所提交上市保荐书及其相关文件,并报中国证监会备案,配合中国证监会进行审核,持续督导证券发行上市后发行人应履行的诸多义务,直至其保荐期满(首次发行股票证券的保荐期为证券上市后的2个会计年度)。最后,发行人应与保荐人、其他证券发行服务机构一道,共同做好证券发行与上市的申报材料文件的制作工作,并报中国证监会审批。

保荐人制度下的核准制,实质上是政府监管部门对拟发行证券筹资者可能存在的一些问题责任,落实责任追究制的一种尝试,它加大和增强了保荐人的责任与义务。同时,政府证券监管部门仍握有最终的证券发行与否的决定权。

根据修订后的《中华人民共和国证券法》,我国将分步实施股票公开发行注册制改革:完善科创板相关制度规则、研究制定在深圳证券交易所创业板试点股票公开发行注册制的总体方案,并及时总结科创板、创业板注册制改革经验,积极创造条件,适时提出在证券交易所其他板块和国务院批准的其他全国性证券交易场所实行股票公开发行注册制的方案。

三、证券的发行方式与承销方式

由于证券发行是证券筹资者用来短期内聚集巨额社会资金,并投资于实体经济项目的活动。为确保顺利筹资,如何划分证券发行人、保荐人、承销商及其他证券服务机构间的权、责、利关系,证券销售环节如何设计,证券的发行方式和承销方式问题就显得十分重要。

(一) 证券发行方式

证券发行方式,是指一次性证券销售活动中证券产品、证券销售主体、销售渠道和途径、销售对象、销售技术与形式的总称。根据证券销售活动中的不同标准可对证券的发行方式进行如下分类。

1. 公募发行与私募发行(定向发行)

这是根据证券销售对象的确定与不确定标准作出的分类。凡是将证券销售给一些事前确定的特定投资者(例如,增发新股给公司老股东中的前10名持股人),就称为非公开发行、定向发行,定性为私募发行。上市证券所在公司的私募发行目前在我国按中国证监会要求应披露信息,批准发行后亦可上市交易。凡是证券公开销售给不确定的社会投资者,对销售对象无特别要求的称为公募发行或公开发行。在我国,公开发行要求证券发行人拥有较高的社会信用、社会声望,符合中国证监会的各项要求,公开披露证券发行的所有相关信息,并经中国证监会批准。

2. 直接发行与间接发行

这是根据证券销售主体和销售渠道不同所做的分类。直接发行又称自办发行,是指证券筹资者直接向社会投资人售卖证券,证券中介不参与或只参与一些辅导工作的发行方式。由于证券发行人的销售途径和渠道限制,直接发行可能面临不能按时全额筹资的窘境,世界各国较大金额的证券发行基本都摒弃这种做法。间接发行,是指证券发行人委托投行或商业银行等金融机构代理发行证券,并支付一定费用的发行方式。这种做法利用了金融机构的销售渠道和社会信用,同时转移了证券售卖过程中的风险,能够保证及时全额地筹集所需资金。

虽然成本较高，但仍是现在各国证券发行的主流做法。

3. 股票发行、债券发行和基金发行

这是根据证券产品本身属性所做的分类。股票发行，是指股份公司为筹资而出售股权代表的股票。债券发行，是指符合发行条件的政府、金融机构或企业按法定程序向投资者出售债权代表的债券。根据发行人的不同，债券发行又可划分为政府债券发行、金融债券发行和企业债券发行3类。基金发行，是指基金发起人按法定程序向投资者出售基金单位份额，基金投资人获得相应份额受益权的基金。

4. 议价发行与招标发行

这是根据证券产品价格形成机制不同而做的分类。凡证券产品按市场需求及价值评估通过证券中介、投资者的询价最终确定发行价格的证券发行方式称为议价发行。议价发行可能溢价，也可能折价，常见于风险类证券的发行（例如，股票）。凡证券产品以招投标形式进行价格确定的证券发行方式称为招标发行，招投标方式确定的发行价格一般高于或等于证券的标底价。

5. 信用担保发行、实物资产抵押发行、收益担保发行

这是根据证券发行背后的实体经济与资产的保证程度差异而做的分类。常见的信用担保发行证券是政府债券和金融债券，因其发行人较高的社会地位所带来的信用足以使投资人相信其偿还能力。当然，大型的信誉卓越的公司亦能凭借其社会信用担保发行公司债。而那些信用度不高的企业发行债券类证券则只能以其固定资产或其产品、实物资产作抵押。至于收益担保发行是近年来新出现的事物，主要是指资产支持类证券发行。该类证券是指由银行金融机构作为发起机构将信贷资产信托给受托机构，由受托机构发行的，以该资产所产生的现金流支付其收益的受益证券。至于由企业发行的短期融资券和中期票据本质上是一种中短期的商业票据融资，其发行操作方式基本上均采用承购包销方式，在全国银行间债券市场发行注册，由交易商协会设注册委员会行使职责。

(二) 我国证券市场的证券发行具体操作方式简介

1. 股票发行的具体操作方式

我国股票发行的具体操作方式经历了一个历史的演变过程，按时间顺序有：自办发行方式，有限量发售认购证方式，无限量发售认购证方式，无限量发售申请表方式，与银行储蓄存款挂钩方式，上网竞价方式，"全额预缴款、按比例配售、余款即退"方式，上网定价发行方式，基金及法人配售方式，向二级市场投资者配售方式，上网发行、资金申购方式等十几种。随着互联网技术的普及，电子网络交易技术的成熟，现行的股票发行具体操作方式为"上网定价或竞价发行、资金申购、向战略投资者网下配售、向网下参与配售的询价对象配售（通过证券交易所网下申购电子化平台进行）"。

现行的股票发行具体操作方式以成熟的电子网络交易技术为支撑，以网上、网下及特定战略投资者3个方面为对象，现代高效的通信网络与资金划转系统为工具，极大地提高了发行效率，确保了证券发行的成功。

2. 债券发行的具体操作方式

根据债券按发行主体不同，可划分为政府债券、金融债券和企业债券。相应的，债券在我国发行与上市有3个市场，即交易所债券市场、全国银行间债券市场和商业银行柜台市场。其具体发行操作方式各有不同。

(1) 政府债券发行的具体操作方式。目前,我国政府债券发行实际上在 3 个市场进行,即全国银行间债券市场、证券交易所市场、商业银行柜台市场。前 2 个市场主要发行承销无纸化的记账式政府债券,商业银行柜台市场发行承销凭证式国债。政府债券发行的绝大部分在证券交易所市场和全国银行间债券市场,其发行操作方式为公开招标方式。公开招标方式是通过投标人的直接竞价来确定发行价格(或利率)水平,发行人将投标人的标价由高价向低价排列,或自低利率排到高利率,发行人从高价(或低利率)选起直至达到需要发行的数额为止,因此所确定的价格恰好是由供求决定的市场价格。具体的招标操作方式包括荷兰式招标、美国式招标与混合式招标。商业银行网点发行国债的方式是承购包销方式。

(2) 金融债券发行的操作方式。金融债券发行在全国银行间债券市场进行,具体操作方式有招标发行和定向发行。招标发行方式与国债招标发行等同,定向发行方式通常选择协议承销。

(3) 企业债券发行(公司债券)的操作方式。我国企业债券(公司债券)在证券交易所与全国银行间债券市场发行,且有些非上市公司的公司债券在银行间债券市场发行与上市。企业债券可划分为纯企业债券(公司债券)和可转换债券 2 类。可转换债券的发行操作方式与股票发行操作方式相同,而纯企业债券通常以招标发行方式、承购包销方式进行操作。由于企业债券的信用声誉不如国债和金融债券,故我国企业债券发行时通常须有债券信用评级和保荐人保荐发行,并经中国证监会核准。

3. 基金份额发行的具体操作方式

公募基金和私募基金 2 种基金份额的发行操作方式存有差异。公募的封闭式基金份额发售一般由基金管理人负责,选择投资银行组成承销团代理发售,通过证券交易所的交易系统联网和特定的金融机构营业网点,面向全国公众投资者进行。公募开放式基金份额发售一般由基金管理人委托商业银行、投资银行或经证券监管部门认定有资格代理发售的其他机构代理销售,一般不通过证券交易所的网上交易系统发售,同样面向公众投资者进行。而私募基金只能采取非公开的发行方式,面向某些特定投资者发售其份额。

(三) 证券承销方式

证券承销方式,是指具有证券承销业务资格的证券公司或投行,接受证券发行人的委托,在法律规定与约定的时间范围内利用自己的良好信誉和销售渠道将拟发行的证券发售出去,并收取一定比例承销费用的经济活动。证券承销方式按照法律规定有 2 种,即包销和代销。若证券发行人自己销售,则称为自销方式。

1. 包销方式

证券包销方式,是指证券承销机构将发行人的证券按协议全部购入,或在承销结束时将售后剩余证券全部购入的方式,前者通常称之为全额包销,后者则被称为余额包销或余额承购。证券发行的包销方式下,证券能否及时发售完的风险完全由证券承销人(投行或证券公司)承担,所以要求证券承销人具备相当的经济实力,以确保证券发行人能按协议发行价获得全款。按照权责利对等原则,证券发行人在采取包销方式下必须支付证券承销人较高比例的承销费用(例如,我国股票发行的包销费率为发行总额的 1.5%—3%)。

2. 代销方式

证券代销方式,是指证券承销机构代发行人发售证券到截止日,将证券预定发行总额的剩余部分退还给发行人的承销方式。代销方式下,证券承销人不承担及时全额发售完证券的责任，只是代理发行人尽职推销证券，因而只能获得较低比例的承销费用。

四、证券发行定价机制与证券发行条件

（一）证券发行的价格确定机制

由于有价证券内含权益的差异，其价格形式与确定机制就有区别。理论上，证券发行价格有平价发行、溢价发行和折价发行之分。折价、溢价发行常见于权益类的股票，平价发行多用于债券和基金类证券。

1. 股票发行价格确定机制

股票发行价格确定机制的基本点在于股票的内在投资价值。股票的内在投资价值通过证券发行人和承销商的研究分析报告和评估报告给出基本情况。但市场发行的股票的内在投资价值还必须得到投资者的认可。于是，就有了发行人和承销商与投资者之间沟通交流、协商、询价、投标等确定股票内在价值和价格的一系列定价活动。因而，股票发行价格的确定机制包含估值及其方法、投资价值研究报告、询价与协商、投资市场定价等方面。在实践中，世界各国根据其社会、历史、经济市场情况和特点的不同，对股票发行定价逐渐形成了几种通行的发行承销定价方式。例如，美国的累积订单方式、中国香港的固定价格方式、中国大陆的询价定价方式。

下面简要介绍中国的股票询价定价方式。

（1）股票内在价值评估和发行价格预测（参见本书第四章）。

（2）证券发行人和承销商的询价。在股票发行申请经中国证监会核准后，发行人公告招股意向书，开始进行路演和询价。询价可划分为初步询价和累计投标询价2个阶段。在初步询价阶段，发行人与承销商在回答完询价对象提问并与之交流后，统计询价对象的报价，确定价格发行区间。在累计投标询价阶段，通过一定的统计投标价格计算方法，确定股票的发行价格。

（3）在中小企业板和创业板上市的股票，发行前发行人及其承销商可根据初步询价、报价结果直接确定发行价格，不再进行累计投标询价。

通过市场化定价方式产生的股票发行价格理论上可能会高于或低于股票的面值。发行价等于面值的称为平价发行，发行价小于面值的称为折价发行，发行价大于面值的称为溢价发行。但是，根据《中华人民共和国证券法》的相关规定，股票发行价格可以等于或超过票面金额，但不得低于票面金额，这实际上是以法律的形式否定了股票在中国股市的折价发行。

2. 债券发行价格确定机制

由于债券本质上是一种债权与债务关系的凭证，按照等价交换原则，债券的价值等于其未来价值与时间价值之和，因而其总现金流分为时间价值的利息现金流与到期日的债券面值现金流之和，债券发行价格可能等于面值亦可能大于面值或小于面值。这些差异的形成取决于债券发行时体现的时间价值的利息率的高低和支付方式的差异。在实践中，无论是政府债券、金融债券还是公司债券，其发行定价均引入了三方博弈的市场化方法，即由债券发行人、中介机构和投资者三方通过一定的方式协商确定债券的发行价格。其中，以公开招标定价方式最为典型和普通。在公开招标方式下，又有价格招标和收益率招标之分。

以债券发行价格为标的的公开招标定价方式，有荷兰式招标和美式招标之分。荷兰式招

标是以募满发行额为止的所有投资者的最低中标价格作为最终中标价,全体中标投资者按此价认购。美式招标是以募满发行额为止的中标者各自的投标价作为最终标价,各投资者的认购价格各不相同。

以债券发行收益率为标的的公开招标定价方式,同样也有荷兰式招标与美式招标之分。荷兰式招标是以募满发行额为止的中标最高收益率为全体中标者的最终收益率(所有中标者认购成本相同)。美式招标是以募满发行额为止的中标者所投标的各个价位的中标收益率作为中标者各自的最终中标收益率(各个中标者的认购成本各不相同)。

3. 基金券发行定价机制

由于基金券本质上是一种受益证券,体现了法律上的信托代理关系,但基金管理与操作会产生一定的费用,这些费用必须由信托人承担。因此,基金券发售时通常采用平价面值发行,另外附加一定比例的认购费用的方式。无论是封闭式基金还是开放式基金,公募基金还是私募基金均不例外。唯一区别是,公募基金认购成本公开并且较低(例如,我国公募开放式基金的认购费率为1%—1.5%),私募基金认购费率则由信托人(基金投资者)与代理人(基金管理者)协议确定(根据《证券投资基金销售管理办法》规定,我国开放式基金的认购费率不得超过认购金额的5%)。

(二) 证券发行上市条件

世界各国政府对证券发行上市的条件均有所规定,虽然因历史、文化、经济发展程度、政治体制等差别较大,对不同证券的具体发行条件表现出较大的差异,但都对证券依法发行、依程序发行表现出一致性,从而使证券发行在一个限定的框架内有序进行,免致失控。现以我国沪深两市为例,简要介绍我国证券市场股票和债券的发行上市条件。

1. 股票的发行上市条件

股票的发行上市包括首次发行(IPO)和上市后再发行2种形式。相应的,其发行上市条件略有区别。

(1) 首次发行(IPO)股票的基本条件。根据中国证监会发布的《证券发行上市保荐业务管理办法》《证券发行与承销管理办法》《首次公开发行股票并上市管理办法》《中华人民共和国证券法》《中华人民共和国公司法》《证券期货法律适用意见第1号》《证券期货法律适用意见第3号》等相关条款规定,首次发行股票并在上海证券交易所主板上市的基本条件如下:首次公开发行的发行人应当是依法设立并合法存续的股份有限公司;持续经营时间应当在3年以上;注册资本已足额缴纳;生产经营合法;最近三年内主营业务、高级管理人员、实际控制人没有重大变化;股权清晰;发行人应具备资产完整、人员独立、财务独立、机构独立、业务独立的独立性;发行人应规范运行;其财务指标应满足以下要求:①最近三个会计年度净利润均为正数且累计超过人民币3000万元,净利润以扣除非经常性损益后较低者为计算依据;②最近三个会计年度经营活动产生的现金流量净额累计超过人民币5000万元,或者最近三个会计年度营业收入累计超过人民币3亿元;③发行前股本总额不少于人民币3000万元;④最近一期期末无形资产(扣除土地使用权,水面和采矿权等后)占净资产的比例不高于20%;⑤最近一期期末不存在未弥补亏损。

在我国中小板首次公开发行股票也须符合《首次公开发行股票并上市管理办法》规定的发行条件。在创业板首次公开发行股票须符合中国证监会发布的《首次公开发行股票并在创业板上市管理办法》规定的发行条件,主要包括如下几个方面:①发行人应具备一定的盈利能力；②发行人应具备一定的规模和存续时间；③发行人应当主营业务突出；④发行人的公司治理应参照主板上市公司执行。

（2）上市公司再发行股票的基本条件。上市公司再发行包括配股、公开增发、发行可转换债券、认股权证及定向增发股票，其发行基本条件相比于首次发行略有放松，并且对不同类型的证券发行条件分别作出规定。按照中国证监会修订的《上市公司证券发行管理办法》规定，公开发行公司证券的一般规定条件有：上市公司组织机构健全、运行良好，盈利能力具有可持续性，财务状况良好，最近三十六个月内财务会计文件无虚假记载，不存在重大违法行为，上市公司募集资金的数额和使用符合规定，上市公司不存在严重损害投资者的合法权益和社会公共利益的违法行为。①向原股东配股的条件。除应符合一般规定外，上市公司配股还应符合以下条件：拟配售股份数量不超过本次配售股份前股本总额的30%；控股股东应当在股东大会召开前公开承诺认配股份的数量；采用《中华人民共和国证券法》规定的代销方式发行；②公开增发的条件。除一般规定的条件外，还应符合以下条件：最近三个会计年度平均净资产收益率不低于6%，扣除非经常性损益后的净利润与扣除前的净利润相比以低者为计算依据；除金融类企业外，最近一期期末不存在持有金额较大的交易性金融资产和可供出售的金融资产、借予他人款项、委托理财等财务性投资的情形；发行价格应不低于公告招股意向书前20个交易日公司股票均价或前一交易日的均价；③定向增发股票（非公开发行）的条件。除一般规定外，还应符合以下条件：发行价格不低于定价基准日前20个交易日公司股票均价的80%；本次发行的股份自发行结束之日起，6个月内不得转让；控股股东、实际控制人及其控制的企业认购的股份，18个月内不得转让；募集资金使用符合规定；本次发行导致上市公司控股权发生变化的，还应当符合中国证监会的其他规定；非公开发行股票的发行对象不得超过35名，发行对象为境外战略投资者的，应当经国务院相关部门事先批准。

2. 债券的发行上市条件

政府债券（国债）是政府为平衡预算，调节平衡经济运行而发行，以政府财政为后盾，所以通常发行时以政府预算为限，亦无需进行信用评级。政府债券发行上市时，通常由政府代表——财政部直接安排发行上市。

金融债的发行主体是各类政策性银行与商业银行、其他非银行金融机构和企业集团财务公司。由于这些经济主体有别于一般的公司和企业，社会影响大，所以我国对金融债的发行进行了特别监管。金融债的具体种类有政策性金融债券，包括商业银行债券、证券公司债券、保险公司债券、财务公司债券、证券公司次级债券等。从其发行上市条件上看，基本可划分为2类。第一类是政策性银行（包括中央银行自身）、商业银行发行的金融债券。这类金融债发行时实行核准制，无特别限制条件，类似于政府债券发行；第二类是其他非银行金融机构发行的金融债。这类金融债的发行条件较为严格，不仅要由中国人民银行核准审批，还要提交中国人民银行要求报送的一系列发行文件，具有一些类似于公司债和企业债发行的条件。

根据《中华人民共和国公司法》《中华人民共和国证券法》《企业债券管理条例》《公司债券发行试点办法》的规定，我国公司债券发行的基本条件如下。

（1）股份有限公司的净资产额不低于人民币3000万元，有限责任公司和其他类型企业的净资产额不低于人民币6000万元。

（2）累计债券余额不超过发行人净资产（不包括股东权益）的40%。

（3）最近三年平均可分配利润（净利润）足以支付债券1年的利息。

（4）筹集的资金投向符合国家产业政策，所需相关手续齐全。用于固定资产项目的，应符合固定资产投资项目资本金制度的要求，原则上累计发行额不得超过该项目总投资额的60%；用于收购产权（股权）的，比照该比例执行；用于调整债务结构的，不受该比例限制，但企业应提供银行同意的以债还贷的证明；用于补充营运资金的，不超过发债总额的20%。

（5）债券的利率由企业根据市场情况确定，但不得超过国务院限定的利率水平。

（6）已发行的企业债券或其他债务未处于违约或延迟支付本息的状态。

（7）最近三年没有重大违法违规行为。

企业债券经审批核准发行完成后，在证券交易所和银行间债券市场上市流通。公司债券发行上市的基本条件如下。

（1）公司的生产经营符合法律行政法规和公司章程的规定，符合国家产业政策。

（2）公司内控制度健全，内控制度的完整性、合理性、有效性不存在重大缺陷。

（3）经资信评级机构评级，债券信用级别良好。

（4）公司最近一期期末经审计的净资产额应符合法律行政法规和中国证监会的有关规定。

（5）最近三年平均可分配利润足以支付公司债券1年的利息。

（6）本次发行后累计公司债券余额不超过最近一期期末净资产额的40%，金融类公司的累计公司债券余额按金融企业的有关规定计算。

公司债券发行完成后经核准可在证券交易所、银行间债券市场上市流通。

第四节 证券交易市场

证券交易市场又称二级市场或流通市场，是为已经公开发行的证券提供流通转让机会与场所的市场，它与证券发行市场紧密相连，是证券发行市场能够持续的基础，是社会为更广泛吸纳游资、便利证券投资人的变现、分散转移风险与收益而产生的市场。该市场所要解决的问题包括：如何组织证券的流通与转让？如何保证证券流通与转让中的公平和高效？如何降低交易成本、分散投资风险、保持市场稳定性？

一、证券交易所市场（场内市场）

（一）证券交易所的含义、特征与职能

1. 证券交易所的含义

证券交易所是证券买卖双方公开交易的场所，是一个高度组织化、集中进行证券交易的市场，它是证券市场的核心。证券交易所本身不进行证券买卖，也不决定证券价格，而是为证券交易提供场所和设施，配备必要的管理和服务人员，并对证券交易进行周密组织和严格管理，使证券交易顺利进行并且有一个稳定、公开、高效的系统。《中华人民共和国证券

法》规定，证券交易所是为证券集中交易提供场所和设施、组织和监督证券交易，实行自律管理，依法登记的法人。

2. 证券交易所的特征

①有固定的交易场所和交易时间；②参加交易者为具备会员资格的证券经营机构，交易采取经纪制，即一般投资人不能直接进入交易所买卖证券，只能委托会员作为经纪人中介进行交易；③交易的对象限于合乎一定标准的上市证券；④通过公开定价的方式决定交易价格；⑤集中了证券的供求双方，具有较高的成交率和成交速度；⑥实行"三公"原则，对证券交易进行管理。

3. 证券交易所的职能

证券交易所的智能包括提供证券交易的场所和设施；制定证券交易所的业务规则；接受上市申请并安排证券上市；组织监督证券交易；对会员进行监管；对上市公司进行监管；设立证券登记结算机构；管理和公布市场信息；中国证监会许可的其他职能等。

（二）证券交易所的组织形式

证券交易所本身的组织形式有2类，即会员制证券交易所和公司制证券交易所。

会员制证券交易所是一个由会员自愿组成的不以营利为目的的社会团体法人，交易所设会员大会、理事会和监察委员会。

公司制证券交易所是以股份有限公司形式组织并以营利为目的的法人团体，一般由各类民营公司和金融机构组建。证券交易所章程中明确规定作为股东的证券经纪商和证券自营商的名额、资格和公司存续期限。

公司制的证券交易所必须遵守本国公司法的规定，在政府证券主管机构的管理和监督下，吸收各类证券挂牌上市。同时，任何成员公司的股东、高级职员、雇员均不能担任证券交易所的高级职员，以保证交易的公正性。

我国内地的2家证券交易所——上海证券交易所和深圳证券交易所——均实行会员制，是非营利性的法人，组织机构由会员大会、理事会、监察委员会和其他专门委员会、总经理及其他职能部门组成。我国证券交易所的设立与解散、证券交易新章程的制定与修改，均须由国务院及其证券监督管理机构批准决定。

（三）证券交易所的作用

证券交易所作为有组织的证券交易市场，以其特有的运营机制对证券投资者和社会经济运行发挥多种作用，主要表现在以下几个方面：

1. 保证市场的连续性

在证券交易所里，交易时间固定，大量交易者在此集中交易。供求的高度集中使证券交易所在开市期间能够持续不断地进行证券买卖，迅速成交。证券交易所交易规则的统一性有利于发挥供求机制、竞争机制和价格机制的自动调节作用，使其价格能够充分反映供求关系；大量的持续不断的证券成交，使证券价格充分反映供求关系。因而，证券交易所成了一个具有高度流动性、高效率和连续性的市场。

2. 为证券买卖双方提供了较为公平合理的价格

证券交易所内的证券交易价格，是在充分竞争条件下由证券买卖双方共同集中竞价形成的，是一种市场均衡价，也是一种相对公平合理的价格。

3. 促进资金资源的优化配置，改善社会产业结构证券交易所的证券价格反映了实体经济中公司与行业的景气程度、盈利趋势。若某行业与某公司的经营状况良好，前景光明，盈利呈上升趋势，则该行业与公司的证券势必受到投资者追捧，造成供不应求，价格上涨。反之，则该行业与公司的证券势必会被投资者抛售，价格下降。证券价格的涨跌引导了投资者资金的流动，引导了社会资金、资源的配置与再配置，促进了社会产业结构的调整与改善。

4. 提供了有效的经济信息

证券交易所规定上市公司必须定期与不定期地进行公司经营财务方面的信息披露，证券投资者可以及时了解上市证券背后的公司情况，进行相应决策。

(四) 证券交易所的运行系统

现代证券交易所的运作普遍实现了高级的无形化和电脑化，建立起了安全、高效的电子网络运行系统。该系统通常包括交易系统、结算系统、信息系统和监察系统。上海证券交易所和深圳证券交易所还包括大宗交易系统、固定收益证券综合电子平台和综合协议平台。

1. 交易系统

电子化交易是世界各国证券交易的发展方向，现代证券交易所均不同程度地建立起高度自动化的计算机网络交易系统。该系统通常由撮合主机、通信网络和柜台终端3个部分组成。

(1) 撮合主机。撮合主机是整个交易系统的核心。交易指令经由通信网络传入撮合主机后由撮合主机按既定的交易规则进行撮合成交，并将成交结果和交易行情通过通信网络传回证券商柜台。

(2) 通信网络。通信网络是连接证券商柜台终端、交易席位和撮合主机的通信设备及通信线路、单向卫星、双向卫星和地面数据专线等，用于传递交易信息。

(3) 柜台终端。证券商柜台终端系统用于证券商管理客户证券账户和资金账户，传递指令，接收成交信息、交易行情等。

2. 结算系统

结算系统，是指对证券交易进行结算、交收和过户的系统。世界各国的证券交易所均有专门机构进行证券的存管和结算，在每个交易日结束后对证券和资金进行清算、交收和过户，使买入者得到证券，卖出者得到相应的资金。

3. 信息系统

信息系统负责对每日证券交易的行情信息和市场信息进行实时的发布。信息系统的发布网络由以下几个部分组成：①通过卫星、地面通信线路等交易系统的通信网络发布证券交易的实时行情、股价指数和重大信息公告等；②向新闻媒介、会员、咨询机构等发布收市行情、成交统计和非实时信息公告等；③通过证券监管机构指定的信息披露报刊发布收市行情、成交统计及上市公司公告和信息等；④通过互联网向全世界提供证券市场信息、资料和数据等。

4. 监察系统

监察系统是证券交易所依法设立的证券交易监控系统，集成了交易、登记、计算数据和上市公司、证券公司等相关信息，通过综合使用电子预警统计分析、数据挖掘等信息分析技术，及时发现涉嫌内幕交易、市场操控等违法违规行为，是证券交易所履行一线监管职能、维护市场交易秩序的重要技术平台。

5. 大宗交易系统

大宗交易，是指一笔数额较大的证券交易，通常在机构投资者之间进行。在证券交易所市场进行的证券单笔买卖达到交易所规定的最低限额时，可采用大宗交易方式。大宗交易在交易所正常交易收盘后的限定时间内进行，申报方式分为意向申报和成交申报。有涨跌幅限制的证券大宗交易须在当日涨跌幅价格限制范围内交易，无涨跌幅限制的证券大宗交易须在前一交易日收盘价的正负30%内或当日竞价时间内已经成交的最高和最低成交价格之间交易，由买卖双方采用议价协商方式确定成交价格，并经证券交易所确认后成交。大宗交易的成交价格不作为该证券当日的收盘价，也不纳入指数计算，不计入当日行情，成交量在收盘后计入该证券的成交总量。

6. 固定收益证券综合电子平台

固定收益证券综合电子平台是上海证券交易所设置的，与集中竞价交易系统平行的，独立的固定收益证券市场体系。该体系是为国债、企业债、资产证券化债券等固定收益证券产品提供交易商之间批发交易和为机构投资人提供投资和流动性管理的交易平台。固定收益平台所交易的固定收益证券包括国债、公司债、企业债、分离债等。固定收益平台设立交易商制度，符合条件的上海证券交易所会员和其他合格投资者可以申请交易商资格。交易商是经上海证券交易所核准，取得资格的证券公司、基金管理公司、财务公司、保险资产管理公司及其他交易参与人。符合条件的交易商可以申请成为一级交易商资格。一级交易商，是指经上海证券交易所核准，在平台交易中持续提供双边报价及对询价提供成交报价的交易商。固定收益平台提供交易商之间的报价交易和交易商与客户之间的交易。一级交易商必须对上海证券交易所指定的关键期限国债进行做市，一级交易商对选定做市的特定固定收益证券进行连续双边报价，并接受其他交易商的询价。一级交易商履行做市义务的，可在上海证券交易所规定的额度内申报卖出固定收益证券。固定收益平台交易采用报价交易和询价交易2种方式。

7. 综合协议交易平台

综合协议交易平台是深圳证券交易所为会员和合格投资者进行各类证券大宗交易或协议交易提供的交易系统。综合协议交易平台在大宗交易平台各项业务集中整合的基础上发展而来，主要服务于机构投资者。符合法律法规和《深圳证券交易所交易规则》规定的证券大宗交易以及专项资产管理计划收益权份额等证券的协议交易，可以通过综合协议交易平台进行。具体包括权益类证券大宗交易（A股、B股、基金等）、债券大宗交易（国债、企业债、公司债、分离债、可持续性公司债、债券回购）、专项资产管理计划收益权份额协议交易和深圳证券交易所规定的其他交易。深圳证券交易所会员可以申请成为综合协议交易平台交易用户，符合条件的合格投资者经深圳证券交易所批准可以申请成为交易用户。综合协议交易平台接受交易用户的申报类型包括意向申报、定价申报、双边报价成交申报和其他申报。综合协议交易平台按不同业务类型分别确认成交，并有回转交易和跨系统交易安排。

（五）我国证券交易所市场的层次结构

根据社会经济发展对资本市场的需求和建设多层次资本市场的部署，我国在以上海证券交易所、深圳证券交易所作为证券市场主板市场的基础上，又在深圳证券交易所内设置了中小企业板块市场和创业板市场，在上海证券交易所设立了科创板市场，还发展了银行间债券市场、代办股份转让系统等场外市场，从而形成了覆盖股权和债权的多层次证券市场体系。

1. 主板市场

主板市场是一个国家或地区证券发行、上市、交易的主要场所与系统。主板市场代表着一个国家或地区的证券交易。主板市场对证券发行人的要求标准较高，上市证券的盈利能力、资本规模均较好较大，很大程度上能代表一国的经济发展状况。中国的主板市场由上海证券交易所和深圳证券交易所的主板组成，分别于1990年12月19日和1991年7月3日开始营运。其中，深圳证券交易所的中小企业板于2004年5月27日设立并开始营运。

沪港通，是指上海证券交易所与香港证券交易所建立技术连接，使中国内地与中国香港可以通过当地证券公司或经纪商买卖规定范围内对方交易所上市的股票。沪港通包括沪股通与港股通。类似的深港通交易于2016年5月16日开始营运。

中小企业板市场设立的宗旨是为主业突出、具有成长性和科技含量的中小企业提供直接投融资平台，是中国多层次资本市场建设的重要内容，也是为推进创业板市场建设而采取的一个重要步骤。

2019年1月30日，中国证监会发布了《关于在上海证券交易所设立科创板并试点注册制的实施意见》。同年6月13日，科创板正式开板。设立科创板并试点注册制是提升我国资本市场服务科技创新企业能力、增强市场包容性、强化市场功能的一项重大改革举措。通过发行、交易、退市、投资者适当性、证券公司资本约束等制度的创设以及引入中长期资金等配套措施，增量试点、循序渐进，新增资金与试点进展同步匹配，力争在科创板实现投融资平衡、一二级市场平衡、公司的新老股东利益平衡，促进我国现有市场形成良好预期。科创板的设立，对于中国上海建设国际金融中心、科创中心具有重要意义。同时，也为上海证券交易所发挥市场功能、弥补制度短板、增强包容性提供了重要的突破口。

2. 创业板市场

创业板市场又称二板市场，是为具有高成长性的中小企业和高科技企业提供融资服务的资本市场。创业板市场是不同于主板市场的独特资本市场，具有前瞻性、高风险、监管要求严格、高技术产业导向的特征。

创业板市场按照不同的标准有多种分类。目前，我国的创业板市场属于由原证券交易所直接设立的附属市场模式，由深圳证券交易所于2009年10月正式成立启动挂牌运行，重点支持自主创新企业，支持市场前景好、带动能力强、就业机会多的成长型创业企业，特别是支持新能源、新材料、电子信息、生物医药、环保节能、现代服务等新兴产业的发展。

3. 新三板市场

新三板市场的全称为全国中小企业股份转让系统。它是与上海证券交易所和深圳证券交易所并立的第三个全国性股权交易市场。2019年10月25日，中国证监会宣布将从优化发行融资制度、完善市场分层等5个方面对全国中小企业股份转让系统进行全面改革。改革后将允许符合条件的创新层企业向不特定合格投资者公开发行股票。新三板划分为基础层、创新层和精选层，在精选层挂牌一定期限且符合证券交易所上市条件和相关规定的企业，可以直接转板上市。

2020年4月，中国证券会发布了《公开募集证券投资基金投资全国中小企业股份转让系统挂牌股票指引》，对公募投资新三板的参与主体、投资范围、流动性风险管理等方面作出了详细规定。

(六) 证券交易所证券上市制度

证券上市，是指公开发行的证券经过交易所批准作为交易对象在交易所里取得挂牌买卖资格的过程。证券上市是公司自愿行为，不具有强制性。上市公司，是指向证券交易所提出上市申请，由证券交易所批准后其发行的证券在该交易所自由买卖并挂牌显示的股份有限公司。并非所有公开发行的证券都是上市证券，也并非所有符合上市条件的公司都愿意成为上市公司。只有当公开发行的证券经证券发行人向证券交易所提出申请上市并且符合上市条件时才能成为上市证券。

1. 证券上市条件

世界各国的证券交易所对证券上市的具体条件和标准有不同的规定。一般来说，影响力越大的证券交易所上市条件越严格。上海证券交易所和深圳证券交易所根据《中华人民共和国证券法》及其自身的上市规则，对不同类型的证券的上市条件分别规定如下：

（1）证券交易所主板上市的股票应符合以下条件：①股票经中国证监会核准并已公开发行；②公司股本总额不少于人民币5000万元；③公开发行的股份达到公司股份总额的25%以上。公司股本总额超过人民币4亿元的，公开发行股份的比例为10%以上；④公司在最近三年无重大违法行为，财务会计报告无虚假记载。

（2）证券交易所内创业板上市的股票应符合以下条件：①股票已公开发行；②公司股本总额不少于3000万元；③公开发行的股份达到公司股份总数的25%以上。公司股本总额超过人民币4亿元的，公开发行股份的比例为10%以上；④公司股东人数不少于200人；⑤公司在最近三年无重大违法行为，财务会计报告无虚假记载；⑥深圳证券交易所要求的其他条件。

（3）公司债券交易所内的上市条件如下：①经有权部门批准并发行；②债券期限在1年以上；③债券实际发行额不少于人民币5000万元；④债券经资信评级机构评级，信用级别良好；⑤债券上市时仍符合法定的公司债券的发行条件。

证券上市后，上市公司应遵守《中华人民共和国证券法》《中华人民共和国公司法》《上海证券交易所股票上市规则》《深圳证券交易所股票上市规则》等法律法规的规定，履行信息披露的义务。

2. 证券上市的一般程序

证券上市步骤因证券的种类不同和证券交易所的规则不同而略有差异，但一般来说如下步骤是共同的。

（1）证券发行人的提出上市申请步骤。证券发行人申请证券上市时须向证券交易所呈交书面申请书于并附送交易所要求提交的其他书面文件资料（例如，上市保荐书、上市公告等）。

（2）证券交易所的审批与批准步骤。证券交易所在收到证券发行人的上市申请材料后，按上市证券须达到的标准和条件进行审查，合格者方可获得上市许可。

（3）订立上市协议步骤。在经有关政府部门核准无异议后，证券交易所与证券发行人签订上市协议书及其他协议文件，明确双方应履行的义务和责任。

（4）上市挂牌交易步骤。证券交易所与证券发行人签订上市协议后，具体协商安排证券上市日期及相关挂牌交易公告等。

3. 上市证券的特别处理、暂停上市和终止上市

上市公司的上市资格并不是永久的。当上市公司不能满足证券交易所关于证券上市的条件时，证券监管部门或证券交易所将对其发行的证券作出特别处理、暂停上市、终止上市的决定。

（1）特别处理。当上市公司出现财务状况异常或其他异常情况，导致其股票存在被终止上市的风险，或投资者难以判断公司前景，投资者权益可能受到损害的，证券交易所为警示投资者，防范化解证券市场风险，在公司股票简称前冠以"ST"字样，且限定其日涨跌幅为5%。我国上海证券交易所和深圳证券交易所对在主板市场、中小企业板市场、创业板市场的上市公司股票作出特别处理的情形与条件要求各异，但核心条件包括以下几个方面：①连续两年亏损；②存在重大会计差错或虚假记载；③受到证券监管部门谴责并责令改正；④公司股权分布不符合上市规定；⑤净资产值为负数；⑥中国证监会或证券交易所认定的其他情形。存在上述情形之一者均将受到特别处理警示。

（2）暂停股票上市。暂停股票上市，是指证券交易所依据法律规定的情形及交易所自己的上市规则规定，对股票暂停挂牌、停止交易。《中华人民共和国证券法》规定，上市公司有下列情形之一的，由证券交易所决定暂停其股票上市交易：①公司股本总额、股权分布等发生变化不再具备上市条件；②公司不按规定公开财务状况，或者对财务会计报告做虚假记载，可能误导投资者；③公司有重大违法行为；④公司最近三年连续亏损；⑤证券交易所上市规则规定的其他情形。

（3）终止股票上市交易。终止股票上市交易，是指证券交易所依据证券法和交易所自己的上市规则规定，对股票作出的永久停止交易、摘除其股票名称和代码、清理出证券存托管系统的决定。《中华人民共和国证券法》规定上市公司有下列情形之一的，由证券交易所决定终止其股票上市交易：①公司股本总额、股权分布等发生变化不再符合上市条件，在证券交易所规定的整改期限内仍不能达到上市条件；②公司不按照规定公开其财务状况，或者对财务会计报告做虚假记载，并且拒绝纠正；③公司最近三年连续亏损，在其后1个会计年度内未能恢复盈利；④公司解散或者宣告破产；⑤证券交易所上市规则规定的其他情形。

值得注意的是，2020年3月1日起正式施行的修订后的《中华人民共和国证券法》废除了暂停上市规则，彰显了未来我国退市制度改革的方向。从目前的法律修订情况来看，未来终止上市的具体情形或将直接交由证券交易所的业务规则决定。因此，对于暂停上市而言，未来我国是否废除、具体适用情形等事项也可能由证券交易所业务规则决定。目前，在沪深交易所业务规则尚未修改的情形下，触发暂停上市情形的公司仍然适用现有规则，由证券交易所按照其业务规则处理。

（七）证券交易所的证券交易制度

证券交易所的证券交易采用证券经纪制，即投资者必须委托具有会员资格的证券经纪商在证券交易所内代理买卖证券。《中华人民共和国证券法》规定，证券在证券交易所内上市交易，应采用公开的集中交易方式或国务院证券监督管理机构批准的其他方式。证券交易以现券交易、回购交易、融资融券交易（信用交易）和经中国证监会批准的其他交易方式进行，遵循公开、公平、公正的原则，证券交易所应当为组织公平的集中交易提供保障，实时公布证券交易即时行情，并且按交易日制作证券市场行情表，予以公布。

1. 交易原则

（1）时间优先原则。同价位申报，依据申报时序，决定优先顺序，即买卖方向、价格相同的先申报者优先于后申报者。

（2）价格优先原则。价格较高的买入申报优先于价格较低的买入申报，价格较低的卖出申报优先于价格较高的卖出申报。

2. 交易规则

为保证交易原则的落实与交易的高效和有序，证券交易所均有严格的交易规则规定，现以我国沪深两市为例加以说明。

（1）交易时间。我国证券交易所的交易时间规定为，每周一至周五开市，每日分前后时间段，上午9：30—11：30为前市交易时间段，下午13：00—15：00为后市交易时间段。

（2）交易单位。交易单位是交易所规定每次申报和成交的交易数量。一个交易单位俗称"一手"。委托买卖数量通常是一手或一手的整数倍。数量不够一手的为零股，通常零股可卖出但不允许买入。股票、基金的一手为100股或100份，债券的一手为人民币1000元。

（3）价位。证券交易所规定报价的最小变动单位。上海证券交易所和深圳证券交易所规定的A股、债券价位为人民币0.01元，基金权证为人民币0.001元；对于B股，上海证券交易所规定的价位为0.001美元，深圳证券交易所规定的价位为港币0.01元，国债回购的价位为0.01%。

（4）报价方式。证券交易所采用电脑报价方式，接受会员的限价申报或市价申报。

（5）价格决定。证券交易所按连续、公开竞价方式形成证券价格，当买卖双方在价格和交易数量上一致时，便立即成交形成成交价格。我国证券交易所采用集合竞价和连续竞价方式形成价格。集合竞价是在每个交易日开始前，撮合主机对接受的全部有效委托进行一次集中撮合配对处理过程。连续竞价是集合竞价后，撮合主机对买卖双方的委托指令进行逐笔撮合处理的竞价方式。

（6）涨跌幅限制及涨跌停板制。涨跌停板制是一种股价或整个股价指数涨跌一定幅度就暂停该种股票或整个股市的交易制度。为保护投资者利益，防止股价暴涨暴跌和过度投机，证券交易所可根据需要对每日股票价格的涨跌幅度予以限制。若当日价格升至（或降至）规定的上限（或下限）时，限制指令生效。当日市价的最高上限为涨停板，最低下限为跌停板。目前，我国证券交易所对交易的股票（A股和B股）、基金实行交易价格涨跌停板制。除证券上市首日外，每支股票、基金的涨跌幅度限制为前一交易日收盘价的正负10%，ST类股票的涨跌幅限制为该股票前一交易日收盘价的正负5%。

（八）证券交易所的证券交易程序

由于我国证券交易采用的是证券经纪制交易，投资者买卖证券均须委托证券经纪商代理进行。因此，其交易过程有别于其他商品买卖交易过程。证券交易所通常规定了一整套证券交易程序，包括开户、委托、竞价成交、清算交割和过户等环节，以保证证券交易活动有序进行。

1. 开户

投资者在证券交易市场上进行证券投资，必须首先开设相关的证券账户。在证券交易过程中，证券和资金之间的转移是通过投资者、证券商及证券交易所下设的证券登记结算公司三者的账户实现的。我国的证券交易账户主要包括以下3类。

（1）证券经纪商的一级账户。该账户包括证券账户和资金账户，是证券经纪商作为证券交易所会员必须开设的一级账户。各个证券经纪商的一级账户即为其在证券交易所的交易席位号。

（2）证券账户。个人投资者和机构投资者从事证券投资必须在证券交易所下设的证券登记结算公司开设证券账户。开设证券账户时，投资者需持有效证件并填写相关资料文件，缴纳工本费用。

（3）资金账户。资金账户是投资者为了买卖证券而在证券经纪商处开立的账户。《中华人民共和国证券法》规定，证券公司客户的交易结算资金应当存放在商业银行，以每个客户的名义单独立户管理，即证券行业全面推行第三方托管制度。第三方托管制度的核心内容是"券商托管证券，银行存管资金"。投资者作为证券公司客户，其资金账户与证券账户须严格分离。证券公司负责客户证券交易以及根据交易所和证券登记结算公司的交易结算数据清算客户的资金和证券，存管银行负责管理客户交易结算资金账号、客户交易结算资金汇总账户和交收账户，向客户提供交易结算资金存取服务。因此，在我国资金账户的开立和托管须在商业银行办理。

2. 委托

投资者开设了证券账户及资金账户后，即可委托买卖。委托买卖包括2层含义：一是指投资者通过其指定的证券经纪商代理买卖；二是证券经纪商接受委托后，按投资者的指令以证券商的名义在证券交易所内进行买卖的行为。

（1）委托形式。在我国，投资者为买卖证券而向经纪商发出的委托指令有多种形式。最常见的有当面委托和自助委托2种。当面委托是投资者亲自或由其代理人到证券经纪商营业部柜台，通过书面形式向证券经纪商发出买卖委托指令。自助委托是投资者利用现代通信技术终端电话、电脑、网络直接下单发出买卖委托指令。常见的自助委托形式包括磁卡自助委托、电话委托和网上委托3种。

（2）委托内容。委托指令的内容包括证券名称及代码、买卖方向、买卖数量、出价方式、委托价格、交易方式、委托时效等。

3. 竞价成交

投资者的委托买卖指令发出后，按照证券交易所的交易制度和交易规则参与交易市场内集合竞价和连续竞价，形成3种可能的结果，即全部成交、部分成交和不成交。全部成交，证券经纪商应及时通知委托人，并按规定的时间办理清算交割过户手续。部分成交，证券经纪商在委托有效期内应继续执行委托，直到有效期结束，就部分成交的证券或资金办理清算交割过户手续，并及时交付资金或证券。不成交，在委托有效期内应继续执行，有效期结束，指令失效。

4. 清算交割与过户

证券买卖成交后，交易双方须进行证券与资金的清算交割和过户手续。清算，是指证券买卖双方结清价格的过程。交割，是指买卖双方交付实际成交的证券的过程。过户，是指证券交易成交后办理所有者变更登记的手续。只有交割并过户后，证券交易过程才算全部完成。

目前，沪深两市的证券登记结算公司负责证券的清算交割过户登记工作。清算交割采用两级交割清算方式，即证券登记结算公司与各个证券经纪商实行一级交割清算，券商再与投资者实行二级交割清算。交割时间是：A 股、基金、债券为 T+1 日交割，B 股 T+3 日交割，权证 T+0 日交割。证券的交收采用无纸化方式，过户登记在清算交割时一并由电脑系统办理。

（九）证券交易所的证券交易方式

理论上的证券交易方式包括现货交易、信用交易（融资融券交易）、期货交易和期权交易（参见本书第四章和第六章）。

二、场外交易市场

广义的场外交易市场，是指除证券交易所以外的一切有关证券交易的系统与场所。这些市场因无集中统一的交易制度，故统称场外交易市场。

（一）场外交易市场的类型

根据场外交易市场方式、交易对象和交易主体不同，场外交易市场可划分为如下几类。

1. 柜台市场（店头市场）

柜台市场（over-the-counter market）又称 OTC 市场，是指证券经纪商不通过有组织的证券交易所直接在自家柜台与顾客进行证券买卖和交易的市场。它实际上是由证券商组成的抽象证券买卖市场。

2. 第三市场

第三市场，是指在场外交易市场上从事已在证券交易所挂牌上市证券的交易的市场。近年来，由于这一市场上的交易量增大，特别是债券交易量增加较多，其地位日益提高。严格说，第三市场既是场外交易市场的一部分，又是证券交易所市场的一部分。第三市场的出现与证券交易所的固定佣金制密切相关。固定佣金制使证券交易的成本非常昂贵，而证券交易所之外的证券商则不受证券交易所佣金制的约束，因而导致大量的证券交易都在证券交易所以外的第三市场进行。

3. 第四市场

第四市场，是指投资者和筹资者之间直接进行证券交易的市场。第四市场不存在做市商机构之间直接对话交易，也无须手续费。交易对象主要是美国国债、地方政府债、一二级市场发行的新股。其报价和交易通过互联网和电子撮合技术实现。

（二）场外交易市场的特征

场外交易市场是一个分散的、无固定场所的无形市场。场外交易主要在各个证券商的店头或柜台，而各个证券商又散布于全国各地，所以它是分散的。场外交易发生时，交易双方可直接在的柜台当面交易，但更多的是通过发达的通信网络进行交易，相对于证券交易所而言，场外交易无形的特征更为明显。场外交易市场是一个开放性市场。

场外交易的市场证券交易品种较多、风险较高。场外交易的证券可以是在证券交易所上市的证券，也可以是未上市的证券。未上市登记的证券未经过系统评价，信息披露不对称，不符合证券交易所上市标准，其风险未定，故参与场外市场交易的投资者买卖证券的风险也较买卖证券交易所内证券的风险更高。

场外交易市场的价格形成通常采用做市商制度。做市商制度又称报价驱动制度，是指做市商向市场提供双向报价，投资者根据报价选择是否与做市商交易。相对于交易所市场常用的竞价交易制度，场外交易市场的投资者无论是买入还是卖出证券，都只能与做市商交易，即在一笔交易中，买卖双方必然有一方是做市商。近年来，随着计算机和网络通信等电子技术的应用，场外交易市场和交易所市场在交易方式上日趋相同，场外交易市场也已采用了竞价交易制度，计算机自动撮合，单纯的做市商报价成交模式已逐渐被取代。

（三）场外交易市场的功能

场外交易市场是证券发行的重要场所。新发证券往往时间集中、数量较大，需要众多的营销渠道和灵活的交易时间，场外交易市场的广泛性和无形性，能够满足新发证券的要求，方便投资者认购，减少承销商风险。因此，新发证券不仅在交易所市场内进行，也有相当部分选择在场外市场发行。中国的凭证式债券发行认购就基本在店头市场进行。

场外交易市场为特殊证券提供了交易机会。场外交易市场为已发行未上市的证券提供流通转让的机会，为国债、地方政府债券、公司债券提供转手交易场所，为那些被交易所终止上市交易的股票提供变现的机会。投资者可以在证券公司或商业银行网点的柜台上申购、赎回开放式基金。

场外交易市场提供了风险分层的金融资产管理渠道。场外交易市场是多层次资本市场体系的组成部分，它提供了不同于交易所市场证券风险等级的金融产品工具，满足了不同风险偏好的投资者对金融资产管理渠道多样化的要求。

（四）我国的场外交易市场

1. 全国银行间债券市场

全国银行间债券市场，是指依托中国外汇交易中心暨全国银行间同业拆借中心（简称交易中心）和中央国债登记结算有限责任公司（简称中央登记公司）面向商业银行、农村信用联社、保险公司、证券公司等金融机构进行债券买卖和回购的市场。全国银行间债券市场成立于1997年6月，经过25年的发展，目前已成为我国债券市场的主体部分。

（1）组织机构。全国银行间债券市场的交易中心总部设在上海。目前，各分中心设在北京、广州、深圳、天津、济南、大连、南京、厦门、青岛、武汉、重庆、成都、珠海、汕头、福州、宁波、西安、沈阳、海口19个城市。

（2）主要业务。交易中心由中国人民银行管理。主要业务包括提供银行间外汇交易、人民币同业拆借、债券交易系统并组织市场交易；办理外汇交易的资金清算、交割，负责人民币同业拆借和债券交易的清算监督；提供网上票据报价系统，提供外汇市场、债券市场和货币市场的信息服务；开展中国人民银行批准的其他业务。

（3）人民币债券交易。交易中心的人民币债券交易有现券交易和回购交易2种，交易对象为国债、金融债券、央行票据。交易时间为每周一至周五的上午9：00—12：00，下午13：30—16：30。能申请到参与全国银行间债券交易中心成员资格的有：我国商业银行及其授权分支行、信托投资公司、企业集团财务公司、金融租赁公司、农村信用社、城市信用社、证券公司、基金公司及其管理的各类基金、保险公司、外资金融机构以及金融监管当局批准可投资于债券资产的其他金融机构。

2. 代办股份转让系统

（1）性质。代办股份转让系统又称三板市场，是以证券公司和相关当事人的契约为基础，依托证券交易所和登记结算公司的技术系统，以证券公司代理买卖挂牌公司股份为核心业务的股份转让平台。证券公司以其自有或租用的业务设施，为非上市股份公司提供股份转让服务，并依据契约对股份转让公司信息披露行为进行监管和指导。中国证券业协会委托证券交易所对股份转让行为进行实时监控。代办股份转让系统由证券业协会负责自律性管理。

（2）功能。代办股份转让系统设立于2001年，设立的初衷是为了解决原STAQ、NET系统遗留的公司股份流通问题。自2002年起，退市公司的股份转让也通过代办股份转让系统进行。目前，在代办股份转让系统交易的公司由2个部分组成：一是原STAQ系统和原NET系统挂牌的公司以及沪深两市退市的上市公司；二是非上市股份有限公司的股份报价转让。根据有关规定，股份公司在终止上市时必须确定1家代办机构，为公司提供终止上市后的股份转让代办服务。1家退市的上市公司只能委托1家证券公司作为主办券商代办其股份转让业务，股份转让公司的股份必须重新确认、登记和托管后方可进行股份转让。

（3）股份转让方式。根据股份转让公司的质量差异，股份转让分为1次/周、3次/周和5次/周转让3种，采用定期非连续方式，以集合竞价方式配对撮合，转让价格不设指数，设5%的涨跌幅限制。

股份转让公司必须是合法存续的股份有限公司，并具有健全的公司组织结构。主办证券公司在征得股份转让公司所在地省级人民政府确认后，方可代办其股份转让业务。持有股份转让公司股份的投资者应该依据公司的确权报告办理有关手续。

2009年6月，中国证券业协会公布新修订的《证券公司代办股份转让系统中关村科技园区非上市股份有限公司股份报价转让试点办法》（简称《试点办法》）。新修订的《试点办法》从投资者适当性、公司挂牌条件、转让结算制度、信息披露制度、股份限售制度等方面做出了具体安排。

3. 机构间私募产品报价与服务体系

机构间私募产品报价与服务体系，是指依法设立的为报价体系参与人提供私募产品报价、发行、转让及相关服务的专业化电子平台。中国机构间报价系统股份有限公司（简称中证报价公司）负责报价系统的日常运作与管理。中国证券业协会对报价系统进行自律管理。

4. 区域性股权转让市场和地方产权交易所。

目前，已有天津、重庆、上海3个区域性股权转让市场及由地方政府监管的200多家地方产权交易所。

案例分析

创业板退市第一股——欣泰电气[①]

2011年11月，欣泰电气向中国证监会提交首次公开发行股票并在创业板上市的申请。2012年7月3日，欣泰电气的上市申请通过创业板发行审核委员会审核。2014年1月3日，欣泰电气取得中国证监会《关于核准丹东欣泰电气股份有限公司首次公开发行股票并在创业板上市的批复》。2014年1月27日，欣泰电气正式登陆创业板。

2015年5月，辽宁证监局对辖区内欣泰电气进行现场检查，发现其可能存在财务数据不真实等问题。而后，中国证监会对此展开立案调查。2016年7月，中国证监会出具的行

[①] 起底创业板退市第一股欣泰电器［EB/OL］．（2017－06－25）［2020－12－30］．https：//www.sohu.com/a/151941666_268453．

政处罚书,认定欣泰电气为实现发行上市目的,解决欣泰电气应收账款余额过大问题,于2011年12月—2013年6月,通过外部借款、使用自有资金或伪造银行单据的方式虚构应收账款的收回,在年末、半年末等会计期末冲减应收款项(大部分在下一会计期期初冲回),致使其在向中国证监会报送的IPO申请文件中相关财务数据存在虚假记载,同时认定欣泰电气存在欺诈发行违法行为,对相关人员作出行政处罚。

2016年8月,中国证监会发布《证监会依法向公安机关移送欣泰电气涉嫌犯罪案件》的公告,欣泰电气因涉嫌经济犯罪被立案侦查。此后,深圳证券交易所根据《深圳证券交易所创业板股票上市规则(2014年修订)》相关规定,启动欣泰电气后续退市程序。2017年6月23日,深圳证券交易所审议通过欣泰电气终止上市。自2017年8月28日起,欣泰电气终止在创业板上市,成为我国首个被强制退市的上市公司。2017年11月6日,欣泰电气正式在全国中小企业股份转让系统(新三板)挂牌转让。

2019年5月22日,已退市企业欣泰电气再度发布公告,称近期收到丹东市中级人民法院的刑事判决书,公司因犯欺诈发行罪,被罚832万元,原董事长及实际控制人温德乙和总会计师刘明胜分别判处3年、2年有期徒刑,并处罚金,判决现已生效。欣泰电气在公告中提醒,公司已进入重整程序,存在因《中华人民共和国企业破产法》规定的重整不成功而破产清算的风险。

问题:
1. 欣泰电气为什么被强制退市?
2. 如何防范欺诈发行、违规披露违法行为的发生?

第五节　证券中介与服务

在证券市场运行中,各类证券中介机构既是市场的参与者,又起着组织市场证券发行、交易的重要作用,故站在市场业务的角度,有必要了解证券中介机构到底提供了哪些服务,它们的存在对证券市场的意义何在。

一、证券公司

证券公司,是指依法设立的经营证券业务的有限责任公司和股份有限公司。世界各国对证券公司的称呼不尽相同,美国称之为投资银行,英国称之为商人银行,日本称之为证券公司。证券公司是证券市场重要的中介机构。一方面,证券公司为证券发行上市、保荐、经纪买卖提供专业服务;另一方面,证券公司直接自营证券投资。此外,证券公司还为投资者提供资产管理、投资咨询等服务。

(一)我国证券公司的设立与监管

根据《中华人民共和国公司法》和《中华人民共和国证券法》的规定,证券公司的设立门槛较高,限制较多。公司组织形式必须是有限责任公司或股份有限公司,注册资本、实缴资本最低限额划分为5000万元、1亿元和5亿元3个等级,并且与其从事的业务种类直接挂钩。公司出资人股东应符合各行政监管部门和中国证监会规定的一系列条件。证券公司设立时就应建立健全风险管理和内部控制制度。证券公司的设立申请由中国证监会审批。未经中国证监会批准，任何单位和个人不得经营证券业务。

证券公司设立后，中国证监会对证券公司的经营进行全方位的监管，其监管制度包括业务许可制度、合规管理制度、分类监管制度、以净资本为核心的风险监控与预警制度、客户交易结算资金第三方存管制度、信息报送与披露制度等，以预防证券公司运营中的舞弊和风险传递放大。

（二）我国证券公司的主要业务

根据《中华人民共和国证券法》的规定，我国证券公司的业务范围包括证券经纪，证券投资咨询，证券承销与保荐，与证券交易、证券投资活动有关的财务顾问，证券自营，证券资产管理，经批准的融资融券业务及转融通业务，其他证券业务，这些证券业务与证券市场运行紧密相关。

1. 证券经纪业务

证券经纪业务又称代理证券买卖业务，是指证券公司接受客户委托，代理客户买卖证券的业务，证券公司收取一定比例的佣金作为业务收入。证券经纪业务有柜台代理买卖证券业务和通过证券交易所代理买卖证券业务之分。证券公司可以委托具有证券业务资格公司以外的人员作为证券经纪人，代理进行客户招揽、客户服务及产品销售等活动，并给予其一定报酬。

2. 证券投资咨询业务

证券公司可以经营证券投资咨询业务。按照2010年10月中国证监会公布的《证券投资顾问业务暂行规定》和《发布证券研究报告暂行规定》，证券投资咨询业务可划分为证券投资顾问业务和发布证券研究报告业务2种。证券投资顾问业务，是指证券公司或证券投资咨询机构接受客户委托，按照约定向客户提供涉及证券及证券相关产品的投资建议服务，辅助客户作出投资决策，并直接或间接获取经济利益的经营活动。发布证券研究报告业务，是指证券公司或证券投资咨询机构对证券及证券相关产品的价值、市场走势或者相关影响因素进行分析，形成证券估值、投资评级等投资分析意见，制作证券研究报告，并向客户发布的经营活动。

3. 证券承销与保荐业务

证券承销，是指证券公司代理证券发行人发行证券的行为。证券发行人向不特定对象公开发行的证券。按照法律、行政法规规定应当由证券公司承销的，发行人应同证券公司签订证券承销协议。证券承销方式有包销和代销2种。证券发行人申请公开发行股票、可转换为股票的公司债券，应依法采取承销方式。证券发行人公开发行法律、法规规定实行保荐制度的其他证券，应当聘请具有保荐资格的证券机构担任保荐人，履行保荐职责。证券公司履行保荐职责，应按规定注册登记为保荐机构。保荐机构负责证券发行的主承销工作，负有对发行人进行尽职调查的义务，对公司发行募集文件的真实性、准确性、完整性进行核查并向中国证监会出具保荐意见，并据市场情况与发行人协商确定发行价格。

4. 与证券交易、证券投资活动有关的财务顾问业务

财务顾问业务，是指与证券交易、证券投资活动有关的咨询、建议、策划业务，具体包括：为企业申请证券发行和上市提供改制改组、资产重组、前期辅导等方面的咨询；为法人、自然人及其他组织收购上市公司及相关的资产重组、债务重组等提供咨询服务；为上市

公司完善法人治理结构、设计经理层股票期权、职工持股计划、投资者关系管理等提供咨询服务；为上市公司再融资、资产重组、债务重组等资本营运提供融资策划、方案设计、推介路演等方面的咨询服务；为上市公司的债权人对上市公司进行债务重组、资产重组、相关的股权重组等提供咨询服务以及中国证监会认定的其他业务形式。

5. 证券自营业务

证券自营业务，是指证券公司以自己的名义，以自有资产或依法筹集的资金，为本公司买卖依法公开发行的股票、债券、权证、证券投资基金及中国证监会认可的其他证券，以获取盈利的行为。证券公司开展自营业务，必须取得证券监管部门的业务许可。在我国，从事证券自营业务、资产管理业务等2种以上业务的证券公司，注册资本最低限额为人民币5亿元，净资本最低限额为人民币2亿元。同时，要求证券公司治理结构健全，内部管理有效，能有效控制业务风险，有财务的高级管理人员及适当数量的从业人员、安全平稳运行的信息系统，建立有完备的业务管理制度、投资决策机制、操作流程和风险监控体系。

6. 证券资产管理业务

证券资产管理业务，是指证券公司作为资产管理方，根据有关法律法规和与投资者签订的资产管理合同，按照合同约定的方式、条件、要求和限制，为投资者提供证券及其他金融产品的投资管理服务，以实现资产收益最大化的行为。经中国证监会批准，证券公司可以从事为单一客户办理定向资产管理业务（俗称"一对一"），为多个客户办理集合资产管理业务，为客户办理特定目的的专项资产管理业务。证券公司为单一客户办理定向资产管理业务，特点是证券公司与客户必须是"一对一"的投资管理服务，具体投资方向在资产管理的合同中约定，必须在单一客户的专用证券账户中封闭运行。证券公司为多个客户办理集合资产管理业务的特点是，设立集合资产管理计划并担任集合资产管理计划的管理人，与客户签订集合资产管理合同，将客户资产交由具有客户交易结算资金法人存管业务资格的商业银行或中国证监会认可的其他机构进行托管，通过专门账户为客户提供资产管理服务。证券公司为客户办理特定目的的专项资产管理业务的特点是，业务设定特定目标，通过专门账户经营运作，既可是证券公司与客户"一对一"，也可是"一对多"。

7. 融资融券业务（信用交易）

融资融券业务，是指证券公司向客户出借资金供其买入上市证券或者出借上市证券供其卖出，并收取担保金及利息的经营活动。根据中国证监会公布的《证券公司融资融券业务管理办法》和证券交易所制订的《融资融券交易实施细则》规定，证券公司开展融资融券业务必须经中国证监会批准。证券公司申请融资融券资格应具备条件如下：经营证券经纪业务满3年；公司治理健全，内部控制有效，能有效识别、控制和防范业务经营风险和内部管理风险；公司高级管理人员最近两年内无违规违法记录，财务状况良好，注册资本和净资本符合增加融资融券业务后的规定；客户资产安全、完整，客户资料完整真实；已建立完善的客户投诉处理机制，能够及时、妥善处理与客户之间的纠纷；信息系统安全稳定运行；有拟负责融资融券业务的高级管理人员和适当数量的专业人员，融资融券业务方案和内部管理制度已通过中国证券业协会的专业评价；中国证监会规定的其他条件。

8. 证券公司中间介绍业务

证券公司中间介绍业务又称IB业务，是指由证券公司接受期货经纪商的委托，为期货经纪商介绍客户参与期货交易并提供相关服务的业务活动，IB（introducing broker）即介绍商。IB 制度起源于美国，目前已在金融期货交易发达的国家和地区得到普遍推广，并取得了成功。根据我国现行制度规定，证券公司不能直接代理客户进行期货买卖，但可以从事期货交易的中间介绍业务。2007 年 4 月 20 日，中国证监会发布了《证券公司为期货公司提供中间介绍业务试行办法》，规范了证券公司为期货公司提供中间介绍业务活动，防范和隔离风险，促进了期货市场积极稳妥地发展。由于现阶段我国金融期货市场尚处于起步阶段，这方面业务较少，证券公司的 IB 业务只是偶尔发生。

二、证券服务机构

在证券市场运行中，除了证券公司这一中介结构外，尚有证券登记结算公司、证券期货投资咨询机构、财务顾问机构、资信评级机构、资产评估机构、会计师事务所、律师事务所等从事证券服务业务的法人机构。这些证券服务机构以其自身所提供的业务服务，为证券市场的规范、平稳运行创造了条件，对投融资双方的交易起到了不可替代的作用。

（一）证券登记结算公司

证券登记结算公司是为证券发行和交易提供集中登记、存管与结算服务，不以营利为目的的法人。中国证券登记结算公司由中国证监会批准设立，总部设在北京，下设上海、深圳两个分公司，是证券市场运行中极其重要的服务机构之一。

（二）证券期货咨询机构

证券期货投资咨询机构，是指从事证券期货投资咨询业务的投资咨询人员为证券期货投资人或客户提供证券期货投资分析、预测或建议等直接或间接有偿咨询服务活动的法人机构。证券期货投资咨询机构设立及开展业务必须具备证监会规定的相关条件和从业资格许可，接受证监会或其授权的地方监管机构的业务监管。

（三）律师事务所

律师事务所的律师可接受当事人委托，为其证券发行上市和交易等证券业务活动提供制作、出具法律意见书等文件的服务活动。律师及律师事务所从事证券法律业务活动必须按照中国证监会与司法部门于 2007 年 3 月发布的《律师事务所从事证券法律业务管理办法》及 2010 年 12 月发布的《律师事务所证券法律业务执业规则》进行管理。

（四）会计师事务所

会计师事务所及其注册会计师所提供的证券业务服务包括对证券、期货相关机构的财务报表审计，净资产验证，实收资本（股本）的审验，盈利预测审核，内部控制制度审核，以及前期募集资金使用情况专项审核等。证监会与财政部对会计师事务所及其注册会计师从事证券业务服务实行许可证管理。注册会计师、会计师事务所执业证券、期货相关业务必须取得证券期货相关业务许可证。

（五）证券资信评级机构

证券资信评级机构，是指已获得中国证监会评级业务许可证，可对证监会规定的证券及其背后的实体经济法人开展资信评级的社会法人。资信评级机构以其证券资信评级业务为投资者、融资者提供服务，并收取有关费用。评级时应遵循独立、客观、公正的原则，接受证监会和证券业协会对其监督管理与自律管理。

（六）资产评估机构

资产评估机构，是指已取得证券业务资产评估许可证，依法成立的社会法人。资产评估机构以其对证券业务涉及的资产进行价值评估活动，出具资产评估报告书，为证券市场的投资者和融资者提供服务。资产评估机构及其资产评估师必须接受财政部、证监会的日常监管，以其诚信按公正、公平、公开的原则对接受委托的证券资产进行价值评估，勤勉尽责，并对报告文件的真实性、准确性、完整性负责。

本章小结及要点

内容摘要：本章以中国沪深两市为例较为详尽地介绍了证券市场的相关知识，包括证券市场的概念、特征，证券市场的结构、功能，证券市场的产生、发展及当前的发展趋势，证券发行市场与流通市场的各种制度安排，证券市场的中介服务及其主要业务。

1. 证券市场，是指有价证券发行与流通以及与此相适应的组织和管理方式的总称。

2. 证券市场的特征：交易对象是证券，交易目的是投融资与投机，交易价格是利率的倒数，价格形成因素纷繁复杂，风险较大。

3. 证券市场的结构，是指证券市场的构成及其之间的量比关系，证券市场的参与者有证券发行人（公司、政府、金融机构），证券投资人（机构投资者和个人投资者），证券市场中介（券商、证券服务机构），证券监管机构和自律性组织（证监会、证券业协会、证券交易所）。

4. 证券市场的基本功能有投融资功能、资本资产定价功能、资源配置和再配置功能。

5. 证券发行，是指社会经济主体（除个人外）为筹措资金，依法律规定条件和程序向社会投资人出售设定权利证书有价证券的行为。证券发行管理的基本原则是"三公"原则，发行制度有证券发行登记制和证券发行核准制2种。现行我国证券发行管理制度是核准制下的保荐人制。

6. 证券承销方式，是指具有证券承销业务资格的证券公司或投行，接受证券发行人的委托，在法律规定与约定的时间范围内利用自己的良好信誉和销售渠道将拟发行的证券发售出去，并收取一定比例承销费用的经济活动。证券承销方式有包销和代销2种。若证券发行人自行销售，则称为自销。

7. 有价证券内含权益的差异导致了其发行定价机制的不同，证券发行价格有平价发行、溢价发行和折价发行之分，而折价、溢价发行常见于权益类的股票，平价发行多用之于债券和基金类证券。各类证券均有不同的发行上市条件和要求。

8. 证券交易市场是为已经公开发行的证券提供流通转让机会与场所的市场，一般分为场内市场与场外市场。证券交易所是一个高度组织化、集中进行证券交易的市场，它是证券市场的核心，是场内市场。场外证券交易市场泛指证券交易所以外的一切有关证券交易的系统与场所，是一个分散无固定场所的无形市场，有柜台市场、第三市场、第四市场之分。

9. 证券中介服务机构既是市场的参与者，又起到了组织市场证券发行、交易的重要作用，其中尤为关键的是证券公司所提供的中介服务。

思考题与应用训练

1. 证券市场的特征有哪些？有几种分类？
2. 证券市场产生的三大动因是什么？其基本功能体现在哪几个方面？
3. 证券发行的特点有哪些？我国现行的证券发行管理制度是什么？
4. 证券上市的一般程序有哪些？
5. 证券发行注册制与核准制有何不同？
6. 场外交易市场一般有哪些特征？
7. 证券公司主要业务有哪些？
8. 目前，上海证券交易所、深圳证券交易所在世界证券市场中的影响力均十分有限，为什么？
9. 2001年中国石化股票发行，国内价格是人民币4.22元/股，后在中国香港的发行价为1.59港元/股，但当时的汇率1港币兑换人民币0.86元，于是出现了股票发行同股不同价的问题。查阅相关资料，分析为何出现这一问题，其负面影响如何？
10. ST股票面临退市风险，但其中不乏"乌鸡变凤凰"的可能，具体如何把握？
11. 目前，中国股市新股发行价是如何确定的？
12. 新股申购一旦中签，收益率可观，如何提高打新成功率？
13. 请一家证券营业部主管给同学们做一次业务专题讲座。
14. 组织学生实地参观和参与各种证券业务实习。

案例分析

徐翔内幕交易与操纵股价案[①]

2010年，徐翔就开始从事内幕交易。当时徐翔的泽熙瑞金1号宣告成立，募集资金大约10亿元。奇怪的是，沪深300指数当时暴跌15%，而泽熙瑞金1号达到25.47%的收益率。让人怀疑的是，在2011年徐翔以每股20元左右买入3000万股重庆啤酒，此后，重庆啤酒发布利好消息，重庆啤酒一路涨至35元/股。徐翔在短短1个月内获利数亿元。

2010年，徐翔也投资了康得新，康得新2010年第四季度股价最低17元/股。2011年6月10日，康得新公布10股转增10股派现金0.45元。2011年9月，康得新正式公布了定向增发预案，这时泽熙投资已不在财报中了，按此时的价格，已获利几倍。一系列操作成功，徐翔被市场封为"股神"。

到2015年，这种操作手法屡试不爽。在2010—2015年，徐翔单独或伙同他人，先后与13家上市公司的董事长或者实际控制人合谋操纵相关上市公司的股票交易。在这些上市公司股票交易的操纵中，徐翔等人约定由上市公司董事长或者实际控制人控制上市公司择机发布"高送转""业绩预增"等利好消息，引入"乙型肝炎治疗性疫苗""石墨烯""在线教育""机器人"等热点题材。徐翔基于上述信息优势，使用泽熙产品及其控制的证券账户，

[①] 本案例资料由作者根据相关资料整理得出。

在二级市场进行上述公司股票的连续买卖，拉升股价，上市公司股票价格拉升后，徐翔再用其控制的135个证券账户，以大宗交易的方式接盘上述公司股东减持的股票，并随后在二级市场全部抛售，抛售过程中伴有大量竞价买卖行为。上述公司股东将大宗交易减持股票超过约定底价的部分，按照约定的比例与徐翔等人五五或者四六分成，汇入徐翔等人指定的账户。徐翔等人收到分成款项后，销毁双方签署的协议。

徐翔触犯的是利用信息优势操纵证券市场罪，其与内幕交易罪同属于破坏金融管理秩序罪，其犯罪主体、主观方面及客体具有一定的相似性，但是，两罪的区别却也显而易见。公诉人最终认定徐翔等人有利用信息优势、操纵股价的主观故意和客观行为。

2017年1月，徐翔因犯操纵证券市场罪而跌落神坛，被判处有期徒刑5年半，处罚金110亿元，创下中国个人经济犯罪被处罚金的新纪录。

问题：

1. 内幕交易是如何界定的，如何防止内幕交易？
2. 徐翔案涉案金额巨大、情节恶劣，仅判处有期徒刑5年半，普通投资者多不认同，为什么？

第八章

证券市场监管

本章导读

证券市场监管的主要目的是促使证券活动符合法律规范,从而保障证券市场的秩序,促进证券业的健康发展。一般来说,证券市场监管的内容主要包括对证券发行的审查、对证券交易所和柜台市场的监管、对投资者的监管、对证券中介机构的监管、对证券交易的限制和信息披露制度等方面的内容。随着金融业务的发展,银行、保险、证券分业监管模式将为混业经营监管模式所替代。

本章主要学习和思考以下问题:

1. 了解证券市场监管体制、类型,我国证券市场监管体制现状和存在的问题,并思考如何完善。
2. 证券发行监管制度和信息披露制度的主要内容是什么?
3. 对法人投资者和个人投资者的行为监管以及相关政策法规。
4. 学习对证券经营机构资金、资格和行为监管以及相关政策法规。
5. 了解全球金融衍生工具风险监管的主要措施。

第一节 证券市场监管体制及其分类

一、证券市场监管体制

证券市场监管体制,是指对证券监管机构的设置、监管权限的划分所构成的相关制度。一国采取何种监管体制,主要取决于该国的政治和经济制度、证券市场的发育程度、金融业尤其是证券业的发展状况等因素。目前,各国证券市场监管体制主要有集中型、自律型和中间型监管体制3种类型。

二、证券市场监管体制的类型

(一) 集中型监管体制

1. 集中型监管体制的特点

集中型监管体制,是指政府通过制定专门的证券市场监管法规,并设立全国性的证券监管机构,实现对全国证券市场的管理。集中型监管体制的特点如下。

（1）有一整套全国性的证券市场监管法规。以美国为例，除有《公司法》外，还有证券管理的专门法规。例如，《1933年证券法》《1934年证券交易法》《1940年投资公司法》《1940年投资咨询法》和《1970年证券投资保护法》等。此外，美国各州还有一些与证券有关的法律。

（2）设有全国性的机构负责证券市场监管。这种管理机构有的是专职管理，有的是政府的一个职能部门。具体分为3种情况：一是设立独立的监管机构。美国根据《1934年证券交易法》，设立了专门管理机构——证券交易委员会（SEC），它由总统任命，参议院批准的5名委员组成，对全国的证券发行、证券交易所、证券商、投资公司等实施全面的管理与监督。设立独立监管机构的优点是：证券市场监督者拥有相对超然的地位监督证券市场，避免部门本位主义，便于协调各部门的立场和目标；同时要求监督者有足够的权力，否则难以解决各部门间的扯皮问题。二是以中央银行作为监管机构。其代表是巴西。巴西证券市场的监督机构是证券委员会，它根据巴西国家货币委员会（巴西中央银行的最高决策机构）的决定，行使对证券市场的监管权利。这种机构设置使一国宏观金融的监督管理权集中于中央银行，便于决策和行动的协调和统一，有利于提高管理效率。不足之处是过分集权将导致过多的行政干预和"一刀切"现象，可能导致有针对性的管理及对不同的良性意见的吸取不够。三是以财政部作为监管机构，其代表是日本、韩国和印度尼西亚等。日本的证券监管机构是大藏省的证券局。日本的《证券交易法》规定，证券发行人在发行有价证券前必须向大藏省登记，证券交易的争端由大藏大臣调解。由于财政部长在这些国家的地位较高，它有利于这些国家宏观经济政策的协调。

2. 集中型监管体制优缺点

（1）集中型监管体制优点：一是具有独立于证券市场参与者之外的统一管理机构，能较公平、公正、客观、有效、严格地发挥监督作用，并能起到协调全国证券市场的作用，防止出现过度竞争的局面；二是具有专门的证券法规，保证证券交易行为有法可依，提高证券市场监管的权威性。

（2）集中型监管体制缺点：由于管理者的超脱地位，该体制比较注重保护投资者的利益。但由于证券市场的管理涉及面广，单靠全国性的证券监管机构而没有证券交易所和证券商协会的配合很难胜任，难以实现既有效管理又不过多行政干预的目标。正因为如此，实行集中型管理的国家也开始注重发挥证券交易所和证券商协会自律管理的作用。

近年来，随着金融混业经营逐步代替分业经营，美国证券监管体系也有了一些变化。《金融服务现代法案》（简称《法案》）允许以金融控股公司方式实现银行、证券公司、保险公司之间的相互渗透，为保证金融监管的健全性，《法案》对金融监管框架也进行了改革。按《法案》规定，由美国联邦储备局（FRB）继续作为综合管制的上级机构，对金融控股公司实行监管。另外，由美国货币监理署（OCC）等银行监管机构、SEC和州保险厅分别对银行、证券公司、保险公司分业监管，因而采取了综合监管与分业监管相结合的模式。同时，还规定了FRB与按职能划分进行分业监管的机构之间互通信息，通过加强综合监管与分业监管之间的联系，保持金融控股公司集团内的健全性。并且，《法案》还就FRB与分业监管机构在监管优先权上作出明确规定，FRB对金融控股公司集团整体实行监管，必要时对银行、证券、保险等公司的限制监督行使裁决权。另外规定，若分业监管机构认为FRB的限制监管内容有重大恶劣影响时，分业监管机关具有裁决权。对将来开发新产品的监管归属划分上,也作出相应规定:首先,对是否属于金融商品的审定,由 FRB 负责;其次,对是否属于证券商品的审定,由 SEC 负责;再次,对是否属于保险商品的审定,基本上由州保险厅负责,但当 OCC 认为有关商品属于银行商品,并且在解释上与州保险厅发生分歧时,应服从税法规定。

(二)自律型监管体制

自律型监管体制,是指除了某些必要的国家立法外,较少干预证券市场,对证券市场的管理主要由证券交易所及证券商协会等组织进行自律管理。自律组织通过其章程、规则,引导和制约其成员的行为。自律组织有权拒绝某个证券商成为会员,并对会员的违章行为实行制裁,直至开除其会籍。自律型监管的典型代表是英国。

1. 自律型监管体制的特点

(1)没有专门制定证券市场管理法规,而是通过一些间接的法规来制约证券市场活动。以英国为例,它没有证券法或证券交易法,但有一些间接的法规。例如,《1958 年防止欺诈(投资)法》《1973 年公平交易法》《1976 年限制性交易实践法》《1984 年证券交易所(上市)条例》和《1985 年公司法》。

(2)未设立全国性的证券管理机构,而是靠证券市场及其参与者的自我管理。以英国为例,其自律管理机构由证券业理事会、证券交易所协会及企业收购和合并问题专门小组 3 家机构组成。

2. 自律型监管体制优缺点

(1)自律型监管体制的优点包括:①既可提供较为充分的投资保护,又能充分发挥市场的创新和竞争意识,从而有利于市场的活跃;②允许证券商参与制定证券市场管理条例,鼓励它们模范地遵守这些条例,从而使市场管理更切实际;③由市场参与者制定和修改证券管理条例比由议会制定证券法规具有更大的灵活性,效率更高;④自律组织能对现场发生的违法行为做出迅速而有效的反应。

(2)自律型监管体制的缺点包括:①通常把重点放在市场的有效运转和保护证券交易所会员的利益上,对投资者的保护往往不够充分;②监管者的非超脱地位难以保证监管的公正;③由于没有立法做后盾,监管手段较软弱;④由于没有专门的监管机构,难以协调全国证券市场的发展,容易造成混乱。由于存在以上缺陷,实行自律型监管的国家也纷纷仿效集中型监管体制的某些做法,朝政府管制与市场自律相结合的方向发展。英国政府在 1997 年专门成立了金融监管服务局(FSA),负责对银行、住房信贷机构、投资公司、保险公司的审批和审慎监管,并负责对金融市场、清算和结算体系的监管。与此同时,英格兰银行审慎监管银行业的职责被剥离,其职责是执行货币政策,发展和改善金融基础设施,充当最后贷款人以及保持金融体系的稳定。英国开始正式实行全能型的混业监管模式。

(三)中间型监管体制

中间型监管体制既强调立法管理,又注重自律管理。目前,世界上大多数实行集中型或自律型监管体制的国家已逐渐向中间型监管体制过渡,使这两种体制取长补短,发挥各自的优势。由于各国国情不同,在实行中间型监管体制时,其侧重点有所不同,有的倾向于集中监管,有的倾向于自律监管。

三、中国证券市场监管体制

(一) 中国证券市场监管体制建立与发展的原则

1. 促进证券市场的效率与秩序协调发展原则

证券市场监管的最终目的在于提高证券市场的运作效率和秩序,以保证其对经济发展的促进作用。证券市场的效率表现在以下 2 个方面:一是证券市场能形成均衡价格,且该均衡价格能够正确地反映价值;二是能够按照均衡价格迅速成交,手续便捷。证券市场的秩序是参与主体按照市场的规则有序地运行。秩序与效率是相互依存的。

2. 有效保护投资者合理利益原则

规范与监管证券市场的另一重要目的是防止机构或个人利用信息优势从事各种欺诈活动,促进证券市场健康发展。因此,政府应当从保护投资者合理利益的角度出发,建立各种有效、公正的反欺诈、反操纵、反内幕交易的制度。其中,最为重要的是公开信息披露制度。

3. 监管成本最小化与收益最大化原则

由于市场自身的缺陷,仅靠自由的市场机制难以达到资源的最优配置,故作为社会公共利益代表的政府需通过建立证券市场监管机构对证券市场运作进行不同程度的干预。然而,证券市场监管也存在成本问题:一是不合理的监管行为(监管不足及过度或监管权滥用)会对证券市场的规范发展造成较大损害;二是政府监管本身耗费大量的人、财、物力。这两个方面的成本构成了监管机制的运行成本。因此,合理地设计资本市场监管组织体系的结构,制定行之有效的监管制度,建立高素质的专业监管队伍,是发挥和提高我国市场监管机制的功能和效率,降低运行成本的基本保证。

(二) 中国证券市场监管体制的现状

目前,我国证券市场集中统一的监管体制已经确立,但如何对其进行完善是亟待解决的问题。总体而言,监管体制模式的设计应主要取决于一国资本市场的发育程度与自由度以及政府对经济运行的调控模式。同样,我国资本市场与资本监管的现状决定了我国市场监管新体制的设计,只能在渐进改革中逐步接近市场管理模式。因此,我国应在中央政府集中统一管理、调控、监督、指导下,充分发挥地方政府的作用和市场的自律功能,综合运用法律手段和市场手段,实行中央、地方监管与市场自律相结合的监管体制。

中国证券投资监管体制是随着中国证券投资和证券市场的发展逐步建立和完善的。1992 年之前,我国所有与证券投资相关的事务都由中国人民银行的金融管理司负责监管。现行的中国证券投资监管体制的监管主体主要分为 2 个层次:第一个层次是中国证券监督管理委员会(CSRC),主要负责监管事宜;第二个层次是中国证券业协会、中国国债协会和证券交易所,主要负责行业的自律管理。

1. 中国证券监督管理委员会(简称中国证监会)

中国证监会接受国务院的指导、监督、检查和归口管理,履行对证券市场进行全过程、全方位监督管理的职能。其主要职责包括以下几个方面:一是根据国务院授权起草或制定有关证券业和证券市场管理的规则和实施细则,起草证券法规;二是监督、管理有价证券发行、上市、交易及其相关活动;三是对证券经营机构,证券清算、保管、过户登记机构,投资基金经营机构和证券从业人员的业务活动进行监督,会同有关部门制定证券从业人员的资格标准和准则，并进行监管；四是会同有关主管部门审定从事证券业务的律师事务所、会计师事务所，签发证券业执业许可证书；五是依法监督管理证券交易场所的业务活动；六是监督上市公司及其有关人员执行证券法规的行为，审查上市公司的有关报告，监督上市公司的收购、兼并活动；七是对境内企业直接或间接向境外发行具有股票性质和功能的证券及其上市行为进行监管；八是依据有关法律法规，会同有关部门对违反我国证券法规及实施细则和有关具体规则的行为进行调查、处罚；九是会同统计部门编制证券统计资料，向证券业和社会公众提供信息等。

> **资料链接**
>
> 浏览中国证券监督管理委员会网站（http://www.csrc.gov.cn），了解证券市场的法律法规、政策条例等相关信息。

2. 中国证券业协会

中国证券业协会是依法注册的具有独立社团法人资格的全国证券行业自律性组织，主要具有以下几个方面的职能：一是根据国家的有关政策、规划拟订自律性管理规则，加强行业管理；二是树立公平、公正、公开的原则，维护行业信誉；三是统一会员的交易行为，调解会员间的纠纷，维护市场秩序；四是监督、审查会员的营业及财务状况，并对会员进行奖励和处罚；五是接受主管部门的授权，调解或仲裁会员与顾客间的争议；六是统一组织场外交易市场，并提供统一的报价交易系统；七是组织从业人员的各类培训，实行统一的证券行业人员资格考试和资格审查，提高从业人员的业务素质和管理水平；八是开拓证券市场，推广普及证券新业务、新知识；九是开展有关证券市场发展的调查研究，向有关部门提出建议并及时反映会员要求；十是搜集、整理国内外证券行业信息，向会员和社会公众提供咨询服务；十一是负责本行业的对外联络和国际间的交流与合作；十二是接受主管机关和有关部门和单位的委托事宜等。

3. 中国证券投资监管体制存在的问题

（1）自律组织的监管作用弱化。自律管理是证券业监管不可或缺的一环。自律组织是否健全，自律管理是否有效，是一个市场成熟与否的重要标志。自律来自会员对自身声誉、职业操守和投资者信任的珍惜，是政府监管无法完全取代的。但现实情况是我国证券业自律组织的自律管理作用并未得到充分发挥。从证券业协会来看，大部分券商是由部门和地方政府出资组建的，券商只是部门、地区利益的代表，而非独立的证券市场的运作主体。因此，券商在客观上缺乏基于利益协调基础上的市场自律的需求，这是导致证券业协会这一自律组织职能虚置的重要原因。就证券交易所而言，沪深两大证券交易所在上市公司股本结构和运作方式、交易所组织结构和交易清算方式以及投资者结构等方面基本雷同。这两大交易所在同一个市场上竞争，在一定程度上影响了自律监管主体职能的发挥。此外，证券监管在职能关系方面也尚需进一步理清。国际上一种较为公认的自律和他律监管的职能分工是：他律监管主要监督公司发行信息的披露，并对券商、中介机构、投资者和上市公司的违规行为进行调查和惩处；自律监察主要负责对券商、中介机构的经营行为进行监督，防范市场价格的异常波动并对市场参与者的一般违规行为给予处罚。反观我国，他律机构不仅对证券的发行、公司并购等直接介入，还常常对二级市场进行直接干预。这固然和我国国情有关，但也限制了自律组织的作用范围。

(2) 中介机构的监督作用发挥有限。律师事务所、会计师事务所、资产评估事务所等中介机构是维护证券市场"三公原则"的重要力量。在成熟市场经济国家，对市场主体的监管，政府监管机构主要起着合规性审查功能，真正的业务把关是由中介机构进行的。中介机构凭借自身的专业技能、业务信誉和职业操守，在公司的发行、上市、资产重组等领域起着重要的作用，所提供的法律意见、财务审计、资产评估、信息披露等职业报告是监管机构和投资者做出合规性意见和商业判断的基础。而我国中介机构的相对独立性尚未确立，各种不正当行为普遍存在。因此，应进一步加强相关立法及加大违规行为的处罚力度，以促进中介机构行为规范。

(三) 我国证券市场监管体制的完善

1. 完善证券市场监管体系的相关措施

完善我国证券市场监管制度与体系，应明确其基本思路：一是在监管体系已基本构建成形的情况下，应注重证券市场监管的深化，完善市场监管的法律法规体系；二是在进一步完善监管体制的问题上，要逐步建立政府监管、行业自律、交易所把关的三者并重的监管体制，尤其是要充分发挥行业的自律作用；三是在证券市场监管机构建设上，要形成集中、统一和权威的监管机构，减少不必要的监管权力分散化。总体目标是构建集中统一的监管体制，实现集中监管和分散监管在一定程度上的有机结合，完善法律体系，提高监管效率，保护投资者利益，保证证券市场规范发展。其目标模式的基本特征。

(1) 集中但非集权型的市场监管体制。所谓集中型的管理体制，就是在市场体系内，市场的管理只能由一个主管部门进行，以克服多部门管理中的权力互相摩擦和责任推诿，克服地方割据市场的弊端，排除法律、法规、政策不统一，市场行为不规范等弊端。所谓非集权型的监管体制，是指国家主管部门不参与市场具体经营活动的审批，给市场的行为主体以充分发展的空间。

(2) 建立"官民结合"的监管机构。中国证监会作为管理市场的最高权力机构，具有直接的、集中的监管权。为了避免中国证监会监管权力的广泛性和监管行为的刚性给市场运行带来消极后果，中国证监会应吸纳市场自律组织机构的代表参与管理，使其由纯官方行政机构转变为"官民结合"的监管机构。其基本思路是：中国证监会由国务院直接领导，中国证监会主席及主要负责人由国务院确立或委派，同时吸收证券业协会、投资者、证交所代表参与决策和管理。中国证监会在制定和执行政策时既要代表政府的意志，又要反映市场的要求，使政府干预市场的行为与市场运行内在要求之间的矛盾得到协调。这样既可以减少政府监管行为的随意性和刚性，促进市场按规律运作，又可以培育和发挥市场机制的自律作用，为立法和政府的监管留有充分选择的余地。

(3) 政府与市场相对独立。国家监管机构应当是资本市场重大政策的决策者、市场运作的监督者、各种利益冲突与矛盾的协调者、市场纠纷的仲裁者和破坏市场秩序行为的制裁者，但不能直接代替行为者决策，市场应保持相对独立。政府管理机构应完全超脱于市场且对具体业务不加干涉，而证券市场出现问题则立即采取措施，以体现监管机构的权威。

(4) 充分发挥证券市场自律功能。健全证券协会和证券交易所双重自律机构，并以法律形式确认自律机构的法律地位，赋予其制定运作规范与规划、监管市场、执行市场规则的权力，使市场的自律机构充分发挥自我监管、自我发展、自我约束的功能。

(5) 综合运用法律与市场调节手段。法律监管是通过审核管理和信息公开手段，为公众投资者提供及时、准确、可靠的公司和证券信息，确保市场各行为主体依法办事，防止并制裁资本市场违法行为。所谓市场调节，是政府通过调整经济政策，如利用利率杠杆、税收杠杆及产业政策的导向等措施，实现影响资本市场的行为。

2. 理顺监管各主体之间的关系

（1）理顺证监会与中央各部委之间的关系。建立集中统一的资本市场监管体制，目的在于克服现行体制下证券业立法、政策制定和执行过程中"政出多门""部门和地方保护主义"行为，使政府在资本市场上所身兼的"运动员"和"裁判员"两职责相分离，但这并不意味着资本监管体系对其他政府部门的绝对独立和封闭。证监会可以设立兼职代表席位，由中央各部委派人出席。兼职代表的职责是向证监会传递其所在部门的意见并反馈意见，协调双方的关系，证监会在立法和制定政策过程中应积极听取和吸纳其他政策部门的意见，但具有终裁的独立地位和权威。

（2）理顺证监会与地方政府之间的关系。中国证监会在各地设立的派出机构，应及时与地方政府有关部门沟通，邀请地方政府派代表参加有关会议以便相互交流信息，地方政府由负责管理变为参与管理，无权决定证券监管部门的行政执法事务，地方政府若有对证监会地方派出机构工作不满，可申请证监会出面协调。

（3）理顺证券主管机构与自律组织之间的关系。自律管理的重要性表现在以下几个方面：①它是政府管理的必要补充；②有利于市场机制作用的发挥；③它是政府行为和法律规范发挥作用的基础。因此，在新的监管体制中，应加强市场的自律管理功能，把日常的业务管理交由自律组织承担。自律组织有权制订执行日常业务管理规则，并行使惩戒职能，同时也要接受证券主管机构的指导、监督和管理。具体的实施可以通过证券业自律组织资格授予、工作考核，以及自律组织管理规则审批、授权、仲裁等方式来进行。

3. 建立对监管者的监督约束机制

由于市场监管时常出现监管者以行政指导代替依法监管的情况，政府监管的有效性不足，就有必要设法对监管部门加以监管。其具体措施是：一是建立对监管者的监督约束机制，加强监管机构纪检部门，建立纪检部门对监管工作的调查制度；二是根据《中华人民共和国证券法》等法规关于监管工作人员的法律责任及监管部门工作人员职责，制订对违法监管、执法不严或失职、渎职等行为的处置办法；三是定期公布有关监管信息，增强监管的透明度；四是扩大和完善社会公众对监管者的举报制度。

4. 完善信息披露制度

信息披露是现代资本市场监管的核心内容，对其监管将贯穿于证券的发行、上市、流通的全过程。

（1）制定完整的信息披露制度。从证券市场运行的全过程来看，信息披露制度包括证券发行信息公开制度和信息持续公开制度，券商与交易所的信息管理；政府部门、新闻媒体及信息咨询服务的信息管理等。同时，以法律手段的形式使该制度得以强化，保证投资者获得相关信息的权利，信息披露主体有信息披露的义务，并在违反义务时承担相应的法律责任。

（2）合理确定信息披露的标准。分别在时间的及时性、数量的充足性、内容的有效性3个方面对信息披露制度做出要求。一方面，使上市公司在披露信息时了解有关规定，知道什么信息必须加以公告，在什么时间公告，以何种方式公告；另一方面，对机构监管提供了相应尺度，以法律或规定的形式强化信息披露制度，做到有法可依、执法必严。

5. 加强证券市场运行结构的监管，促进证券市场规范化

证券市场结构主要包括发行市场和交易市场2个部分。对证券市场运行监管的细化，应分为证券发行监管和交易监管2个方面，其具体措施如下：

（1）证券发行与上市监管是证券市场监管深化的基础和重要前提。对证券发行与上市监管应注重以下几个方面：①目前，全面实行发行注册制度的条件尚不具备，因此，应当在现行审批核准制框架中，尽力提高发行监管的效率、专业化水平和透明度：一是建议在地方证管部门层面上成立由专业人士和专家组成的发行初审委员会，提高初步筛选的科学性，使其对拟上市企业改制情况的初审报告成为证监会进行合格性审核的重要依据；二是根据现行经济发展水平，科学、定量化地制订年度新股发行规模及其额度配置，并逐步形成相对稳定的公布制度，以减少其随意性对股市的冲击；三是应切实落实《中华人民共和国证券法》中对发行监管制度改革的规定，并不断地加以完善；②规范上市公司是稳定和发展资本市场的关键，必须加强上市公司监管，变联动制为分离制，强化市场淘汰机制，严格执行上市公司摘牌制度，努力提高上市公司质量。例如，退市制度必须规定：一旦公司面临退市，有关部门应提前监控、冻结公司的资产、资金、账户，防止转移，重罚相关责任人并予以刑事处罚。同时，若该公司在上市前有财务造假、过度包装、虚增利润等行为，应事后追究承销商、保荐人、会计师事务所、律师事务所、股票发行审核委员会的民事责任和刑事责任，并向中小投资者进行经济赔偿；③积极培育机构投资者，扩大市场需求，调整投资主体结构，力求维持市场供求均衡。

（2）证券交易监管是证券市场监管深化的重点，也是市场稳定运行的保证：①增强法律意识，坚决打击各种市场操纵、内幕交易、证券欺诈、虚假陈述等不正当交易行为，增强监管法规实施力度，并在实践中进一步加强法规制度的可操作性；②大力推进市场供需的双向培养，在增强流动性的同时抑制过度投机，实现供需力量的均衡增长，政府应在相当长时期内以有意识地干预和维持市场供需的动态平衡作为监管目标；③逐步解决国有股和法人股的流通转让问题，实现同股同权，促进上市公司现代企业制度的有效形成；④在加强证券市场基础设施建设的同时，成立全国性的股市风险监控系统，使市场风险管理通过监管手段的改进而得以强化，并以此防范信息网络技术运用所带来的风险。

（3）证券市场监管要围绕保护公共利益、防范风险来进行，促进证券市场的规范化。解决中国股市根本问题的出路是制度重建。其主要内容包括：①为了与国际股市接轨，防止上市公司一股独大，增强企业活力，促进资本市场的购并重组，对今后新上市的公司，应通过转让、缩股、存量发行等方法，将大股东的持股比例限制在30%；②为了防止再融资中的高价恶性圈钱，避免上市公司股本的过度扩张，维系市场的供求平衡，切实保护投资者的利益，应规定：所有上市公司再融资，除了与历年分红率挂钩以外，尽量提倡发行债券；即使搞定向增发，应将所增发的股份定性为国际股市通行的"优先股"，即只能获取分红、只能在场外定向转让，不能在二级市场抛售；③为了有效克服企业上市圈钱饥渴症，减少上市前的包装造假行为，避免利益相关方的相互勾结及新股"三高"发行，鼓励大小股东加强企业经营，维护市场稳定，可规定：今后的新上市公司，1年解禁的PE和限制流通股股东，减持价不得低于发行价。

第二节 证券发行主体的监管

一、证券发行过程的监管

世界各国对证券发行的监管,一般有两种制度:一种是注册制,该制度遵循的是公开原则;另一种是核准制,遵循的是实质管理原则(参见本书第七章)。

二、信息披露制度

为了保护投资者的利益,保证证券市场公开、公正、公平地运行,必须重视发行市场和流通市场的信息披露制度。特别是股票市场,其信息披露对投资者尤为重要。以下以股票信息披露制度为例,探讨信息披露制度。

(一) 信息披露的内涵

1. 信息披露制度的内涵

信息披露制度是指股票市场上的有关当事人在股票的发行、上市和交易等一系列环节中依照法律、股票主管机关或股票交易所的规定,以一定的方式向社会公开与股票有关的信息而形成的一整套规定。

2. 信息披露制度的特征

(1) 从当事人看,它是一个以发行人为主线,由多方主体参与的制度,这些当事人可以分为信息披露主体和信息披露参加人。信息披露主体包括证券发行人和特定情况下的投资人。特定情况是指基于法律特别规定而须进行披露的有关信息的情形。例如,国务院颁布的《股票发行和交易管理暂行条例》第四十七条规定的投资者持有某一上市公司发行在外股份总额5%以上时须披露的情形。信息披露参加人是指信息披露主体以外的信息披露制度中不可或缺的主体。例如,证券主管机关及信息文件的制作者和审查者等中介机构。

(2) 从时间看,它是定期性和不定期性相结合。定期性的信息披露主体主要是股票发行人,披露的主要形式是定期报告(例如,年度报告和中期报告)。不定期性的信息披露除了股票发行人外还有特定情形下的投资者,其披露义务的产生主要取决于重大事件的产生及行为的变化等。

(3) 从内容看,信息披露是一个完整的系统。信息披露制度既包括发行人和特定情况下的投资者的披露义务和披露形式,也包括一般投资大众获得有关信息的权利,还包括信息披露参加人应尽的职责,更包括信息披露的有关当事人在违反义务或职责时所应承担的法律责任。

3. 信息披露制度的功能

(1) 完善的信息披露制度有利于保护投资者的利益。投资者信任和信心是股票市场赖以生存的前提。信息披露制度通过规定信息披露当事人的披露义务,规范信息披露行为,杜绝证券欺诈行为,使投资者能够充分了解披露主体的真实情况,避免不应有的风险并获得相应的收益。

(2) 完善的信息披露制度可以有效地约束股票发行者和有关人员的行为。一方面,信息披露制度要求股票发行者必须公开自己的真实情况,要求证券承销商、会计师事务所、审计事务所、律师事务所等中介机构勤勉尽责；另一方面，信息披露制度可为股东及时提供正确的参考依据，并反过来促使公司管理层尽心尽责，以实现公司价值最大化目标。

（3）完善的信息披露制度有利于股票市场充分发挥优化资源配置的功能。投资者可根据相关信息做出较为合理的投资决策，从而促使资源流向高效益、高回报的公司。

（4）完善的信息披露制度便于加强对股票市场的管理。信息披露制度要求信息披露当事人及时、真实、完整地披露有关信息，不得有虚假陈述、误导或遗漏等情形，这些规定为主管机关提供了实行依法追惩的依据。

《刑法》第一百六十一条规定："依法负有信息披露义务的公司、企业向股东和社会公众提供虚假的或者隐瞒重要事实的财务会计报告，或者对依法应当披露的其他重要信息不按照规定披露，严重损害股东或者其他人利益，或者有其他严重情节的，对其直接负责的主管人员和其他直接责任人员，处5年以下有期徒刑或者拘役，并处或者单处罚金；情节特别严重的，处5年以上10年以下有期徒刑，并处罚金"。此举将对上市公司、中介机构行为形成有效约束。

（二）信息披露的标准

信息披露行为的优劣可从信息披露的时间、信息的质量和信息的数量3个方面考虑。由此，归纳出信息披露的标准是及时、有效和充分。

（1）及时。及时，是指发行人应毫不迟疑地依法披露有关重要信息。从发行者的角度看，及时披露重要信息，可使公司发生的重大事件和变化及时告知市场，使公司股价依据新的信息及时做出调整，以保证股票市场的连续和有序；对投资者而言，及时披露可使投资者根据最新信息及时做出理性投资决策，避免因信息不灵而遭受损失；从社会监管的角度看，及时披露可缩短信息处于未公开阶段的时间，以缩短掌握这些未公开信息的内幕人士可能进行内幕交易的时间，减少监管的难度。基于上述考虑，各国证券法规均将及时披露作为对发行人披露义务的首要要求。我国上市公司年报披露截止日为次年4月末，尽管一些公司会提前披露快报，但总体上看信息滞后问题较为严重。

（2）有效。有效是对信息披露的质量要求，主要表现在以下2个方面：①信息的准确性。它主要包括2项内容：第一，披露的信息必须正确反映客观事实；第二，信息发生变动，发行人须予以更正，以正确地反映当前的事实；②信息的重要性。发行人披露的信息必须具有重要性。但何为重要性问题却未找到一个被普遍接受的客观标准。各国证券法在对待信息披露的重要性标准问题上做法各不相同。

（3）充分。充分是对信息披露的量的要求，即要求信息披露当事人依法充分公开所有法定项目的信息，不得有欠缺和遗漏。充分披露包括形式上的充分和内容上的充分。信息披露的形式可划分为法定形式和任意形式。法定形式的披露主要是通过财务报表、定期报告、临时报告等形式加以体现；任意形式是法定形式以外的形式（例如，新闻发布会等）。无论以何种形式披露信息，信息披露人均须对所披露信息的准确性负责。信息披露的充分性主要体现在内容的充分性上。各国证券法规大多对各种不同事项规定了各种披露表格，披露只能按表格上所列的条款编制披露报告，不得有任何遗漏和删减。

（三）信息披露的形式

按发行所处阶段的不同，信息披露可分为发行和上市新股票的初次披露义务和持续披露义务。前者的披露形式主要是招股说明书和上市公告书，后者的披露形式主要是定期报告和临时报告。

《中华人民共和国证券法》第九十三条创设了先行赔付制度,发行人因欺诈发行、虚假陈述或者其他重大违法行为给投资者造成损失的,发行人的控股股东、实际控制人、相关的证券公司可以委托投资者保护机构就赔偿事宜与受到损失的投资者达成协议,予以先行赔付。先行赔付后,可以依法向发行人以及其他连带责任人追偿。

第三节 证券投资主体的监管

证券投资者可划分为法人投资者和个人投资者 2 类。证券投资者的投资行为直接影响证券市场的稳定与否。为了防止证券投资者利用不正当手段影响证券市场,获得不正当利益,正确引导和调节投资者的投资规模和投资方向,为投资者创造一个公平、合理、正常、有序的证券投资环境,各国一般都对证券投资者进行管理。

一、对法人投资者的监管

法人投资者是指投资于各类证券的企业、事业单位。对其管理主要包括以下 3 个方面。

1. 审查法人投资者是否可以买入准备投资的证券

根据我国有关规定,并不是所有上市证券都可供任何单位任意购买。

2. 审查法人投资者用于证券投资的资金是否合规

根据我国有关规定,企业和事业单位购买股票,只能使用按照国家规定有权自主支配的资金。

3. 审查法人投资者的投资手续是否完备,经办人是否具有单位投资证明,支付款项填写是否准确,买入证券是否及时办妥证券过户手续,预留印鉴是否真实清楚等

任何法人直接或者间接持有一个上市公司发行在外的普通股达到 5% 时,应当自该事实发生之日起 3 个工作日内,向该公司、证券交易场所和证监会做出书面报告并公告。但是,因公司发行在外的普通股总量减少,致使法人持有该公司 5% 以上发行在外的普通股的,在合理期限内不受上述限制。任何法人持有一个上市公司 5% 以上的发行在外的普通股后,其持有该种股票的增减变化每达到该种股票发行在外总额的 2% 时,应当自该事实发生之日起 3 个工作日内,向该公司、证券交易场所和证监会做出书面报告并公告。法人在依照前两款规定做出报告并公告之日起 2 个工作日内和做出报告前,不得再行直接或者间接买入或者卖出该种股票。

案例分析

宝能收购万科股权案

万科股权之争是目前中国 A 股市场上规模最大的一场公司并购与反并购攻防战。

万科公告显示,截至 2015 年 7 月 10 日,前海人寿(宝能系)通过二级市场耗资 80 亿元买入约 5.52 亿股万科 A,占万科 A 总股本的约 5%。

2015年8月26日，前海人寿及其一致行动人钜盛华通知万科，当日2家公司增持了万科5.04%的股份，加上此前的两次举牌，宝能系合计持有万科15.04%的股份，以0.15%的优势首次超越了万科原第一大股东华润集团。而前海人寿与钜盛华的实际控制人均为宝能集团姚振华。

但是，2015年9月4日，香港证券交易所披露，华润耗资4.97亿元分别于2015年8月31日和9月1日两次增持，重新夺回万科的第一大股东之位。截至2015年11月20日，华润共持有15.29%的万科A股份。

2015年11月27日—12月4日，钜盛华买入5.49亿股万科A，宝能系合计持有万科A约22.1亿股，占总股本的20.008%，取代华润成为万科第一大股东。2015年12月24日，宝能系对万科的持股比例增至24.26%。

王石表明不欢迎宝能的四大理由为信用不足、能力不够、短债长投、风险巨大。紧接着，万科总裁郁亮也发声表明，称敌意收购都是不成功的。

2015年12月18日，万科A发布临时停牌公告，称正在筹划股份发行，用于重大资产重组和收购资产。这也被视为王石和万科管理团队对宝能系的正式反击。万科在遭遇宝能系持股时，曾求助于大股东华润，但是，华润并未介入。因此，万科转向找到了另一家国企深圳地铁，以解除自身的危机。

按照万科发布的交易预案公告，万科拟以发行股份的方式购买深圳地铁持有的前海国际100%股权，初步交易价格为456.13亿元。万科将以发行股份的方式支付全部交易对价。万科的目的是通过发行股份，稀释宝能系的股份。但是令万科意外的是，这一招同时也稀释了华润的股份，直接导致华润的激烈反对。华润系的3位董事对重组预案直接投了反对票。

由于重组预案需要召开第二次董事会和股东大会，如今宝能系和华润的持股比例高达40%，可以否决万科提出的任何议案。

2016年7月，宝能系要求罢免万科现有管理层。这直接激起了万科的强烈反对。而后，深圳市罗湖区人民法院正式受理万科工会委员会起诉宝能损害股东利益的诉讼。根据《民事起诉状》，万科工会的诉讼请求包括请求判令5名被告持有万科A股股票达到5%，其后续继续增持万科A股股票的行为属于无效民事行为；要求不得对其违法持有的万科A股股票行使表决权、提案权、提名权以及提议召开股东大会的权利。

期间，万科第一大自然人股东向中国证监会、中国银监会、中国保监会等7个监管部门实名举报华润、宝能，质疑两者之间的关联关系，包括质疑两者在深圳地铁重组事件上联手反对的原因；双方达成第一大股东易主的秘密协议是否已涉嫌内幕信息交易和市场操纵；宝能用于收购资金的来源是否合法。

2017年6月9日，中国恒大发布公告称，将其持有的15.53亿股（14.07%）万科股份以292亿元悉数转让予深圳地铁。由此，深圳地铁持股比例由15.31%变为29.38%，超过宝能的持股比例（25.4%），成为万科第一大股东。"万宝之争"僵局打破。其后两年，宝能系大幅减持万科股份，退出万科的前十大股东行列。

问题：

1. 万科管理层在处理与股东的关系方面存在哪些不足？
2. 企业股权之争，监管机构应该做些什么？

二、对个人投资者的监管

(一) 审查个人投资者的资格

个人投资者购买证券必须符合国家有关规定。各国一般规定，证券从业人员和证券有关部门工作人员等不得买卖股票。证券交易所、证券公司、证券登记结算机构从业人员、证券监督管理机构工作人员和法律、行政法规禁止参与股票交易的其他人员，在任期或者法定限期内，不得直接或者以化名、借他人名义持有、买卖股票，也不得收受他人赠送的股票。任何人在成为前款所列人员时，其原已持有的股票，必须依法转让。

禁止证券交易内幕信息的知情人员利用内幕信息进行证券交易活动。《中华人民共和国证券法》规定以下人员为知悉证券交易内幕信息的知情人员：①发行股票或者公司债券的公司董事、监事、经理、副经理及有关的高级管理人员；②持有公司5%以上股份的股东；③发行股票公司的控股公司的高级管理人员；④由于所任公司职务可以获取公司有关证券交易信息的人员；⑤证券监督管理机构工作人员以及由于法定的职责对证券交易进行管理的其他人员；⑥由于法定职责而参与证券交易的社会中介机构或者证券登记结算机构、证券交易服务机构的有关人员；⑦国务院证券监督管理机构规定的其他人员；⑧发行人、发行人实际控制的公司及其董监高、因与公司业务往来可以获取公司有关内幕信息的人员、上市公司收购人或者重大资产交易方及其控股股东、实际控制人、董高监等人员。

为股票发行出具审计报告、资产评估报告、法律意见书等文件的有关专业人员，在该股票承销期内和期满后6个月内，不得购买或者持有该股票。为上市公司出具审计报告、资产评估报告、法律意见书等文件的有关专业人员，在其审计报告、资产评估报告、法律意见书等文件成为公开信息前，不得购买或者持有该公司的股票；成为公开信息后的5个工作日内，也不得购买该公司的股票。

(二) 对个人投资者购买证券途径的监管

根据我国有关规定，个人投资者购买证券必须到经国家批准经营证券的机构购买，不得进行私下非法购买。股民不可直接到证券市场买卖股票，只能委托券商而且不得买空卖空。不允许透支交易。

(三) 对个人投资者买卖操作的管理

证券交易当事人依法买卖的证券，必须是依法发行的证券。非依法发行的证券，不得买卖。依法发行的股票、公司债券及其他证券，法律对其转让期限有限制性规定的，在限定的期限内，不得买卖。经依法核准的上市交易的股票、公司债券及其他证券，应当在证券交易所挂牌交易。证券在证券交易所挂牌交易，应当采用公开的集中竞价交易方式。

任何个人不得持有一家上市公司5%以上的发行在外的普通股；超过的部分，由公司在征得证监会同意后，按照原买入价格和市场价格中较低的一种价格收购。但是，因公司发行在外的普通股总量减少，致使个人持有该公司5%以上发行在外的普通股的，超过的部分在合理期限内不予收购。外国和中国港澳台地区的个人持有的公司发行的人民币特种股票和在境外发行的股票，不受前款规定的5%的限制。股份有限公司的董事、监事、高级管理人员和持有公司5%以上有表决权股份的法人股东，将其所持有的公司股票在买入后6个月内卖出或者在卖出后6个月内买入，由此获得的利润归公司所有。

内幕人员和以不正当手段获取内幕信息的其他人员违反规定，泄露内幕信息，根据内幕信息买卖股票或者向他人提出买卖股票建议的，根据不同情况，没收非法获取的股票和其他非法所得，并处以5万元以上50万元以下的罚款。证券业从业人员、证券业管理人员和国家规定禁止买卖股票的其他人员违反本条例规定，直接或者间接持有、买卖股票的，除责令限期出售其持有的股票外，根据不同情况，单处或并处警告、没收非法所得、5000元以上5万元以下的罚款。

（四）投资者保护

《中华人民共和国证券法》第九十五条创新性地规定了证券代表人诉讼制度，即中国版集体诉讼制度。投资者提起虚假陈述等证券民事赔偿诉讼时，诉讼标的是同一种类，且当事人一方人数众多的，可以依法推选代表人进行诉讼。

第四节 证券经营机构的监管

投资者一般不能直接参加证券的交易，而是通过证券商实现证券的交易行为。在证券发行与交易过程中，证券商是连接发行人与投资者、投资者与投资者之间的纽带。所以，证券商的行为对整个证券市场和广大投资者的利益都有重大影响。从市场角度看，证券市场越发达，对证券商的要求就越严格。世界各国对证券商的管理都有严格的规定，一般来说，对证券商的监管包括对证券商资格的监管、对证券商资金的监管和对证券商行为的监管。

一、对证券商资格的监管

（一）证券商设立的审查

由政府机构直接进行证券商的资格审查，核发许可证已成为国际上通用的做法。有所不同的是：有的国家只要经过政府部门批准就可以自动成为证券交易所会员、证券同业公会会员（例如，日本、韩国等）；而有的国家在政府机构批准之后，并不一定被证券交易所吸收为正式会员，即不能取得完全的证券商的资格，如美国、英国等，证券交易所和证券同业公会对推荐和选举程序、会员资格等有相对独立的规定和审批权力。在中国，凡是专营证券业务的证券公司必须经中国证监会批准，发给"经营许可证"，再到工商管理部门办理营业执照。

（二）取得证券商资格的主要条件及限制

采取注册制设立的证券商，必须具备以下条件：达到注册资本额的最低标准；缴纳保证金；从业人员已具有相应的知识、经验与能力；通过专门的考试。

采取特许制设立的证券商，必须具备下列条件：拥有足够的注册资本金；具有相应的知识、技能与经验；信誉良好。

关于证券商的组织形式，各国的规定不一样。目前，比利时、丹麦等国家仍然采取个人或合伙制的形式；德国和荷兰的法律明确规定，证券商可以采取多种组织形式，但实践中只限于个人或合伙的形式；马来西亚、新西兰、南非等大多数国家和地区的理论与实践均允许采用个人或公司法人形式；而新加坡、巴西等国的法律则只允许采用公司法人的形式。未来证券商逐渐采用公司法人形式，是必然的发展趋势。

（三）证券商申请审批程序及必备文件

各国的公司法人和自然人，若想成为证券商，从事证券经营业务，首先要对照该国法律及有关证券商资格的规定，符合者即可向该国证券监管机构提出申请。若经审查，证券监管机构认为符合条件的发给特许证，申请人同时要提供以下资料：①推荐信或推荐书。有的国家要求大银行推荐，有的要求大的证券商推荐；②会计师事务所开具的资信证明和验资报告；③股份制公司要提供公司章程；④房产证明或租赁房产证明，以上房产应该是可以用于营业的；⑤公司法人、董事、监事、经理人员等主要从业人员履历，即过去从事金融工作业绩的证明等。

在实行会员制管理的证券交易所，申请人必须办理入会手续才能成为正式会员证券商，有的国家证券交易所独立性很强，有一套独立的审查程序和条件，除了要求提供与证券监管机构相同的文件资料外，还着重在以下方面进行审查：要求入会的申请人必须有实际经营证券的资历或者是银行家；必须有规定的资产限额；外籍人士入会必须提供加入本国国籍年限证明，或长期居住的年限证明。有的国家证券交易所还要求老会员出具担保证明。

二、对证券商资金的监管

证券商的资金在其交易过程中具有十分重要的作用，而交易保证金和自营交易额则可以有效地避免交易过程中的道德风险和逆向选择问题。为保证证券商履行其职责，各国和地区对证券商的资金均有规定。

（一）规定最低资本限制

资本金是证券商所拥有的自有资金，资本金的高低影响着证券业的进入门槛。现代经济理论表明，资本金可以起到抵押品的作用，防止证券商为了自己的利益随意侵害投资者利益。资本金还可以向投资者表明证券商的实力，降低证券商和投资者之间的信息不对称程度。各个国家和地区对最低资本限额的规定也各不相同。例如，荷兰规定，证券商的最低资本限额为5万荷兰盾；丹麦规定，证券商的最低资本限额为25万丹麦克朗；卢森堡规定，证券商的最低资本限额为1000万卢森堡法郎；德国经纪商的最低资本限额为10万德国马克，经纪商兼自营商的最低资本限额为40万德国马克；中国台湾规定承销商的最低资本限额为4000万新台币，自营商的最低资本限额为1.5亿新台币，经纪商的最低资本限额为1000万新台币，经营2种以上证券业务者按上述标准分别计算。

（二）提存保证金

这是最早运用也是比较流行的一种方式。各国对提存保证金数额的规定不一（例如，法国为2000法郎；丹麦为10万丹麦克朗；我国规定证券商必须按监管机关规定提取一定比例的营业保证金，此外还须按盈利额3%以上的标准提取证券交易风险基金）。保证金的用途是为弥补证券交易及其他业务因事故而发生的损失；赔偿因证券商的失误而对客户造成的损失等。

（三）自营交易额的规定

自营交易额的规定可以避免证券商为了自身的利益损害投资者的利益。如果自营交易额太高，证券商就有优先考虑自己的交易，甚至牺牲投资者利益的动机。我国规定，证券公司账户上持有的证券市价总额不得超过公司资本金的80%；同一种证券的持有量不得超过公司资本金的30%；持有同一企业股票的数额不得超过该企业股份总额的5%和本公司资本金的10%；证券交易营业部用于购买证券的资金不得超过其运行资本的50%。

三、对证券商行为的监管

(一) 证券商内外部风险

1. 证券公司外部风险

证券投资风险是指预期收益的不确定性。证券投资风险按风险是否可分散,分为系统性风险和非系统性风险。系统性风险以同样的方式对所有的证券投资收益产生影响,不能通过多样化投资予以分散,故又称不可分散风险。例如,利率风险、通货膨胀风险。非系统性风险仅对某一类或个别的证券投资收益产生影响,可通过证券投资组合予以分散,因而又称可分散风险。例如,经营风险、信用风险。

2. 证券公司内部风险

证券公司内部风险主要包括经营风险、管理风险和员工犯罪风险。

(1) 经营风险。经营风险是证券公司在其业务经营中所面临的风险。一是筹资风险;二是业务单一化引起的集中风险;三是规模膨胀不当引致的风险;四是操作业务不熟练引致的风险(例如,自营或经纪业务发生亏损)。

(2) 管理风险。管理风险是由证券公司内部管理的漏洞带来的损益的不确定性,主要包括以下几个方面:一是决策风险;二是内部失控风险,随着分支机构的增加、内部控制松懈而引发的交易授权不当、职责不分,尤为证券公司所忌讳;三是商誉风险,商誉风险是指由于经营管理的失策导致商誉下降,致使投资者信任不足,投资转移的风险;四是技术风险,即因计算机系统或通信系统等业务所依赖的技术设备出现问题而产生的风险;五是凝聚力风险。

(3) 员工犯罪风险。主要表现为:一是公司员工特别是领导者出现贪污公款、出卖机密等违法乱纪行为;二是隐藏在证券公司内部的计算机恐怖分子利用操作计算机的便利和技术,偷译计算机系统的密码,通过修改计算机的数据实施犯罪等。

(二) 证券公司内部风险控制制度

内部风险控制是在业务经营活动中为明确内部各部门的职责权限,提高工作效率和质量,保护财产完整和安全,确保会计数据的真实可靠,保证经营方式和目标的实现而采取的一系列具有组织、制约、协调功能的业务控制方法、措施和程序的总称。一般而言,证券公司的内部控制制度应包括以下几个方面:重要会议制度(包括股东大会、董事会、监事会和总经理办公会议等)、分支机构管理制度、资金管理及财务会计管理制度、自营业务及经纪业务管理制度、证券承销及资产经营业务管理制度、稽核审计制度、电脑通信系统管理制度、风险控制机构设置制度(例如,风险控制委员会、专家评审委员会、证券投资决策委员会)。

现阶段,我国证券公司的资本结构多以国有资产为主要股份,依然存在着所有权结构单一的问题,难免出现所有者权益虚置的通病,内部治理人的责任不清。因此,各证券公司应进一步明晰内部产权关系,建立有效的激励与约束机制,完善薪酬制度,从根本上解决内部治理人的风险监管动力问题,使风险控制与其切身利益相一致,并形成相互制约的内部治理结构,防范"内部人"道德风险。

(三) 证券商行为的自律监管

对证券商的行为监管是指对证券商的经营活动及其从业人员、管理人员的行为进行的监督管理。各国证券交易所、证券交易同业公会（协会）对规范证券商的行为一般都会实行较为严格的自律监管。主要涉及几个方面：①证券商常出现的欺诈舞弊行为包括：扰乱证券市场价格、向散户发布虚假信息、故意炒作、与交易所管理人员共同作弊、隐瞒实际收入、利用证券信用进行投机、骗取客户资金为自己牟利等，自律组织制定规章制度，建立起一种证券商彼此监督、彼此制约的机制，以最大限度地防止证券交易中的欺诈行为；②基于证券商行为约束的基本要求，各国证券商自律组织制定监管章程，对证券商交易行为的约束条款一般遵循以下原则：使投资者获得公正和公平对待的原则、充分披露原则、禁止操纵原则、维护市场稳定原则、不得兼职原则、客户优先原则等；③证券商自律组织对证券商违规行为（主要指不道德地、有意识地破坏正常交易）的处罚，西方证券业同业公会等自律组织均有较大的自治权，包括对证券商的惩戒权。处罚的主要措施有：警告、要求证券商撤换从业人员、罚款直至开除会员席位。对证券商的处罚通常由仲裁委员会作出，仲裁委员会一般由会员选出，必要时采取投票的方法对议案进行表决，表决结果为最终决定。

新《证券法》对于证券服务中介机构的法律责任也做了强化。例如，保荐人出具有虚假记载、误导性陈述或者重大遗漏的保荐书，或者不履行其他法定职责的，责令改正，给予警告，没收业务收入，并处以业务收入1倍以上10倍以下的罚款；没有业务收入或者业务收入不足100万元的，处以100万元以上1000万元以下的罚款；情节严重的，并处暂停或者撤销保荐业务许可。对直接负责的主管人员和其他直接责任人员给予警告，并处以50万元以上500万元以下的罚款。

第五节 金融衍生工具风险管理

一、金融衍生工具风险

金融衍生工具是近年来发展迅速的投资工具，是从利率、货币、股票、债券等传统金融产品衍生而来的金融工具的总称。就本质上而言，金融衍生工具是一种通过预测利率、汇率、股价等的趋势以支付少量保证金而签订的合约，签约方有义务或可以有选择地在未来某个时期内买进或卖出特定的金融工具。

金融衍生工具的市场风险，是指由于市场因素（例如，基础利率、汇率、股票价格和商品价格）的变化或由于这些市场因素的波动率的变化而引起的衍生产品价格的非预期变化所产生的损失的可能性。市场风险在广义上可划分为2类，即远期风险和期权风险。

远期风险，是指由于利率、汇率、股票价格和商品价格等市场因素的变化所造成损失的可能性。与这些市场因素相对应，远期风险包括利率风险、汇率风险、权益风险、商品风险等；期权风险是指由于期权价格的变化而造成损失的可能性。影响期权价格的因素主要有合约的执行价格、相关资产的价格、相关资产价格的波动率、合约到期期限和利率等。期权风险是根据期权价格对上述因素变化的敏感性来加以衡量的。

二、国际金融衍生工具风险监管的措施

(一) 金融衍生工具风险监管的原则

美国是金融衍生品最为发达的国家,其监管金融衍生工具的原则如下。

(1) 从事金融衍生商品交易的机构主管当局必须制定一套完善的风险管理、交易咨询收集制度,以此来促使金融衍生商品交易的透明化,从而防范交易损失与不正当交易。

(2) 交易所、票据交换所与中央银行必须强化交易、清算以及交割的管理,这项工作应着重于交易日到交割日间的期限标准化,扩大使用交易当天便进行交割的制度,以增强市场的流动性,减轻市场上突发情况造成的冲击。

(3) 根据各项金融衍生商品的特性,将需要向主管当局汇报的交易资料标准化,以确保主管当局能够借此评估交易本身以及市场的风险。

(4) 金融衍生商品的投资人,尤其是市场大户必须与主管当局合作,遵守相关的交易法令,以促进市场的稳定。

(二) 金融衍生工具风险监管的措施

1. 证券监管委员会金融衍生工具风险监管的措施

(1) 公司的高管层必须了解、决定、控制和监测所从事的金融衍生商品交易活动。

(2) 交易人员的职责包括:应该根据市场价格变化对金融衍生商品仓位进行估值,确定其风险承受度;必须加强模拟交易,应付可能出现的各种最坏情况;其金融衍生商品组合应按市场中间价减去特别调整额或按适当的买入或卖出价进行估值;保证衍生商品交易员具有必要的专业知识、技术水平及实际操作经验;必须计算自己衍生商品仓位的风险,并将其与市场风险进行比较;应定期预测衍生商品组合对现金投资和融资的要求;应隶属于一个独立和权威的职能部门,以便进行有效的市场风险管理。

(3) 明确收益来源,计算收益组成,了解风险来源;定期比较信贷风险和信贷限额之间的比例关系。

(4) 交易与最终用户之间的协调:最终用户应根据衍生商品的性质、规模和复杂程度采用与交易员同样的估值和市场风险管理政策;双方必须从现时信贷风险和潜在信贷风险2个方面预测衍生商品的信贷风险;对双方进行独立的信用风险监管;双方应与交易对方尽可能地使用通用合约,明确双方的支付方法,提供净额支付和净额平仓;双方应提高信用,减低风险成本;提高双方执行合约的能力;交易员和最终用户必须明确自己的授权和交易范围;双方的财务报表应包括有关衍生商品的详尽资料,以便人们了解进行衍生商品交易的目的、范围、风险及交易的会计方法。

(5) 必须具备足够的信息、交易、交收和管理汇报体系,保证衍生商品交易能按管理政策有秩序、高效地进行;必须建立一套适应衍生商品交易的国际统一会计标准。

2. 国际证券监管委员会对金融衍生工具风险监管的措施

(1) 各董事会或相当管理机构在制定风险管理政策、程序及风险防范监督时应纳入金融衍生商品,并明确建立执行责任机制,以便准确及时掌握这一管理状况。

(2) 应设置独立的市场风险管理部门处理、监控风险状况,并建立评估体系。

(3) 应建立独立的信贷风险管理部门来考察信贷风险的标准、限度,并审查其杠杆作用及降低风险的具体办法。

（4）鉴于金融衍生商品的快速演化及其复杂性，交易各方应运用（例如，财会、监管等适当的方式）予以防范。

（5）交易商无论是实体或集团，均应每日准确做一次风险评估；记账、信息体系应能保证前台和后台记录、确认、核批；应不间断地监测其资金运行状况，包括损益、现金流量等。

三、加强我国金融衍生工具风险监管

随着中国经济市场化的推进和金融市场的健全，金融衍生工具交易的开展是必然趋势。在发展金融衍生的工具的过程中要特别重视金融衍生产品的风险防范。我国应借鉴成熟市场经济国家的经验，在引进金融衍生产品的同时必须健全相关的法律法规。

（一）加快金融衍生工具市场监管的法律法规建设

一是加快制定统一的《金融衍生品市场监管法》，以保证监管框架的稳定性、持续性和一致性；二是针对不同种类的金融衍生品分别制定相应的法律法规，强化各类规范的协调性和可操作性。

（二）加强对金融衍生工具的宣教工作与市场调研

积极做好新产品的宣传及风险教育工作，同时应加强对金融衍生工具市场的调查统计和研究工作，了解其发展状况并评估其对金融市场的影响，以制定相应的策略。

（三）创造公平竞争的市场

即通过交易规则的完善、交易系统的设置、交易结果的审核等保证交易的公平、公正与公开。为此，还应健全信息披露制度。加强信息披露可以增强市场的透明度，使所有市场参与者都能及时、准确了解有关市场的变化，并控制其风险。

（四）建立与完善安全保障体系，加强国际合作

应通过建立市场参与者的严格的资格审查制度和交易所的风险防范制度，加强资本充足率的管理，建立安全保障体系。同时，大力加强与各国际组织、各国政府及金融监管当局、各大交易所等机构的国际合作，有益于自身竞争实力的提升。

本章小结及要点

内容摘要： 本章主要涉及证券市场监管，包括对证券发行的审查，对证券交易所和柜台市场、投资者、证券中介机构、金融衍生工具的监管等内容。同时，对证券交易的限制和信息披露制度、中国证券市场监管体制改革等问题做了简要介绍。

1. 世界上大多数实行集中型或自律型监管体制的国家已逐渐向中间型过渡，使两种体制取长补短，发挥各自的优势。

2. 我国证券发行注册制已在创业板和科创板推开，主板市场也即将实施。

3. 对证券商的监管包括对证券商资格的监管、对证券商资金的监管和对证券商行为的监管。

4. 证券投资风险是指预期收益的不确定性，通常分为系统性风险和非系统性风险。证券公司内部风险主要涉及经营风险、管理风险和员工犯罪风险。

5. 信息披露是现代资本市场监管的核心内容，对其监管将贯穿于证券的发行、上市、流通的全过程。信息披露的标准是及时、有效和充分，但在实践中我国存在的问题较多。

6. 注册制的优点：一方面，为投资者创造了一个信息畅通的投资环境，引导和调节投资者的投资规模和方向；另一方面，为筹资者提供了一个平等的竞争场所。证券质量好、收益高、流动性强，就能成为热门证券。反之，则会被市场淘汰。

7. 2021年修订的《中华人民共和国刑法》明确了对包装上市、虚假信息披露的主要当事人处以5—10年有期徒刑并处以罚金的具体规定。相比此前仅罚款2万—20万元的处罚，打击力度明显提升，有助于整肃市场环境。

思考题与应用训练

1. 我国的证券监管体制属于何种类型，有何缺陷，今后应如何改进？
2. 注册制与核准制有何不同？
3. 上市公司上一年度财务报告到当年4月末才披露完毕，而当年第一季度的财务报告也是在4月末披露。普通投资者需面临近半年的财务信息真空期。此信息滞后问题如何解决？
4. 查找相关资料，对比康美药业、蓝田股份等一系列造假案与美国安然公司造假案的处罚情况，可以看出仅仅是轻微的经济处罚、不追究刑事责任，导致违规成本太低，不足以揭制我国上市公司的造假行为。今后如何加强和完善我国上市公司造假行为的处罚机制？
5. 我国现阶段应如何加强对券商的监管？
6. 今后一段时期，我国如何加强对金融衍生工具的监管？
7. 股指期货在中国推出已有数年，但相关法律法规仍存在不足。收集相关资料并就如何完善相关政策法律提出建议。
8. 融资融券业务已开展多年，了解相关政策与法规及存在的主要问题。
9. 仔细阅读《中华人民共和国刑法》的规定，特别是涉及证券市场的相关条款。
10. 认真阅读《中华人民共和国证券法》，研究其主要的亮点。

案例分析

A股"5·30事件"与股市监管

2007年5月末，A股上证综指从2007年初的2000点左右涨至4300点左右。由于涨幅过大，股民开始担心政府出台相关政策特别是税收政策进行调控，持股心态较为谨慎。2007年5月27日，中华人民共和国财政部某位副部长向媒体明确表态近期不会调整证券交易税，但2007年5月29日晚，财政部网站上突然宣布将证券交易印花税由0.1%提高至0.3%（提高2倍）。由此，引发舆论哗然、市场暴跌，基金经理人刻意砸盘行为明显，上证综指5日内从4335点跌至3400点，多数个股跌幅超过30%，投资者损失惨重。事后几天，中国人民银行某副行长向媒体表示"财政部个别领导讲话不能代表政府"。为此，网民们多有质疑：①财政部领导的言论不能代表政府，谁能代表政府？是中国人民银行副行长还是国务院发言人？②政府机构个别领导言出未行，政府公信力何在？

问题：

1. 本案例的经验教训是什么？
2. 问题的深层次原因何在？

第九章
证券投资基本分析

【本章导读】

证券投资分析是证券投资管理中的重要内容，直接影响证券投资的成败。传统的证券投资分析方法可分为基本因素分析法（又称基本面分析）和技术分析法两大体系。但在投资分析实践中，需要把两者有机地结合起来，以提高分析的准确性和投资收益。

基本面分析是通过分析影响证券市场供求关系的基本因素，确定证券的内在价值，为证券投资制定投资依据。该分析的一般思路是：利用丰富的统计资料，运用多种多样的经济指标，采用比例、动态的分析方法，首先研究宏观经济形势，其次进行中观层面的行业分析，寻找经济周期中的龙头行业或新兴行业，最后从微观角度分析企业的经营现状和发展前景，挖掘龙头行业或细分行业的龙头企业，进而对证券作出接近现实的评价，并尽可能预测其未来变化。因此，基本面分析对于预测证券价格变动的中长期趋势、选择具体的投资对象具有重要的作用，但其对于把握证券市场的短期变化和选择证券的买卖时机等功效不如技术分析法。

本章主要学习和思考以下问题：
1. 证券投资基本面分析的主要内容和基本方法。
2. 证券投资基本面分析涉及的主要信息。
3. 宏观经济形势分析、行业分析、公司基本面分析的内容和重点。
4. 现阶段，中国股市基本面分析的要点和投资策略。

第一节 证券市场信息

证券市场信息是投资者进行证券投资分析与决策的重要依据。对信息的掌握程度和解读能力，在很大程度上决定了投资的成败。由于目前中国证券市场信息披露制度存在明显漏洞，投资者普遍处于信息滞后、信息不完全、信息不对称的被动地位。虽然利用有限的信息甄别真伪十分困难，但是，投资者在进行投资分析和决策时，不得不正视这类问题。

从广义上来说，证券市场信息包括一切直接或间接影响证券价格变动的信息。因此，凡是影响证券价格变动的政治、经济、行业、公司以及市场等方面的信息，都应纳入投资者收集和分析的范围。一般而言，证券市场信息主要包括宏观经济信息、微观经济信息、交易信息。

一、宏观经济信息

(一) 经济周期信息

经济周期信息主要用于判断经济运行处于复苏、繁荣、衰退、萧条周期中的那一阶段以及今后一段时期经济运行的走势等。投资者经常关注的反映经济周期信息的指标包括GDP增速、采购经理人指数（PMI）、居民消费价格指数（CPI）、生产者价格指数（PPI）、固定资产投资增速、居民消费水平变动率、进出口总额变动率、财政收支变动率、工业用电量变动等。

(二) 金融信息

金融信息包括银行利率、汇率水平及其变动，货币政策导向及其变动，货币供应量与发行量的大小，央行票据回购、市场游资的充裕程度，通货膨胀水平及其变化等。应当注意的是，随着我国利率市场化改革的深入以及长期负利率格局的逐步改变，利率将真正反映资金的价格，利率变动对于以利差为主要利润来源的商业银行体系影响较大。

(三) 产业信息

产业信息包括国家产业政策的导向，鼓励与限制发展产业、行业、产品的目录，垄断性行业的禁入限制及其变动，外商投资行业的开放程度及其变动等。

(四) 财税信息

财税信息包括国家财政收支总量、结构与平衡状况，国债发行总量、期限与利率状况，税种、税目、税率、减免税政策及其变化状况等。一般而言，国债的大规模发行将造成市场资金分流，利空股市。中国股市作为全球证券市场中交易费用较高的市场之一，降低证券交易税将利好中国股市。

(五) 国际经贸信息

国际经贸信息包括全球市场的供求信息、价格信息（尤其是大宗商品价格变动信息）、关税水平及其变动信息等。

(六) 改革信息

经济体制转轨之时，经济体制改革的内容与重点、改革的推进力度、改革的发展态势尤其是企业改革及关联信息，都会不同程度地影响证券市场。例如，2012年3月28日，国务院批准设立"温州市金融综合改革试验区"，标志着我国民间金融机构合法化问题的解决。民间金融机构的发展有利于打破金融垄断格局，加强行业竞争，从而促进区域经济的发展。再如，2013年以来，以中国上海为首的多地自贸区的设立，对中国经济金融运行产生较大影响，相关上市公司股价涨幅较大。

二、微观经济信息

微观经济信息即公司信息，是影响单一证券价格变动的最直接的信息。微观经济信息主要包括以下几个方面。

(一) 招股说明书

招股说明书是反映公司股票发行的初步文件，也是募股公司向社会公众发出的认购其股票的邀请。一般情况下，投资者从招股说明书中可以了解以下信息：①公司名称、法定地址；②公司沿革、主要业务、经营业绩、资产规模及其构成；③公司募股资金的运用、风险和对策；④公司的组织结构以及董事、监事、高级管理人员简历；⑤公司本次发行股票的总额、类型、数量、每股面额以及发行价格；⑥股票发行的方式、发行对象；⑦证券承销商的名称、承销总量和承销方式；⑧盈利预测。

除此之外，投资者从招股说明书中还可以了解募股公司的资本形成过程、主要产品和种类、生产过程、质量状况、销售状况、财务状况、物业设备和募股公司拥有的权益及其主要利害关系人、发行股票所筹资金的运用计划、效益、风险分析等。另外，投资者还可以了解具有专业资格的机构对募股公司的资产评估报告和确认书、财务报告及其附注说明、重大合约和法律诉讼等事项。

投资者阅读招股说明书时，应重点关注以下内容。

(1) 募集资金的投向、建设期、投资回报率。这些内容与研判公司的成长性有密切关系。同时，判断公司盈利前景、挖掘炒作题材亦多基自于这些内容。

(2) 历年股利分配情况。投资者应关注公司上市前是否持续分红派息。

(3) 防止被"盈利预测"忽悠。事实证明，很多机构的盈利预测是不可靠的。机构对其发布的市场预测也不承担任何法律责任。

(二) 上市公告书

公司股票获准上市后，公司应在有关报刊上披露上市公告书。投资者从上市公告书中除了可以了解部分与招股说明书相同的内容以外，还可以了解以下信息：公司上市的日期和获准上市的批准文号；公司股票发行情况和股权结构；公司创立大会或股东大会有关上市决议的主要事项；公司董事、监事和高级管理人员的简况以及持股状况；持股一定比例以上的股东的情况；招股后资金运用状况、财务状况以及最近一年的预测报告；董事会的承诺；社会公众随时查询公司资料的联系人、联系地址、联系电话和图文传真号码；特别事项。

投资者阅读上市公告书时，应重点关注以下内容。

(1) 股本结构。股东持股比例较为接近，有可能产生股权之争，也是炒作题材之一。

(2) 公司董事、监事和高级管理人员的简况。董事长和总经理的个人履历和人脉关系尤其值得关注。

(3) 持股一定比例以上的股东的股票解禁时间和数量。由于原始股股东持股成本较低，股票一旦解禁、股东一般会卖出套现，进而导致股价下跌。因此，投资者应及早回避这类个股。

(三) 定期报告

定期报告，是指公司股票正式上市后，依据《中华人民共和国公司法》和《中华人民共和国证券法》的规定，上市公司必须定期制定和公告的报告。定期报告主要指公司的财务报告，包括季度报告、半年度报告和年度报告，以披露公司财务状况和经营业绩情况为主。投资者从公司定期报告中可以了解的信息包括以下几个方面。

(1) 公司基本状况。包括资本结构、组织系统、所属权益状况、从业人员状况等。

(2) 业务状况。包括主要产品生产和销售状况，新产品开发和重大事项状况等。

(3) 财务状况。包括经会计师事务所审计的资产负债表、损益表、现金流量表和利润分配表以及各项财务指标与上年同期的比较。

(4) 负债状况。包括银行贷款、企业债券状况、公司债务担保。债务担保情况及其分项数额、有关当事人、主要内容、起止时间等。

（5）业务展望。包括公司各类业务和各个投资方向的拓展与预期，对影响公司发展前景的重大因素的预测等。

（6）分红派息状况。

（7）会计师事务所的查账报告。

投资者阅读定期报告时，应重点关注以下内容。

（1）会计数据与业务数据摘要。投资者可通过公司的主要财务指标了解公司经常的基本情况。例如，每股公积金越多，转增股本的可能性越大、每股未分配利润越多，红利送股的可能性越大。

（2）股东人数情况。①股东人数变动情况。股东人数减少、人均持股数量增加，表明筹码趋于集中，存在机构控盘的可能；反之，筹码趋于分散，表明机构有出逃的可能。由于报表信息滞后（一般是在季度结束1个月后才能看到前一季度的报表，并且报表只反映年度末或季度末的时点情况），故投资者应依据股价走势综合判断机构真实动向；②前十大股东的情况和变化。若机构持仓较多并且重仓，然而股价不高，则该股可能有中短线潜力，不过投资者同样要考虑报表的滞后性并结合股价走势判断机构动向。若前十大股东均为实力机构，则该股股价往往表现平平，而前十大股东中实力机构较少或只有1—2家实力机构的股票一般比较活跃。

（3）董事汇报。包括公司主导产品在行业中的地位、公司重大财务变动、募集资金使用情况和项目进度、利用其他资金投资的项目、公司关联交易情况等。

此外，基金的定期报告也是投资者应予以关注的内容。一是关注基金重仓股（可能存在滞后性）；二是关注基金仓位。若基金仓位较重，并且股票指数已经处于较高位，机构投资者一般会考虑减仓，股票指数可能会滞涨或下跌。经验数据表明，当偏股型基金仓位达88%以上时，一般是大盘见顶的信号；三是依据基金投资组合判断基金的投资取向。此外，投资者也可从其他渠道了解基金管理制度与分配制度是否合理。

资料链接

投资者可以通过使用大智慧证券交易软件的F10功能键，了解上市公司的相关信息。

（四）公司的其他信息

1. 公司收购与合并信息
2. 新股发售信息和股票拆分信息
3. 临时性公告
4. 公司变更信息

公司变更信息包括公司章程变更；董事、监事等高级管理人员的人事变动；经营范围的变更；注册资本和注册地址的变更；会计师事务所和法律顾问的变更；组织框架的撤并、下属公司的设立、兼并或破产情况；影响公司生产经营的重大合约的签订与变更等。

三、交易信息

交易信息，是指在证券交易中产生的信息，主要包括以下3个方面的内容。

1. 证券交易所发布的信息

证券交易所发布的信息包括证券的开盘价、收盘价、最高价、最低价、成交量、市盈率；证券的价格指数、成交金额等。

2. 市场指标

市场指标包括 n 日均价（均线值）、随机指数、乖离率、相对强弱指标、腾落指数、能量潮、涨跌比率、人气与买卖意愿指标等。

3. 中介机构发布的信息

中介机构发布的信息包括各个中介机构调研部门发布的个股的投资价值分析报告，板块（区域或行业）的投资价值分析报告等。

投资者进行证券投资时，必须对社会经济活动、行业发展、公司经营状况以及市场交易状况进行分析，注意搜集整理各类信息。上述各类信息的主要来源包括：

（1）政府机构公布的有关经济、金融行业的统计资料和相关政策。国家综合统计系统、各部委专业统计系统定期公布的经济运行和社会发展方面的统计资料；中国人民银行公布的有关货币、外汇、利率的信息；政府各个部门出台与调整的相关政策信息等。

（2）金融咨询服务机构、证券公司调研部门提供的金融信息和投资信息。这类机构一般拥有专业的分析人员，既对经济、行业、区域、公司进行分析，又对某一具体证券的市场表现作出评价，并依托自身的专业优势和先进设备进行信息处理，定期公布市场指标（例如，乖离率、相对强弱指标、动向指标等）。但是，投资者在使用这些信息资料时，应保持审慎的态度。

（3）证券交易所发布的即时行情以及上市公司提供的各种信息。

第二节 宏观经济分析

宏观因素是影响证券市场长期运行态势的基本因素。宏观因素的涉及面广、作用力持久，是证券投资者必须关注的重要事项。影响证券市场的宏观因素主要包括政治因素、经济因素和市场因素。

一、政治因素

政治因素是影响证券价格波动的国内外政治活动的总称。其主要内容有：国家之间政治关系的变化、外交政策的改变、一国的政局变动、政治领导人的变故以及战争等。政治上的变化必然引起经济上的变化，从而改变投资者对证券价格的预期，进而对证券市场的供需关系产生影响。例如，西方的总统选举，由于不同政党的施政纲领不同，有可能改变已有的经济格局。投资者认可的政党候选人胜选，将刺激证券市场价格上升；反之，则可能导致证券市场价格下跌。

二、经济因素

经济因素是证券投资分析的主要内容，主要包括经济增长、经济景气状况、收入水平、经济政策、国际收支状况等内容。

(一)经济增长分析

经济增长,是指一国实际经济产品与劳务总量在时间上的增长或增加。一般采用 GDP 或 GNP 作为衡量经济产品与劳务的总量指标。测定经济增长程度的统计指标通常有增长率与平均增长率 2 种。

国家经济发展只有保持一定的增长速度,才能提高本国人民的生活水平、增强本国的综合国力、提升本国在世界经济中的地位。一般情况下,一国国内(国民)生产总值增长迅速,说明该国经济发展较快,经济整体运行平稳,大多数企业(含上市公司)的生产经营状况良好,企业的盈利水平上升,投资收益率提高,进而引起投资者看好证券价格的未来走势。经济增长速度以多少为宜并没有固定标准。不同国家有不同的国情,同一国家存在不同的发展阶段。因此经济增速的快慢亦没有一定之规。从促进经济增长的因素分析,有劳动贡献、资本贡献和科技进步贡献比例不同的区别。一般来说,经济增长速度既与本国国力相符,又能够保持本国国民经济持续稳定协调发展的,就可以认为是适宜的增长速度。经济超高速增长的代价,可能是未来若干年的经济低位徘徊。同理,在激烈竞争的国际经济环境中,如果一国的经济增长速度过低或长期徘徊,就会丧失发展良机,相对削弱综合国力。

(二)经济景气分析

经济运行具有周期性,从经济繁荣到衰退,再到复苏,再繁荣,周而复始。国民经济的景气与否直接影响该国上市公司的经营状况,进而影响该国证券市场中证券价格。反映经济景气状况的指标包括经济增长率、通货膨胀率、失业率等。经济增长率反映的是一定时期内经济水平的变动程度。较高的经济增长率可以促使证券价格上升。但是,过高的经济增长率容易造成泡沫经济,进而政府会因担心过热的经济带来总需求膨胀、通货膨胀等问题而采取紧缩政策。政府采取的这些紧缩政策将对证券价格产生不利影响。一般情况下,经济的发展伴随着一定的通货膨胀。适度的通货膨胀有利于刺激消费,拉动社会总需求,优化社会资源配置。但是,过高的通货膨胀则会造成社会商品价格信号的严重扭曲,容易引发泡沫经济,进而对国民经济造成严重影响。当经济繁荣时,失业率下降,劳动力就业较充分,人们有较多收入用于投资;当经济衰退时,失业率上升,社会可支配收入将减少,人们用于投资的资金也将减少。

对经济景气变动预期一般可采用扩散指数分析。如上所述,经济波动具有周期性,它的变化是有一定规律性的,而且必然会通过一定的经济指标的变化反映出来。这些指标称为敏感性指标,通常按周期循环的时间性区分为 3 类,即先行指标、同步指标和滞后指标。

先行指标,是指相对于国民经济周期波动,在时间上领先的指标。例如,某指标达到高峰或跌入低谷比国民经济周期早若干个月,那么该指标就属于先行指标。先行指标可以预示未来年份的经济情况。先行指标包括货币政策指标、财政政策指标、劳动生产率、消费支出、住宅建设、商品订单等。

同步指标,是指代表国民经济周期波动特征的指标。这类指标的转折点大致与国民经济周期的转变同时发生,它们并不能预示未来,而是说明国民经济正在发生的情况。同步指标主要包括实际的国民生产总值、公司利润率、工业生产指数和失业率等。

滞后指标,是指相对于国民经济周期波动,在时间上落后的指标。例如,某指标到达高峰或谷底均比国民经济周期的高峰或谷底滞后若干个月,则称该指标为滞后指标。滞后指标主要包括优惠贷款利率、存款水平、资本支出和商品零售额等。

经济指标虽然可以预示经济的走势，但也可能出现不同的指标指向不同预期方向的情况，就会产生如何确定整体经济走向的难题。例如，若先行指标中的一部分向上变动，另一部分向下变动时，整体经济形势是向上变动还是向下变动？为解决这类问题，需要编制一个复合指数（又称扩散指数），以综合不同类型指标后得出总体的变动方向。扩散指数的计算方法是将呈上升的敏感性指标赋值为1，将持平的敏感性指标赋值为0.5，将下降的敏感性指标赋值为0，利用以下计算公式得出。

扩散指数（DI）＝〔（上升的敏感性指标数目＋持平的敏感性指标数目×0.5）÷敏感性指标总数〕×100

在实际计算中，扩散指数的时间间隔为1个月、6个月、9个月不等。较长的时间间隔有利于突出短期波动的趋势。通常情况下，扩散指数是将先行指标、同步指标、滞后指标分别计算的，即得出先行扩散指数、同步扩散指数和滞后扩散指数。

依据扩散指数数列可以对经济景气状况（即经济波动状况）进行分析。一般情况下，将扩散指数数列的波动分解为以下4个阶段进行分析。

（1）当 $0\% < DI < 50\%$ 时，即上升的敏感性指标小于50%，但扩张因素在不断生长，收缩因素在逐渐消失，经济形势在向扩张方向运动。这时，经济运行处于不景气空间的后期，即经济复苏阶段。

（2）当 $50\% < DI < 100\%$ 时，经济形势发生了重大转折。当上升的敏感性指标大于下降的敏感性指标时，经济处于景气空间前期。随着 DI 向100%不断趋近，经济运行的热度越来越高，即进入经济繁荣阶段。

（3）当 $100\% > DI > 50\%$ 时，上升的敏感性指标仍然大于下降的敏感性指标，但是扩张率在不断下降。这时，经济处于景气后期。由于在经济运行中有些变量已经达到峰值，正在走下坡路，所以整体经济扩散系数正处于下降阶段。

（4）当 $50\% > DI > 0\%$ 时，经济运行中的力量对比又一次发生重大转折，上升的敏感性指标小于下降的敏感性指标，经济面临全面收缩，经济形势进入新的不景气阶段。

根据上述扩散指数变化的4个阶段的特征，投资者不仅可以通过历史比较分析经济波动扩张和收缩过程的规律性，即扩张过程中的时间特征及其与总量之间的数量关系，而且可以分析国民经济活动的主要方面、主要因素在扩张中的作用，在此基础上，预测未来经济形势的变化趋势和范围特征等。由于经济景气变动会引起证券价格变动，投资者可以利用扩散指数预测经济景气变动，把握变动的转折点，并以此作为投资决策的基本依据。

（三）收入水平分析

广义的收入水平包括国民生产总值、国民收入、财政收入、人均国民收入和个人可支配收入等指标。收入水平的高低直接影响证券市场的发展规模和证券价格。一国国民生产总值与该国证券市场的规模存在有机联系。在国际证券市场上，发达国家上市公司股票的市值基本与国民生产总值的比例持平，发展中国家的该比例可达30%以上。财政收入和个人可支配收入分别反映了公共部门和私人部门可用于支出的水平。财政收入可通过增加基础设施投资规模拉动需求，促使经济持续增长；个人可支配收入是证券市场潜在的资金来源。一般而言，一国收入水平越高，投资需求就越大，证券市场的资金供给也就越有保障。

（四）经济政策分析

经济政策，是指一国政府在经济发展的不同时期采取的一系列以促进经济发展为宗旨的政策和措施。在经济萧条时期，政府统统会采取宽松的货币政策和财政政策刺激经济，拉动社会总需求。例如，调低存款准备金比例、调低央行再贴现率、投放货币、降低税率、增加对公共部门的投资支出等。国民经济受此影响会加快发展速度，证券市场也因资金宽裕而相对活跃。而在经济过热时期，政府则往往会采取紧缩的货币政策和财政政策抑制过旺的市场需求，迫使经济降温，放缓经济增长速度，证券市场受此影响，也会呈现出低迷的态势。

(五) 国际收支政策分析

国际收支状况反映了国际间因经济往来形成的货币支付。国际收支政策分析的主要内容包括经常性项目和资本项目。一般来说，一国的国际收支出现较大逆差，会对该国经济产生以下影响：一方面，导致该国货币贬值、利率上升、资金短缺等情况，使国民经济增长放缓，对证券市场也会产生负面影响；另一方面，该国政府可能因此采取一系列放宽外国资本流入的举措以吸引外资，缓解该国货币市场的资金短缺。当一国的国际收支连续大幅顺差时，如果对这部分收支顺差的资金缺乏正确疏导，可能会对该国证券市场造成较大冲击，从而引发金融危机。

三、市场因素

影响证券价格的市场因素较多，以下主要从证券供需、通货膨胀和投资主体行为的角度进行分析。

(一) 证券供需分析

证券价格是供需相对平衡的均衡价格，受供需关系的制约。供给大于需求，价格下跌；反之，价格上升。资金供给和证券供给两者的变动都会影响证券价格。

1. 资金供给

证券市场资金根据流入状况可划分为存量资金和增量资金。存量资金，是指滞留在场内的资金，其影响证券价格的能力有限。增量资金，是指潜在的入场资金，是对存量资金的补充，是证券市场行情的动力。一般情况下，当市场受到利多消息刺激时，投资者往往看好后市，增量资金会入场，推升证券价格；而当市场受到利空因素影响时，投资者往往看淡后市、抽资离场，造成证券价格下跌。

证券市场资金还可划分为国内资金和国际资金。国内资金，是指本国投资者的资金，其入场与否以及入场资金的多寡取决于该国的经济实力、个人收入的水平、证券市场的投资环境以及证券投资收益率的高低。国际资金，是指海外投资者的资金，其入市与否取决于证券市场所在国的国际地位、金融自由化程度、证券市场交易体制的完善程度（例如，有无对冲交易机制等）、证券市场总体的投资价值。当前，海外资金借道沪股通、深股通进入沪深市场（俗称"北上资金"）往往对我国股市具有引领作用。

2. 证券供给

证券供给包括原有证券流通和新增证券上市。对证券市场影响较大的是新增证券上市，其影响程度取决于以下因素：①市场规模。当新上市证券的市场规模较小时，其对市场的资金压力极大，容易引起证券的总体价格下滑。当新上市证券的市场规模达到一定程度时，个别新上市证券对市场的影响力就会减弱；②证券上市频率。如果证券上市以较快节奏进行，市场承受能力下降，就可能对证券市场造成负面影响；如果根据市场的承载能力稳步推进证券上市，则对证券市场的负面影响较小；③存量资金的多寡。当证券市场上的存量资金较少时，证券上市会对原来的价格体系造成较大的冲击；反之，则影响减小；④证券上市的价格定位。如果证券上市定价过高，容易造成原持有者获利兑现，资金抽离市场的压力加大，从而造成证券价格下跌；合理的价格定位能够有效地锁定证券，减轻证券市场的抽资压力，对证券市场整体价格的影响较小。

(二) 市场主体行为分析

市场主体可划分为机构投资者和个人投资者。机构投资者由于动用资金数额巨大，投资方向相对集中，对证券价格乃至整个证券市场都会产生举足轻重的影响，是证券市场中的绝对主力。了解机构投资者的投资思路、操作方式将有助于提高个人投资者的投资质量。

证券投资重在顺势而为。所谓的"势"，与证券市场主流的行为有关。正确地把握市场主流可从捕捉市场"热点"或"龙头"着手。股市中，每一次行情都会有一个凝集市场人气的"热点"。大量资金涌向"热点"，使"热点"证券的价格大幅上升，进而成为"龙头"板块，带动整个股市走高。例如，2020年，我国创业板市场上芯片科技股、5G概念股成为"热点"，从而使创业板指数（代码：399006）连创新高。可见，在行情启动初期捕捉"热点"，能够收到事半功倍之效。一方面，投资者可以从专业报刊上通过政策和舆论导向发掘潜在的"热点"；另一方面，投资者可以从证券交易所公开的交易信息（例如，涨幅前五名、成交量前五名等）中挖掘"热点"，并注意"热点"的转换。一旦"热点"冷却，往往预示行情结束。此时，投资者应尽早离场。

(三) 通货膨胀影响分析

通货膨胀，是指一般价格水平的持续上涨过程。通货膨胀对证券行情（尤其是股票市场价格）的影响较为复杂。以下主要从通货膨胀的作用机制和治理通货膨胀的政策方面加以分析。

1. 通货膨胀影响证券市场行情（尤其是股价涨跌）的作用机制分析

在温和通货膨胀的初始阶段，企业消化原材料等价格上涨因素的能力较强，同时又能利用人们的货币幻觉提高其产品价格，在一定程度上可以刺激生产与消费，增加企业盈利，促使股市行情的上扬；但随之而来的通货膨胀将导致企业的生产费用不断提高。当企业无法通过涨价或内部消化加以弥补时，必然导致企业经营业绩的恶化。投资者往往会因此对股票投资失去信心，股市行情随之下滑。一旦投资者对通货膨胀的未来态势产生持久的不良预期，股价暴跌将在所难免。

2. 治理通货膨胀的政策手段分析

经济发展的一般规律显示，经济增长与通货膨胀总体上呈同向运行态势。因此，保持较高的经济增速和抑制通胀成为经济运行中的一对主要矛盾。经济增速过快，通胀压力加重；抑制通胀又不可避免地影响经济增长。一般来说，在经济发展过程中，若通胀上升过快，为保持经济的健康发展和维护社会的稳定，国家往往会出台收缩银根的政策内容。收缩根据的政策措施包括削减固定资产投资、提高利率、控制货币供应等。这种资金供给与运行的紧缩导向，会造成股市"失血"与"出血"的效应，导致股价的跌落。反之，通胀见顶回落之后，国家为促进经济发展往往会推出以放松银根为主要内容的政策措施，这时可能是股票的买入时机。

因此，对通胀变动的正确预期，成为投资者进行投资决策的又一基本依据。测定通胀的主体指标是通货膨胀率。通货膨胀率，是指一定时期内价格指数的增长率，它可以反映通货膨胀的变动幅度与变化趋势。通货膨胀率的计算公式为：

通货膨胀率 =（报告期价格指数÷基期价格指数）×100% − 100%

目前，全球大部分国家（和地区）都采用这种方法测定通货膨胀的变动情况。至于采用何种价格指数进行测定，各国则存在差异。一是采用PPI。PPI反映了不同时期商品流通过程初始阶段的价格水平及其变化，因而对经济周期变动较为敏感，便于对通货膨胀进行早期诊断和预期警报；二是采用CPI。CPI与生活费用价格指数一致，反映了人们为日常生活购买商品和劳务的价格水平及其变化。CPI的倒数是货币购买力指数，用以反映价格上涨后货币的贬值程度。货币购买为指数是政府制定和调整工资、福利等政策的主要依据。全球大部分国家（和地区）以此测定通货膨胀。

不同类型的投资者侧重于采用不同的价格指数测定通货膨胀。通过对通货膨胀的把握，投资者决定证券投资的时机和投资策略的选择。长期投资者往往侧重于依据生产者价剧价格指数作出分析判断，短期投资者往往侧重于采用居民消费价格指数分析通货膨胀的变动情况。

案例分析

中国股市的"牛短熊长"

股市是经济的晴雨表。然而，2001—2005年，中国经济虽然呈现"高增长低通胀"的发展态势，国内外政治形势也较为稳定，但是上证综指却从2245点跌至998点。类似情况还发生在2008年。2008年，西方国家经济危机和金融危机严重，但多个股指经历短暂下跌后创出历史高点。反观中国股市，2008年之后的5年，尽管中国政府出台了不少政策措施稳定股市，但上证指数从6124.04点下跌至1664.93点，并长期徘徊在3000点左右，绝大多数投资者亏损严重。2014年6月—2015年6月，中国宏观经济运行总体平稳，上证综指上从2045点涨至5178.19点（出现在2015年6月12日），但其后又经历了长达5年的下跌。值得关注的是，中国在2015—2020年并没有发生严重的经济危机，CPI也处于可控范围之内，充其量只是经济增速放缓，但股指却跌跌不休。这一时期，不少媒体间或发布中国经济不景气的报道，导致人们担心西方经济危机扩散影响中国经济，增加了市场的悲观预期，造成股指下跌。然而，危机发源地的美国股市在这一时期却连创新高？调查显示，70后的中国股民对中国股市的信心濒临耗尽，而中国大多数的80后、90后对股票投资缺乏兴趣，中国股民队伍面临"后继乏人"的窘境。

问题：

中国股市运行为何与经济运行基本面不相关甚至负相关？

第三节 行业分析

行业分析，是指对某一特定行业或产业进行分析的方法。行业分析有助于投资者把握最有投资价值的成长性公司。行业分析的内容包括行业的生命周期、行业的景气变动、政府的产业政策等。

一、行业分类和特征

（一）行业分类

行业分类，是指对构成国民经济的各类不同性质的生产经营活动，按一定的标准进行分解和组合，划分成不同层次的产业部门。行业分类是研究国民经济结构的前提，是进行国民经济统计分析的基础。产业分类统计提供的有关劳动就业、生产经营成果、收入分配、投资、消费等各个方面的数据，是研究产业经济活动、产业部门之间的相互关联和制约关系、实施国民经济宏观调控与决策的重要依据，也是证券投资决策的主要依据之一。

根据2017年6月发布的《国民经济行业分类》（GB/T 4754-2017），我国国民经济可划分为20个门类①，包括农林牧渔业；采掘业；制造业；电力、煤气及水生产和供应业；建筑业；批发和零售业；交通运输、仓储和邮政业；住宿和餐饮业；信息传输、软件和信息技术服务业；金融业；房地产业；租赁和商务服务业；科学研究和技术服务业；水利、环境和公共设施管理业；居民服务、修理和其他服务业；教育；卫生和社会保障工作；文化、体育和娱乐业；公共管理、社会保障和社会组织；国际组织。

按上市公司所属行业不同分别计算股价指数、成交额、平均市盈率等指标，能够更好地反映证券市场的活动变化，为投资者提供有益参考。例如，美国道·琼斯股价平均数将样本股票划分为交通运输业、工业和公用事业3类；中国香港恒生指数将样本股票划分为金融业、公用事业、地产业和其他工商业4类；中国上证综合指数将全部股票划分为金融、地产、公用事业、工业、商业等大类。

（二）行业的特征分析

1. 行业的竞争程度分析

根据国民经济各个行业中的企业收益、产品属性、价格决定机制等因素，可将国民经济各个行业划分为完全竞争行业、不完全竞争行业、寡头垄断行业和完全垄断行业4种类型。

（1）完全竞争行业。完全竞争行业的特点是企业数量多，各个企业生产的产品具有同一性特征，行业的准入门槛较低，即对劳动力、资金、设备、技术等要素的要求标准低。因而，完全竞争行业的产品价格、企业利润主要取决于市场供求关系。这也决定了完全竞争行业经营业绩波动较大，股票价格受此影响波动也较大，投资风险相对较高。

（2）不完全竞争行业。不完全竞争行业的特点是企业数量较多，虽然各个企业生产的产品具有同一性特征，但在质量、服务、特性以及由此产生的品牌上存在一定程度的差异。因而，属于不完全竞争行业的企业的产品价格在市场平均价格的基础上存在一定程度的差异，企业利润受产品品牌、质量、服务、特性等因素的影响。这一特征也决定了处于不完全竞争行业中的企业分化较大。那些生产规模大、质量好、服务优、品牌知名度高的企业，在同行业中具有较强的竞争力，经营业绩一般较好并且相对稳定，投资风险相对较小。

（3）寡头垄断行业。寡头垄断行业的特点是企业数量很少，行业内各个企业生产的产品具有同一性并且相互替代性强，但行业的准入门槛较高。一般属于资金密集型或技术密集型产业，往往由于资金、技术等因素限制新企业的进入。因而，寡头垄断行业中的个别企业对其产品价格有较强的控制力。

---

① http://www.stats.gov.cn/tjsj/tjbz/201809/P020181204357029428548.pdf.

(4) 完全垄断行业。完全垄断行业的特点是由独家企业生产经营，产品价格和市场也由独家企业控制。完全垄断行业主要是指公用事业部门（例如，电力、煤气、自来水），其产品是社会生产、人民生活不可缺少的，但又具有高度垄断性。政府为稳定社会生产和人民生活，通常对完全垄断行业产品价格的确定和变动采取较严格的限制。

事实上，大部分行业具有不完全竞争与寡头垄断的特征。一般来说，竞争程度越高的行业，其产品价格与企业利润受市场供求状况的影响越大，因而投资风险较大；垄断程度越高的行业，其产品价格和企业利润受企业自身和政府控制的程度越高，因而投资风险较小。

可见，行业的竞争程度决定了证券投资的风险大小。投资者在选择投资对象时，为规避风险宜向竞争程度相对较低（即行业集中化程度高）的行业倾斜。行业集中化包括以下两层含义：一是指骨干企业的规模大，即行业的绝对集中；二是指骨干企业在整个行业规模中的比重增大，即行业的相对集中。

2. 行业的生命周期分析

每一个行业从兴起到衰退都须经历初创、成长、成熟和衰退 4 个时期，这一演变过程被称为行业的生命周期。行业生命周期的不同阶段表现出不同的特征。

(1) 初创期。在行业初创期，新产品处于开发研制过程中，没有形成批量生产能力。此时，产品的生产成本高，销售额少，创利微薄甚至亏损。从整个行业来看，一部分企业因巨额亏损而倒闭，一部分企业渡过难关生存下来。对投资者来说，投资处于行业初创期的企业具有非常大的风险，但是一旦成功，投资回报也相当丰厚。因此，这类企业更适合投机者而非投资者。风险投资基金购买属于行业初创期的企业的股权，目的是获取企业成长后的高额回报。

(2) 成长期。在行业成长期，生产技术日臻成熟，生产成本降低，市场需求日益扩大，整个行业的产销量和利润率迅速上升，引来其他行业纷纷涉足。行业规模的迅速扩大使行业内部竞争加剧。在行业发展的这一时期，属于这类行业的公司的股价受到利润增长的推动，上升幅度很大，但由于竞争激烈，仍有不少企业被淘汰。在行业成长期，企业的持续成长具有可预测性。由于受不确定因素的影响较少，处于行业成长期的企业业绩波动也较小。此时，投资者因投资对象经营失败造成投资损失的可能性大大降低。因此，投资者分享行业成长带来的收益的可能性大大提高。但是，投资者应倾向于选择已经占有一定市场份额的企业进行投资。

(3) 成熟期。在行业成熟期，市场渐趋饱和，行业增长速度达到一个更加适度的水平，行业内的竞争随着企业兼并、倒闭而逐渐演变成垄断。一部分企业占有了行业的大部分市场份额，企业利润也因垄断达到了较高水平。处于行业成熟期的企业的股价呈现持续上升态势。然而，投资者很难在短期内识别出行业何时进入成熟期。一般情况下，在行业刚刚步入这一阶段时，大多数投资者便表现出希望收回资金的倾向。

(4) 衰退期。在行业衰退期，由于一些效用更好的替代行业的兴起，原有行业的市场份额逐渐缩小，销售额直线下降，利润大幅下滑，一些企业开始着手撤出行业，另一些企业则通过技术革新延长产品的寿命。此时，处于衰退期行业中的企业的股价开始下跌。投资者应尽量规避投资这类行业。

3. 行业的景气变动分析

每一个行业都会不同程度地受到经济景气因素的影响。但是，并不是所有的行业都与经济景气因素密切相关。一般来说，生产资料的生产、耐用消费品的生产、奢侈性消费品的生产受经济景气因素变动的影响较大。相应地，这类行业的股票被称为周期性股票。一般生活必需品的生产、必要的公共服务的提供则与经济景气因素变动的关联较小，社会公众对这类产品的需求相对稳定，属于这些行业的上市公司盈利水平也相对稳定。由于这类上市公司经营业绩不会因经济景气变化出现大幅度波动，这类行业的股票被称为防守性股票。

受经济景气变动影响较大的行业，会形成行业的景气循环。当经济繁荣时，行业表现为景气；反之，则表现为不景气。同时，行业自身也具有一定的景气变动规律，这是由影响行业景气变动的各种因素决定的。行业景气循环处于不同的阶段，行业内上市公司的股票价格会受到相应的影响。当行业景气时，股价上升；反之，则股价下跌。

分析经济景气与行业的关系，有助于投资者进行证券投资时机和投资对象的选择。例如，行业景气阶段，投资者应选择周期性股票；行业不景气阶段，投资者应选择防守性股票。分析行业景气循环与总体经济景气循环的关系（即领先、同步与滞后的特征），有助于投资者在经济景气循环的不同阶段选择不同行业的周期性股票。例如，经济步入低谷后，最先复苏的行业通常为建筑业和房地产业，紧接着往往是商业和轻工业；经济高涨后，随着宏观调控政策的出台，首先出现停滞的行业往往是建筑业和房地产业。

相关链接

登录中国行业研究网（http://www.chinairn.com），了解中国各个行业的最新发展动态和研究报告。

二、产业政策导向分析

产业政策是各国政府对本国经济的发展制定的中长期发展规划。在经济发展的不同时期，政府会采取不同的产业政策，即通过制定一系列的产业结构政策和组织政策，重点扶植若干个支柱产业，以此带动整体经济发展。一般而言，政府对鼓励发展的行业往往在税收、融资方面出台优惠政策，以保证这些行业的优先发展。属于这些行业的公司的股价也会因此而看涨。对于一些政府限制发展的行业，税收、融资方面的重重管控将影响行业的扩张，属于这些行业的公司的股价往往上涨乏力。因此，投资者在选择投资对象时，应优先考虑政策倾斜的新型产业。

（一）产业政策分析

产业政策作为国家整个宏观经济政策体系的重要组成部分，是国家根据一定时期国民经济发展的内在要求，通过各种直接、间接政策手段，调整产业结构和产业组织形式，引导和促使产业部门的均衡与发展，实现一定经济发展阶段战略目标的经济政策。产业政策一般包括产业结构政策、产业组织政策、产业技术政策和产业布局政策等。其中，产业结构政策、产业组织政策为其基本内容。当产业政策向某一行业、某类产业组织倾斜时，国家通常会配合实施相关的财政政策和货币政策。这时，该行业或产业组织往往会获得财政投资、税收、信贷、进出口等方面的扶持。这些政策措施会使这类行业或产业组织的利润水平上升，投资收益率提高，从而属于这类行业或产业组织的企业的股票价格将出现上扬。相反，如果国家要限制某类行业的发展，就会动用相应的经济杠杆控制其发展，则属于这类行业的公司前景堪忧。正因如此，国家鼓励发展的高新技术产业（例如，微电子、生物技术、新材料、人工智能等）具有较高的成长性，已成为中国证券市场中的热门板块。

> 提示：关注中国（上海）自由贸易试验区、中国（福建）自由贸易试验区、中国（海南）自由贸易试验区的各项政策和改革措施，寻找相关受益行业和上市公司。

（二）优势产业分析

优势产业分析主要是通过统计指标分析哪些产业在未来经济发展中具有较大的发展潜力，可能占有较大的市场份额。优势产业分析，既可以帮助投资者在国家产业政策导向下选择具体的投资行业，又可以帮助投资者扩大可供选择的产业领域。在相同的市场和政策环境下，优势产业的利润水平较高，投资收益率较高，相应其股价也较容易出现上涨。据以判断优势产业的主要统计指标主要包括以下3种。

1. 需求收入弹性

需求收入弹性，反映的是某一产业的社会需求量变化对国民生产总值变化的敏感程度，即单位国民生产总值的变化将引起该产业需求量的变化程度。一般来说，一个产业部门要发展，必须以它的产品有市场需求为前提条件。需求收入弹性就是从需求方面反映某一产业的潜在市场容量。需求收入弹性高的产业部门，投资价值也较高。

2. 生产率上升率

一般来说，生产率上升较快的产业，技术进步的速度也较快，其生产成本下降也较快，在竞争中具有较大的优势。因而，这类产业部门的投资价值较高。

3. 比较劳动生产率和比较资金产出率

如果说生产率上升率是从时空角度对不同产业的发展动态进行比较，那么比较劳动生产率和比较资金产出率则更直接地显示了不同产业的劳动生产率与资金产出率的差异。一般来说，比较劳动生产率和比较资金产出率高的产业在经济发展中要领先于其他产业，即这类产业的投资价值相对较高。

第四节 公司分析

公司分析是通过对公司的文件、公告及其财务报告等资料对公司进行系统、全面地分析，从而判断公司股价是否被正确定价，进而作出投资决策的分析方法。公司分析可划分为运作分析和财务分析2个部分。

一、公司运作分析

公司运作分析一般包括公司的管理能力分析、竞争能力分析、经营业绩分析、重大事项分析等。

（一）管理能力分析

首先，公司的管理能力分析需分析公司的法人治理结构是否完善。其主要内容包括：公司的股权结构是否合理、有无大股东操纵可能，是否建立了健全有效的权力制衡机制，公司的独立董事、监事是否尽职；其次，公司的管理能力分析需分析公司决策层的综合素质。其中，分析的重点应放在公司主要领导上，包括主要领导的经历、社会关系、专业知识、办事能力、股权数量等；再次，公司的管理能力分析需分析公司经营管理机构的运作效率。例如，各个部门管理人员的业务素质、协调能力、指挥调度能力等。值得注意的是，具有能力较强的中层管理队伍是公司决策得以实现的保障。

（二）竞争能力分析

对公司的竞争能力分析可以从公司在行业中所处的地位着手。竞争能力分析可以进行同行业比较，也可以依据公司在行业中所占的市场份额进行分析。竞争能力分析的内容包括资本规模、市场份额、技术水平、产品研发能力等。资本规模大、市场占有率高，反映出公司在行业中的地位重要。这样的公司在激烈的市场竞争中往往处于有利的地位。技术水平高、产品研发能力强，意味着公司的竞争能力突出。

（三）经营业绩和成长性分析

公司经营业绩是评估投资价值的重要依据，是公司综合竞争力的具体表现。经营业绩分析的内容包括经营业绩的现状分析和预期分析。

1. 以往年度利润分析

对以往经营年度的利润分析包括以下2个方面：①考察公司的利润增长情况。例如，利润的增长额和增长率；②分析公司利润的构成及其稳定性。公司利润主要来源于主营业务收入和投资收益。一般而言，主营业务收入较为稳定。投资收益包括实业投资收益和证券投资收益。其中，证券投资收益受证券市场波动的影响较大，具有较大的不确定性并且缺乏持续性。基于证券投资收益在个别年份可能使公司利润出现较大变动，投资者应重点关注主营业务利润率和投资收益占比。

2. 未来年度利润预测

对公司未来经营年度的利润预测是建立在企业现有经营规模基础上，并结合未来年度的市场需求、公司新投资项目的投产情况等因素综合分析得出的结论。首先，对原有产品销售额、单位产品的成本变动趋势进行预测。常用的方法是回归分析。如果公司的市场份额不断扩大、成本逐年下降，说明公司利润的增长潜力较大；其次，对新增投资项目的经济效益进行预测。例如，对项目的生产能力、单位产品利润进行预测，用以测算公司未来年度的利润。现阶段，我国上市公司内部治理结构存在较大问题，管理层行为短期化现象普遍存在，相关数据随意性较大，存在利用"四项计提"调节利润的情况，投资者预测企业利润较为困难。

3. 成长性分析

公司是否具有良好的成长性将影响公司在行业和区域中的地位，是投资者应重点关注的投资要素。衡量公司成长性的主要指标包括总资产增长率、股东权益增长率、销售收入增长率、主营利润增长率、税后利润增长率等。投资者在衡量公司成长性的基础上，还应进一步分析公司成长的基本特征，以准确把握上市公司的发展前景。公司成长的基本特征主要包括：公司所处生命周期的阶段；增长成因是偶然还是必然，属于内涵型还是外延型；竞争手段以新颖型为主还是以传统型为主；影响公司发展的因素以政策性因素为主还是以市场性因素为主等。普通投资者一般难以把握或只能大致推断公司的成长性，但对于拥有自主知识产权、核心技术或自主定价权的公司，其成长性值得重点关注。

(四) 公司重大事项分析

公司重大事项主要包括公司章程的修改、财务制度的重大变更、税负和税率的变化、重大经济合同的签订、法律诉讼案件、公司股本变动、利润分配政策的变化、对外投资事项、主要的筹资手段等。对公司披露的重大事项，投资者应逐项进行分析，找出这些事项与公司经营之间的内在联系及其影响程度，进而研判公司股价的走势。

二、公司财务分析

(一) 财务分析的目的和主要依据

财务分析是运用适当的方法对公司的财务报表及其有关资料中的数据进行分析，从而对公司经营现状（例如，运营能力、偿债能力、获利能力、成长能力）进行评估，进而预测公司未来发展前景的分析工具。

公司财务分析的主要依据是上市公司定期公布的财务报表，即资产负债表、损益表和现金流量表。

(二) 财务分析的方法

1. 比较分析法

比较分析法是对同一时间范围内同类指标的不同空间进行比较，用以揭示问题、找出差距的一种分析方法。根据财务分析评价基准的不同，又可将评价指标实际达成水平同预算指标进行比较，亦可将评价指标与行业、区域、国家乃至国际同类指标的平均水平（或先进水平）进行比较。前者主要反映了该财务指标的预算完成情况，后者主要反映了公司的财务状况相较于行业、区域、国家乃至国际水平的优势和差距。

在运用比较分析法时，必须注意对比指标的可比性，必要时应剔除不可比因素。

2. 比率分析法

比率分析法是将公司财务报表和其他有关资料的相关项目进行对比，得出一系列财务比率，以此揭示公司的财务状况和经营成果的一种分析方法。公司财务分析评价主要以各种财务比率为基础。根据财务分析的目的不同，可将各种财务比率组合成不同的分析评价指标体系，通过分析不同的分析评价指标体系透视公司财务的不同侧面。

由于财务资料本身存在的局限性，在运用各种财务比率指标的过程中必须充分注意其可比性，尤其是要设法剔除通货膨胀、突发事件、偶然因素以及不同会计处理方法的影响。

3. 趋势分析法

趋势分析法是对同一空间范围内同类指标在不同时间的变化的比较，揭示其变动的原因、性质，并由此预测未来趋势的一种分析方法。

根据财务分析评价指标的性质差异，趋势分析法可划分为绝对数趋势分析和相对数趋势分析。前者主要通过编制连续数期的财务报表，并将有关项目并行排列，比较绝对数指标的变动幅度，以说明企业财务状况与经营成果的发展变化（例如，比较资产负债表、比较现金流量表）。后者主要对财务比率这一相对数指标的变化趋势加以分析。

根据比较的基数差异，趋势分析可划分为环比趋势分析和定基趋势分析。

4. 因素分析法

因素分析法是将某一综合性经济指标分解为具有内在联系的若干因素指标，并采用连续替代的方法，从数量上测定各个因素指标对该经济指标差异影响程度的分析方法。

分析指标分解为具有内在联系的若干因素指标并采用连续替代的方法时，应注意替代性的顺序。当因素指标中有数量指标或质量指标时，应将数量指标放在第一位，质量指标则按其经济意义顺序排序，以保证分析结果的唯一性。

5. 杜邦分析法

杜邦分析法是美国杜邦公司首创的一种财务因素分析系统，它是一种从股东最为关心的权益报酬问题着手，分层次分析各种因素对权益报酬率指标影响的分析方法。

（三）财务分析评价指标

财务分析评价指标一般可划分为4类，即偿债能力分析指标、经营效率分析指标、获利能力分析指标、成长能力分析指标。

1. 偿债能力分析指标

（1）流动比率。流动比率反映了公司流动资产和流动负债之间的关系，用以衡量公司的短期偿债能力。其计算公式为：

流动比率 = 流动资产 ÷ 流动负债

由于公司的短期负债须用流动资产偿还。因此，流动比率越高，表明公司的偿债能力越强。但流动比率过高，表明公司的资金过剩。当公司的应收账款增多或库存积压商品增多时，反映出公司的资金使用效率低下。在一般生产企业，流动比率达2倍左右为宜；在零售业和餐饮业等以现金收入为主的行业，可适当降低该比率的标准值。

（2）速动比率。速动比率是能够迅速变现的资产，剔除了不能迅速变现的存货、预付费用。速动资产包括现金、银行存款、应收账款、应收票据、有价证券。该指标反映了公司速动资产与流动负债的关系。其计算公式为：

速动比率 = （流动资产 - 存货）÷ 流动负债

速动比率正常值为1。速动比率过低，表明公司的短期偿债能力较差。

（3）股东权益负债比率。股东权益负债比率用于反映公司的长期偿债能力。通常情况下，该指标反映了公司净资产和负债总额的关系。股东权益负债比率越大，表明公司的债务越少，偿债能力越强，债权人的权益越有保障。但是，该比率过大容易造成资金浪费，通常该指标值以2—3为宜。其计算公式为：

股东权益负债比率 = 股东权益 ÷ 负债总额

（4）负债比率。负债比率用于衡量公司长期和短期债务的偿还保证程度。该指标反映了公司总负债和总资产的关系。该比率越高，表明债权人的保障越差；该比率太低，表明公司经营太过保守，未能充分利用财务杠杆。其计算公式为：

负债比率 = 负债总额 ÷ 资产总额

（5）股东权益和固定资产比率。股东权益和固定资产比率反映了公司固定资产规模以及固定资产购置中自有资金的比重。其计算公式为：

股东权益和固定资产比率 = 股东权益总额 ÷ 固定资产总额

如果股东权益和固定资产比率大于1，表明公司购置的固定资产均来源于自有资本；如果该指标小于1，表明公司购置固定资产的资金中有一部分来源于负债，这增加了公司偿债的压力。

2. 经营效率分析指标

（1）存货周转率。公司的存货包括储存的原材料、半成品和待销的产成品。存货不能带来收益，只有在销售完成后才能实现利润。存货过多，将占用大量资金，并增加费用开支；存货过少，不能满足生产需求和市场需求。因此，存货与销售之间存在一种适当的比率关系。实践中常以分析存货补进次数的比率评价其流动性。一般而言，存货周转速度越快，表明公司流动资金的利用效率越高。其计算公式为：

存货周转率 = 销售成本 ÷ 平均存货

（2）固定资产周转率。固定资产周转率反映了公司固定资产的周转次数。固定资产周转率越高，表明公司的资产利用效果越好。固定资产周转率过低，则公司可能存在设备闲置或投资过大等现象。其计算公式为：

固定资产周转率 = 销售收入 ÷ 平均固定资产

（3）股东权益周转率。股东权益周转率反映了公司自有资本运作的效率。股东权益周转率较高，表明公司自有资本运作效率较高。但该比率过高可能反映出公司负债经营比重过大。其计算公式为：

股东权益周转率 = 销售收入 ÷ 平均股东权益

（4）应收账款周转率。应收账款周转率越高，表明公司的流动性越强。其计算公式为：

应收账款周转率 = 赊销收入净额 ÷ 应收账款平均余额

3. 获利能力分析指标

（1）销售利润率。销售利润率用于衡量企业销售收入的收益水平，即企业通过销售赚取利润的能力。该指标由企业利润总额和销售收入净额之比计算得出。其计算公式为：

销售毛利率 = 利润总额 ÷ 销售收入净额

其中，利润总额是税前利润总额。由于销售毛利率指标相对稳定，投资者可据此比率预测公司盈利。

（2）成本费用利润率。成本费用是企业为取得利润而付出的代价。成本费用利润率越高，表明企业的获利能力越强。其计算公式为：

成本费用利润率 = 利润总额 ÷ 成本费用总额

（3）净资产收益率。净资产收益率又称股东权益收益率，反映了公司自有资本的获利能力。净资产收益率越高，表明公司的投资收益越多。该指标的计算公式为：

净资产收益率 = 净利润 ÷ 净资产 × 100%

（4）主营业务收益率。主营业务收益率反映了公司主营业务的创利能力。主营业务收益率较高，表明公司的主营业务突出，竞争能力较强。其计算公式为：

主营业务收益率 = 主营业务利润 ÷ 主营业务收入 × 100%

（5）投资收益率。投资收益率反映了公司对外投资的获利能力。该指标是公司对外投资收益与平均投资额的比率。其计算公式为：

投资收益率 = 投资收益 ÷ 长期投资和短期投资的平均数 × 100%

4. 成长能力分析指标

成长能力分析指标主要包括总资产增长率、所有者权益增长率、销售收入增长率、主营业务利润增长率、净利润增长率等。

三、我国上市公司股票定价的一般方法

（一）市盈率法

市盈率 = 每股市价 ÷ 每股利润

市盈率是反映股票估值的常用指标。一般情况下，市盈率越低，表明股票的投资价值越高；反之，泡沫程度越高。但在实际应用这一方法时，投资者应注意以下问题。

1. 动态市盈率和静态市盈率

静态市盈率是以往年的每股利润作为基数计算的，反映的是以往年度的估值水平。动态市盈率强调未来的估值水平，计算基数是未来若干年每股利润的预测值。在计算动态市盈率时，每股利润的预测需要依据科学的预测方法，不能采取当年每股利润等于当年第一季度每股利润乘以4的简单预测法，毕竟每个行业或企业所处环境不同，订单、生产特点和生产节奏亦不同。

2. 标准市盈率

标准市盈率 = 1 ÷ 1年期银行存款利率或国债利率

对比股市市盈率与标准市盈率，有助于投资者选择投资方向。一般情况下，当股市市盈率低于标准市盈率时，投资者适宜选择加大对股市的投资；反之，投资者应考虑增加银行存款。

3. 不同行业、不同股本规模的公司市盈率不同

新兴产业与高科技产业往往市盈率较高，传统行业的市盈率则较低；流通股规模较小的公司市盈率较高，而流通股规模较大的公司市盈率较低。行业平均市盈率对个股定价具有参考意义。

4. 中外股市市盈率

中外股市市盈率不宜进行简单对比，因为国际上股票指数的计算方法各不相同，市盈率的计算基数也就不一致。

（二）市净率法

市净率 = 每股市价 ÷ 每股净资产

不同行业、不同股本规模的公司市净率不同。大盘市净率为1.9倍、沪深300的市净率为1.6倍，一般视作相对低位。银行业的市净率一般较低，其他行业的市净率达2—3倍较为常见。

（三）新股上市定价问题

中国股市新股发行市盈率普遍较高，加之上市公司业绩包装现象严重，普通投资者对于新上市股要应谨慎对待。在我国，大多数公司上市一段时间后股价均会出现50%以上的跌幅。投资者对新股估值是否合理应依据多种因素综合判断。首先，关注新股所处行业的平均市盈率。若个股属于小盘股，其市盈率一般略高于行业平均值；若个股的筹资方属于新兴行业、信息技术、新材料、节能环保类公司，其市盈率一般略高于市场平均值；其次，关注筹资方的行业地位。行业"龙头"的市盈率略高于行业平均值亦属合理；再次，关注筹资方的成长性。成长性较好的公司的股票市盈率略高于行业平均值属于正常。但是，投资者应避免投资于股价严重透支公司未来业绩的个股，尤其是一些题材股。

第五节　中国股市基本面分析要点

一、中国股份制改革的试点和发展阶段回顾

(一) 股份制制度设计与股权分置改革的简要回顾

1990 年，上海证券交易所正式成立。自此，中国股市开始蓬勃发展。中国股市设立的初衷是为了改变国有企业的融资困境。同时，为了保证国家安全、防止外资控股，采取国有法人股暂不流通的措施，即各非流通股占总股本的比例约为七成（国有股约占 50%，简称"大非"；法人股约占 20%，简称"小非"），流通股只占股票发行总量的约三成。

如此的股权结构设计导致了以下后果：一是同股不同权。这主要是由同股不同价导致的，即国有股、法人股的实际股本是每股 1 元，而普通投资者的实际股本则是市场价格（随行情上下波动），两者差异很大，故投资收益率差异也很大；二是由于流通股占比太小，无话语权，直接导致大股东一股独大，缺乏监督，普通投资者的权益被践踏；三是由于非流通股不能抛售，上市公司的实际市值无法正确计算；四是大股东股份转让存在法律上的障碍。在证券市场中，同样是股东，权利不对等、义务不对等、风险不对等，这个市场该如何管理？所以，股权分置改革势在必行。

股权分置改革的规则是：非流通股股东向流通股股东支付对价以换取流通权。根据股权分置规则，非流通股股东在获得流通权前，要向流通股股东支付对价（例如，平均每 10 股送 3 股），然后锁定一定期限后即可上市流通（即 2005—2006 年为 1 年锁定期，2006—2007 年、2007—2008 年分别为 5%、10% 的大小非减持期，2008 年以后中国股市进入全流通时代）。

中国股市经过了 2001—2005 年的大幅下跌，股价普遍较低，具有较好的投资价值。2005 年，中国股权分置改革开始实施，由于只有少量"大小非"上市流通，大量资金涌入中国股市，股价在资金的推动下大幅走高，上证指数从 2005 年末的 998.23 点上涨至 2007 年末的最高点（6124.04 点）仅用了不到 3 年的时间。决定股价涨跌的根本因素是股市中资金和股票的供求关系。2008 年以后，大量原来的非流通股进入流通市场，加之股价已经大幅上涨、大量的大型 IPO 融资和席卷全球的国际金融危机等因素，导致中国证券市场中的股票与资金供给严重失衡，股价快速下跌，1 年最大跌幅约达 73%，（上证综指 6124.04 点至 1664.93 点）。由此，中国证券市场完成了一轮牛熊转换。

(二) 股权分置改革遗留的问题

1. 国有股"一股独大"问题悬而未决

2005—2007 年的大牛市，为"小非"套现提供了绝好的机会。由于"小非"抛售以及国有股减持方式、减持比例和减持价格等问题的持续不明朗，国有股"一股独大"的问题更加突出。与此同时，大型国有企业已经引入的战略投资者亦纷纷抛售其所持股份。例如，中国工商银行当时的海外战略投资者美国高盛集团就趁机大量抛售所持中国工商银行股份，并且从中获利丰厚。

2. 股东持股成本差异较大，同股不同权问题依旧存在

2008年以后，中国股市进入全流通时代。此后，中国A股市场中新上市公司的股份实行锁定期限制，即持股5%以上股东的股份锁定期为3年；持股5%（含）以下股东的股份锁定期为1年（又称大小限）。可见，IPO上市前持股股东与流通股股东的持股成本依旧存在较大差异，同股不同权问题仍然存在。

3. 新股发行价偏高问题仍在延续

股票高价发行、上市公司与承销机构获利不菲，而新股申购者（包括基金公司和个人投资者）却亏损严重。尽管中国证监会而后对新股发行的市盈率作出了限制，但不少新上市公司的动态市盈率仍然偏高，大部分新股上市后股价均呈现出持续下跌的走势。耐人寻味的是，基金公司作为专业投资机构也频繁参与新股高价询价和交易，未能体现出其理性投资、专家理财的理念和水平。

（三）制约中国股市发展的主要因素

1. 股票发行审核制度尚未真正实现市场化

中国的证券发行制度从审批制演变为核准制，并没有改变中国证监会发行审核委员会在股票发行中的决定性作用，距离真正意义上的市场化发行相去甚远，并且暴露出证券发行制度审核不严、上市公司业绩变动较大等诸多问题。截至2019年末，仅创业板就实现股权融资7600亿元。创业板迅速膨胀，个股平均分红不到4%，却造就了上万名亿万富翁。然而，近三成的中国上市公司通过股市筹措到巨额资金后反而出现了明显的业绩下滑。

2. 股票交易制度对个人投资者显失公平

（1）在我国，机构投资者即可参与现货交易又可参与股指期货交易。然而，个人投资者一般无法参与准入门槛较高的股指期货交易，只能进行现货交易。

（2）在我国，股票现货交易只有做多（即低买高卖）才能盈利，不能做空。因此，一旦大盘下跌，个人投资者就会十分被动。机构投资者则可以利用股指期货套期保值，规避风险。

（3）在我国，现货交易的交收制度为T+1制度，而股指期货的交收制度为T+0制度。因此，个人投资者无法对冲交易当日的风险。

3. 市场监管制度缺失，违规处罚力度不足

（1）法律法规建设严重滞后。

（2）现有法律法规的配套实施细则尚不完备，各种违规行为尚有可乘之机。

（3）对各类违规行为处罚不力，对投资者造成极大伤害，未能起到震慑不法行为的作用。

4. 诚信危机、保护中小投资者利益无从落实

（1）作为微观金融主体的上市公司整体盈利能力较差。回首中国证券市场发展的30年，中国上市公司的平均每股净收益均未超过0.55元，并且其股息率仅达1.6%，不及1年期银行存款利率，A股市场投资价值无从体现。

（2）上市公司信息披露不及时，并且财务报表数据变动较大，甚至随意公布业绩预测，普通投资者无所适从。

（3）中介机构的相对独立性颇受质疑。目前，会计师事务所99%的财务报表"干净率"和审计费用须从上市公司获取，难免有"股托"嫌疑。近三成中国公司上市后的首份

年报出现业绩"变脸"①，也与券商过度包装不无关系。

（4）政府公信力屡遭质疑。多起重大违规案件查处不力和重要时点的处置失利，致使投资者对股市丧失信心，政府公信力严重受损。试问，一个"重融资轻投资"、七成投资者长期亏损的股市，未来将何以为继？

二、现阶段我国股市基本面分析要点与投资策略

（一）国际形势

当前，"世界进入动荡变革期，不稳定性不确定性显著上升。人类社会面临的治理赤字、信任赤字、发展赤字、和平赤字有增无减，实现普遍安全、促进共同发展依然任重道远。同时，世界多极化趋势没有根本改变，经济全球化展现出新的韧性，维护多边主义、加强沟通协作的呼声更加强烈"②，和平、合作、发展已成为人类的共识。

新冠肺炎疫情的影响在世界范围内仍未消除，欧盟各个成员国的经济受疫情影响严重。欧元区消费、投资等重要经济指标均出现下滑。美国针对本国出现的经济衰退持续维持宽松的货币政策，以期尽快恢复本国经济。同时，中美贸易摩擦和大国博弈更是增大了国际政治经济的不稳定性。

中国面临的国际形势严峻、复杂。一方面，美国频繁在中国周边海域举行大规模军事演习，炫耀武力；另一方面，中国周边局势恶化。美国利用周边国家与中国的领土争端挑动摩擦，妄图使中国腹背受敌。

近年来，中国经济增速逐步放缓。从中长期来看，一方面，中国外贸进出口已基本平衡，通过出口拉动经济增长的作用空间有限，通过政府投资拉动经济增长的政策效率明显趋于递减，并且事实证明政府投资项目的效率较低；另一方面，消费对中国经济的拉动作用也相对有限。我国居民收入分配两级分化问题突出、收入分配体制改革进展缓慢。目前，我国大部分传统行业已进入成熟期或衰退期，而新兴产业尚处于初创期，经济结构转型升级举步维艰，经济增速放缓是必然趋势。

（二）政策面、资金面与机构动向分析

毋庸置疑，中国股市是政策市、资金市，股市的风险也主要表现为系统性风险。因此，对中国股市的研判，政策面、资金面动向研究重于公司基本面研究。中国股市已成为居全球市值第二位的证券市场，上市公司已达4000多家。主板扩容的同时，中小板、创业板、科创板、新三板纷纷推出，表明管理层做大中国股市的决心。与此同时，占股市近六成股权比重的国有股已实现全流通，加之"大小限"逐步解禁，账面利润已相当丰厚，因而两者具有强烈的减持套现动机。中国股市的股票供给急剧扩大，供需严重失衡，大量资金被抽走，必然对中国股市形成巨大压力。这也将是中国股市今后数年面临的较大利空因素。此外，M2货币与准货币较多的投放、通胀压力预期以及大部分中国上市公司的股价偏高，都将使中国股市在估值方面和"大小非"解禁抛售中承受压力。

---

① 多家公司上演上市后业绩快速变脸逾3成2018年新股一季报净利润下滑［EB/OL］. (2018-05-04)［2021-02-21］. https://baijiahao.baidu.com/s?id=1599489806957941803&wfr=spider&for=pc.

② 习近平在博鳌亚洲论坛2021年年会开幕式上的视频主旨演讲［EB/OL］. (2021-04-20)［2021-04-30］. https://baijiahao.baidu.com/s?id=1697525092404493507&wfr=spider&for=pc.

从机构博弈情况分析，中国股市稳健发展任重而道远。第一，股指期货推出以前，机构投资者只能通过做多盈利，故每年都有一波"吃饭行情"；股指期货推出以后，做空机制形成，机构投资者做空也可以实现盈利甚至存在暴利（加杠杆率），机构投资者已无须单向做多。事实上，自2009年股指期货推出后，做空的机构投资者从中获利丰厚；第二，股权分置改革以前，国有股不流通，基金、QFII都是实力机构，他们与大股东利益基本一致，做多可谓"共赢"；股权分置改革以后，大股东（国有股股东或自然人）成为最大实力机构，其持股成本极低（考虑送配股后每股股本甚至不足1元，而上证指数处于3400点时，证券市场的平均股价约为8元），此时的基金已沦为小机构，与大股东成为"对手"，做多行为无异于帮助大股东套现，吃力不讨好。加之中国股市尚存制度缺陷，利用股指期货不时做空反而成为其必然的理性选择。

中国股市制度红利巨大，但由于利益摩擦和制度变迁，红利的兑现进程缓慢。未来若干年，中国证券市场制度创新和实质性新政推出的速率对中国证券市场走向影响极大。考虑到机构与管理层的博弈、市场信心恢复和股市相关法律法规建设进展较慢，股市不断扩容，上市公司内部治理存在的问题和羸弱的盈利能力，普通投资者利益保护等问题的解决尚需较长的时间成本，A股市场行情中长期仍然面临一定压力，市场行情主要表现为局部行情或结构性行情。

(三) 投资策略

在证券市场大趋势不明朗的情况下，投资者保持观望是明智的选择。投资者应耐心等待市场基本面回暖、大盘放量、趋势明朗后，再考虑中长线重仓波段操作（即长线持有与中短线波段操作结合）。在选股方面，投资者可重点选择行业龙头或细分行业龙头，兼顾业绩与成长性。如果进行中短线操作，投资者应选择低价股或题材股，轻仓、波段操作，快进快出，并严格执行止损和止盈的操作纪律，注意规避大股东减持的上市公司。

本章小结及要点

内容摘要：本章主要介绍了证券投资基本分析的方法。例如，宏观经济分析、行业分析、公司分析以及投资信息的筛选与甄别。本章简要介绍了中国股权分置改革的历史及遗存的各种问题，并对未来中国股市走势进行了展望。

1. 证券投资分析方法分为基本因素分析法和技术分析法两大体系。在实际投资分析时，需要把两者结合起来，才能够提高投资分析的准确性和实用性。

2. 证券市场信息主要包括宏观经济信息、微观经济信息、交易信息。其中，微观经济信息（即公司信息）是影响单一证券价格变动的最直接的信息。

3. 证券市场的宏观因素主要包括政治因素、经济因素（经济增长、经济景气状况、收入水平、经济政策、国际收支状况）和市场因素（资金供求、证券供求、通货膨胀、市场主体行为）。

4. 行业分析是对某一特定行业或产业进行分析的方法。通过行业分析有助于投资者把握最有投资价值的成长性公司。行业分析的内容包括行业的竞争程度分析、生命周期分析、景气变动分析和产业政策分析等。

5. 公司分析是通过对公司的文件、公告及其财务报告等资料进行系统、全面的分析，从而判断公司股价是否被正确定价，进而作出投资决策的分析方法。对公司的分析可划分为运作分析和财务分析2个部分。

6. 中国股权分置改革遗留问题包括：国有股"一股独大"、同股不同权、新股发行价偏高等。而制度缺失、诚信危机影响上市公司经营业绩成为制约中国股市发展的最主要因素。长期困扰中国股市的"牛短熊长"有其深刻的制度因素。

7. 对中国股市的最大误读之一就是将购买绩优股的行为称为价值投资。所谓"价值投资"应该是投资者提前发现一支股票的潜在价值，在恰当的时机买入，等待更多的人发现其价值进而推高股价并最终获利了结。

应用训练

1. 中国的房地产业已兴旺发展了20余年。请分析中国未来20年的投资热点在哪里？

2. 目前，A股市场的市盈率与全球股市基本一致：标准市盈率为50倍左右。然而，A股市场中的银行股市盈率仅为6—8倍，低于欧美地区主要证券市场银行股10—12倍的市盈率。请问，基于上述数据此时在A股市场买进银行股是否是理智的选择，为什么？

3. 观察A股市场可以发现，大盘走势"牛短熊长"，但有一些个股走势完全独立于大盘走势，体现出良好的成长性。例如，国酒和国药类、资源类、小盘成长个股。请分析产生这种现象的原因。

4. 同一家公司的股票在A股和H股的股价不同，甚至差异较大（例如，工商银行、中国石化），这是为什么？

5. 并不是上市公司数量多就能提振国家经济。通过近几年我国股市的实践可以看出，不间断地IPO只会大大稀释股市资金，使少数上市公司的大股东和高级管理人员得利，大量股民失利，不但对经济没有提振作用，反而可能激化社会矛盾。一些人认为，外国大企业在中国上市利好中国股市，果真如此吗？

6. 近年来，有专家提出在新上市公司实施优先股方案，即大股东持有优先股（不能流通），这将激励大股东真正做好企业。你怎么看？

7. 目前，中国的个人投资者如何在信息有限的证券市场中发掘极少数有成长性的公司？

8. 你认为在中国股市买入绩优股（例如，工商银行、建设银行、中国石油、中国石化）并长期持有会获得丰厚回报吗？请查阅资料，分析工商银行、建设银行、中国石油、中国石化等大型国有企业内部治理结构可能存在的问题，并提出投资建议。

9. 中国证监会反复强调，"中国普通投资者投机性太强、不遵从价值投资"。那么，对于股息率极低的A股市场，投资者该如何坚持价值投资？

10. 从券商网站收集一份较为完整的上市公司的研究报告，看看机构是如何对上市公司投资前景进行分析的。利用所学知识、借鉴券商研究成果，分析芯片、5G、医药行业、航天军工、新材料板块重点公司的投资价值。

案例分析

马明哲年薪六千六百万元,值不值

2008年,媒体披露中国平安保险(集团)股份有限公司(简称中国平安)董事长马明哲年薪高达6600万元。此消息一经发布,社会公众一片哗然。中国平安作出回应,公司实行绩效导向的薪酬体系,高管的薪酬由固定底薪和业绩考核奖励2个部分构成,个人收入与其表现、对公司经营业绩和绩效的贡献挂钩。然而,中国平安当年的业绩表现却让公众对公司作出的回应更加疑惑。一方面,2008年中国平安的股价暴跌了2/3,公司推出的巨额再融资计划更是饱受诟病,公司社会声誉严重受损;另一方面,2008年中国平安向包括马明哲在内的多位高级管理人员支付了数额不菲的期权计划。一时间,大型国有企业高级管理人员的高薪收入问题受到社会公众的广泛关注和讨论。

问题:

1. 如何看待上市公司高级管理人员的高薪问题?
2. 本案例折射出哪些值得深思的问题?

提示:(1)中国平安保险(集团)股份有限公司并非国有控股企业,其大股东为汇丰集团及其子公司;(2)企业薪酬制度合理与否是公司管理成败的关键因素。请查阅相关文献,了解薪酬制度基本构成、设计与完善工作的相关知识。

第十章

证券投资技术分析

【本章导读】

在证券投资分析领域，基本面分析主要用于研判证券市场的中长期运行趋势，挖掘市场的投资价值与投资对象；而技术分析主要用于研判证券市场或个别证券的短期供需关系，寻找投资或投机的时机。因此，两者的适应性不同。前者主要解决是否交易、投资对象选择等战略性问题；后者主要处理寻求交易时机、把握买卖时点等战术性问题。

技术分析，是指运用各种技术手段，对证券市场过去和现在的波动情况进行分析，从中寻找规律，进而预测证券市场和各种证券价格变动趋势的分析方法。实践证明，技术分析在短期投资中对投资者有较强的指导作用。经过上百年的发展，技术分析已经形成K线分析、形态分析、切线分析、指标分析、波浪理论等流派。这些分析工具具有一些共同点，即通过分析以往的价、量变动寻找规律性，从而指导投资实践。因此，对投资者而言，精通多种分析工具进而互相验证，有助于提高投资决策的准确性。技术分析建立在3项假设的基础上，即有效市场、供需决定价格趋势、历史会重演。

有效市场假设认为，证券市场是高度有效率的，能够对影响证券市场的各种因素及时作出反应，证券的价格正是这一反应的结果。因此，对技术分析者而言，只要对证券市场上各种证券的量价变化进行分析即可，无须了解和研判各种因素。如果证券价格上升并且成交量放大，则肯定受到了某些利多因素的影响；如果证券价格下跌并且成交量放大，也必然受到了某些利空因素的影响。这种反应对整个市场或个别证券来说都是一致的。

供需决定价格趋势假设认为，各种信息都会作用于投资者的心理，使投资者改变对证券价格的预期，从而影响证券市场的供需关系。这种受投资者预期改变的供需关系，在一段时期内会延续下去，形成阶段性波动趋势，直到新的信息再次改变投资者的心理预期，原有的趋势才会发生变动。如果在一段时间内投资者受某种因素的影响而看空股市，股票的供应就会大于需求，使股票价格持续下跌，直到出现利多因素或跌幅过大，证券市场的供需关系才会发生逆转，股价才会改变原有的运动轨迹。

历史会重演假设认为，在证券市场上，以往的交易价格和交易量已涵盖了所有的历史信息，并以经验的形式留存于市场参与者处，当未来各种类似的信息再次出现时，投资者会作出简单的类比，从而对证券价格产生与以往类似的影响。因此，通过总结以往证券价格变动的规律，就可以预测证券市场未来的变化趋势。

从市场实践来看，建立在三大假设基础上的技术分析对价格趋势的分析确有独到之处，并已被广大投资者接受。三大假设有其合理性，但亦有不足之处。

本章主要学习和思考以下问题：

1. 学习证券投资技术分析的主要方法、各种方法的优劣以及综合应用。
2. 掌握大盘走势分析的要点,尤其是对量价关系的把握。
3. 学习长线、中线或短线买卖的基本技巧,总结经验、提高实操水平。

第一节　K线与量价关系

一、常见的K线、K线组合和成交量

K线的基本形态如图10-1所示。

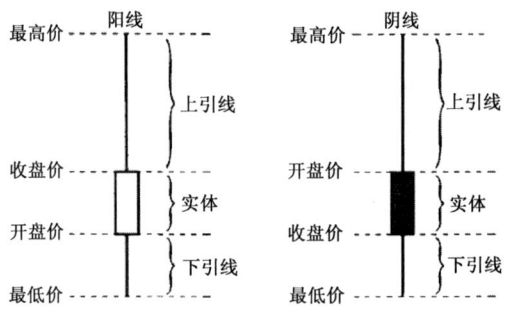

图10-1　K线的阳线和阴线图

(一) 常见的K线及其含义

1. 大阳线和大阴线

大盘指数涨(跌)幅达2%以上、个股涨(跌)幅达5%以上的K线称为大阳线(大阴线)。

2. 中阳线和中阴线

大盘指数涨(跌)幅为1%—2%(含)、个股涨(跌)幅为2%—5%(含)的K线称为中阳线(中阴线)。

3. 小阳线和小阴线

大盘指数涨(跌)幅为1%以内、个股涨(跌)幅为1%—2%(不含)的K线称为小阳线(小阴线)。

4. 小锤头和倒锤头

股价下探收回、下档有支撑的K线呈现为小锤头形态;股价冲高回落、上方有阻力的K线呈现为倒锤头形态。

5. 十字星

当开盘价与收盘价基本一致,而最高价和最低价不同时,K线形态呈现为十字星。十字星K线又可划分为阴十字和阳十字。

6. 一字线

当最高价、最低价、开盘价和收盘价都相同时,K线呈现为一字线。一字线表明个股出现了涨停或跌停。

7. T字线或⊥字线

T字线或⊥字线表示开盘价和收盘价基本一致。

以上K线形态就单个而言并无实战意义,必须与证券的成交量、时间、空间结合才能判断是否进行买卖操作。但应当注意,只要成交量在较高价位出现天量(一段时期的最大量),即所谓"天量天价",不论出现何种K线,一般都是卖出信号。类似实例在个股中较为常见(如图10-2所示)。

图10-2 2019年12月24日—2020年3月31日彩讯股份走势图

注:(1)资料来源于新浪财经;(2)彩讯股份的股票代码为300634。

8. 缺口

缺口,是指没有交易记录的价格分布范围。从K线图上看,股票某日最低价比前一交易日最高价还要高(向上跳空,如图10-3所示),或最低价比前一交易日最低价还要低(向下跳空,如图10-2所示),即形成缺口。缺口形成以后,在这个价格区间又出现新的成交记录,称为补缺。技术分析认为,凡缺口必补。一般而言,缺口在3天内未能得到及时回补,则短期内不会回补,可能需要一波中级行情才能实现回补,一些重要缺口则需等待新一轮行情才能回补。缺口的种类及其意义如下。

(1)普通缺口。普通缺口是短期内能够得到回补的缺口。普通缺口可以帮助投资者判断股票的短期走势。

(2)突破缺口。突破缺口出现在整理区域或反转区域的末端,其特征是股价跳空向上或向下脱离原有的区域。这类缺口短期内不会回补,股价将沿着突破的方向发展。一般情况下,突破缺口越大,未来的反弹空间也越大。突破时放量越大,则突破的有效性越可靠;反之,则可能是假突破。

(3)持续性缺口。持续性缺口,是指行情上升或下降过程中出现的缺口。这类缺口在短期内不会回补。牛市或熊市中会多次出现这类缺口。

(4)竭尽缺口。竭尽缺口一般出现在行情的尾声,通常短期内即回补,预示行情行将结束。

图 10-3 2021 年 2 月 28 日海利得跳空 K 线走势图

注：(1) 资料来源于新浪财经；(2) 海利得的股票代码为 002206。

K 线出现缺口时，投资者应果断判断其类型并重点关注突破缺口前的形态，及时跟进或止损。

（二）常见的 K 线组合

1. 上阻线

上阻线是股价在一波连续上涨后高位放量，收于倒锤头线或倒 T 字线的 K 线组合形态（如图 10-4 所示）。上阻线是头部或短期头部出现的信号。在 K 线呈现这种形态后，投资者一般应考虑短线卖出。若股价在上涨过程中出现倒锤头线或倒 T 字线而不放量，则是俗称的"仙人指路"，是买入信号（参见有研新材 2021 年 7 月 19 日的 K 线）。

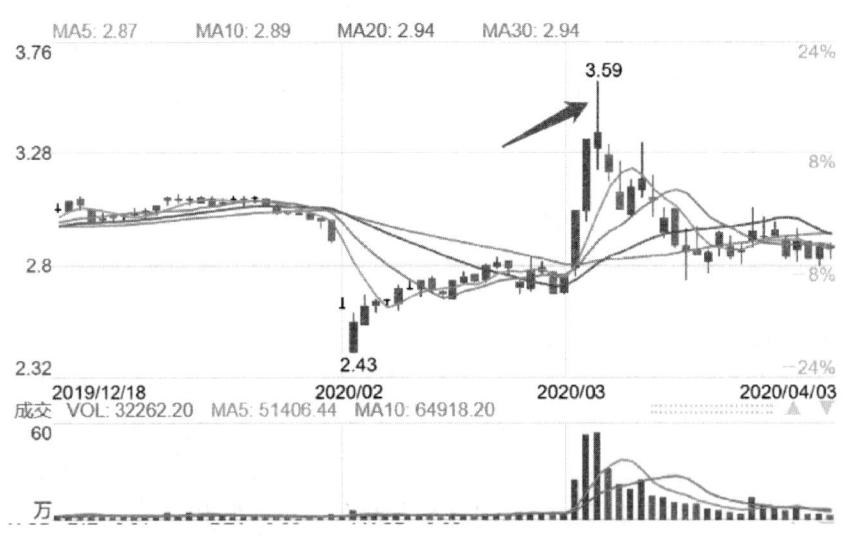

图 10-4 2019 年 12 月 18 日—2020 年 4 月 3 日锦州港走势图

注：(1) 资料来源于新浪财经；(2) 锦州港的股票代码为 600190；(3) 2020 年 3 月 5 日形成上阻线。

2. 下阻线

下阻线又称单针探底，其 K 线组合形态为股价在一波连续下跌后低位放量收于锤头线或 T 字线。下阻线是短期底部出现的信号，但不是理想的买入时机。

3. 吊首线

吊首线是股价在一波连续上涨后高位放量收出下引线很长的锤头线或 T 字线的 K 线组合形态（如图 10-5 所示）。吊首线是头部或短期头部出现的信号。一般情况下，投资者在此时可以考虑卖出。

图 10-5 2019 年 12 月 12 日—2020 年 3 月 27 日上海贝岭走势图

注：(1) 资料来源于新浪财经；(2) 上海贝岭的股票代码为 600171；(3) 2020 年 2 月 25 日形成吊首线。

4. 怀抱线

怀抱线股价在一波连续上涨后高位放量收阴包阳或阳包阴的 K 线组合（如图 10-6 所示）。怀抱线是头部或短期头部出现的信号。一般情况下，投资者在此时可以考虑卖出。

图 10-6 2020 年 3 月 17 日—2020 年 6 月 8 日新农开发走势图

注：(1) 资料来源于新浪财经；(2) 新农开发的股票代码为 600359；(3) 2020 年 5 月 20 日—2020 年 5 月 21 日形成怀抱线。

5. 反打前三

股价连续下跌之后低位出现一根大阳线将前面下跌的 3 根 K 线包络起来,并且成交量有所放大,但未改变下跌趋势(如图 10-7 所示)即形成反打前三的 K 线形态。反打前三一般是短线卖出的信号。

图 10-7　2019 年 3 月 8 日—2019 年 6 月 13 日利安隆走势图

注:(1) 资料来源于新浪财经;(2) 利安隆的股票代码为 300596;(3) 2019 年 5 月 10 日形成反打线。

6. 破前覆盖线

破前覆盖线是强势股经过缩量调整后放量拉出大阳线、股价创出新高的 K 线组合形态(如图 10-8 所示)。

图 10-8　2019 年 11 月 18 日—2020 年 2 月 24 日凯利泰走势图

注:(1) 资料来源于新浪财经;(2) 凯利泰的股票代码为 300326;(3) 2019 年 2 月 12 日出现放量大阳线,股价创出新高。

7. 双针探底

双针探底 K 线组合表现为单针探底之后横盘缩量震荡一段时间再次收于锤头线或 T 字线形态（如图 10-9 所示）。双针探底是短期底部出现的信号，但不一定是买入信号。

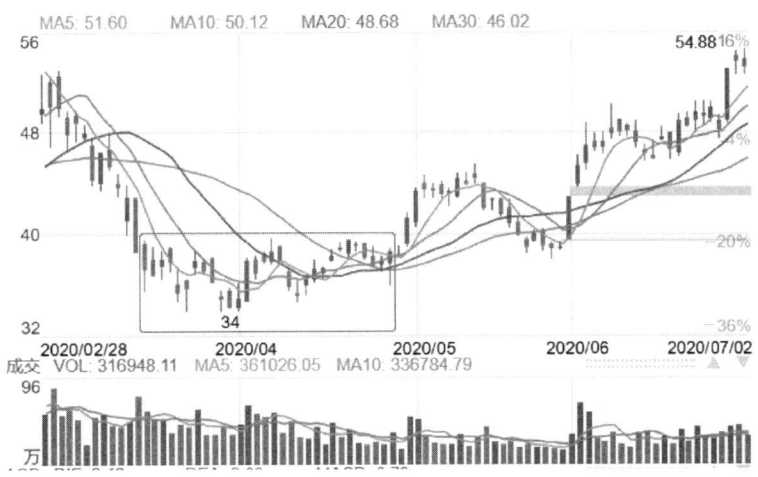

图 10-9　2020 年 2 月 28 日—2020 年 7 月 2 日信维通信走势图

注：（1）资料来源于新浪财经；（2）信维通信的股票代码为 300136；（3）2020 年 3 月 17 日—2020 年 4 月 28 日形成双针探底。

8. 反拖线

上升反拖，即跳空上涨后回调，缩量不补缺口。上升反拖表明股票走势强劲。投资者可以趁股价回调买进。例如，2019 年 8 月 16 日—2019 年 8 月 27 日中国软件（代码：600536）的 K 线走势。

下降反拖，即跳空下跌后反弹，缩量不补缺口（如图 10-10 所示）。下降反拖表明股票走势趋弱。投资者可以逢反弹卖出。

图 10-10　2019 年 12 月 17 日—2020 年 3 月 24 日天赐材料走势图

注：（1）资料来源于新浪财经；（2）天赐材料的股票代码为 002709；（3）2020 年 2 月 28 日—2020 年 3 月 3 日形成反拖线。

9. 三连线（三连阳或三连阴）

投资者应关注三连线出现的位置与成交量的配合情况。一般高位放量三连阳时，投资者可以考虑短线卖出（例如，2020年4月22日—2020年4月25日飞荣达（代码：300602）的K线走势），但超强势股除外。低位温和放量"红三兵"可能是反转信号。例如，2020年4月28日—2020年4月30日苏大维格（代码：300331）的K线走势。而强势股三连阴快速缩量回调后，往往会有强力反弹。例如，2020年7月13日—2020年7月16日鄂武商（代码：000501）的K线走势。

10. K线合成

将多根K线合成为一根，有助于行情判断。尤其是当股价在高位横盘震荡时，日K线量价关系不明显，K线合成可以发现量价异常现象。例如，投资者对上证综指2020年7月7日—2020年7月14日K线合成后即可发现明显放量滞涨现象（如图10-11所示），应及时选择卖出。

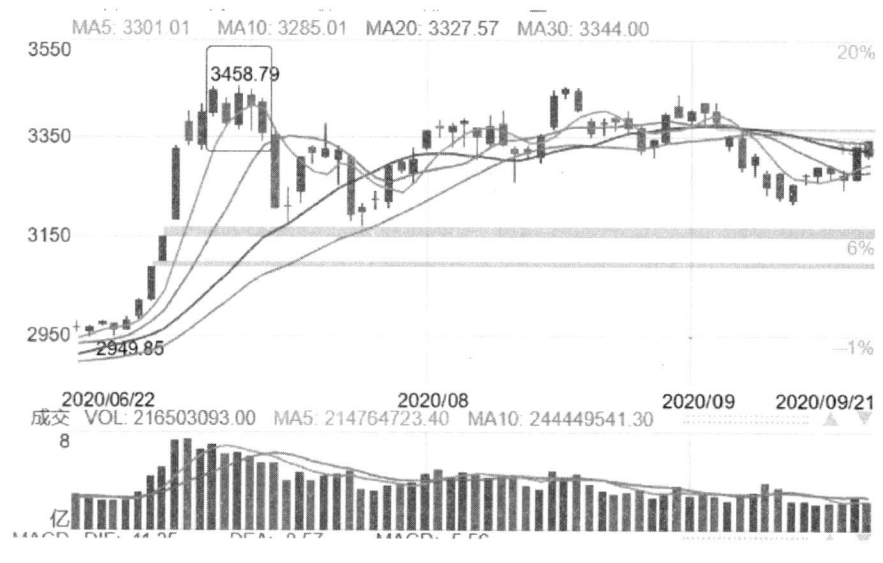

图10-11 2020年6月22日—2020年9月21日上证指数走势图

注：资料来源于新浪财经；（2）上证指数的股票代码为000001。

11. 搓揉线

股价连续上涨在高位形成有上引线和下引线的K线组合（如图10-12所示）。搓揉线通常是卖出信号。

12. 多头炮

多头炮K线组合呈现低位两根中阳线或大阳线中间夹一两根小阴线的形态（如图10-13所示）。多头炮的出现是上涨信号。

二、量价关系

技术分析方法有多种，成交量与股价的分析据主导地位，市场存在"量为价先"的说法。量和价是同一时间内发生的两种指标，具有高度相关性。两者的关系可归纳如下。

图 10-12 2020年1月3日—2020年4月10日捷捷微电走势图

注：(1) 资料来源于新浪财经；(2) 捷捷微电的股票代码为300623；(3) 2020年2月19日—2020年2月20日形成搓揉线。

图 10-13 2019年12月9日—2020年3月16日海南海药走势图

注：(1) 资料来源于新浪财经；(2) 海南海药的股票代码为000566；(3) 2020年1月21日—2020年2月3日为多头炮组合。

(一) 价升量增，价跌量缩——量价配合

价涨量增表明股价上涨是由市场需求推动的，表示股价将继续上升。价跌量缩可划分为以下3种情况：一是多头市场中，股价每次上升后的回档出现缩量，反映了投资者看好后市持股待涨的心理，通常股价将继续上涨（参见2019年2月—2020年7月上证综指的K线走势）；二是空头市场中股价连续下跌、成交量逐步萎缩，市场处于极度低迷状态。此时，成

交量萎缩是由于需求不足造成的,股价将进一步下跌(参见2018年2月—2018年10月上证综指的K线走势);三是空头市场末期,股价出现反弹,但成交量未能有效放大,股价再次回落,成交量进一步萎缩。这种情况反映出持股者的惜售心理,股价可能出现反转(参见2018年10月—2019年2月创业板指数的K线走势)。

(二)价跌量增、价升量缩——量价背离

价升量缩可划分为以下2种情况:一是股价上升创出新高,而成交量却小于前一段时间股价上涨的水平。这种量价背离的走势是转市的信号。例如,上证综指2007年7月—2007年11月上涨成交量明显小于2007年3月—2007年6月上涨的成交量;二是在反弹行情中,股价回升到一定价位时,成交量递减,使得股价上涨失去动力,预示股价即将回落(如图10-14所示)。

图10-14 2020年7月1日—2020年12月29日东土科技走势图

注:(1)资料来源于新浪财经;(2)东土科技的股票代码为300353;(3)2020年10月9日—2020年10月29日反弹时量能不济,无法突破前期阻力区,而后持续下跌。

价跌量增可划分为以下2种情况:一是股价在高位区或整理区放量下跌,投资者出现恐慌,股价将进一步下跌(参见2009年7月29日—2009年8月6日上证综指的K线走势);二是股价已经持续下跌一段时间后再次放量下跌,下跌速度加快,连续跌破均线、支撑线或形态等,股票的短期抛压量能迅速衰竭,行情可能出现反弹或反转。投资者尤其需要注意类似的底部下跌放量。如图10-15所示,股价下跌过程中成交量较前期明显放大,即低位放量,或2019年1月—2020年3月扬杰科技(代码:300373)的K线走势。

投资者还可利用均量线配合K线进行分析:一是分析均量线与股价的关系。如果两者都上升,表明量价配合、股价将进一步上升;如果两者都下跌,表明股价下跌得到成交量的支持,股价仍将下跌;如果股价上升,均量线不升或下降,表明股价上升没有成交量的支持,涨势难以持久;如果股价下跌均量线不降或上升,表明股价较低,承接者众多,下跌即将结束;二是分析短期均量线与中期均量线的关系。如果两线均向上,股价将保持上涨势头;反之,股价以下跌为主。当短期均量线上穿中期均量线时(金叉),行情将上升;当短

图 10-15　2020 年 9 月 7 日—2021 年 3 月 2 日惠程科技走势图

注：（1）资料来源于新浪财经；（2）惠程科技的股票代码为 002168。

期均量线下穿中期均量线（死叉）时，则趋势向下。

三、注意事项

（一）量价关系理解不能够绝对化

1. 无量上涨

一般情况下，无量上涨的个股难以突破前期密集成交区域，故投资者应考虑反弹卖出。但是，也有少数个股能够以较少的成交量穿越前期密集成交区（大量）或者缩量上涨继而成为牛股（如图 10-16 所示，也可参见"三棵树"走势）。

图 10-16　2020 年 10 月 22 日—2021 年 3 月 2 日合盛硅业走势图

注：（1）资料来源于新浪财经；（2）合盛硅业的股票代码为 603260。

2. 地量地价和天量天价

下跌过程中总是伴随成交量的萎缩。所谓"地量地价"常用以判断底部区域。究竟什么是地量，只能在日后的放量过程中才能确认。因此，不能认为成交量创出新低即是地量，熊市中往往地量之后还有地量。同理，个股突破放出近期的天量，并不能见天量就卖出，还要考虑大盘情况、上涨的时间与空间等因素决定卖出与否。天量之后可能还有天量，尤其是一些强势的小盘股或题材股。

（二）量价关系对大盘的分析效果优于对个股的分析效果

小盘股、低价股、题材股容易被机构控盘，其日K线与成交量亦容易被机构控制，而大盘成交量反映的是市场总成交量（或成交金额），机构难以控制，因而相对可信。只有准确分析大盘，才能把握好买卖时机，因为绝大多数个股的涨跌与大盘的涨跌是一致的。

（三）量价背离不等于卖出或买入

量价背离可划分为高位背离（顶背离）和低位背离（底背离）。量价背离被认为是转势信号，但并不是马上就会发生转势，并且背离可能发生多次。因此，投资者不应在出现量价背离后就立即考虑买入或卖出，还应结合趋势与均线进行综合判断。一般而言，背离的次数越多，越有可能发生转势。

第二节 形态分析

将日K线按时间顺序排列或将收盘价连点成线就构成了价格形态。股价形态分析主要是对某些成交密集区域的价格和成交量进行分析，寻找未来证券股票价格波动的趋势。

一、反转形态

反转形态，即改变原有运行趋势的形态，主要包括双头或双底、三重顶或三重底和喇叭形、头肩顶或头肩底、圆弧顶或圆弧底、岛型反转和V型反转。

（一）双头或双底

双头和双底又称M头和W底，反转形态中的最基本形态。三重顶（或三重底）和喇叭形，头肩顶或头肩底均为其变形。

双头是在股价上涨至高位形成的（如图10-17中（a）所示），其技术特征如下。

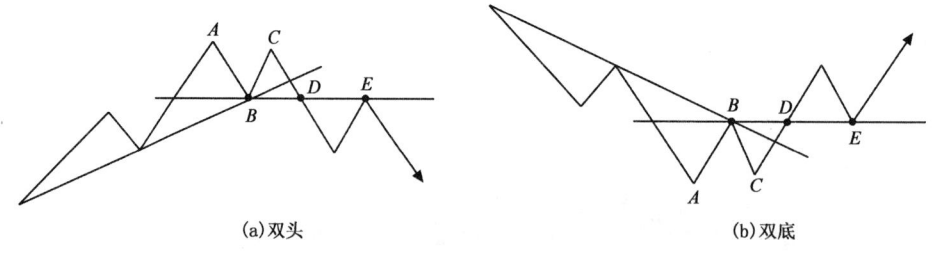

图10-17 双头和双底

注：BDE为颈线。

(1) 成交量。一般情况,两波拉升时放量,并且第一波量能大于第二波量能,两波下跌时成交量逐步萎缩;放量跌破颈线位后,缩量反抽无法站稳,后市将继续下跌。

(2) 时间。大盘双头的形成至少需要2个月,个股根据流通盘大小形成双头所需时间有所不同。小盘股形成双头时间较短,大中盘股所需时间则较长。一般情况下,双头形态形成时间越长、成交量越大,则未来跌幅越大;双底形态形成时间越长、成交量越大,则未来升幅越大。

(3) 空间。突破颈线后上涨(或下跌)的幅度相当于底部(或头顶)到颈线位的距离。

(二) 三重顶、三重底和喇叭形

三重顶(或三重底)的技术特征与双头(或双底)类似。三重顶(或三重底)与喇叭形常见于中盘股。投资者也可从量、价、时、空四大要素加以把握。

(三) 头肩顶或头肩底及其变形

头肩顶和头肩底的技术特征如图10-18所示。以下以头肩顶为例,分析其技术特征。

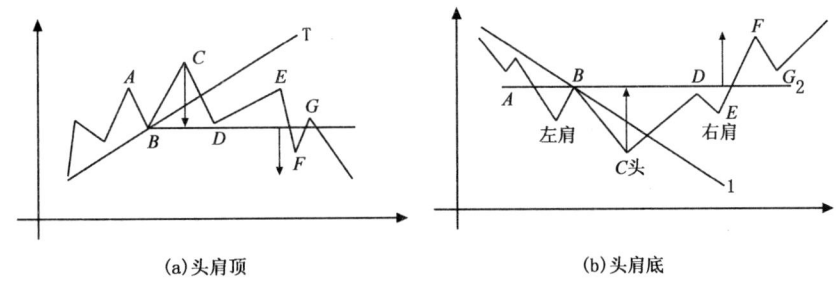

图10-18 头肩顶和头肩底

(1) 成交量。一般情况,三波拉升时放量,并且头部量能相对较大,三波下跌时成交量逐步萎缩;放量跌破颈线位后,缩量反抽无法站稳,将继续下跌。

(2) 时间。个股根据流通盘大小形成头肩所需时间有所不同。小盘股形成头肩顶形态所需的时间较短,大中盘股形成头肩顶形态所需时间较长。头肩顶形态越大、成交量越大,则跌幅越大。同样,头肩底形态越大、成交量越大,则升幅越大。

(3) 空间。突破颈线位后下跌幅度相当于头顶至颈线的距离。例如,2017年7月20日—2018年10月山东海化(代码:000822)头肩顶走势(如图10-19所示)。

(四) 圆弧顶或圆弧底

圆弧顶或圆弧底的技术特征包括:一是其成交量两端成交量较大,圆弧中段成交量较小;二是个股根据流通盘大小形成时间有所不同,有的个股形成圆弧顶(成圆弧底)长达2—3年;三是该形态相对较为少见。该形态越大(长),跌幅(或升幅)越大。

(五) 岛型反转和V型反转

1. 岛型反转

岛型反转,是指一个向上跳空缺口与一个向下跳空缺口将一组K线隔离成为孤岛(如图10-20所示)。岛型反转的形态越大(长)、成交量越大,跌幅(或升幅)就越大。

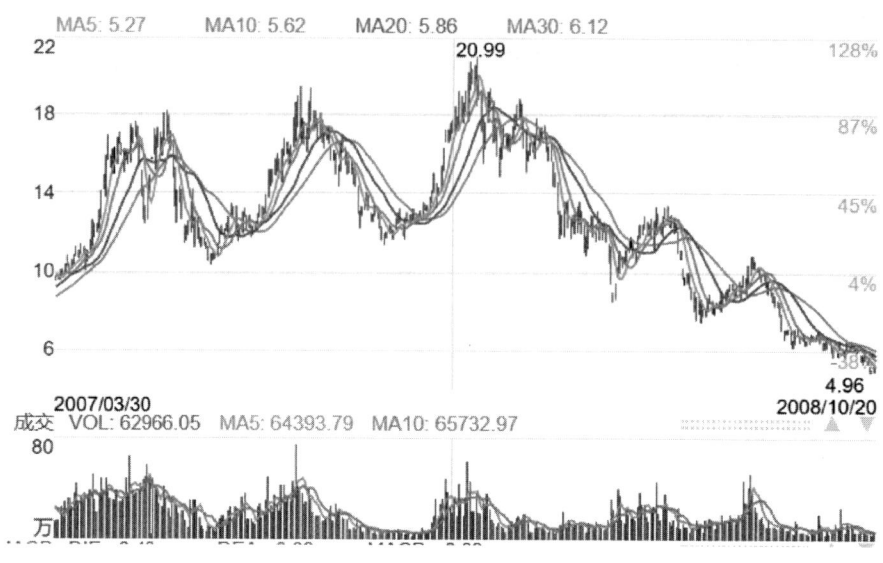

图 10-19　2007 年 3 月 30 日—2008 年 10 月 20 日山东海化月 K 线走势图

注：(1) 资料来源于新浪财经；(2) 山东海化的股票代码为 000822。

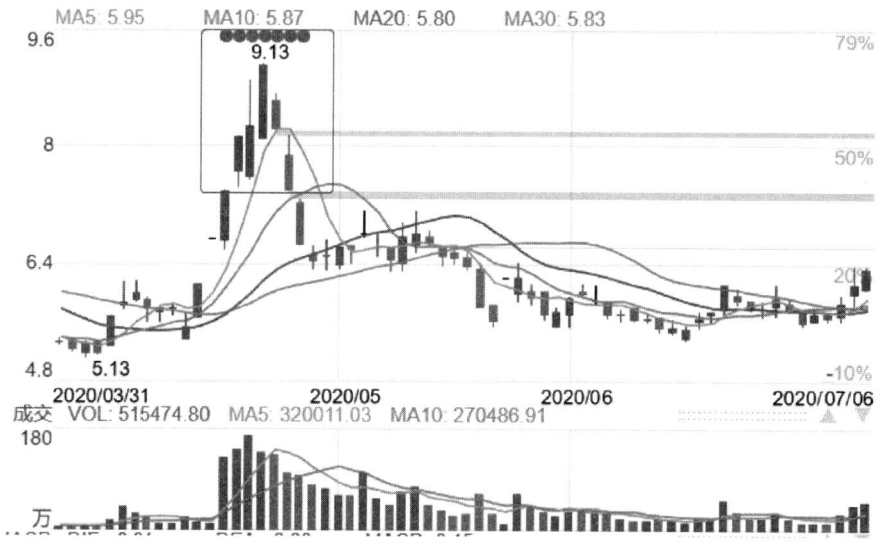

图 10-20　2020 年 3 月 31 日—2020 年 7 月 6 日众应互联走势图

注：(1) 资料来源于新浪财经；(2) 众应互联的股票代码为 002464；(3) 2020 年 4 月 21 日—2020 年 4 月 27 日 5 根 K 线形成孤岛。

2. V 型反转

V 型反转多见于个股。通常没有明显信号，难以准确把握买卖时机。介入时主要通过观察成交量并且一般选择超跌低价股。

二、整理形态

整理形态，是指一般不改变原有运行趋势的中继形态，即原来是上升趋势的，整理完成后继续上升；原来是下跌趋势的，整理完成后继续下跌。整理形态主要包括三角形、旗形和矩形 3 种。

(一) 三角形

三角形整理形态可划分为上升三角形、下降三角形和对称三角形（如图 10-21 所示）。三角形整理形态的技术特征如下。

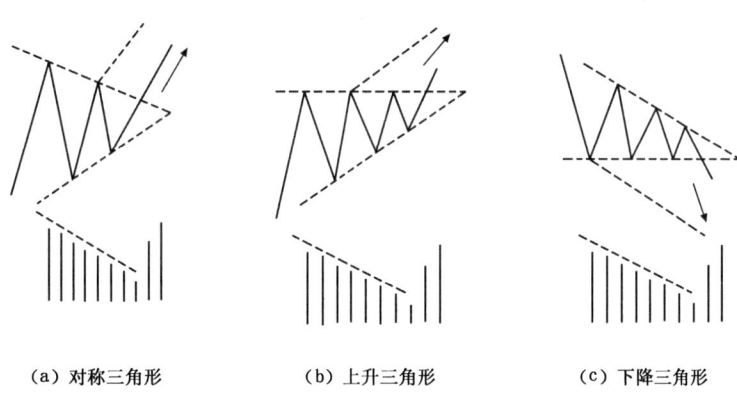

(a) 对称三角形　　　　(b) 上升三角形　　　　(c) 下降三角形

图 10-21　三角形整理形态

(1) 成交量。一般情况，第一波拉升时放量较大，第二波上涨量能偏小，两波下跌成交量逐步萎缩；其后放量突破，视为有效突破。

(2) 时间。个股根据流通盘大小所需时间有所不同。小盘股整理时间较短，大中盘股所需整理时间较长，但一般不超过 1 个月。

(3) 突破的位置。常见于第一高点到顶点的 2/3 至 3/4 处。

(4) 空间。三角整理形态的震荡区间较小，型突破后上涨的高度大约与发生前上涨的高度相同。

(二) 旗形与矩形

旗形整理形态可划分为上升旗形与下降旗形。矩形是旗型的变形。

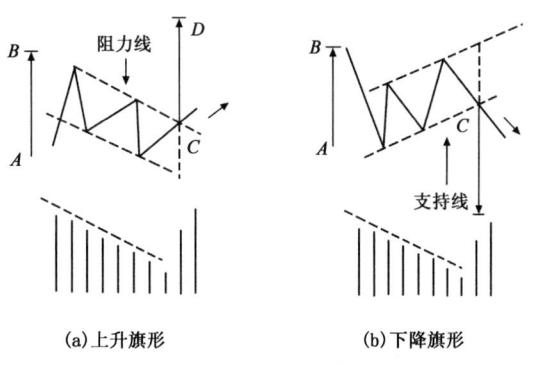

(a) 上升旗形　　　　(b) 下降旗形

图 10-22　旗形整理形态

牛市旗形，通常在剧烈的上升运动之后形成，表示趋势中的一个短暂停顿。旗形整理形态与主趋势方向相反，在旗形整理形态的形成过程中，成交量趋于萎缩，而后突破形态时又重新增大。旗形整理形态一般在趋势运动的中间阶段出现，其技术特征与三角形整理形态类似，突破后波动幅度大致是旗面的高度。

三、整理形态与头部形态的区别

大多数情况下,个股上涨一段时间后会形成高位震荡。此时,股价究竟处于头部还是上升中继形态(即整理形态),可以从以下方面加以区分。

(1) 时间长短不同。整理形态时间较短,一般不超过 1 个月;头部形态一般都需 2 个月以上。因此,震荡整理时间过长,就可能成为头部形态。投资者应当注意,整理的时间与个股流通盘的规模有关,流通盘大则整理时间较长,有时甚至多达数月。

(2) 成交量不同。整理形态成交量较小并且下跌过程中缩量明显;头部形态成交量较大,并且下跌过程中伴随着逐步缩量。

(3) 空间不同。整理形态相对波幅较小;头部形态波动空间较大。

第三节 常用技术指标

一、常用技术指标

(一) 随机指数

随机指数(KDJ)是乔治·莱恩提出的一种技术分析工具,在股市、期货市场均得到广泛应用。随机指数是短线买卖的常用指标,常用于分析股价超买超卖现象,由于 KD 线引入了均线的概念,其对买卖信号的研判具有一定的准确度。KDJ 的计算如下。

1. KD 的计算

(1) 计算未成熟随机值(RSV)。

$$RSV = \frac{C_t - L_t}{H_t - L_t} \times 100$$

式中,C_t 为第 t 日收盘价;L_t 为 t 日最低价;H_t 为 t 日最高价;t 为计算周期。可见,RSV 的取值始终在 0—100 波动。

(2) 计算 K 值和 D 值

当日 K 值 = 当日 $RSV \times \frac{1}{3}$ + 当日 K 值 $\times \frac{2}{3}$

当日 D 值 = 当日 K 值 $\times \frac{1}{3}$ + 前一交易日 D 值 $\times \frac{2}{3}$

在计算之初,可以设定 K 值和 D 值的初始值为 50。

当日 J 值 = 当日 K 值 $\times 3$ - 当日 D 值 $\times 2$

2. 应用规则

(1) KDJ 的取值。KDJ 的取值在 80 以上表示超买,在 20 以下表示超卖,在 20—80 为徘徊区。J 值过于敏感,较少使用。

(2) 金叉和死叉。K 是快线,D 是慢线,K 上穿 D 形成金叉(即买入信号)、K 下穿 D 形成死叉(即卖出信号)。投资者运用 KDJ 指标时,应注意"右侧相交"原则,即 K 是在 D

已经抬头向上（或拐头向下）时才同 D 相交，比 D 还在下降（或上升）时与之相交要可靠。一般而言，金叉的位置越低越好，死叉的位置越高越危险。

（3）KDJ 指标的缺陷。KDJ 指标极易钝化（连涨 3 天或连跌 3 天就会出现高位或低位钝化）而发出错误买卖信号。将形态学原理与切线原理引入 KDJ，能够较好地剔除干扰信号。例如，依据二次金叉或二次死叉（双底或双头）作出投资决策更为可靠。

（4）背离问题。KDJ 存在与大盘指数或股价变动方向的不一致性。KDJ 顶背离表现为股价（指数）创出新高，但 KDJ 走平或下拐；KDJ 底背离表现为股价（指数）创出新低，但 KDJ 走平或上拐。与量价背离一样，KDJ 指标与股价（指数）背离次数越多，转势的可能性越大。

（5）参数设置。大智慧软件内置的 KDJ 取值为（9，3，3），建议投资根据个人实操偏好予以修改，以防止机构骗线。

（二）相对强弱指标

相对强弱指标（RSI）是偏短线指标。RSI_1 一般是 6 日相对强弱指标，RSI_2 一般是 12 日相对强弱指标，RSI_3 一般是 24 日相对强弱指标，但各种证券交易软件又有所不同。

1. 计算公式

$$RSI = 100 \times RS \div (1 + RS)$$

或者，

$$RSI = 100 - \frac{100}{1 + RS}$$

式中，RS 为相对强度，其计算公式为：

$RS = X$ 天的平均上涨点数 $\div X$ 天的平均下跌点数

其中，

$RS = 14$ 天内收盘价上涨数之和的平均值 $\div 14$ 天内收盘价下跌数之和的平均值

化简后 RSI 的计算公式为：

$RSI = 100 \times 14$ 天内收盘价上涨数之和的平均值 $\div$（14 天内收盘价上涨数之和的平均值 $+14$ 天内收盘价下跌数之和的平均值）。

2. 应用规则

（1）RSI_1（快） $> RSI_2$（中） $> RSI_3$（慢）为多头市场；反之，为空头市场。

（2）金叉和死叉。RSI_1、RSI_2 上穿 RSI_3 形成金叉（即买入信号）；反之，下穿形成死叉（即卖出信号）。投资者运用 RSI 指标时需注意"右侧相交"原则。一般情况下，金叉的位置越低越好，死叉的位置越高越危险。

（3）RSI 指标的缺陷。较容易钝化而发出错误买卖信号，将形态学原理与切线原理引入 RSI，能够较好的剔除一些干扰信号。

（4）背离问题。RSI 指标存在与大盘指数或股价变动方向的不一致性，但其对背离判断的可靠度优于 KDJ 指标。与量价背离一样，RSI 指标与股价（指数）背离次数越多，转势的可能性越大（参见 2007 年牛市时上证综指周线与 RSI 的 3 次顶背离）。

（5）参数设置。大智慧软件内置的 RSI 取值为（6，12，24）。建议投资者适当予以修改，以防止骗线。

(三) 平滑异同移动平均线

平滑异同移动平均线（MACD）属于中长线指标，以计算两条不同速度（长期与中期）的指数平滑移动平均线（EMA）的差离状况作为研判行情的基础。

1. 计算方法

（1）以 EMA_1 的参数为 12 日，EMA_2 的参数为 26 日，离差值（DIF）的参数为 9 日为例，计算 EMA。12 日 EMA 的计算公式如下：

$$EMA_1(12) = 前一交易日 EMA(12) \times \frac{11}{13} + 当日收盘价 \times \frac{2}{13}$$

26 日 EMA 的计算公式如下：

$$EMA_2(26) = 前一交易日 EMA(26) \times \frac{25}{27} + 当日收盘价 \times \frac{2}{27}$$

（2）计算 DIF。

离差值（DIF）= 当日 $EMA_1(12)$ - 当日 $EMA_2(26)$

2. DIF 的 9 日 EMA 计算方法

根据 DIF 计算其 9 日 EMA，即所求的 MACD 值。为了不与指标原名混淆，此值又名 DEA 或 DEM。

$$当日 DEA = 前一交易日 DEA \times \frac{8}{10} + 当日 DIF \times \frac{2}{10}$$

计算出的 DIF 和 DEA 数值应均为正值或均为负值。

3. 应用规则

（1）DIF（快线）与 DEA（慢线）、BAR 柱状线（上涨时出现红柱、下跌时为绿柱，红绿柱缩短，可能会转势），0 为中轴线。

（2）金叉和死叉。DIF 上穿 DEA 形成金叉（即买入信号）、DIF 下穿 DEA 形成死叉（即卖出信号）。投资者运用 MACD 指标时需注意"右侧相交"原则。一般而言，金叉的位置越低越好，死叉的位置越高越危险。0 以下金叉往往是中短线买入信号（参见上证综指历年走势与 MACD 指标的关系）。

（3）MACD 指标的缺陷。大盘方向无明显趋势或盘整时 MACD 指标失准的可能性较大，将形态学原理与切线原理引入 MACD，能够较好的剔除干扰信号，提高投资决策的准确性。

（4）背离问题。MACD 指标存在与大盘指数或股价变动方向的不一致性。MACD 顶背离表现为股价（或指数）创出新高，但 MACD 走平或下拐、没有同步创新高（2021 年 2 月 19 日上证综指创出新高，但 MACD 并未同步，随后上证综指大跌）；MACD 底背离表现为股价（或指数）创出新低，但 MACD 走平或上拐（2018 年 12 月上证综指创出新低，但 MACD 并未同步）。与量价背离一样，MACD 指标与股价（或指数）背离的次数越多，转势的可能性越大。

（5）参数设置。大智慧软件内置的 MACD 取值为（26，12，9）。投资者可根据个人的实操需要修改参数，以防止骗线。

（四）布林线

布林线（BOLL）主要用于大盘研判。BOLL 指标的计算引进了统计学中的标准差概念，涉及中轨线（MB）、上轨线（UP）和下轨线（DN）的计算，计算方法较为复杂。经常被用于股市研判的是日 $BOLL$ 指标和周 $BOLL$ 指标。以下以日 $BOLL$ 指标的计算为例。

1. 计算公式

$MB = N$ 日移动平均线

$UP = MB + $ 标准差 $\times 2$

$DN = MB - $ 标准差 $\times 2$

日 $BOLL$ 指标的计算过程如下。

（1）计算 MA。

$$MA = \frac{\sum_{i=1}^{n} 当日收盘价}{N}$$

（2）计算标准差 MD。

$$MD = \sqrt{\frac{\sum_{i=1}^{n}(C-MA)^2}{N}}$$

式中，C 为当日收盘价。

（3）计算 MB、UP、DN。

$MB = MA_{N-1}$

$UP = MB + K \times MD$

$DN = MB - K \times MD$

式中，K 为参数，其取值可根据股票的特性做相应的调整，一般默认值为 2。

2. 应用规则

（1）中轨（MID）、下轨（$LOWER$，支撑线）、上轨（$UPPER$，阻力线）。

（2）当三条轨道线趋于收敛时，可能出现变盘，上涨下跌皆有可能。

（3）与其他指标配合使用效果更好。

（4）当所有轨道由窄变宽，表明行情已产生突破，投资者应及时跟进或离场。

（五）乖离率

1. 乖离率（$BIAS$）的计算公式

$$BIAS = \frac{(收盘价 - \overline{收盘价})}{\overline{收盘价}} \times 100$$

$BIAS$ 指标有 3 条指标线，参数一般设置为 6 日、12 日和 24 日。

2. 应用规则

（1）一般情况下，在弱势市场中，$5\% < 6$ 日 $BIAS$ 为超买信号，6 日 $BIAS < -8\%$ 为超卖信号；在强势市场中，$10\% < 6$ 日 $BIAS$ 为超买信号，6 日 $BIAS < -4\%$ 为超卖信号。

（2）$BIAS(5) \geq 3.5\%$、$BIAS(10) \geq 5\%$、$BIAS(20) \geq 8\%$ 以及 $BIAS(60) \geq 10\%$ 是卖出时机；$BIAS(5) \leq -3\%$、$BIAS(10) \leq -4.5\%$、$BIAS(20) \leq -7\%$ 以及 $BIAS(60) \leq -10\%$ 是买入时机。

（3）短期 $BIAS$ 在高位下穿长期 $BIAS$ 是卖出信号（即死叉）；短期 $BIAS$ 在低位上穿长期 $BIAS$ 是买入信号（即金叉）。

（4）如果大势上升时 $BIAS$ 为负值，投资者可趁跌买进；如果大势下跌时 $BIAS$ 为正值，投资者可趁回升高抛。

（六）能量潮

能量潮（OBV）又称人气指标，是短线指标，是利用累计成交量变化分析市场人气，进而研判股价走势的技术指标。成交量成为股价走势的先行指标。OBV必须配合K线走势才具有实际的效用。

1. 计算公式

OBV以某日为基期，逐日累计每日上市股票总成交量。若隔日指数或股价上涨，则基期OBV与当日成交量相加得到当日OBV；若隔日指数或股价下跌，则基期OBV减去当日成交量为当日OBV。

为了提高OBV的准确性，可以采取多空比率净额法对其进行修正。

$$多空比率净额 = \frac{（收盘价-最低价）-（最高价-收盘价）}{（最高价-最低价）} \times 成交额$$

多空比率净额法根据多空力量比率加权修正成交量，比未经修正的OBV具有更高的可信度。

2. 应用规则

（1）OBV缓慢上升为买入信号，OBV急速上升为卖出信号。

（2）行情上升，OBV下降，为卖出信号；行情下降，OBV上升，为买入信号，即出现了背离。

（3）运用OBV需配合观察K线，尤其是在盘整行情中判断能否突破压力带，OBV的变动方向是重要指标，即OBV率先突破成功率较大。

（4）OBV能够较准确的预示M头的第二峰，即出现股价上升但OBV走平或下降的顶背离。

（七）人气指标（AR）和买卖意愿指标（BR）

1. 计算公式

$$AR = \frac{\sum（当日最高价-当日开盘价）}{\sum（当日开盘价-当日最低价）}$$

$$BR = \frac{\sum（当日最高价-前一交易日收盘价）}{\sum（前一交易日收盘价-当日最低价）}$$

2. 应用规则

（1）AR的取值在80—120，为盘整区；BR的取值在70—150，为盘整区。出现极端值可直接买卖（AR小于60，BR小于40，可考虑买入；AR大于140，BR大于280，可考虑卖出）。

（2）AR、BR与股指背离是拐点出现的信号。此外，AR和BR也存在背离。

（3）BR一般与AR分散分布。当两者从分开转为接近时，可能有上升或反弹行情。

（4）AR和BR极易出现错误信号。形态学与切线原理同样适用于AR和BR，加以运用将有助于提高交易的准确率。

（八）腾落指数

腾落指数（ADL）是专门用于研判大盘的指标。

1. 计算公式

$ADL = \sum Na - \sum Nd$。

式中，$\sum Na$ 表示从开始交易的第一天算起，每一个交易日的上涨股票数量的总和；$\sum Nd$ 表示从开始交易的第一天算起，每一个交易日的下跌股票数量的总和。

2. 应用规则

（1）与 OBV 相似，ADL 应用重在相对走势并不看重取值大小。

（2）ADL 不能单独使用，需与股指 K 线联合使用。①ADL 与股指同步上升（或下降）、创出新高（或新低），则大势短期反转的可能性不大；②ADL 与股指背离是转势的信号；③ADL 保持上升（或下降）趋势，指数却在中途发生转折但很快又恢复原有趋势并创出新高（或新低），是买入（或卖出）信号，也是后市多方（或空方）力量强盛的标志；④形态学与切线原理同样适用于 ADL；⑤ADL 对多头市场的应用效果比对空头市场的应用效果好。

二、关于运用技术分析指标的说明

（1）目前，已开发出的技术分析指标近千种，每种指标均有其局限性。

（2）技术分析指标必须配合 K 线、量价关系、均线系统使用。尽管技术分析指标能够提供买卖信号，但实际交易与否是综合研判的结果，绝不仅仅取决于某一种或某几种技术分析指标。技术分析指标发出买卖信号不等同于采取投资行动。

（3）多种指标相互印证，有助于剔除干扰信号，提高交易的成功率。

（4）K 线与主要技术指标的结合运用。①短线投资者可以 15 分钟或 30 分钟 K 线与成交量 + KDJ + RSI + 均线系统为主，其他指标为辅；超短线投资者可参考 15 分钟 K 线与成交量 + KDJ + RSI + 均线系统，兼顾其他指标；②中短线投资者可以参考 60 分钟或日 K 线与成交量 + KDJ + RSI + 均线系统，兼顾其他指标；③中线投资者。可以参考日 K 线与成交量 + MACD + 均线系统，兼顾其他指标。

投资者认真分析 2005 年 11 月—2007 年 11 月 A 股大牛市以及 2008—2009 年 A 股大熊市的量价关系和各种背离情况，将有助于提高大盘的技术研判水平。

第四节 波浪原理

一、波浪原理的基本内容

波浪原理产生于 20 世纪 30 年代的美国，由技术分析大师 K. N. 艾略特首创，是应用最多但又极难掌握的技术分析工具。

（一）基本形态

艾略特认为，股价波动有着完整的循环周期，每 1 个周期包括 5 个上升浪和 3 个下降浪（或称调整浪），8 个大浪组成了"牛市"与"熊市"（如图 10 - 23 所示）。

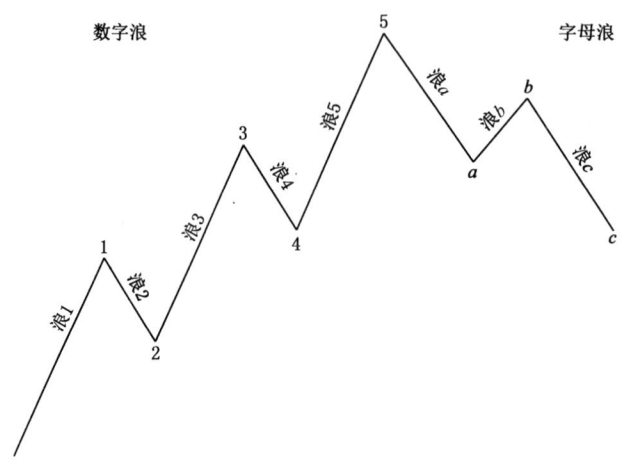

图 10－23　波浪的基本形态

在图 10－23 中，1 浪、3 浪和 5 浪是推进浪，2 浪和 4 浪分别是对 1 浪和 3 浪的调整浪，而 a、b、c 这三浪是对整个上升主浪（1—5 浪）的调整。

完整的一组波浪还可以细分为 34 个浪。其中，上升 21 浪，基本形态为五升三降；下降 13 浪，基本形态为五降三升，①浪和②浪为循环浪（如图 10－24 所示）。

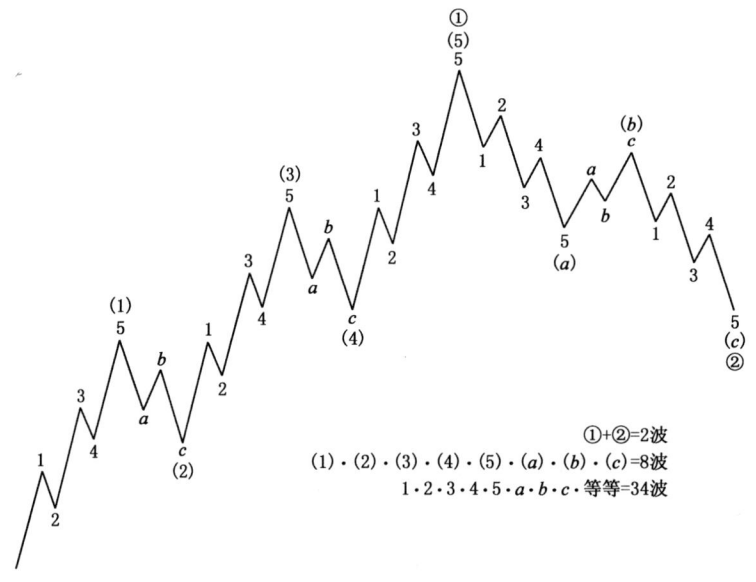

图 10－24　波浪的细分形态

图 10－24 中，(1)、(2)、(3)、(4)、(5)、(a)、(b)、(c) 为同一级别的浪，共 8 波；1、2、3、4、5、a、b、c 为更低一级别的浪，共 34 波。再将其细分，上升浪包括 89 个小型浪，调整浪包括 55 个小型浪，144 个小型浪构成一个完整的波浪循环周期（如图 10－25 所示）。

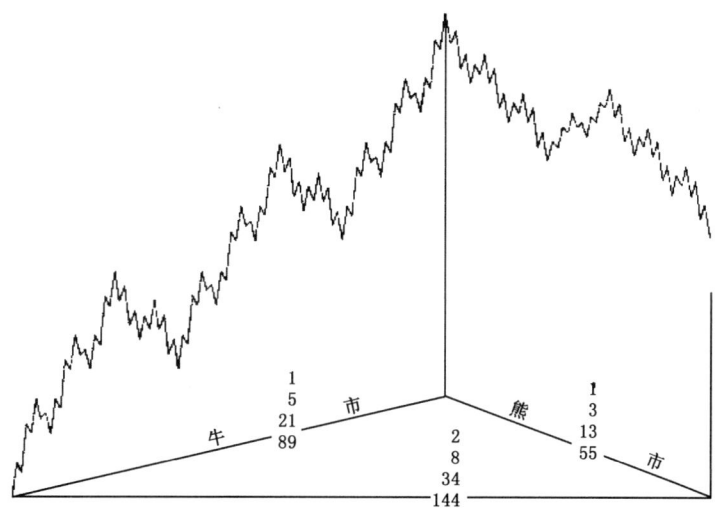

图 10-25 波浪的完整形态

(二) 推进浪

在上升 5 浪中，(1)、(3)、(5) 浪为推进浪。(1) 浪通常属于筑底形态，涨幅不大；(2) 浪的调整幅度较大，常常跌至 (1) 浪的起涨点附近，但不能低于 (1) 浪的起涨点，形成双底；(3) 浪通常是主升浪，时间长、升幅及成交量较大，常以 (1) 浪升幅的 1.618、2.618 等比例来测量其升幅；(4) 浪调整的低点应高于 (1) 浪的高点；(5) 浪的升幅一般小于 (3) 浪且可以为失败浪（不创新高）。

推进浪的基本形态是三升二降，在实际数浪时常常出现延长浪、倾斜三角形、失败形态。延长浪可能出现在 (1)、(3)、(5) 浪的任何一浪中，其基本形态为 5 浪结构，少数也有 7 浪或 9 浪结构。延长浪可用于预测行情的变换。例如，若 (1) 浪与 (3) 浪等长，则 (5) 浪成为延长浪的可能性极大；若 (3) 浪出现延长，则 (1) 浪与 (5) 浪基本等长。倾斜三角形和失败形态均出现在 (5) 浪中。

(三) 调整浪

价格下跌的波段一般称为调整浪。因下跌常以比较复杂的形态出现，故调整浪的正确区分是数浪的难点。调整浪分为 (a)、(b)、(c) 3 个阶段。(a) 浪常以突然下跌的形式出现、交投较为活跃，下跌力度较小；(b) 浪反弹较具有诱多欺骗性；(c) 浪往往是下跌 3 浪中时间最长、幅度最深的一浪。在波浪原理中，推进浪是 5 浪结构，而调整浪为 3 浪结构。这是区分推进浪与调整浪的重要原则。调整浪包括之字形、平缓形、三角形、双重三浪和三重三浪等形态。

二、波浪原理的数浪原则及浪与浪之间的关系

波浪原理的应用重在形态的研判。只有确定当下的浪处于波浪形态中的哪一层级，才能预测未来的演变。正确数浪必须遵循以下数浪原则。

(一) 数浪原则

在上升 5 浪中，(4) 浪的底部不能低于 (1) 浪的顶部，但倾斜三角形除外。(3) 浪通常是五浪形态中最长的一浪，绝不是最短的一浪。

（二）数浪指导

1. 交替规律

调整浪的形态是以交替方式出现的。例如，（2）浪是以简单形式出现的，则（4）浪将以复杂形态出现，（2）浪调整剧烈则（4）浪调整平缓，反之亦然；同理，如果（a）浪是以平缓形出现的，则（b）浪将以之字形出现。

2. 调整浪的终点

在调整回落时特别是在第4浪时，大多数情况下调整会在前一浪中较低级别的第4浪范围内结束。

3. 浪的数量必须满足斐波那契数列中的有关数字

例如，1、1、2、3、5、8、13、21、34、55、89、144 等。

（三）浪与浪之间的关系

浪与浪之间存在一定的比例关系。利用这种比例关系，有助于预测股市趋势。通过进一步观察发现，调整浪持续时间与相应推进浪持续时间之比以及调整浪幅度与推进浪幅度之比分别遵从黄金比率。例如，（4）浪的回档比例有 0.236（0.382×0.618）、0.382、0.5、0.618，（1）浪与（2）浪、（a）浪与（c）浪也有黄金分割比率关系。根据不同的黄金比率即可推算出股价调整的时间与点数。

调整的点数 = 幅度比率 × 上升的点数

调整持续时间（天数）= 时间比率 × 上升持续时间（天数）

三、注意事项

（1）确认形态是重点。波浪原理的核心包括形态、比例和时间，最重要的是形态、其次是比例，形态的确认必须遵循数浪的原则。

（2）波浪原理适用于大盘分析而对个股的研判功能较弱。

（3）对于波浪原理的理解可谓仁者见仁、智者见智，故不应过度依赖。波浪理论专家对波浪的看法并不一致，波浪原理对完整的浪也无明确定义、数浪具有一定主观性，故应仅可把它当作一种可供参考的投资分析工具。

（4）一般看清波浪形态往往存在一定的滞后性。波浪原理在实际应用时，最大的问题是事先数浪困难、事后数浪容易，这主要是由于波浪运行变化较多、甚至出现形态变化和不同层级浪的识别不易，从而加大了事先数浪的难度。

第五节 切线和移动平均线

一、切线

（一）压力线与支撑线

压力线又称阻力线，以前期股价各个高点做水平切线。股价上升至压力线附近，由于解套盘的抛压，形成上升阻力，故股价往往调头向下或横盘震荡；支撑线又称抵抗线，由前期各个低点做水平切线构成,股价下跌至支撑线附近,往往由于买盘介入而得到支撑。

无论上升、下跌、盘整行情,支撑线和阻力线都同时存在。压力线和支撑线可以互相转化:当股价放量突破压力线并站稳,压力线就变成支撑线;反之,支撑线就变成压力线。颈线是判断行情上升或下跌的重要依据。区分突破颈线的有效性时,主要有以下依据:一是看成交量,向上向下突破要有较大的成交量;二是看突破的幅度与时间,即自突破日起,通常要有3%以上的幅度或三四天时间才能确认。此外,颈线突破后常常会回抽颈线位;三是确认颈线的压力或支撑作用,以验证突破是否有效。

(二) 趋势线和轨道线

1. 趋势线是反映股价变动的切线

股价运动总是呈破浪状态。在上升行情中从起涨点到第一低点画一条连线就是原始上升趋势线,它起着支撑股价的作用;在下跌行情中,从起跌点到第一高点画一连线,就是原始下降趋势线,它起着压制股价的作用。通常股价沿着趋势线的方向运动,一碰到趋势线就会受到压力或支撑,使股价保持原有的波动方向和角度。趋势线也会被突破,在不改变股价运动方向时,可找另一高(低)点,再做一条趋势线(又称次级趋势线),如果改变方向,则做反向趋势线。

2. 轨道线是趋势线的延伸

依托趋势线,以某一个高(低)点做一条平行于趋势线的切线,这样就组成了股价的运行轨道。上轨线是压力线,下轨线是支撑线。轨道线反映了股价变动发方向和范围,可划分为上升轨道线、下降轨道线和水平轨道线(如图10-26所示)。轨道线也会被突破,可参照趋势线调整的方法修正轨道线。

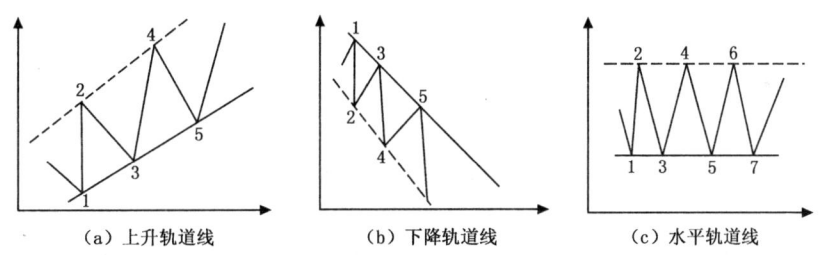

图10-26 趋势线和轨道线

(三) 黄金分割线

即利用黄金分割比率预测股价变动的一种切线。黄金分割的基本数据是0.618;0.382。在黄金分割线的基础上,存在若干个特殊数字组合,组合的主要数据有0.191、0.382、0.5、0.618、0.809、1等。黄金分割线的制作:选定每轮行情的起点(起涨点或开跌点),然后计算出起点的价位与上述各个数据的乘积,在图表上做出水平切线。黄金分割线组成各种可能的压力区与支撑区。在实际投资操作中,股价常常在这些区域遇到阻力或受到支撑。

二、移动平均线

(一) 移动平均线的特性

1. 移动平均线是一个支撑或阻力区域

上升行情中，当价格回落到移动平均线区域内得到支撑，价格的反映往往是向上反弹；在下跌行情中，向上反弹往往会遇到均线的压力而再次回落。一条均线被触及的次数越多，其一旦被突破后的意义就越大。

2. 移动平均线的滞后性和稳定性

因为均线变动反映的是若干天的平均变动，所以单日的大变动被平均后就会变小而不显著。移动平均线的优点主要为稳定，缺点是在 K 线组合已经出现反转信号时，移动平均线仍然维持原方向。因此，均线系统的运用一定要结合 K 线组合原理以及配合其他技术指标使用。

3. 助涨助跌性

当股价突破均线时，无论是形成向上突破还是向下突破，股价都会延续突破方向继续运行一段时间。一般而言，参数越大的移动平均线被突破后，股价延突破趋势继续运行的距离越长。这就是助涨助跌性。

(二) 均线的使用原理

1. 短期均线服从长期均线原理

由于短期均线波动较大、随机性较强，从趋势的角度考虑，除大势反转外，短期均线必须服从长期均线。市场出现大的变盘，一般都是按照更为长期的均线方向变盘。例如，当指数放量突破 5 日、20 日和 60 日均线，并且 60 日均线转而上行时，应以 60 日均线的趋势方向为准。

2. 均线反转原理

一般而言，短期均线服从长期均线原理具有较大市场惯性。但市场有时出现与此相反的走势，这种情况主要发生在见顶反转或见底反转中。此时，投资者要考察的是市场产生均线反转的能力和力度。只有出现大的成交量才有扭转趋势的动能。（参见 2018 年第四季度—2019 年第一季度上证综指走势，即虽然 60 日均线持续下行，但底部放量已明显表明市场有反转趋势）。

3. 均线粘合

根据均线的成本原理，均线粘合即阶段性市场成本趋于一致。例如，5 日、10 日、20 日、30 日、60 日均线粘合在一起，意味着这一段时间内的投资者成本基本一致。此外，均线粘合可能预示市场即将变盘。投资者可主要通过观察中长期均线走势研判变盘方向。

4. 均线角度

当股价处于上升趋势，理想的均线上升角度为 60 度（45 度 + 15 度）。角度超过 60 度的上涨，一般难以持久；低于 45 度的上涨，一般较为缓慢，可以说并未进入理想的上升状态。同理，上涨（或下跌）趋势中角度越大代表相应周期的上升（或下跌）力度越猛，相反就越弱。

5. 均线背离

背离，是指股价运行趋势与各种指标之间发生方向性的不一致，或度量上的不一致。股价上行，而均线呈现下行趋势，即股价与均线的背离。例如，2020 年 7 月—2020 年 9 月英力特（代码：000635）股价与其 250 日均线的顶背离。又如，2020 年 3 月—2020 年 4 月创业板指数与其 60 日均线的底背离。

6. 突破均线

股价突破均线,是否是有效突破呢?通常大盘突破 60 日均线 3% 或连续 3 个交易日能够站稳,即可认为是对均线的有效突破,但应注意以下 2 点:第一,若股价运行方向与中长期均线方向发生背离,其突破可能是假突破;第二,突破均线时的量能,放量突破一般认为是有效突破。

第六节 证券投资技术分析小结

一、技术分析方法的综合应用

(一) 大盘走势分析

首先,从宏观经济基本面进行分析;其次,从政策面和资金面进行分析;再次,从技术面进行分析,包括量、价、时、空 4 个要素,并且必须重点关注成交量与 K 线形态。通常底部不是短期形成的,大盘需要经过一段时间才能完成从探底到筑底进而上涨的过程。大盘形成大底部的条件如下。

(1) 资金面较为宽裕,政策面和宏观经济转暖。

(2) 市场必须经过大跌、跌够、跌透。

(3) 下行趋势改变,中期均线系统出现积极变化,30 日、60 日均线走好,股指 K 线呈多头排列。

(4) 股指不再创新低,并且成交量明显增大,底部显现三重底、头肩底或多重底等形态。

(5) 超级大盘股企稳。在上证综指中,银行股的权重约达 30%,地产股的权重约达 20%。工商银行、中国石油、中国石化、中国联通、中国神华、长江电力、宝钢股份等超级大盘股对股指的影响均较大。因此,大盘能否企稳进而上升,银行类、地产类等超级大盘股走势值得关注。通常大盘企稳的先决条件是大盘股企稳,个股才有表现的机会。

(6) 概念股开始轮番炒作。确认阶段性底部(上行趋势中的阶段性底部)的步骤为:首先,确认大趋势未发生改变(中长期均线未改变,股价未被透支),下跌一定幅度后成交量出现极度萎缩;其次,经过一段时间调整,中短期均线走好;再次,股价上涨时成交量放大,$MACD$ 指标调整充分。

(二) 关注期货指数走势

中国推出股指期货后,由于做多做空均可盈利,原先机构投资者单向做多的模式被改变。机构投资者通过预先在股指期货建立多头(或空头)仓位,并在现货市场拉抬(或打压)指标股实现盈利,甚至通过现货市场略亏而在期货市场大赚的期现交易达到净盈利的目的。因为期货与现货的关联度很高,期货往往引领现货走势,又因为股指期货有很大的杠杆率,股指走势时常出现单日暴涨或暴跌,放大利好或利空,故个人投资者研判股市趋势时必须关注股指期货的走势。

（三）关注重点行业（板块）

尽管每轮行情的龙头板块有所不同，但投资者应对医药、节能环保、新一代信息技术、航天军工板块个股均值重点关注。通常这些重点行业的走势均强于大盘。

二、实际操作纪律与理念

（一）止损与止盈

1. 止损

止损是控制损失幅度的操作，即将损失控制在所能承受的最大范围之内。止损通常可划分为空间止损和时间止损2种类型。空间止损，是指亏损达到一定程度（一般短线操作亏损约为2%—3%，中线操作亏损约为5%）后卖出。时间止损，是指买入一段时间后个股并未上涨（一般短线操作的考察期为2—3天，中短线操作的考察期为5—8天），及时卖出。

2. 止盈

止盈，即将获利空间控制在一定范围之内的操作。买入股票后股价上涨，即将止盈位逐步提高。例如，5元买入后股价上涨至5.5元，止盈位设定为5.4元，股价再次上涨，止盈位提高至5.6元、5.8元……一旦跌破止盈位立即卖出，以保证一定的盈利。

止损与止盈是证券投资实际操作必须严格遵守的投资纪律。投资者应养成良好的操作习惯，在进行每笔交易之前都明确该笔交易是短期投资还是中期投资，同时认真研判大盘，设定止损区间，避免盲目的止损止盈。不能够及时止损和止盈是普通投资者亏损严重的主要原因。

（二）顺势而为，波段操作

（1）应用基本面分析与技术分析手段研判大盘走势，大盘走势不好就不操作是必须遵守的原则。逆势操作是普通投资者亏损的又一重要原因。

（2）波段操作，积小利为大利。鉴于我国股市目前尚存较多问题并且解决这些问题还需较长的时间，政策利好与市场利空交织，未来数年甚至更长时间牛皮市震荡、波段起伏可能是市场的主要特征。把握波段相对低位介入和相对高位卖出，获取波段价差（小利），进而实现总盈利的增加是切合实际的投资方式。

（三）基本理念与常识

（1）建议新股民先进行2年左右的模拟盘操作，取得较好投资业绩后再进行实盘操作。

（2）选择先于大盘见底的个股，选择强于大盘的个股。

（3）警惕个股的高位放量、填权放量或除权前放量。类似现象很可能是机构投资者出货所致。

（4）利好出尽是利空，利空出尽是利好。突发性利空一般不会改变大盘原有的运行趋势。

（5）追涨杀跌通常被认为是非理性，但做足功课后的追涨杀跌行为则是高手的风范。在适当的时机追涨杀跌，是快速获利、避免亏损的办法。

（6）没有把握或看不懂行情时，持币观望是明智的选择，宁可错过，不能做错。

（7）资金量较小（50万元以下）的投资者，持股数量不宜超过3支。

（8）补仓不是好的实操方法，趋势不好，越补仓越亏；只有大势走好才考虑买入或补仓。

（9）仓位一般按短线和中线分别占比30%和40%分配，另外30%的可用资金作为机动资金，根据投资者实操情况适时调整。经常保持半仓，有利于捕捉短线机会。

（10）A股市场行情的一大特征是大盘趋于企稳时，率先上涨的往往是低价股、超跌股、题材股、小盘股，其后才是绩优股。

（11）股市中通常只有两成的个股较为活跃，八成的股票都表现平平。股市中只有少数投资者能够盈利，大多数投资者都亏损。股市中适宜进行股票操作的时间较短、不宜操作股票的时间较长。即中国股市适用二八定律。

（12）背离，可划分为顶背离和底背离，包括量价背离、指数与技术指标背离、指数与指数背离、股价与均线背离。观察背离现象，有助于研判大盘处于顶部还是底部。

（13）投资者使用大智慧、同花顺等证券交易软件时，阅读其提供的资料必须注意财务数据的发布时间和信息的滞后性，以免决策失误。例如，年度财务报表通常在每年4月才能发布，但其反映的是上市公司前一年度的财务状况。

（14）投资者研判大盘不能仅仅关注上证综指，富时A50期指、中小板指数、创业板指数等也应关注。

（15）长期投资（1年以上）选择绩优公司、中期投资（1—6个月）把握股价变动趋势，短期投资关注资金流向。

三、中短线投资实操技法

（一）短线技法

（1）利用轨道线做高抛低吸。大多数个股走势呈现波浪式上升或下跌的形态。投资者可以利用轨道线在通道内做高抛低吸，但通常选择运行在上升通道中的个股。

（2）回档介入。处于上升趋势（多头排列）的个股缩量回抽5日、10日均线，一般是短线介入的机会。

（3）强势股快速缩量回抽10日均线，可考虑短线介入。

（4）大盘暴跌后，上升通道或形态维持较好、抗跌、缩量的个股，一般是短线介入的机会。

（二）中线技法

（1）回调介入，个股走过一波上升浪后逐步缩量回调走稳并再次开始放量走强，是中线买入的机会。

（2）个股底部形态较好，换手率较充分，突破后缩量回抽颈线位，往往是中线买入的机会（如图10-27所示）。

（3）次新小盘股经过较长时间的大幅下跌，底部成交活跃，换手率较充分（累计200%以上），出现反转形态，均线呈现多头排列的个股，常常是中线投资的适宜对象。例如，2019年10月—2020年8月湘油泵（代码：603319）的K线走势。

本章小结及要点

内容摘要：本章主要介绍证券投资技术分析的方法。例如：量价关系、技术形态、技术指标、波浪原理、中短线交易技法，并对大盘分析要点及投资实操纪律、基本理念作了简要介绍。这些均为入门级知识，旨在解决交易时机问题。

1. 量价分析对大盘研判较为重要，但量价关系研究还可以细分。例如，价升量平、价跌量平等类型，其对股价后市走势的影响需要做进一步的分析和总结。

图 10-27 2018 年 8 月 28 日—2019 年 12 月 19 日信维通信走势图

注：(1) 资料来源于新浪财经；(2) 信维通信的股票代码为 300136；(3) 2019 年 8 月 26 日—2019 年 8 月 30 日信维通信 K 线缩量回抽颈线位。

2. 上阻线、怀抱线、吊首线、搓揉线、反打前三、下降反拖通常是卖出的信号，而"仙人指路"、上升反拖、"低位多头炮"则是买入的信号；反转形态突破后的回抽颈线是买进或卖出的信号。

3. 股价变动趋势研判应当是多种技术手段综合分析、相互印证得出的结论。因为各种分析方法均有各自的长处与不足。同时，技术分析必须服从于基本面分析（宏观经济情况、政策面、资金面变动）。

4. 技术分析包含量、价、时、空四大要素，认真观察大盘和个股头部与底部的技术特征并加以总结，有助于投资水平的提高。

5. 投资实践过程中，机构与散户是博弈的对手。了解机构投资行为、选股思路、操盘手法是普通投资者尤其是中短线投资者必须修习的功课。实操中短线投资或投机的技巧与方法很多，可通过多种渠道进一步学习。

思考题与应用训练

1. 一般来说，基本面转好、价量配合的个股走势较为健康。那么，成交量小的上涨个股就应当被放弃吗？

2. 投资者在进行证券投资分析时如何弥补 KDJ 指标与 MACD 指标存在的不足？

3. 很多散户都尝试利用技术指标寻找买卖点，却难以保证盈利，为什么？当下流行的操盘手、指南针等证券交易软件真的能够帮助投资者实现"一买就涨、一卖就跌"吗？

4. 观察个股（尤其是大牛股）底部成交量与形态有何基本特征？

5. 上阻线（卖出信号）与"仙人指路"（买入信号）走势特征十分相似，如何加以区分？

6. 据观察，30 年来，中国证券公司大户室的投资者 80% 已经不进行股票投资。其中，一部分投资者属于深度套牢或割肉离场。请分析频繁短线操作有何弊端？很多人对于其亏损，往往抱怨技术分析无用，事实果真如此吗？为什么散户炒股常常一卖就涨、一买就跌？

7. 追涨杀跌被认为是非理性行为，但短线高手往往就是追涨杀跌，建议结合实践、观察大牛股、强势股表现加以理解和体会。

8. 观察重大节日前夕中国股市走势，分析"红五月""红十月"这些投资者寄以希望的时段，股指走势是否如投资者所愿？

9. 观察每波行情中的大牛股有何共同的技术特点。

10. 尝试利用波浪原理，分析目前大盘运行在哪一级别的第几浪。

案例分析

小袁的股票投资经历①

2006 年 5 月，小袁以 80 万元入市。小袁秉持"长线是金"的投资理念，先后买入 4 支股票、11 支基金，并一直持有至 2007 年 4 月，其账面利润已达近 40 万元。于是，小袁又筹资 20 万元，并致电笔者，请求向其推荐几支好股票。笔者问清情况后劝告小袁不要再买入股票，而要对现有的基金进行整合，卖出一部分基金，集中投资两三支基金即可。小袁不悦，抱怨说："以前朋友推荐什么我就买什么，每个都赚，你不推荐就算了，还叫我卖基金，是不是怕我发财啊！"没过几天，小袁询问他人后又买入了 4 支股票。

2007 年 9 月中旬，小袁很兴奋地告诉笔者："我已经赚了 70 万元了，看来你就是理论多一些，炒股水平也不怎么样啊！幸好我当时没听你的话！"笔者随即告诉小袁可以开始卖股票了，结果又遭到了小袁的嘲笑。

2007 年 11 月初，笔者建议小袁卖出一半仓位，他勉强卖出 2 支股票，约 5 万元。2008 年 1 月中旬，笔者建议小袁清仓，小袁说再看看。2009 年春节，小袁见到笔者时说，"后来卖了两三支已实现盈利的股票，其他来不及卖的都被套了，现在就扔着吧，懒得去管了！"

问题：

1. 小袁的资产配置有何不足？

2. 小袁的股票投资操作有何问题？

---

① 案例资料由作者的亲身经历总结。

第十一章
证券投资收益、风险及其测量

本章导读

证券投资的主要对象是债券、股票、基金,其投资收益由不同部分构成,收益率受到利率、价格变动、投资期限、分红等多种因素影响。证券投资风险主要包括系统性风险(市场风险、利率风险、购买力风险)和非系统性风险(行业风险、经营风险、违约风险)。前者又称不可分散风险,后者通过分散投资可以被降低并且证券之间收益率变化的相关关系越弱,分散投资降低风险的效果就越明显。证券投资风险的测度主要涉及期望收益率、方差或标准差、协方差及相关系数、β系数。

本章主要学习和思考以下问题:
1. 债券、股票、基金的投资收益及其影响因素。
2. 证券投资的风险及其种类。
3. 证券投资的风险度量方法。
4. 证券投资风险衡量应注意哪些问题?

第一节 证券投资收益

一、债券投资的收益

债券投资的收益,是指投资者购买债券后获得的全部投资报酬,包括利息收入和资本利得。债券利息收入,是指债券投资实现的利息收入。资本利得,是指债券在流通市场上交易价格的变化。

(一)影响债券收益率的主要因素

1. 债券利率

债券利率即债券的息票率,息票率决定了未来现金流的大小。在其他属性不变的条件下,债券的息票率越低,债券收益率随预期收益率波动的幅度越大。

例如,5种债券的期限均为20年,面值均为100元,债券利率分别为4%、5%、6%、7%和8%,预期收益率均为7%。如果预期收益率发生变化(上升至8%和下降至5%两种情况),相应地可以计算出这五种债券收益率的变化。由表11-1可以发现,同样的预期收益率变动,将导致这五种债券收益率不同幅度的变化。债券利率越低,债券收益率受预期收益率变动的波动幅度越大。

表 11-1　　　　　　　　债券收益率变化与债券利率之间的关系

债券利率	预期收益率下的债券价格（元）			债券收益率变化率（由7%上升至8%）	债券收益率变化率（由7%下降至5%）
	7%	8%	5%		
4%	68	60	87	-11.3%	28.7%
5%	78	70	100	-10.5%	27.1%
6%	89	80	112	-10%	25.8%
7%	100	90	125	-9.8%	25.1%
8%	110	100	137	-9.5%	24.4%

资料来源：黄亚钧. 现代投资银行的业务和经营 [M]. 立信会计出版社，1996。

2. 债券价格

债券的价格与收益率成反比例关系。当债券价格上升时，债券的收益率下降；反之，当债券价格下降时，债券的收益率上升①。

例如，某 5 年期债券的面值为 1000 美元，每年支付利息 80 美元，即息票率为 8%。如果该债券当前的市场价格等于面值，意味着它的收益率等于息票率。如果该债券的市场价格上升至 1100 美元，它的收益率则下降至 5.76%，低于息票率；反之，如果该债券的市场价格下降至 900 美元，它的收益率则上升至 10.98%，高于息票率。具体计算如下：

$$1000 = \frac{80}{1+0.08} + \cdots + \frac{80}{(1+0.08)^5} + \frac{1000}{(1+0.08)^5}$$

$$1100 = \frac{80}{1+0.0576} + \cdots + \frac{80}{(1+0.0576)^5} + \frac{1000}{(1+0.0576)^5}$$

$$900 = \frac{80}{1+0.1098} + \cdots + \frac{80}{(1+0.1098)^5} + \frac{1000}{(1+0.1098)^5}$$

3. 债券期限

当市场预期收益率变动时，债券的到期时间与债券价格的波动幅度之间成正比。换言之，到期时间越长，债券价格的波动幅度越大；反之，到期时间越短，债券价格的波动幅度越小。

随着债券到期时间的临近，债券价格的波动幅度减小，并且是以递增的速度减小；反之，债券到期时间增长，债券价格的波动幅度增加，并且是以递减的速度增加②。随着到期日的临近，弧线斜率的绝对值增大；反之，随着到期日的时间的延长，弧线斜率的绝对值减

---

① 债券内在价值的计算公式为 $V = \frac{c}{1+y} + \frac{c}{(1+y)^2} + \frac{c}{(1+y)^3} + \cdots + \frac{c}{(1+y)^T} + \frac{A}{(1+y)^T}$。其中，$V$ 表示债券的内在价值；c 表示每期支付的利息；A 表示债券的面值；y 表示债券的预期收益率；T 表示债券的剩余期限。$\frac{dV}{dy} = -\left[\sum_{t=1}^{T} \frac{tc}{(1+y)^{t+1}} + \frac{AT}{(1+y)^{T+1}}\right] \leq 0$。同样的方法可以证明债券期限对债券收益率的影响。

② $\begin{cases} \frac{d(A-V)}{dT} = (1 - \frac{c \div A}{y}) A \frac{\ln(1+y)}{(1+y)^T} \\ \frac{d^2(A-V)}{dT^2} = (1 - \frac{c \div A}{y}) A \frac{\ln^2(1+y)}{(1+y)^T} \end{cases}$，$T$ 越大，二次导数的值越小。

小（如图11-1所示）。

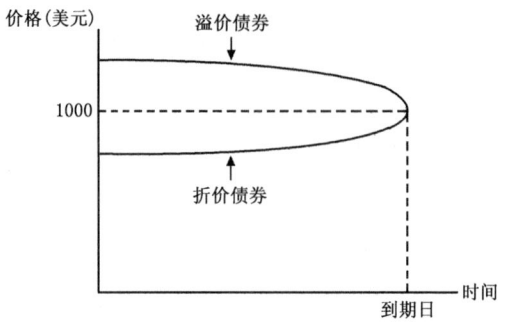

图11-1　折（溢）价债券的价格变动示意图

（二）债券收益率的计算

债券收益率是债券收益与其投入本金的比率，通常用年收益率表示。根据投资者对债券认购时间与投资期限的不同（如图11-2所示），债券收益率可划分为承诺收益率、到期收益率和持有期收益率3种。

直接收益率和票面收益率是衡量利息所得带来的收益率指标。这两者的计算公式如下：

票面收益率 = 债券年利息 ÷ 债券面值 × 100%

直接收益率 = 债券年利息 ÷ 债券市场价格 × 100%

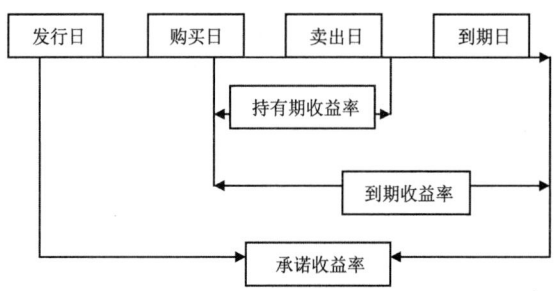

图11-2　债券收益率示意图

二、股票投资的收益率

股票投资的收益率，是指投资于股票获得的收益总额与投入本金的比率。股票投资收益率的计算公式为：

股票投资收益率 = （资本利得 + 红利收益）÷ 初始投资额 × 100%

（一）影响普通股投资收益水平的主要因素

1. 红利

红利与普通股投资收益水平呈正比例关系。股利分配决策是现代财务学的三大核心内容之一，其对公司的长期发展具有重大影响。现金股利、股票股利、财产股利和负债股利是股利分配的基本形式。其中，以现金股利和股票股利最为常见。

投资者购买股票是为了获取资本利得和股利收益。当投资者不能持续获得现金股利收益时，他们只能通过频繁交易获取资本利得收益。许多研究表明，当市场充斥大量短期投资者时，股票价格往往偏离上市公司的内在价值，股票市场呈现过度波动和达不到资源配置效率（Allen，Morris & Shin，2003）。因此，使得投资者获取稳定的股利收益率是中国股市稳定发展的关键因素之一，相关措施包括提高上市公司的质量和加强投资者保护。

2. 股本扩张

发放红利或股本扩张都是上市公司向外界传递的良好信号，投资者都可能从中获得资本增值收益。我国公司上市需要完成大量准备工作，经历繁杂的审批手续，从计划上市到正式上市需要花费巨额的审计、评估、保荐、承销等费用，并且许多公司刚上市时的可流通股本规模较小，容易受到庄家炒作的影响，致使股价大起大落。在此时发放股利，不仅能够满足流通股股东的要求，向市场传递未来发展的良好前景，而且也能够增加股本规模，提高未来再融资的基数，降低股价，促进股票流通。因此，公司股本规模越小，发放投资可能越多；公司上市年限越短，发放投资可能越多。

3. 股票升值

股票升值就是股票价格的升高，它可以为投资者带来资本利得。股票升值显然会引起股票投资收益率的上升。

（二）普通股股票收益率计算

1. 股利收益率

股利收益率又称获利率，是股份公司以现金形式派发的股息或红利与股票市场价格的比率。股利收益率可用于计算已得的投资收益率，也可用于预测未来可能的投资收益率。

2. 持有期收益率

持有期收益率是投资者持有股票期间的股息收入与买卖差价之和与股票买入价的比率。股票没有到期日，投资者持有股票的时间短则几天，长则数年。持有期收益率反映的是投资者在一定的持有期内的全部股利收入和资本利得占投资本金的比重。持有期收益率是投资者最关心的指标，但如果要将它与债券收益率、银行利率等其他金融资产的收益率作比较，须注意时间的可比性，即要将持有期收益率转化为年率。

三、证券投资基金的投资收益

证券投资基金的投资收益主要可划分为利息收入、股利收入、资本利得和其他收入。利息收入是任何类型的基金都能够获得的收益。因为无论是封闭式基金还是开放式基金，在任何时刻几乎都必须保留一定数额的现金。一般来说，基金都会将这部分现金存入银行，从而获得存款利息收入。另外，基金投资各种债券（国债、金融债、企业债等）也可能定期取得债券利息收入。股利收入和资本利得是基金收益的主要来源。证券投资基金的其他收入包括买入返售证券收入、赎回费扣除基本手续费后的余额、手续费返回、因运用基金财产带来的成本或费用的节约等。

（一）影响证券投资基金投资收益水平的主要因素

1. 基金红利

通常，股票型基金以上市公司发行的股票为主要投资对象。基金买入并持有上市公司的股票，有权分得公司派发的红利或股利，从而获得红利或股息收入。基金红利，是指基金购买上市公司的普通股而享有的对该公司净利润的分配权。股息，是指基金购买上市公司的优先股而享有的对该公司净利润的分配权。股息通常是按照一定的比例事先规定的,这是股息和红利的主要区别。不过,在现实中(我国境内尚无优先股),红利和股息并不加以严格区别,往往统称为股利。

实践中,比较成熟的股票市场通常会制定一些规定,要求业绩优秀的上市公司必须派发红利。中国股票市场尚无强制性分红规定,但是鼓励上市公司在符合分配能力的情形下积极进行股利分配,并以此作为公司再融资的条件。

股息的支付通常采用3种形式,即现金、股票和实物。也有以上述方式的组合支付股息的情况。国际上,允许派发实物红利的国家并不多见,而且一般来说,派发实物红利的上市公司的财务状况必定不太理想。因此,证券投资基金一般是不会购买这类股票的。现金红利是以现金的形式发放的红利,股票股利是以股票的形式发放的红利。需要注意的是,由于股票股利不涉及现金收益,一般通过对分配所得的股票在除息日的估值体现收益,并不直接计入基金的收入类科目。而现金股息则在除息日直接计入基金收益。①

2. 买卖价格

通过买卖差价赚取的收益就是资本利得,是股票、债券或其他有价证券因卖出价高于买入价而获得的那部分收入。资本利得是证券投资基金最主要的收益来源。

证券投资基金获取的资本利得可以划分为2类,即已实现的资本利得和未实现的资本利得。一般来说,如果基金管理人判断正确,逢低买入某种股票,待该股票价格上升后卖出,这种已实现的资金增长就称为已实现的资本利得。如果基金管理人买入某种股票后,该股票价格上升,基金管理人继续持有该股票而并未卖出,在卖出股票之前基金可能获得的因股票价格上升而形成的这种账面收入就称为未实现的资本利得。对于投资者来说,虽然基金的这种账面收入并未实现,但它会引起基金净资产的增加,并且会在投资者卖出基金份额或赎回基金份额时得到相应的体现。所以,未实现的资本利得也能使投资者受益。

自2007年1月1日起实施的《企业会计准则——基本准则》将基金的"未实现资本利得"更名为"公允价值变动损益",基金持有的采用公允价值模式计量的各种交易性金融资产、交易性金融负债等因公允价值变动形成的应计入当期损益的利得或损失,于估值日对基金资产按照公允价值估值时予以确认。

(二) 证券投资基金收益率的计算

1. 开放式基金收益率

(1) 不计算红利再投资的基金收益率。如果不考虑红利再投资,忽略基金的申购费用和赎回费用,仅考虑基金净值的增长能力,基金净值有单位净值和累计净值之分。累计净值,是指基金的最新单位净值与其成立以来的分红业绩之和,体现了基金自成立以来取得的累计收益(减去单位面值即是实际收益),直观、全面地反映了基金在运作期间的历史表现。结合基金的运作时间,可以更准确地体现基金的真实业绩水平。而基金的最新单位净值提供了一种即时的交易价格参考。证券投资基金的分红在一定程度上反映了基金的盈利情况,但主要体现的是基金的收益实现能力,分红业绩可以通过累计净值得以体现。

计算 t 段时间内基金的收益率情况可以采用以下公式:

---

① 参见2001年9月12日中华人民共和国财政部发布的《证券投资基金会计核算办法》(财会〔2001〕53号)。

$$RP_t = \frac{NAV_t - NAV_{t-1} + D_t}{NAV_{t-1}} \tag{11-1}$$

式中，RP 表示基金的区间收益率；NAV 表示基金净资产；D 表示基金的分红。

（2）计算红利再投资的基金收益率。如果考虑红利再投资，而忽略基金的申购费用和赎回费用，应计算基金的复权收益率（TR），可以采用以下 2 种计算方法。

①第一种计算方法的计算公式为：

$$TR = \frac{NAV_n}{NAV_0} \sum_{i=1}^{n} (1 + \frac{D_i}{NAV_i}) - 1 \tag{11-2}$$

式中，TR 表示基金的总回报率；NAV_n 和 NAV_0 表示基金期末和期初的净资产；D_i 表示第 i 次分红金额；NAV_i 表示第 i 次分红后的净资产。

当前，一些主要基金评级机构发布的基金收益率均采用这种计算方法。例如，晨星公司（Morning Star）、理柏公司（Lipper）。

②第二种计算方法的计算公式为：

$$TR = \frac{1}{NAV_0}(NAV_n + \prod_{i=1}^{n} D_i \times R_i) - 1 \tag{11-3}$$

式中，R_i 表示第 i 次分红后到期末的净值增长情况。这样处理的目的是为了将红利再投资的收益分离出来，检视其对基金总收益率的影响。

从理论上讲，以上两种计算方法得出的结果应当是相同的，而且同时适用于开放式基金和封闭式基金。

2. 封闭式基金收益率

对于封闭式基金，除了和开放式基金使用相同方法计算净值收益率以外，其实际收益率还与期初至期末买卖价差和期间的分红情况有关。因此，影响封闭式基金实际收益的因素主要有 3 个，即净值增长能力（基金盈利能力）、折价率和期间分红。考虑分红再投资的因素，封闭式基金的实际收益率应为复权收益率，但应注意采用何种复权方式。以 2007 年基金开元为例，如果采用向前复权，复权收益率高达 630.45%；如果采用向后复权，复权收益率仅为 139.87%。而 2007 年基金开元的累积净值增长率仅为 81.29%。

采用复权数据虽然解决了除权造成的涨幅失真问题，但是却由于复权机理本身的原因，使由其计算出来的涨幅与实际涨幅相比有一定误差，存在着涨幅放大（向前复权）或涨幅缩小（向后复权）现象。向前复权，是指以除权后的价格为基准（即除权后的价格不变），将除权前的价格降下来，复权计算时首先从上市日开始，逐日向后判断，遇到除权日，则将上市日到除权日之间（不包括除权日）的全部价格通过复权计算降下来，然后再继续向后判断，遇到下一个除权日，则再次将上市日到该除权日之间（不包括除权日）的全部价格通过复权计算降下来。对于派发现金红利比较多的封闭式基金，甚至可能出现复权价为负的情况（即累计分红超过了最初的成本价）。向后复权，是指以除权前的价格为基准（即除权前的价格不变），将除权后的价格升上去，复权计算时首先从最新日开始，逐日向前判断，遇到除权日，则将除权日到最新日之间（包括除权日）的全部价格通过复权计算升上去；然后再继续向前判断，遇到下一个除权日，则再次将除权日到最新日之间（包括除权日）的全部股价通过复权计算升上去。由于基金只有分红，没有配股，所以复权对于收益率的影响为：向前复权会使涨幅放大，而向后复权会使涨幅缩小。因此，这两种复权方法都不适用于计算封闭式基金的年实际收益率。

第二节 证券投资风险的构成

证券投资的风险，是指投资对象的各种可能值偏离其期望值的可能性和幅度。从风险的定义可以看出，可能值可能低于也可能高于期望值。因此，风险绝不是亏损的同义词，风险中既包含对市场主体不利的一面，也包含对市场有利的一面。换句话说，风险大的金融资产的实际收益率并不一定比风险小的金融资产低，往往高风险伴随着高收益，故有收益与风险相当之说。

风险的种类很多，按能否分散可划分为系统性风险和非系统性风险。系统性风险包括市场风险、利率风险和购买力风险。非系统性风险包括行业风险、经营风险和违约风险。

一、系统性风险

系统性风险是由那些影响整个金融市场的风险因素引起的，这些因素包括经济周期、国家宏观经济政策的变动等。系统性风险影响所有金融变量的可能值，不能通过分散投资相互抵消或削弱，因此又称不可分散风险。换句话说，即使投资者持有一个充分分散化的证券投资组合，也须承但系统性风险。

（一）市场风险

市场风险，是指由于证券市场行情变动引起的实际收益率偏离预期收益率的可能性。当出现看涨行情时，通常大多数证券的价格会上涨；当出现看跌行情时，通常大多数证券的价格会下跌。市场风险是投资者最难应对的一种风险。对于瞬息万变的行情波动，投资者很难准确预测。有时，业绩良好的上市公司的股价却下跌，而一些经营不稳定的上市公司的股价却走势良好。之所以经常出现这种反常现象，是由于不同的投资者对企业未来发展前景及其股价的走势的看法不尽相同，再加上某些社会经济因素变化和所谓的"内幕消息"的影响，使投资者对股票的市场变化极其敏感。这种易变性使股市永远潜伏着不可预料的市场风险。

（二）利率风险

利率风险，是指源于市场利率水平的变动而对证券资产价值带来的风险。一般来说，利率的上升会导致证券价格的下降，利率的下降会导致证券价格的上升。在利率水平变动幅度相同的情况下，长期证券受到的影响比短期证券的更大。因此，一般长期证券的利率要高于短期证券的利率，其差额实际是对长期证券期限利率风险的一种补贴。

（三）购买力风险

物价变化导致的资金实际购买力的不确定性称为购买力风险，又称通货膨胀风险。通货膨胀较高并且持续一段时间后，会使整个经济形势变得不稳定，风险增大。通胀还会直接降低投资者的实际收益。由于证券投资资本和投资收益通常都是以货币量表示的，因此货币的贬值必然使投资者的本金与收益遭受损失，造成投资收益的不稳定。严重的通货膨胀甚至会导致投资者本金的丧失。购买力风险是一种系统性风险，一般较难防范，但如果投资者预期在投资期限内可能发生通货膨胀，就可以要求获得风险补贴。例如，在投资债券时要求额外获得与市场利率相同的收益率，或者购买浮动利率的保值证券。

二、非系统性风险

非系统性风险是一种与特定公司或行业相关的风险，它与经济、政治和其他影响所有金融变量的因素无关。例如，一个新的竞争者开始生产同类产品，一次技术突破使一种现有产品消亡。非系统性风险能够通过分散投资被降低。而且，如果分散投资是充分有效的，这种风险还能够被消除。因此，非系统性风险又称可分散风险。

（一）行业风险

行业是介于宏观经济和微观经济之间的中观经济范畴，由具有共同特征的企业群体组成。由于处于同一行业的企业成员在生产经营上存在共性或相似性，其产品或服务具有较强的替代性，行业内企业彼此存在较为紧密的联系。行业兴衰决定了行业内企业的生存条件和发展状况，进而影响相关证券产品的安全性。由行业兴衰引发的风险称为行业风险。对行业的分析主要包括以下3个方面：

（1）行业环境特征评价。具体包括宏观经济环境评价和行业运行环境评价2个方面。经济周期、财政政策和货币政策是衡量宏观经济状况的主要变量。从中观层面来看，国家产业政策、法律法规、体制转轨和重大事件等因素也需进一步考察。对上述要素作综合分析，有助于投资者判断行业所处环境的整体水平。

（2）行业经营状况评价。行业经营状况评价主要从市场供求、产业成熟度、技术风险、行业垄断程度、产品替代和产业依赖度等方面评价行业自身的经营状况，据以判断行业内部所有企业的整体运营状态、预测行业发展趋势。

（3）行业财务数据分析。在行业动态数据库基础上，对行业平均违约概率和预期损失率进行系统性的分析评价。

（二）经营风险

经营风险，是指企业内部项目投资决策失误，不注重技术更新，竞争实力下降，不注重市场调查，不注重新产品开发，销售决策失误等，引起公司经营管理水平的相对下降，使企业产生经营失败的可能性。这种风险是个别的、可以规避的风险。经营风险可进一步划分为外部经营风险与内部经营风险。由企业原材料价格上升、竞争对手降价销售等引起的风险，可归为外部经营风险。由企业经营管理水平低下、技术水平落后和竞争能力下降等原因导致企业盈利能力的下降，进而影响股价的风险，可归为内部经营风险。一般来说，不同企业的经营环境各不相同，所以其外部经营风险有较大差异，但企业的内部经营风险大致相似，即大多数是由管理层决策失误或管理水平低下造成的。

（三）违约风险

违约风险又称信用风险，是指证券发行人因倒闭或其他原因不能履约而给投资者带来的风险。违约风险是证券投资面临的最大风险。以投资债券为例，投资者在购买债券前应充分了解发行人的信用等级，尽可能购买信用等级高的债券。但事实是，信用等级越高的债券利率越低，而信用等级越低的债券，利率越高。这是因为，信用等级低的债券发行人必须向投资者支付较高的投资收益（其中包含一部分违约风险补贴），否则他们就筹集不到资金。信用等级高的筹资人则无须支付这部分违约风险补贴。这样，就造成了这样一对矛盾——风险大的债券收益高，风险小的债券收益低。在风险和收益两者中如何抉择，就由投资者自己来决定。一般而言,政府债券被认为是无违约风险的"金边债券"。因此,在相同期限的债券中,它的收益率应该是相对最低的。

第三节 证券投资风险的度量

衡量证券投资风险,实际上就是衡量证券投资收益的发散程度。证券收益的发散程度越高,投资风险越大;证券收益分布越集中,投资风险越小。不过,投资风险是不可能被精确地衡量的。所谓衡量风险,只是在一定范围内根据经验模型和预测数据进行的一种测定。

一、单一证券投资风险的衡量

任何一种证券投资都具有风险。只有能够衡量出每一种证券的风险,投资者才能在众多的投资对象中作出合理的选择,尽可能的降低风险,提高投资的收益。单一证券投资风险的衡量方法有算术平均法和概率测定法。

(一)算术平均法

算术平均法是一种较为传统的风险衡量方法。它是用一段时间内某种证券的最高价与最低价之差除以它们的算术平均数所得的数值衡量风险的一种方法。一般而言,该数值越大,差价率越大,风险越高,反之亦然。用算术平均法衡量单一证券投资风险的计算公式如下:

$$\bar{P} = \frac{1}{n}(P_1 + P_2 + P_3 + \cdots + P_n)$$

$$= \frac{1}{n}\sum_{i=1}^{n} P_i$$

$$风险 = \frac{P_{max} - P_{min}}{\bar{P}} \tag{11-4}$$

在不同的时间范围内,该数值是不同的。一般而言,选取的时间段越短,该数值越不具有代表性。因此,衡量证券的风险一般应以相对较长的时期为准。

(二)概率测定法

1. 期望收益率

期望收益率,是指投资者投资证券期望获得的收益率,是投资者在未来期间可能实现的收益率的平均值。期望收益率用概率中的期望值表示。将投资收益率的每一种可能出现的结果和各自发生的概率进行加权平均,所得的结果就是期望收益率。即:

$$\bar{R} = \sum_{i=1}^{n} R_i P_i \tag{11-5}$$

式中,$\bar{R}$ 表示期望收益率;n 表示出现不同收益率的个数;R_i 表示每种可能的收益率;P_i 表示每种收益率发生的概率。

2. 方差和标准差

期望收益率是一个估计值,而未来的实际收益率尚未确定,并且实际收益率的取值一般不等于期望收益率,两者常常存在偏差。两者的偏差越大,表明证券投资的风险越大。实际收益率和期望收益率的偏差程度可以用方差和标准差测量。方差或标准差越大，表明证券收益率越不稳定，证券投资的风险越大，反之亦然。计算公式如下：

$$\sigma^2 = \sum_{i=1}^{n}(R_i - \overline{R})^2 P_i$$

$$\sigma = \sqrt{\sum_{i=1}^{n}(R_i - \overline{R})^2 P_i} \tag{11-6}$$

二、证券组合投资风险的衡量

证券组合，是指由两种或两种以上证券按照一定比例组合在一起，构成的一个复合的投资整体。"不要把所有的鸡蛋放在同一个篮子中"充分说明了证券组合的必要性。合理的投资组合能够分散证券投资的风险。如果证券组合中的某一支证券发生亏损，可以通过其他证券的盈利弥补损失。但是，如果单一证券投资发生亏损，就没有弥补的办法了。虽然证券组合有这种分散风险的优势，但是并不说明证券组合就一定收益高、风险小。投资者还需详细了解证券组合的风险大小，以便进行投资决策。证券组合的风险可以用期望收益率、方差和标准差等指标加以衡量。

（一）证券组合的期望收益率

证券组合的期望收益率，是指组合中所有证券的期望收益率与各自对应证券投资比例的加权平均值。与单一证券投资收益的期望值类似，证券组合的期望收益也就越高。

$$\overline{R}_P = \sum_{i=1}^{n} \overline{R}_i X_i \tag{11-7}$$

式中，$\overline{R}_P$ 表示证券组合的期望收益率；n 表示组合中证券的个数；X_i 表示每种证券在组合中所占的比例；$\overline{R}_i$ 表示每种证券的期望收益率。

（二）证券组合投资的风险衡量

1. 协方差与相关系数

与单一证券不同，证券组合的投资风险计算较为复杂，不仅要考虑影响组合中每种证券的风险因素，还要考虑各种证券的相互关系对风险的影响。也就是说，证券组合的风险不单单取决于所有证券风险的总和，还取决于它们之间的相关程度。各种证券的相关程度可以用协方差和相关系数衡量。

协方差预测的是两种证券投资收益率之间的变化趋势。正的协方差表示两种证券投资收益的变化趋势一致，负的协方差表示两者的变化方向相反。当协方差很小或为零时，表示两者的变化趋势有较小的相互关系或不相关。协方差的计算公式如下：

$$\sigma_{ij} = E(R_i - \overline{R}_i)(R_j - \overline{R}_j) \tag{11-8}$$

式中，σ_{ij} 表示证券 i 和证券 j 的协方差；R_i 和 R_j 分别表示证券 i 和证券 j 可能的收益率；$\overline{R}_i$ 和 $\overline{R}_j$ 分别表示证券 i 和证券 j 的期望收益率。

相关系数可以更好地衡量两种证券投资收益率的相关程度。正的相关系数表明两种证券收益率的变化趋势一致，这两种证券之间的风险不能相互抵消，反而将叠加投资的风险；反之，表明两者的风险可以相互抵消，有利于降低风险。当两种证券的相关系数等于 0 时，表明两者不相关。相关系数的计算公式为：

$$\rho_{ij} = \sigma_{ij} \div \sigma_i \sigma_j \qquad (11-9)$$

式中，ρ_{ij} 表示证券 i 和证券 j 的相关系数；σ_{ij} 表示证券 i 和证券 j 的协方差；σ_i 和 σ_j 分别表示证券 i 和证券 j 的标准差。

2. 方差与标准差

类似于单一证券的方差与标准差，证券组合的方差与标准差也代表着投资组合蕴含风险的大小。方差或标准差越大，表示证券组合的风险越大，反之亦然。证券组合 P 标准差的计算公式如下：

$$\sigma_P^2 = (\sum_{i=1}^{n}\sum_{j=1}^{n} X_i X_j \sigma_{ij})^2$$

$$\sigma_P = \sqrt{(\sum_{i=1}^{n}\sum_{j=1}^{n} X_i X_j \sigma_{ij})^2} \qquad (11-10)$$

式中，X_i 和 X_j 分别表示证券 i 和证券 j 在组合中所占的比例；n 表示组合中证券的数量。

（三）证券组合投资风险与证券数量的关系

投资者利用长时期的历史资料比较一个充分分散的证券组合和单一股票时，不难发现一种奇怪的现象：风险较高的股票的收益率反而较低。例如，1989 年 1 月—1993 年 12 月，IBM 股票的月平均收益率为 -0.61%，标准差为 7.65%。而同期标准普尔 500 指数的月平均收益率和标准差分别为 1.2% 和 3.74%。即虽然 IBM 股票的标准差大大高于标准普尔 500 指数的标准差，但其月平均收益率却低于标准普尔 500 指数的月平均收益率。这是为什么呢？

原因在于每种证券的全部风险并非完全相关。构成证券组合时，单一证券的收益率变化可能被证券组合中其他证券收益率的反向变化减弱或抵消。事实上，可以发现证券组合的标准差一般都低于组合中单一证券的标准差，因为各组成证券的总风险已经分散化而大量抵消。只要通过分散化就可以使总风险大量抵消，我们就没有理由使预期收益率与总风险相对应；与投资预期收益率相对应的只能是通过分散投资不能相互抵消的那一部分风险，即系统性风险。

根据证券组合预期收益率和风险的计算公式可知，不管组合中证券的数量是多少，证券组合的收益率只是单个证券收益率的加权平均数，分散投资不会影响到组合的收益率。但是分散投资可以降低收益率变动的波动性。不同证券收益率变化的相关关系越弱，分散投资降低风险的效果就越明显。当然，在现实的证券市场上，大多数情况是各种证券收益之间存在一定的正相关关系，相关程度有高有低。有效证券组合的任务就是要找出相关关系较弱的证券组合，以保证在一定的预期收益率水平上尽可能降低风险。

从理论上讲，一个证券组合只要包含了足够多的相关关系弱的证券，就完全有可能消除所有的风险。但是，在现实的证券市场上，因为各种证券的收益率在一定程度上受到同一因素影响（例如，经济周期、利率的变化等），不同证券收益率的正相关程度很高。因此，分散投资仅仅可以消除证券组合的非系统性风险，但不能消除证券组合的系统性风险。

韦恩·韦格纳（Wayne Wagner）和谢拉·劳（Sheila Lau）根据 1960 年 7 月标准普尔的股票质量分级把 200 种在纽约证券交易所上市的股票样本分成 6 组，最高质量等级（A+）构成第一组，依次类推。从每一组股票中随机抽取 1—20 支股票组成证券组合，计算每一个证券组合 1960 年 7 月—1970 年 5 月的平均月收益率（如表 11-2 所示）。为减少对单一样本的依赖,连续进行了 10 次上述抽样调研。而后,他们对调研得出的 10 个数值加以分析①。

表 11-2　　　　　　　　随机抽样 A + 质量等级的股票组合的风险和分散效果

组合中股票的数量	平均收益率（%/月）	标准差（%/月）	相关系数 R	决定系数 R^2
1	0.88	7.0	0.54	0.29
2	0.69	5.0	0.63	0.40
3	0.74	4.8	0.75	0.56
4	0.65	4.6	0.79	0.62
5	0.71	4.6	0.79	0.62
10	0.68	4.2	0.85	0.72
15	0.69	4.0	0.88	0.77
20	0.67	3.9	0.89	0.80

表 11-2 中的决定系数 (R^2) 为相关系数的平方值,其取值范围为 0—1。它用以衡量证券组合的收益率(用方差表示)中可归因于市场收益率的比例,除此之外的风险即是证券组合特有的风险。因此,一个证券组合的 R^2 越接近 1,这个证券组合的风险分散得越充分。从表 11-2 中的数据可以得出以下结论。

(1) 一个证券组合的预期收益率与该组合中股票的数量无关,而证券组合的风险则随着组合中股票数量的增加而减少。当证券组合中股票的数量由 1 支增至 10 支时,证券组合风险的下降明显,但是随着证券组合中股票数量的增加,降低风险的边际效用迅速递减。特别是证券组合中的股票超过 10 支时,风险的下降变得微乎其微。一般认为,一个证券组合中的证券种类以 10—15 支最为合适,即使是一些大型基金也往往将投资组合中证券的数量保持在 25—35 支。过度分散投资会增加交易成本、管理组合的时间和信息成本,可能得不偿失。

(2) 由随机抽取的 20 支股票构成的股票组合的总风险降低到只包含系统性风险的水平,单个证券风险的 40% 被抵消,这部分风险就是非系统性风险。

(3) 一个充分分散的证券组合的收益率的变化与市场收益率的走向密切相关。其波动性或不确定性基本上就是市场总体的不确定性。投资者不论持有多少股票都必须承担这一部分风险。

根据以上的分析,证券组合包含证券的数量和组合系统性和非系统性风险之间的关系(如图 11-3 所示)。

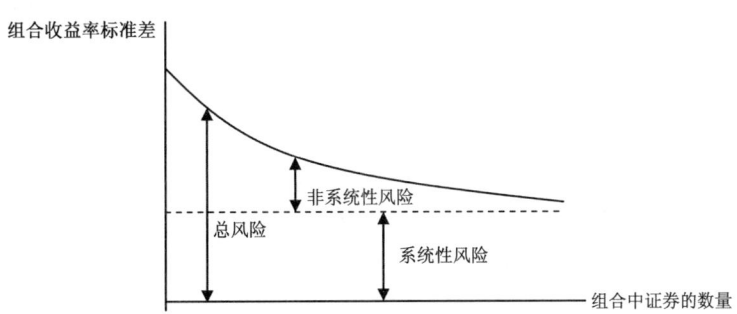

图 11-3　证券的数量和组合系统性和非系统性风险之间的关系

---

① W. Wagner, S. Lau. The Effect of Diversification on Risk [J]. Financial Analyst Journal, 1971, 27 (6): 48-53.

> **专栏：低定价艺术品在长期内打败了专家**
>
> 迈克尔·摩西（Michael Moses）和梅建平研究发现，与那些购买数百万美元艺术品的投资者相比，购买更低定价艺术品的投资者往往能够持续获得更多的投资收益。他们发现，在1950—2002年被购买而后又被转卖的4000件画作和雕塑中，定价最低的3件产生了大约13%的年收益率，超过了价格最贵的3件艺术品的年收益率（10.5%）。同时，这一收益率也超过了同期标准普尔500指数。而经纪人和拍卖商通常会建议客户购买他们买得起的最好的艺术品。将昂贵的伦勃朗、莫奈和毕加索的作品宣传成低风险、高收益的投资品与市场展现出来的特征显然是不相符的。
>
> 通常情况下，标准普尔500指数或其他证券市场上的指数被认定为只包含系统性风险。因此，它们具有最小的标准差、最低的风险。而在艺术品市场中，低定价的艺术品似乎比股票指数的风险还要小。可以说，艺术品是财富的杰出长期储藏形式，在证券组合中纳入低定价艺术品一定可以显著的分散投资组合的风险，提高投资组合的收益率①。

三、系统性风险的衡量

在证券市场中的每一种证券都会受到整个市场变化的影响，而这种由整个证券市场的变化引起的风险就是系统性风险。由于非系统性风险可以通过有效的证券组合消除，所以当投资者拥有一个有效的证券组合时，他面临的就只有系统性风险了。那么如何衡量系统性风险呢？

如果把证券市场处于均衡状态时的所有证券按其市值比重组成一个"市场组合"，这个组合的非系统性风险将等于零。可见，可以用某种证券的收益率和市场组合收益率之间的 β 系数作为衡量这种证券系统性风险的指标。证券 i 的 β 系数 β_i 是证券 i 的收益率和和市场组合收益率的协方差 σ_{im} 除以市场组合收益率的方差 σ_m^2，其计算公式为：

$$\beta_i = \sigma_{im} \div \sigma_m^2 \tag{11-11}$$

由于系统性风险无法通过多样化投资抵消，因此一个证券组合的 β 系数等于该组合中各种证券的 β 系数的加权平均数，权重为各种证券的市值占整个组合总价值的比重 X_i，其计算公式为：

$$\beta_p = \sum_{i=1}^{N} X_i \beta_i \tag{11-12}$$

如果一种证券或证券组合的 β 系数等于1，说明其系统性风险与市场组合的系统性风险完全一样；如果 β 系数大于1，说明其系统性风险大于市场组合；如果 β 系数小于1，说明其系统性风险小于市场组合；如果 β 系数等于0，说明没有系统性风险。

四、证券投资风险衡量应注意的问题

（1）目前，用于衡量风险的各种指标中最常被使用的指标是方差。虽然方差是衡量风

---

① Bard A. Low-Priced Art Beats the Masters in the Long Run [J]. Financial Times, 2003 (3): 105–108.

险的较理想的指标，但也不是完美的指标，仍存在一些缺陷。方差方法假设比较严格，要求资产收益率及其联合分布是正态的，这与实际出入较大，往往难以满足。此外，方差方法的计算任务比较繁重，在资产组合内资产种类很多的情况下，需要计算很大的方差和协方差矩阵。最重要的是，方差方法将资产收益率的不确定性或波动性定义为风险，并用方差或标准差度量这种不确定性或波动性。这一定义已经偏离了风险的原始含义，风险的原始含义是潜在损失，资产收益率的不确定性或波动性虽然与风险有关，但这种不确定性或波动性却未必会造成投资损失，只有收益率的向下波动才有可能给投资者造成损失，收益率的向上波动只会给投资者带来超额收益。而方差方法却没有严格区分收益率波动方向的这种差异。相反，它以期望值作为判断收益率变动的标准，将收益率对其期望值的正负偏差都视为风险，把样本值相对于期望的所有波动，不管是向上的波动偏差还是向下的波动偏差，都计算为风险。这在很大程度上偏离了风险的原始含义，无法反映风险的经济性质，有违投资者对风险的真实心理感受，无法准确地度量真实风险的大小。用它来指导人们按照风险最小的原则进行投资决策，有可能使投资者在有效地规避风险的同时，也与超额收益擦肩而过，丧失获得更多收益的机会。

如果说期望值本身是一阶矩的话，方差就是围绕着期望值的二阶中心矩。为了说明这个问题，以图11-4中2支股票收益率的概率分布加以分析。

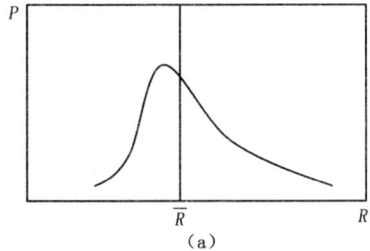
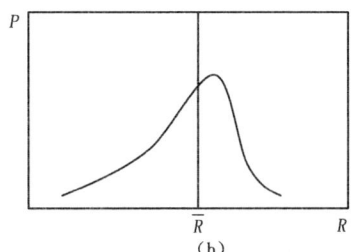

图11-4　投资收益分布的偏斜

在图11-4中，(a)和(b)是互为镜像的，因此它们的均值和方差相等。如果仅根据均值和方差判断这两种投资的好坏，那么得出的结论是(a)和(b)是等价的。但(a)和(b)显然是有差别的。(a)的特征是收益率经常低于期望值，但低的幅度较小；收益率高于期望值的可能性较小，但幅度可能很大。或者说，(a)经常让人失望，但失望程度不大；(a)不经常让人惊喜，一旦有惊喜则往往是较大的惊喜。(b)的情况恰恰相反。当投资者谈论风险时，实际上担心的是出乎意料的坏消息。从这个意义上说，当投资者面临(a)、(b)两种投资机会但只能从中选择一个时，厌恶风险的理性投资者会选择(a)。

由此可见，投资者在进行投资决策时，需要考虑分布的不对称，即偏斜。偏斜(M_3)是三阶中心矩，它可以用以下公式计算：

$$M_3 = \sum_{i=1}^{n} P_i (R_i - \overline{R})^3 \tag{11-13}$$

由于三次方可以保留收益率偏离期望值的符号，因此它可以将惊喜与惊吓区分开来。三次方实际上还给大的惊喜以大的权重，从而使偏斜主要由分布中的"长尾"决定。如图11-4中(a)这样右偏的分布，其偏斜将是正的，而如图11-4中(b)这样的左偏分布，其偏斜是负的。

推而广之，分布的特征可以用分布的各阶矩衡量。其中，一阶矩（期望值）代表回报，二阶和高阶中心矩代表这种回报的不确定性。所有偶数阶中心矩衡量极端值的大小，它们的值越大代表不确定性越大。而奇数阶中心矩（M_3，M_5等）则衡量不对称性。正值代表正的偏斜，是投资者较喜欢的。如果投资者将所有这些阶矩纳入其效用函数，最通行的办法就是采用以下公式：

$$U = \bar{R} - b_0 \sigma^2 + b_1 M_3 - b_2 M_4 + b_3 M_5 - \cdots \quad (11-14)$$

式中，b_i为正的常数，且i越大，b的值越小。m阶中心矩（M_m）的计算公式为：

$$M_m = \sum_{i=1}^{n} P_i (R_i - \bar{R})^m \quad (11-15)$$

值得注意的是，奇数阶矩的系数为正，表明是好消息，偶数阶矩的系数为负，表明是坏消息。

从理论上说，投资者可以算出无穷阶中心矩。但在实际中，这显然是不现实的。那么，投资者在投资决策中到底需要得知多少阶的中心矩呢？Samuelson（1970）通过证明得到如下结论：在很多重要的场合，期望值和方差的重要性相当，但三阶及更高阶矩的重要性比期望值和方差小多了[①]。换句话说，忽略比方差高阶的矩并不影响投资决策。Samuelson 的理论支持是均值—方差分析如此流行的重要原因。

应该注意的是，Samuelson 的证明有一个很重要的前提，即证券价格的变动是连续的。也就是说，证券价格不会突然跳跃，从而促使投资者经常调整其投资组合而使高阶矩变得无关紧要。

但在现实生活中，特别是在像中国股市这样典型的政策市中，股价出现跳跃是常有的事。即使在美国股市，个股价格也常因收购兼并等突发事件而呈现跳跃性变动。此外，交易成本的存在也妨碍了投资者经常调整投资组合。所有这些因素都使高阶矩对投资决策产生较大的影响。但由于高阶矩较为复杂，人们在大多数投资分析中仅考虑均值和方差。本书的投资组合理论也是建立在"均值—方差分析是可行的"假定下。

（2）安德罗·罗伊（Andrew D. Roy，1952）提出"安全第一法则"，建议利用投资价值低于某个预定的风险水平的概率水平调整投资风险。Roy 提出的收益—方差比率和"安全第一法则"对投资绩效评估理论和下侧风险度量理论的发展起到了重要作用。

下侧风险，是指给定一个收益率R，只有小于R的收益率才能作为风险度量的计算因子。下侧风险的计算方法主要有2种，即下半方差法和下偏矩法。

马克维兹提出两种思路度量下半方差：一是利用期望收益率计算下半方差，二是利用目标收益率计算下半方差。马克维兹认为，下半方差法克服了方差方法的缺陷，反映了风险的特征，是理论上最完美的风险计量方法。实际上，虽然它说明了证券收益偏离的方向，但不具备良好的统计特性，没有反映证券组合的损失到底有多大。下偏矩（LPM）的计算公式如下：

$$LPM_n = \sum_{r_i}^{r} p_i (\tau - r_i)^n \quad (11-16)$$

[①] Paul A. Samuelson. The Fundamental Approximation Theorem of Portfolio Analysis in Terms of Means, Variances and Higher Moments [J]. The Review of Economic Studies, 1970, 37 (4): 537-542.

式中，$r = \max\{r_i | r_i \leq \tau\}$；$\tau$ 为目标收益率。n 的取值不同，反映的 LPM_n 的含义不同：LPM_0 为低于目标收益率的概率，LPM_1 为单位偏差的均值，LPM_2 是偏差平方的概率加权（又称目标半方差）。LPM_n 的优点是反映投资者对正负偏差不一致的真实感受。其缺点是：n 的取值不同，反映的只是风险的不同侧面，刻画不够精确，比较风险大小时会出现问题。

（3）用 β 系数代表市场的灵敏度，是对风险的线性度量。它测定了市场组合的变化与证券组合价值变化的关系。通过这种变化关系，投资者可以由市场组合的特定变化量得到证券投资组合价值的变化量。然而，不同的金融产品具有不同的灵敏度：在股票市场中，β 反映了系统性风险；在固定收入市场中，久期揭示了债券价值对利率变动的敏感程度，久期越大表示债券价值对利率变动越敏感，即利率风险越大；在衍生工具市场中，德尔塔揭示了衍生证券对标的资产价值变动的敏感度，是衍生证券价格对标的资产价格的一阶偏导数。灵敏度方法由于简单直观而得到广泛的应用。但是只有在市场因子变化很小时，这种线性关系才与现实相符。因此，它只是一种局部性测量方法，对产品类型具有高度依赖性，并且某一风险指标只适应于某一类资产。

本章小结及要点

内容摘要： 本章主要介绍了证券投资收益、风险及其测量的基本方法。在证券投资的收益计算中，分别介绍了债券收益、股票收益和基金收益，并指明影响这些产品收益的主要因素。在证券投资风险的度量中，介绍了单一证券、证券组合和系统性风险。

1. 系统性风险是由那些影响整个金融市场的风险因素引起的，这些因素包括经济周期、国家宏观经济政策的变动等。这一风险影响所有金融变量的可能值，不能通过分散投资抵消或削弱，因此又称不可分散风险。非系统性风险是一种与特定公司或行业相关的风险，它与经济、政治和其他影响所有金融变量的因素无关。

2. 随着证券组合中股票数量的增加，降低风险的边际效果将递减。因此，基金的证券组合一般以 10—30 种支为常见。

3. 各种证券收益率变化的相关关系越弱，分散投资降低风险的效果越明显。

4. 一般可以用某种证券的收益率和市场组合收益率之间的 β 系数作为衡量这种证券系统风险的指标。某种证券的 β 系数是该证券的收益率和市场组合的收益率的协方差 σ_{im} 除以市场组合收益率的方差 σ_m^2。

思考题与应用训练

1. 证券的系统性风险又称（　　）。
   A. 预想到的风险　　　　B. 独特的或资产专有的风险
   C. 市场风险　　　　　　D. 基本风险

2. 证券的非系统性风险又称（　　）。
   A. 预想到的风险　　　　B. 独特的或资产专有的风险
   C. 市场风险　　　　　　D. 基本风险

3. （　　）风险可以通过投资多样化消除。
   A. 预想到的　　　　　　B. 系统性
   C. 市场　　　　　　　　D. 非系统性

4. 以下（　　）的说法正确。
   A. 系统性风险对投资者不重要
   B. 系统性风险可以通过投资多样化消除
   C. 承担风险的回报独立于投资的系统性风险
   D. 承担风险的回报取决于系统性风险

5. 系统性风险可以用（　　）衡量。
   A. 贝塔系数　　　　　　B. 相关系数
   C. 收益率的标准差　　　D. 收益率的方差

6. 你拥有的投资组合30%投资于A股票，20%投资于B股票，10%投资于C股票，40%投资于D股票。这四种股票的贝塔系数分别为1.2、0.6、1.5和0.8。请计算你拥有的投资组合的贝塔系数。

7. 请从近年来中国股票收益来源的实际情况出发，分析中国股市以及资本市场存在哪些问题？

8. 基金收益的来源主要包括哪些方面？

9. 目前，中国居民投资渠道匮乏，投资风险与收益严重不对称，投资问题让多数并不富裕的家庭深感困惑。针对不同收入家庭，试分析如何构造相对合理的投资组合？

案例分析

巴菲特投资IBM的启示[①]

做投资，谁都有犯错的时候，"股神"沃伦·巴菲特也不例外。

世界知名投资大师巴菲特自2011年11月开始投资IBM，他经营的伯克希尔哈撒韦公司以170美元/股的均价买入了6400万股IBM的股票。购买IBM的股票，事实上已经违反了巴菲特曾经说过的"不投资科技公司"的准则，即投资了能力圈范围之外的领域。按照巴菲特的投资逻辑，选择买入IBM的股票是被IBM寻找和留住客户的经营模式吸引。巴菲特说，"这是一家帮助IT部门更好地开展工作的公司。而且有着很大的可持续性。"

2015年，比尔·盖茨告诫巴菲特，"IBM越来越不像科技公司了，这一点令人很难过。"2017年5月4日，巴菲特在接受美国消费者新闻与商业频道（CNBC）采访时说："我错了……IBM虽然是一家实力强劲的公司，但它也面临着同样强大的竞争对手。根据我的重新评估，这支股票面临着下行压力。"从财务数据上看，IBM的营业收入连续6年下降，"戴维斯双杀"使得IBM的股价下跌至140—150美元。在2018年，巴菲特清仓出售了IBM的股票。

在持仓IBM的后期，巴菲特做出了"撤离IBM转为持有苹果公司股份"的换仓操作。伯克希尔哈撒韦公司在2016年5月首次买入1000万股苹果公司的股票，而后又陆续加仓。

---

① 资料来源于和讯网。

截至 2019 年 9 月 30 日，伯克希尔哈撒韦公司已持有近 2.49 亿股苹果公司的股票，所持苹果公司股份的市值超过了 720 亿美元。

另外，因为巴菲特在对两家具有全球云计算市场的公司（IBM 和亚马逊）进行投资选择时选择了 IBM，结果错失了亚马逊的巨大涨幅。巴菲特坦言，"错过亚马逊的投资机会非常失败"。

从巴菲特投资 IBM 股票的失败案例可以看出，他用了将近 6 年的时间累计投资达 130 多亿美元，换来了对科技企业的投资经验。这就印证了他的投资理念，即"要选择能力圈范围内的股票进行投资"。换句话说，投资者永远赚不到认知范围之外的钱。对于不熟知的科技领域，巴菲特的失败非常值得广大投资者深思。

问题：

1. 巴菲特投资 IBM 失败并未对其"股神"地位造成负面影响，为什么？
2. 如何理解"要选择能力圈范围内的股票进行投资"？

第十二章 证券投资理论

本章导读

自证券交易市场产生以来,人们就开始了对证券投资理论的研究,从资产组合理论到有效市场理论以及资本市场理论。然而,过多的假设和前提使这些理论的实用价值大打折扣。投资者沉迷于理论本身反而可能导致投资失败。伴随着证券投资业的迅猛发展,行为经济学主体地位日益建立,遗传算法、神经网络等各种现代数学工具和计算机技术广泛使用,人们对证券投资理论的研究视野也日渐开阔,新成果层出不穷,证券投资理论呈现出"丛林"式的发展态势。

本章主要学习和思考以下问题:
1. 资产组合理论及应用。
2. 有效市场理论及其类型、无效市场理论。
3. 资本市场理论(资本资产模型、套利定价模型)。
4. 行为金融学理论及其主要内容。

第一节 资产组合理论

一、马科维兹的证券组合理论

(一)证券组合理论的假设条件

哈里·马科维兹(Harry M. Markowitz, 1952)发表的论文"Portfolio Selection"标志着现代投资组合理论的诞生。现代投资组合理论认为,投资者对于收益和风险的态度有2个基本的假设:一是不满足性;二是风险厌恶。

1. 不满足性

现代投资组合理论假设投资者对其他条件相同的2个投资组合进行选择时,总会选择预期回报率较高的那个组合。换句话说,投资者以同样的期初财富投资,总是偏好获得较多的期末财富。这是因为较多的期末财富可以提升投资者未来的消费能力,从而使投资者获得更多的满足。

2. 风险厌恶

投资者是风险厌恶(risk averse)的,即在其他条件相同的情况下,投资者将选择风险较小的投资组合。

风险厌恶的假设意味着风险带给投资者的是负效用。因此，如果没有收益补偿，投资者是不会无谓冒风险的。例如，掷硬币猜正反，参与者掷出正面赢100元，掷出反面输100元。由于掷出正反面的概率各为50%，参与这种游戏的预期收益率为0，但风险却很大。显然，风险厌恶的人会拒绝参与这种游戏，因为可能的"赢"带来的愉快程度小于可能的"输"带来的不愉快程度。

与风险厌恶的投资者相对应的是风险中性（risk neutral）和风险爱好（risk loving）的投资者。风险中性投资者对风险的高低漠不关心，只关心预期收益率的高低。对风险爱好投资者而言，风险给其带来的是正效用。因此，在其他条件不变的情况下，风险爱好者将选择标准差大的投资组合[①]。

在正常情况下，理性的投资者的确是风险厌恶的。但在某些极端的情况下，理性的投资者也可能是风险爱好的。例如，一个身无分文又背负巨额债务的人，在猜中就能还清债务的巨大诱惑下就很有可能愿意参与上述掷硬币的游戏。

（二）证券组合的收益与风险

1. 双证券组合收益和风险的衡量

假设投资者不是将所有资产投资于单个风险证券上，而是投资于2支风险证券，那么该证券组合的收益和风险应如何计量呢？假设某投资者将其资金分别投资于证券A和证券B，其投资比重分别为X_A和X_B（即$X_A + X_B = 1$），则双证券组合的预期收益率$\overline{R}_P$等于单个证券预期收益率$\overline{R}_A$和$\overline{R}_B$以投资比重为权数的加权平均数，用公式表示为：

$$\overline{R}_P = X_A \overline{R}_A + X_B \overline{R}_B \tag{12-1}$$

由于这两支证券的风险具有相互抵消的可能性，双证券组合的风险不能简单地等于单个证券的风险以投资比重为权数的加权平均数。双证券组合的风险用其收益率的方差（σ_P^2）表示，其计算公式为：

$$\sigma_P^2 = X_A^2 \sigma_A^2 + X_B^2 \sigma_B^2 + 2X_A X_B \sigma_{AB} \tag{12-2}$$

式中，σ_{AB}为证券A和证券B的协方差，即这两支证券实际收益率和预期收益率离差之积的期望值。协方差可以用来衡量两种证券收益的联动性，其计算公式为：

$$\sigma_{AB} = \sum_{i=1}^{n} (R_{Ai} - \overline{R}_A)(R_{Bi} - \overline{R}_B) P_i \tag{12-3}$$

式中，P_i为离散情况下各种收益率出现的概率；R_{Ai}和R_{Bi}为证券A和证券B可能的收益率。

正的协方差表明2个变量向同一方向变动，负的协方差表明2个变量向相反方向变动。2种证券收益率的协方差衡量的是这两种证券一起变动的程度。

除了协方差以外，能够表示2种证券收益变动联动关系的还有相关系数（ρ_{AB}）。相关系数的计算公式为：

$$\rho_{AB} = \sigma_{AB} \div \sigma_A \sigma_B \tag{12-4}$$

相关系数的取值范围介于-1与1之间，即$-1 \leqslant \rho_{AB} \leqslant 1$。

[①] Harry M. Markowitz. Portfolio Selection [J]. Journal of Finance, 1952, 7 (1): 77-91.

因此，公式（12-2）又可以写成：
$$\sigma_P^2 = X_A^2\sigma_A^2 + X_B^2\sigma_B^2 + 2X_AX_B\rho_{AB}\sigma_A\sigma_B \qquad (12-5)$$
从公式（12-5）可以看出，

当 $\rho = 1$ 时，$\sigma_P = X_A\sigma_A + X_B\sigma_B$

当 $\rho < 1$ 时，$\sigma_P < X_A\sigma_A + X_B\sigma_B$

当 $\rho = -1$ 时，$\sigma_P = |X_A\sigma_A - X_B\sigma_B|$

当双证券组合的相关系数取值为 1 时，表明证券 A 和证券 B 的收益完全正相关；当双证券组合的相关系数取值为 0 时，表明证券 A 和证券 B 的收益完全不相关；当双证券组合的相关系数取值为 -1 时，表明证券 A 和证券 B 的收益完全负相关。当 $0 < \rho_{AB} < 1$ 时，表示正相关；当 $-1 < \rho_{AB} < 0$ 时，表示负相关（如图 12-1 所示）。

根据以上分析可知，双证券组合的风险不仅取决于每种证券自身的风险（用方差或标准差表示），还取决于组成双证券组合的这两种证券的联动性（用协方差或相关系数表示）。

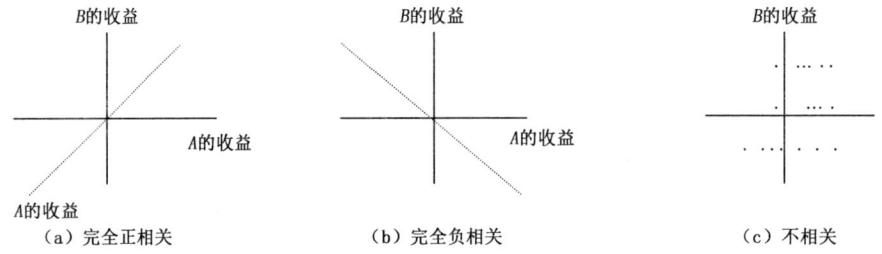

图 12-1 相关系数的 3 种典型情况

通过以下举例进一步阐述分散化对于降低双证券组合风险的作用。

假设市场上有 A、B 两种证券，其预期收益率分别为 8% 和 13%，标准差分别为 12% 和 20%。A、B 两种证券的相关系数为 0.3。某投资者决定用这两支证券组成投资组合。

根据公式（12-1）和公式（12-5），该证券组合的方差为：

$$\begin{aligned}\sigma_P^2 &= X_A^2\sigma_A^2 + X_B^2\sigma_B^2 + X_AX_B\sigma_{AB}\\ &= X_A^2(12\%)^2 + X_B^2(20\%)^2 + 2X_AX_B \times 0.3 \times 12\% \times 20\%\\ &= 0.0144X_A^2 + 0.04X_B^2 + 0.0144\% X_AX_B\end{aligned}$$

表 12-1 显示了不同权重下该双证券组合的预期收益率和标准差。从表 12-1 中可以看出，当证券 A 的权重从 0 逐步提高至 1（相应地，证券 B 的权重从 1 逐步降低至 0）时，该双证券组合的预期收益率从 13% 逐步降至 8%，而双证券组合的标准差也从 20% 逐步降低后又回升至 12%。当 X_A 等于 0.82，X_B 等于 0.18 时，双证券组合标准差的最低值约为 11.12%[①]。投资权重的改变对证券组合的预期收益率和标准差的影响如图 12-2 和图 12-3 所示。

---

① 求最低标准差的步骤是将 $X_B = 1 - X_A$ 代入公式（12-5），然后对 X_A 求偏微分，并令偏微分等于 0。由此解得 $X_{极小}(A) = (\sigma_B^2 - \sigma_{AB}) \div (\sigma_A^2 + \sigma_B^2 - 2\sigma_{AB})$。

第十二章 证券投资理论

表 12 – 1　　　　　　不同相关系数下双证券组合的预期收益率和标准差

双证券组合的投资权重			给定相关系数下证券组合的标准差（%）			
X_A	X_B	预期收益率（%）	$\rho = -1$	$\rho = 0$	$\rho = 0.3$	$\rho = 1$
0	1	13	20	20	20	20
0.1	0.9	12.5	16.8	18.04	18.4	19.2
0.2	0.8	12	13.6	16.18	16.88	18.4
0.3	0.7	11.5	10.4	14.46	15.47	17.6
0.4	0.6	11	7.2	12.92	14.2	16.8
0.5	0.5	10.5	4	11.66	13.11	16
0.6	0.4	10	0.8	10.76	12.26	15.2
0.7	0.3	9.5	2.4	10.32	11.7	14.4
0.8	0.2	9	5.6	10.4	11.45	13.6
0.9	0.1	8.5	8.8	10.98	11.56	12.8
1	0	8	12	12	12	12
最小方差组合						
X_A			0.625	0.7353	0.82	—
X_B			0.375	0.2647	0.18	—
预期收益率（%）			9.875	9.3235	8.9	—
标准差（%）			0	10.2899	11.1173	—

从表 12 – 1 中还可以看出，相关系数对于组合的预期收益率水平是没有影响的。

图 12 – 3 显示了不同相关系数下投资权重对双证券组合标准差的影响。从图 12 – 3 可以看出，除了完全相关（$\rho = 1$）外，最小方差组合的标准差均低于 A、B 两种证券的标准差。这充分说明了多样化的益处。

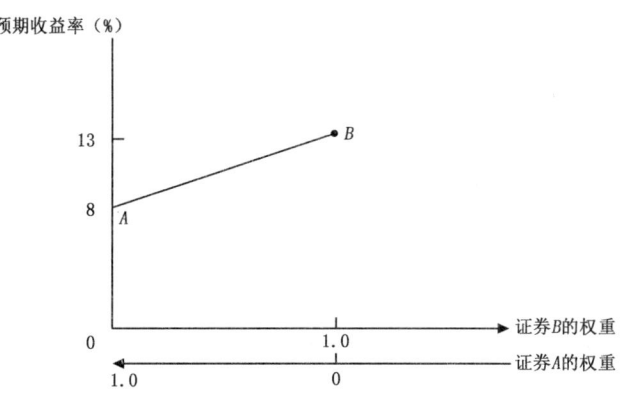

图 12 – 2　投资权重与双证券组合的预期收益率

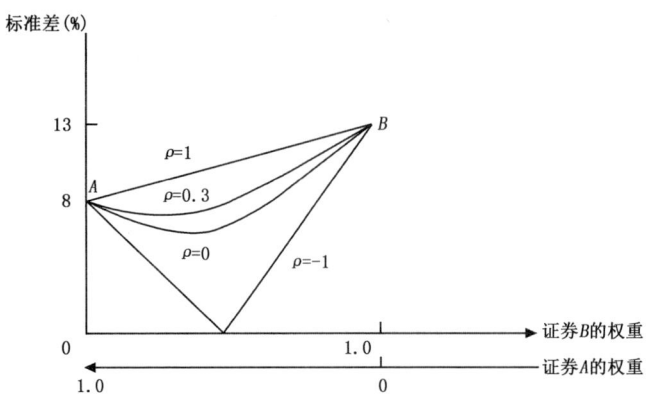

图 12 - 3 投资权重与双证券组合的标准差

将图 12 - 2 和图 12 - 3 结合起来看，可以得到一个更直观地反映分散化效果的图形（如图 12 - 4 所示）。从图 12 - 4 中可以看出，当 ρ 等于 1 时，证券 A 和证券 B 组成的双证券组合 P 的收益和风险落在 AB 直线上（具体在哪一点取决于投资权重 X_A 和 X_B）；当 ρ 小于 1 时，双证券组合 P 的收益率和标准差的所有点的集合是一条向后弯曲的曲线，表明在同等风险水平下收益率更大，或者说在同等收益率下风险更小，并且 ρ 越小，该曲线向后弯曲的程度越大；当 ρ 等于 -1 时，双证券组合 P 的收益率和标准差的所有点的集合是一条后弯曲的折线。

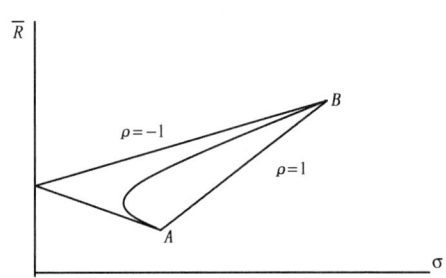

图 12 - 4 双证券组合收益、风险与相关系数的关系示意图

2. 3 种证券组成的证券组合的收益和风险的衡量

假设 X_1、X_2、X_3 分别为投资于证券 1、证券 2、证券 3 的投资权重，且 $X_1 + X_2 + X_3 = 1$，$\overline{R}_1$、$\overline{R}_2$、$\overline{R}_3$ 为其预期收益率，σ_1^2、σ_2^2、σ_3^2 为方差，σ_{12}、σ_{13}、σ_{23} 为协方差，则这个三证券组合的预期收益率（$\overline{R}_P$）的计算公式为：

$$\overline{R}_P = X_1 \overline{R}_1 + X_2 \overline{R}_2 + X_3 \overline{R}_3 \qquad (12-6)$$

三证券组合的风险用公式表示为：

$$\sigma_P^2 = X_1^2 \sigma_1^2 + X_2^2 \sigma_2^2 + X_3^2 \sigma_3^2 + 2X_1 X_2 \sigma_{12} + 2X_1 X_3 \sigma_{13} + 2X_2 X_3 \sigma_{23} \qquad (12-7)$$

3. N 种证券组成的证券组合的收益和风险的衡量

由以上分析可知，证券组合的预期收益率就是组成该组合的各种证券的预期收益率的加权平均数，权数是投资于各种证券的资金占总投资额的比例，用公式表示为：

$$\overline{R}_P = \sum_{i=1}^{n} X_i \overline{R}_i \tag{12-8}$$

式中，X_i 表示投资于证券 i 的资金占总投资额的权数；$\overline{R}_i$ 表示证券 i 的预期收益率；n 表示证券组合中不同证券的总数量。

计算证券组合的风险（用标准差表示）不能简单地将组合中每种证券的标准差加权平均得到。N 种证券组成的证券组合的标准差的计算公式为：

$$\sigma_P = \sqrt{\sum_{i=1}^{n} \sum_{j=1}^{n} X_i X_j \sigma_{ij}} \tag{12-9}$$

式中，n 是证券组合中不同证券的总数量；X_i 和 X_j 分别是证券 i 和证券 j 投资资金占总投资额的比例；σ_{ij} 是证券 i 和证券 j 可能收益率的协方差。

公式（12-9）也可以用矩阵表示，双加号"$\sum \sum$"意味着把方阵（$n \times n$）的所有元素相加。假定 n 等于 4，即该证券组合的方差为以下矩阵中各个元素之和，该矩阵称为方差—协方差矩阵（variance-covariance matrix）。

	第一列	第二列	第三列	第四列
第一行	$X_1 X_1 \sigma_{1.1}$	$X_1 X_2 \sigma_{1.2}$	$X_1 X_3 \sigma_{1.3}$	$X_1 X_4 \sigma_{1.4}$
第二行	$X_2 X_1 \sigma_{2.1}$	$X_2 X_2 \sigma_{2.2}$	$X_2 X_3 \sigma_{2.3}$	$X_2 X_4 \sigma_{2.4}$
第三行	$X_3 X_1 \sigma_{3.1}$	$X_3 X_2 \sigma_{3.2}$	$X_3 X_3 \sigma_{3.3}$	$X_3 X_4 \sigma_{3.4}$
第四行	$X_4 X_1 \sigma_{4.1}$	$X_4 X_2 \sigma_{4.2}$	$X_4 X_3 \sigma_{4.3}$	$X_4 X_4 \sigma_{4.4}$

由上可知，证券组合的方差不仅取决于单个证券的方差，而且还取决于各种证券的协方差。随着证券组合中证券数量的增加，在决定证券组合方差时，协方差的作用越来越大，而方差的作用越来越小。这一结论可以通过考察方差—协方差矩阵得出。在由 2 个证券组成的证券组合中，有 2 个加权方差和 2 个加权协方差。但是对于较大的证券组合而言，总方差主要取决于任意 2 种证券的协方差。例如，在一个由 30 种证券组成的组合中，有 30 个方差和 870 个协方差。若证券组合进一步扩大到包括所有证券，则协方差几乎就成了证券组合标准差的决定性因素。

以下举例说明如何利用公式（12-9）计算证券组合的方差和标准差。假定某一支股票的预期年收益率为 16%，标准差为 15%，另一股票的预期年收益率为 14%，标准差为 12%，这两支股票的预计相关系数为 0.4，每种股票的投资比例各占 50%。那么，由这两支股票组成的证券组合的预期收益率为 15%（$0.5 \times 16\% + 0.5 \times 14\%$）。由这两支股票组成的证券组合的方差等于以下方差—协方差距阵的所有元素的总和。

	第一种股票	第二种股票
第一种股票	$(0.5)^2 \times 1 \times (0.15)^2$	$0.5 \times 0.5 \times 0.4 \times 0.15 \times 0.12$
第二种股票	$0.5 \times 0.5 \times 0.4 \times 0.12 \times 0.15$	$(0.5)^2 \times 1 \times (0.12)^2$

因此，

$$\sigma^2 = (0.5)^2 \times 1 \times (0.15)^2 + 2 \times 0.5 \times 0.5 \times 0.4 \times 0.12 \times 0.15 + (0.5)^2 \times 1 \times (0.12)^2$$
$$= 0.012825$$
$$\sigma = (0.012825)^{0.5}$$
$$= 11.3\%$$

从上例可知,只要 2 种证券的相关系数小于 1,证券组合的标准差就小于这两种证券的标准差的加权平均数($0.5 \times 15\% + 0.5 \times 12\% = 13.5\%$)。实际上,不论证券组合中包括多少种证券,只要证券组合中任意两种证券的相关系数小于 1,证券组合的标准差就小于单个证券标准差的加权平均数。这意味着只要证券的变动不完全一致,单个高风险证券就有可能组成只有中低风险的证券组合。

(三) 有效证券组合

1. 可行集

为了说明有效集定理,本书引入可行集(feasible set)的概念。可行集是由 N 种证券形成的所有组合的集合,它包括了现实生活中所有可能的组合。也就是说,所有可能的组合将位于可行集的边界上或内部。

一般来说,可行集的形状类似伞形(如图 12-5 中由 A 点、N 点、B 点、H 点围成的区域)。在现实生活中,由于各种证券的特性千差万别,可行集的位置也许比图 12-5 中显示的位置更偏左或更偏右,更偏高或更偏低,更偏宽或更偏窄,但其基本形状大致如此。

2. 有效集

理性投资者都是厌恶风险且偏好收益的。面对相同的风险水平,理性投资者会选择能够提供最大预期收益率的证券组合。而面对同样的预期收益率,理性投资者将会选择风险最小的证券组合。能够同时满足这两个条件的投资组合的集合就是有效集(efficient set,又称有效边界,即 efficient frontier)。处于有效边界上的组合称为有效组合(efficient portfolio)。

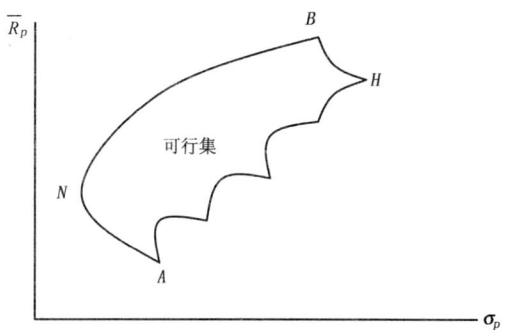

图 12-5 可行集与有效集

可见,有效集是可行集的一个子集,它包含于可行集中。那么,如何确定有效集的位置呢?

在图 12-6 中,没有哪个证券组合的风险小于组合 N,这是因为如果经过 N 点画一条垂直线,则可行集都在这条线的右边。N 点代表的组合称为最小方差组合(minimum variance portfolio)。同样,没有哪个组合的风险大于组合 H。由此可见,对于各种风险水平而言,能够提供最大预期收益率的组合集是可行集中介于 N 点和 H 点之间的上方边界上的组合集。

在图 12-6 中,各种组合的预期收益率都介于组合 A 和组合 B 之间。由此可见,对于各种预期收益率水平而言,能够提供最小风险水平的组合集是可行集中介于 A 点和 B 点之间的左边边界上的组合集。这个集合称为最小方差边界(minimum variance frontier)。

由于有效集必须同时满足上述 2 个条件,因此 N 点和 B 点之间上方边界上的可行集就是有效集。所有其他可行组合都是无效的组合,投资者可以忽略它们。这样,投资者的评估范围就大大缩小了。

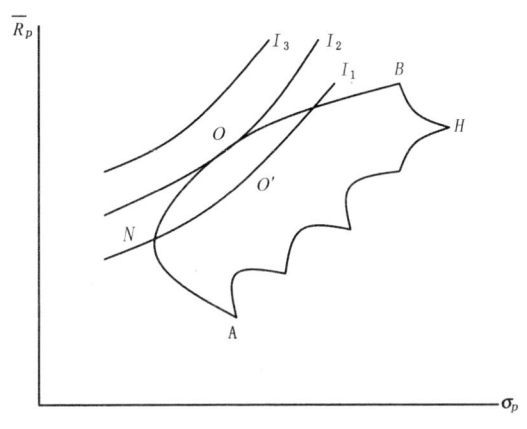

图 12-6 最优投资组合

由图 12-6 可以看出,有效集曲线具有如下特点:①有效集是一条向右上方倾斜的曲线;②有效集是一条向上凸出的曲线;③在有效集曲线上不可能有凹陷的地方。

(四) 最优证券组合

确定了有效集的形状之后,投资者就可以根据自己的无差异曲线群选择能使自己投资效用最大化的最优投资组合了。这个组合位于图 12-6 中无差异曲线与有效集的相切点 O。

从图 12-6 可以看出,虽然投资者更偏好 I_3 上的组合,但是可行集中找不到这样的组合,因而是不可实现的。至于 I_1 上的组合,虽然可以找得到,但由于 I_1 的位置位于 I_2 的右下方,即 I_1 所代表的效用低于 I_2,因此 I_1 上的组合都不是最优组合。而 I_2 代表了可以实现的最高投资效用。因此,O 点代表的组合就是最优投资组合。

有效集向上凸出的特性和无差异曲线向下凹陷的特性决定了有效集和无差异曲线的相切点只有一个,也就是说最优投资组合是唯一的。

对于投资者而言,有效集是客观存在的,它是由证券市场决定的。而无差异曲线则是主观的,它是由投资者的风险—收益偏好决定的。风险厌恶程度越高的投资者,其无差异曲线的斜率越陡峭,其最优投资组合越接近 N 点;厌恶风险程度越低的投资者,其无差异曲线的斜率越小,其最优投资组合越接近 B 点。

二、指数模型

(一) 单指数模型

单指数模型又称对角模型,使其具有可操作性的方法之一是将大盘综合指数的收益率视为共同的宏观经济因素的一个有效代理指标。这样任何单一证券的超额收益率就只与这一共同的宏观经济因素有关。证券投资组合需要大量的比较,相对来说,技术的实际应用能够比较便利地减少一系列计算任务。单指数模型具有以下 2 个要点。

(1) 这是构建证券组合的最简单的方法,而不用假定不考虑证券之间存在的相互关系(协方差为 0;这也应该是夏普把该模型称为对角模型的主要原因)。

(2) 该模型能够获得许多相关性的证据,其主要特征是假定不同证券收益的相关性仅表现在潜在基本因素的共同关系上,任何证券收益仅由随机因素和单一的外部因素决定。

在单指数模型的讨论中,假定影响各个资产收益率的因素包括以下 2 类:第一类为宏观因素。例如，通货膨胀率、利率、就业率等。在任何情况下，这些宏观因素的影响都是相当大的，会引起资产价格总体水平的变化，进而影响市场投资组合收益率的水平，最终波及各个资产的收益率；第二类为微观因素。例如，新产品的推出或旧产品的淘汰，局部地区或公司主要领导的人事变动。这些微观因素仅仅影响个别企业，不会影响市场投资组合的收益率，从而使个别资产的收益率偏离市场平均值，出现残差。所以，微观因素仅影响个别资产的收益率。

（二）多指数模型

单指数模型假定所有资产的收益率都仅受市场投资组合（即市场指数）的影响。因此，资产收益率之间的协方差仅受市场因素的影响。但在现实中，资产收益率受到包括市场因素在内的多种因素的共同作用。如果各个指数收益之间不存在相关关系，它们可以直接用于资产分析。但是，反映经济活动的各个指数之间往往存在某种程度的相关性，这就需要投资者在运用这些指数时首先剔除它们之间的相关性。实践证明，当用来解释资产收益率之间相关因素的指数有四五个时，构造多指数模型效果最好。多指数模型常常应用于证券投资实务中。

（三）资产组合理论在中国的实证研究

资产组合理论一直是金融研究的重要领域，一直有新的观点出现。人们也在不断研究检验该理论在实际市场中的应用。许多学者对资产组合理论在中国市场的应用进行了研究检验，但大多数是从侧面检验马科维兹的均值方差理论，对于较新出现的观点鲜有实证研究成果。

运用资产组合理论的要求非常高，不仅需要精通理论的专业人才和现代化的计算设备，更重要的是要对证券市场的各种变化做出及时而准确的反应。这在现有条件下几乎是无法办到的，即使能够勉强做到，其效果也会大打折扣。

第二节 有效市场理论

一、有效市场存在的前提条件

（一）信息公开的有效性

资本市场是否有足够充分、完备的信息提供给投资者，取决于为之服务的信息市场的发育程度，特别是信息的有效需求的多少。如果投资者满足于在高度不确定性下的投机状态，或者不愿意为获取信息支付代价，那么信息供给规模将难以扩大。资本市场上应该存在足够多的独立交易的参与者，这样才有可能保证市场竞争的充分性，形成符合大数定律的均衡价格，从而形成清晰、可辨识的价格信号，使资本市场上有关资产价值的信息充分、完备，为投资者的估值与决策提供必要的信息基础。

（一）信息传输的有效性

保证了信息公开的有效性，可以进一步地要求"相关信息的生产与供应过程无成本，资产价值信息的流通与消费过程无时滞"，即已生产出或供应于资本市场的信息被投资者充分理解、吸收并运用于资产估值与交易活动，整个信息传输过程无时滞。

（三）信息解读的有效性

投资者能够充分地收集、有效地处理和运用与资本市场上资产价值相关的信息，并谨慎、理性地作出交易决策，是投资者对资产的估值尽可能趋近其真实价值的前提。尽管资产的真实价值的神秘面纱不可能完全被揭开，这主要取决于投资者的理性程度，但并非所有投资者都必须熟知资本市场上各种资产的相关信息并作出理性预期。这是因为一些机构投资者（例如，基金公司或证券公司）可以接受投资者的委托，发挥其专业性和集体理性，吸收、运用这些信息，代理估值与投资，或是一些不那么理性或非专业的投资者跟风理性或专业程度较高的投资者作出投资决策。在第一种情形下，代理人必须处于充分的制度与道德约束中，"受人之托，忠人之事"。在第二种情形下，代理人不得损害"市场充分竞争假设"，即市场中仍有足够多的独立、理性地估值与决策的参与者，从而使"跟风者"不足以对市场自然的运行造成"共振性"干扰或破坏。

（四）信息反馈的有效性

信息反馈的有效性可以被看作是信息运用的正当性，即各个投资者在制度与道德的约束下，以适当的方式运用可以运用的信息估值和交易。资本市场的相关制度须保证交易的公开、公平、公正，从而使市场价格真实（无虚假）、清晰（无噪声）、准确（无扭曲）地反映市场参与者的估值与出价。我国的相关制度约束往往以列举的方式对这方面的"不正当行为"规定。例如，"内部人"不得利用内幕信息进行交易，投资机构不得通过虚假信息扰乱金融市场秩序等。

二、有效市场的类型和无效市场理论

有效市场假说认为，证券价格已经充分反映了所有相关的信息，资本市场相对于这个信息集是有效的，任何人根据这个信息集进行交易都无法获得超额利润。根据对上述信息集性质的分类，有效市场假说又可以进一步划分为以下3种类型。

（一）强式有效市场

强式有效市场，是指所有的信息都反映在股票价格中，这些信息不仅包括公开信息，而且包括各种私人信息，即内幕消息。强式有效市场意味着所有的分析都无法击败市场。因为只要有人最先得知了内幕消息，就会立即行动，从而使证券价格迅速达到该内幕消息反映的合理水平。这样，其他再获得该内幕消息的人就无法从中获利。

（二）半强式有效市场

半强式有效市场，是指所有的公开信息都已经反映在证券价格中，这些公开信息包括证券价格、成交量、会计资料、竞争公司的经营状况、整个国民经济资料以及与公司价值有关的所有公开信息等。半强式有效市场意味着根据所有公开信息进行的分析（包括技术分析和基本面分析）都无法击败市场取得超额利润。因为每天都有成千上万的证券分析师根据公开信息进行分析，他们一旦发现价值被低估和被高估的证券，就会立即进行交易，从而使证券价格迅速回归合理水平。

（三）弱式有效市场

弱式有效市场，是指当前证券价格已经充分反映了全部能从市场交易数据中获得的信息，这些信息包括过去的成交价格、成交量、未平仓合约等。因为当前市场价格已经反映了过去的交易信息,所以弱式有效市场意味着根据历史交易资料进行交易是无法获取超额利润的。这意味着技术分析无法击败市场。

三种不同层次的有效市场假说之间的关系如图12-7所示。

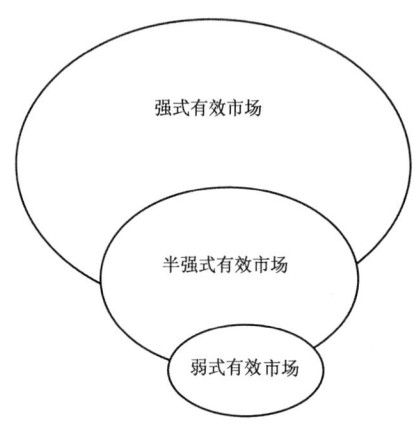

图12-7 三种不同层次的有效市场假说

股票市场的有效性展现出这样一种现象:市场中有大量的市场参与者,这些人为了赚取利润,能够快速搜集和分析所有可获得的信息(例如,公司的外部公开信息)。如果终止这种数据的累积和评估,金融市场的效率将显著下降。

(三) 无效市场

有效市场假说是基于一个简单的概念——投资者是完全理性的,已知的信息对获利没有任何价值。然而,对于大量存在于金融市场上的异常现象(例如,一月效应、羊群效应、小公司效应等),现代金融理论无法作出恰当的解释,于是运用心理学和行为分析的理论方法研究金融市场决策的行为金融理论开始形成。行为金融学的研究通常被归纳为直觉驱动偏差[1]、框架效应[2]和无效市场三大主题。

无效市场实际上是建立在直觉驱动偏差和框架效应之上的推论,它解答的是金融市场的种种非理性决策是否会造成系统性偏差,或是否会因为非理性决策导致金融产品存在大幅度、长期的错误定价。行为金融学家对此的答案是肯定的。一方面,基于心理学家对行为金融学基础理论的研究,证实了人们的非理性决策行为存在高度的一致性,即非理性决策行为本身是系统性而非随机性的;另一方面,经济学家在对金融市场进行实证研究时也发现了一些无法用传统金融理论解释的现象(例如,股票溢价之谜、封闭式基金之谜)都能够通过行为金融学理论较为合理地解释。当然,行为金融学理论只是对传统金融学的修正。所谓无效市场并不是说金融市场是无序的,而是为找寻金融市场运行规律提供了新的工具。

---

[1] 行为金融学认为,人的决策和判断在很多情况下是根据直觉作出的,并非如有效市场理论假设的那样,是依据理性评估结果作出的。

[2] 框架效应,是指人们在实质相同或相近的备选方案中作选择时,会因为形式的不同而采取不同的策略。

三、市场有效性的提高

信息条件的优劣是决定资本市场有效程度的基础性原因,而资本市场的有效程度又对社会福利的提升具有正向的影响。因此,改进资本市场的信息条件势在必行。

(一) 提升信息生产或供应的质量

提升信息质量的关键是要构建并有效运行一种奖优罚劣的机制,否则虚假或低质量信息排挤真实或高质量信息的逆向选择将存续甚至严重化。

(1) 对虚假信息的发布者,特别是操纵者,予以严密的监控与严厉的处罚。严密的监控不仅取决于市场监管机构本身的监控行为,更取决于接受和处理虚假信息申诉的监管系统的顺畅、高效运行;严厉的处罚应足以对该类不法分子的"成本收益比较原则"产生颠覆性的影响,从而遏制该类行为的普遍化。

(2) 强化市场自身对虚假或低质量信息的净化功能。该功能的发挥主要取决于对信息进行甄别、筛选、评价的各类服务机构及其行为。例如,当前中国独立审计市场实行的是政府定价模式很难对信息服务的质量作出区分,可能引致靠低成本竞争、靠低质量牟利的状态。

因此,应强化"市场自主定价、政府引导监督"的模式,建立优质优价的市场激励机制,即市场主体自主地根据审计等信息服务的质量与服务的需求者协商定价,而政府则着重从信息的外部性效应(特别是负的外部效应)角度对提供助纣为虐式审计等服务的市场主体进行监控与处罚,以矫正市场失灵行为,防范化解相关风险。

(二) 扩大对信息的需求规模

扩大对信息的需求当然是对真实或高质量信息的需求,否则将可能导致低质量信息和虚假信息充斥市场并且恶性膨胀。实现这一目标要求构建一种健康有序的市场环境。真实或高质量的信息有助于投资者获取正当的投资收益(或投资收益率),这样投资者才可能愿意为之付费。而且,随着这种信息投资效益的持续显现,将有效推动金融信息供应的产业化发展和提升。

1. 缩短信息消费的时滞

当前,全球资本市场中有助于缩短信息扩散、传递、共享与利用的技术条件已初步具备并且仍在不断改进,这是无可否认的。但是,推动该过程的制度条件尚不完善。例如,促使上市公司按义务披露应该披露的信息的制度压力还不够,引导上市公司自愿披露诸如环境管理等社会责任履行状况信息的动力仍然不足。相反,阻碍该过程的制度却还顽固地存在,未得到有效解决。例如,对一些诸如公司高层人事变动等"利空消息"的封锁等。

2. 强化信息运用的正当性

当前,我国主要应着力于对上市公司"内部人员"、政府机构工作人员、证券从业人员等特殊群体利用"内幕消息"牟利等不正当行为的治理。

总之,信息条件的改进有助于提高资本市场的有效程度,有利于推动社会福利的可持续提升,是目前中国资本市场亟待改进的基础性工作。

第三节 资本市场理论

本章第一节阐述了确定最优证券组合的方法：首先，投资者估计所有证券的预期收益率和方差、证券之间的协方差以及无风险利率水平；其次，投资者根据自己的无差异曲线与有效集之间的切点确定最优风险组合。这种方法属于规范经济学的范畴。本节将在假定所有投资者均按上述方法投资的情况下，研究风险资产的定价问题，属于实证经济学的范畴。首先，着重介绍资本资产定价模型（Capital Asset Pricing Model，CAPM）。CAPM 是由威廉·夏普（William Sharpe）、约翰·林特纳（John Lintner）和简·莫森（Jan Mossin）等在现代证券组合理论的基础上提出的。该模型在投资学中有重要地位，并已在投资决策和公司理财中得到广泛运用。

一、资本资产定价模型

（一）资本资产定价模型的假设条件

（1）所有投资者的投资期限均相同。
（2）投资者根据投资组合在单一投资期内的预期收益率和标准差评价这些投资组合。
（3）投资者永不满足。当面临其他条件相同的 2 种选择时，投资者将选择具有较高预期收益率的那一种投资组合。
（4）投资者是厌恶风险的。当面临其他条件相同的 2 种选择时，投资者将选择具有标准差较小的那一种投资组合。
（5）每种资产都是无限可分的。
（6）投资者可按相同的无风险利率借入或贷出资金。
（7）税收和交易费用均忽略不计。
（8）对于所有投资者来说，信息都是免费的并且是立即可得的。
（9）投资者对于各种资产的收益率、标准差、协方差等具有相同的预期。

这些假定虽然与现实情况存在很大差异，但通过这些个假设可以推导出证券市场均衡关系的基本性质，并以此为基础，探讨现实中风险和收益之间的关系。

（二）资本市场线

1. 分离定理

在上述假设基础上可以得出如下结论。

（1）根据相同预期的假定，可以推导出每位投资者切点处的证券组合（最优风险组合）都是相同的（如图 12-8 中的 T 点），从而每位投资者的线性有效集都是一样的。
（2）由于投资者风险—收益偏好不同，其无差异曲线的斜率不同，因此其最优投资组合也不同。

由此，可以推导出著名的分离定理：投资者对风险和收益的偏好状况与该投资者风险资产组合的最优构成无关。

从图 12-8 中可以看出，I_1 代表风险厌恶程度较轻的投资者的无差异曲线，该类投资者的最优证券组合位于 O_1 点，表明该类投资者将借入资金投资于风险资产组合；I_2 代表较厌恶风险的投资者的无差异曲线，该类投资者的最优投资组合位于 O_2 点，表明该类投资者将部分资金投资于无风险资产，将另一部分资金投资于风险资产组合。虽然 O_1 点和 O_2 点的位置不同，但它们都是由无风险资产 A 和相同的最优证券组合 T 组成。因此，在这两类投资者的风险资产组合中，各种风险资产的构成比例自然是相同的。

2. 市场组合

根据分离定理，还可以得到另一个重要结论：在均衡状态下，每种证券在均衡点处的投资组合中都有一个非零的比例。

这是因为，根据分离定理，每位投资者都持有相同的最优证券组合 T。如果某种证券在组合 T 中的比例为零，那么就没有人购买该证券，该证券的价格就会下降，从而使该证券预期收益率上升，该证券的吸引力提高，直到该证券在最终的最优证券组合 T 中的比例非零为止。

同样，如果投资者对某种证券的需要量超过其供给量，该证券的价格将上升，导致其预期收益率下降，从而吸引力降低，该证券在最优证券组合中的比例也将下降至需求量等于供给量为止。

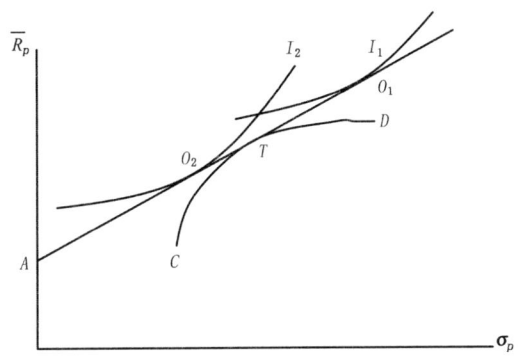

图 12-8　分离定理示意图

因此，在均衡状态下，每位投资者对每一种证券都愿意持有一定的数量，市场上各种证券的价格都处于使该证券的供求相等的水平上，无风险利率的水平也正好使得借入资金的总量等于贷出资金的总量。这样，在均衡时状态下，最优证券组合中各种证券的构成比例等于市场组合（market portfolio）中各种证券的构成比例。所谓市场组合，是指由所有证券构成的组合，在这个组合中，每一种证券的构成比例等于该证券的相对市值。一种证券的相对市值等于该证券总市值除以所有证券的市值的总和。

习惯上，人们将切点处的投资组合称为市场组合，并用 M 表示。从理论上说，M 不仅由普通股构成，还包括优先股、债券、房地产等其他资产。但在现实中，人们常将 M 的构成局限于普通股。

3. 共同基金定理

如果投资者的投资范围仅限于资本市场，而且资本市场是有效的，那么市场组合就大致等于最优风险组合。于是，单个投资者就不必进行复杂的分析和计算，只要持有指数基金和无风险资产就可以了。当然，如果所有投资者都这样做，那么这个结论就不成立了。因为指数基金本身并不进行证券分析,它只是简单地根据各种股票的市值在市场总市值中的比重分配投资。因此,如果每位投资者都不进行证券分析,证券市场就会失去建立风险收益均衡关系的基础。如果把货币市场基金看作无风险资产,那么投资者所要做的事情只是根据自己的风险厌恶系数将资金合理地分配于货币市场基金和指数基金,这就是共同基金定理[①]。

共同基金定理将证券的选择分解成2个问题:一是技术问题,即由专业的基金经理人创立指数基金;二是个人问题,即根据投资者个人的风险厌恶系数将资金在指数基金与货币市场基金之间进行合理配置。

4. 资本资产定价模型中的有效集

按照 CAPM 的假设,很容易找出有效组合中风险和收益之间的关系。如果用 M 表示市场组合,用 R_f 表示无风险利率,从 R_f 出发画一条经过 M 点的直线,这条线就是在允许无风险借贷情况下的线性有效集,称为资本市场线(capital market line)。任何不利用市场组合以及不进行无风险借贷的其他所有证券组合都位于资本市场线的下方(如图12-9所示)。

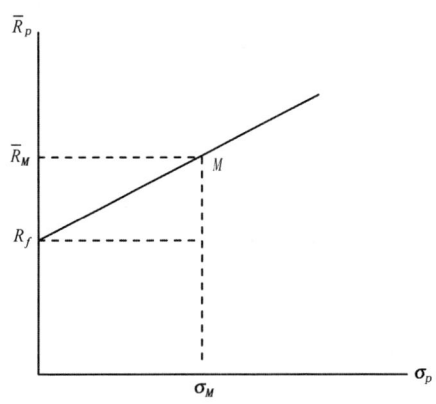

图 12-9 资本市场线示意图

从图 12-9 可以看出,资本市场线的斜率等于市场组合预期收益率与无风险证券收益率之差($\overline{R}_M - \overline{R}_f$)除以它们的风险之差($\sigma_M - 0$),即 $\dfrac{\overline{R}_M - R_f}{\sigma_M}$。由于资本市场线与纵轴的截距为 R_f,因此最优投资组合预期收益率的表达式为:

$$\overline{R}_P = R_f + \frac{\overline{R}_M - R_f}{\sigma_M}\sigma_P \tag{12-10}$$

式中,$\overline{R}_P$ 表示最优投资组合[②]的预期收益率;σ_P 表示最优投资组合的标准差。

从公式(12-10)可以看出,证券市场的均衡可用2个关键数据衡量:一是无风险利率(R_f);二是单位风险报酬 $\dfrac{\overline{R}_M - R_f}{\sigma_M}$。它们分别代表证券市场中的时间报酬和风险报酬。

---

① 推而广之,如果现实中的风险源有 n 个,并且存在专门针对这些风险源的 n 个共同基金,那么投资者只需根据自己对各种风险的厌恶系数 A_i($i=1, 2, \cdots, n$)将资金合理地分配于共同基金和货币市场基金($n+1$ 个基金),就可以实现最优风险配置。

② 即由无风险资产和最优风险组合(市场组合)组成的任何组合。

因此，从本质上说，证券市场提供了对时间和风险进行交易的场所，其价格则由供求双方的力量决定。

（三）证券市场线

资本市场线反映的是有效组合的预期收益率和标准差之间的关系。由于任何单个风险证券均不是有效组合，因而其一定位于该直线的下方。资本市场线并不能解答单个证券的预期收益率与标准差（即总风险）之间存在怎样的关系。市场组合的标准差等于所有证券与市场组合协方差的加权平均数的平方根，其权数等于各种证券在市场组合中的比例。

由此可见，在考虑市场组合风险时，重要的不是各种证券自身的整体风险，而是其与市场组合的相关性。这就是说，自身风险较高的证券，并不意味着其预期收益率也较高；同样，自身风险较低的证券，也并不意味着其预期收益率也较低。单个证券的预期收益率水平取决于其与市场组合的协方差。

由此，可以得出如下结论：具有较大协方差的证券必须按比例提供较大的预期收益率以吸引投资者。由于市场组合的预期收益率和标准差分别是各种证券的预期收益率和各种证券与市场组合的协方差的加权平均数，其权数等于各种证券在市场组合中的比例。因此，如果某种证券的预期收益率相对于其协方差太低，投资者只要将这种证券从其投资组合中剔除就可以提高投资组合的预期收益率，从而导致证券市场失衡。同样，如果某种证券的预期收益率相对于其协方差太高，投资者只要增持这种证券就可以提高其投资组合的预期收益率，从而导致证券市场失衡。在均衡状态下，单个证券的风险和收益率的关系可以用以下公式表达。

$$\overline{R}_i = R_f + \frac{\overline{R}_M - R_f}{\sigma_M^2}\sigma_{iM} \tag{12-11}$$

公式（12-11）表达的就是著名的证券市场线（security market line），它反映了单个证券与市场组合的协方差（σ_{iM}）和其预期收益率之间的均衡关系。如果以 $\overline{R}_i$ 为纵坐标，以 σ_{iM} 为横坐标，则证券市场线就是一条截距为 R_f、斜率为 $\frac{\overline{R}_M - R_f}{\sigma_M^2}$ 的直线（如图12-10所示）。

由公式（12-11）可知，对于 σ_{iM} 等于 0 的风险证券而言，其预期收益率应等于无风险利率，因为这个风险证券跟无风险证券一样，对市场组合的风险没有任何影响。

设 $\frac{\sigma_{iM}}{\sigma_M^2} = \beta_{iM}$，则

$$\overline{R}_i = R_f + (\overline{R}_M - R_f)\beta_{iM} \tag{12-12}$$

式中，β_{iM} 称为证券 i 的 β 系数，它是表示证券 i 与市场组合的协方差的另一种方式。

公式（12-12）是证券市场线的另一种表达方式。如果以 $\overline{R}_i$ 为纵轴，以 β_{iM} 为横轴，则证券市场线也可表示为截距为 R_f，斜率为 $(\overline{R}_M - R_f)$ 的直线。

β 系数的一个重要特征是，一个证券组合的 β 值等于该组合中各种证券 β 值的加权平均数，权数为各种证券在该组合中所占的比例，即：

$$\beta_{PM} = \sum_{i=1}^{n} X_i \beta_{iM} \tag{12-13}$$

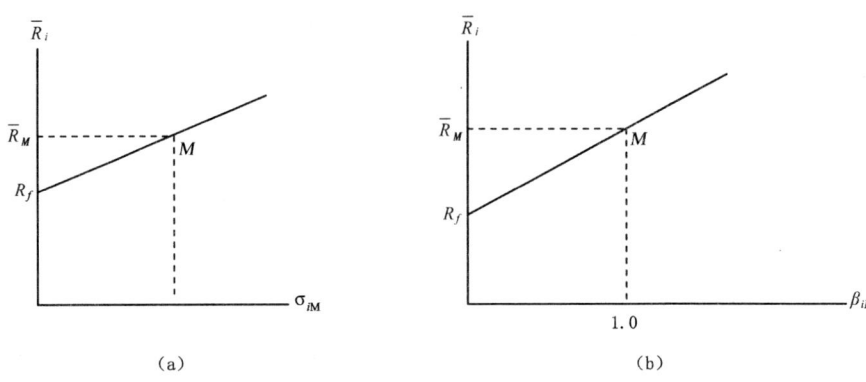

图 12-10 证券市场线

式中，β_{PM} 表示组合 P 的 β 值。

任何组合的预期收益率和 β 值都等于该组合中各种证券预期收益率和 β 值的加权平均数，其权数也都等于各种证券在该组合中所占比例。那么，如果每种证券都落在证券市场线上，由这些证券构成的证券组合也一定落在证券市场线上。

比较资本市场线和证券市场线可以看出，只有最优投资组合才落在资本市场线上，其他组合和证券则落在资本市场线下方。而对于证券市场线来说，无论是有效组合还是非有效组合，都落在证券市场线上。

既然证券市场线包括了所有证券和所有组合，也一定包含市场组合和无风险资产。在市场组合那一点，β 值为 1，预期收益率为 $\overline{R}_M$，其坐标为 $(1, \overline{R}_M)$。在无风险资产那一点，β 值为 0，预期收益率为 R_f，其坐标为 $(0, R_f)$。证券市场线反映了在不同的 β 值水平下各种证券及证券组合应有的预期收益率水平，从而反映了各种证券和证券组合系统性风险与预期收益率的均衡关系。由于预期收益率与证券价格成反比，证券市场线实际上给出了风险资产的定价公式。

CAPM 揭示的投资收益与风险的函数关系，是通过投资者对持有证券数量的调整并引起证券价格的变化而达到的。根据每种证券的收益和风险特征，给定一个证券组合，如果投资者愿意持有的某一证券的数量不等于已拥有的数量，投资者就会通过买进或卖出证券进行调整，并因此对这种证券价格产生助涨或助跌的压力。在得到一组新的价格后，投资者将重新估计对各种证券的需求。这一过程将持续到投资者对每一种证券愿意持有的数量等于已持有的数量，证券市场达到均衡。

（四）证券特征线

根据 CAPM，证券的价格和期望收益率是遵循资产定价均衡理论的，即证券 i 的期望收益率有如下的表达式：

$$\overline{R}_i = R_f + (\overline{R}_M - R_f)\beta_{iM}$$

如果有的证券不遵循均衡理论或投资者估计出的证券期望收益率不同于均衡收益率 $[R_f + (\overline{R}_M - R_f)\beta_{iM}]$，此时就产生了非均衡性。把证券 i 的期望收益率 r_i 与均衡收益率之差记为 α_i 有如下表达式：

$$\alpha_i = \overline{r}_i - [R_f + (\overline{R}_M - R_f)\beta_{iM}] \tag{12-14}$$

公式（12-14）表明，α_i 可以用来度量证券 i 的定价不合理程度。一旦 α_i 不等于 0，投资者就会认为证券相对于 CAPM 的定价不合理并且非均衡。若 α_i 大于 0，表明证券 i 的定价过低；若 α_i 小于 0，表明证券 i 的定价过高。把上式改写如下：

$$\overline{r}_i - R_f = \alpha_i + (\overline{R}_M - R_f)\beta_{iM} \tag{12-15}$$

显然，等式左端表示在未来持有期间的期望超额收益率，而持有期内的实际超额收益率的模型还应加上随机误差项 ξ_i，从而得到以下单个证券的证券特征曲线方程：

$$\overline{r}_i - R_f = (\alpha_i + \xi_i) + (\overline{R}_M - R_f)\beta_{iM} \tag{12-16}$$

随机误差项 ξ_i 的期望值为 0。在实际过程中，一般认为证券 i 的意外好消息使 ξ_i 为正，而意外坏消息导致 ξ_i 为负。证券特征曲线表明证券 i 在未来持有期的期望超额收益率由 2 个部分组成：第一部分为 $(\alpha_i + \xi_i)$，显然与市场无关，只与个股 i 本身有关，这一部分被称为超额收益率的非市场部分；第二部分为 $(\overline{R}_M - R_f)\beta_{iM}$，是市场证券组合的期望超额收益率与证券的 β 系数之积，这一部分称为超额收益率的市场部分。如果要描述证券组合的特征线，其内容及方法基本与个股的证券特征曲线相同，即：

$$\overline{r}_p - R_f = (\alpha_P + \xi_P) + (\overline{R}_M - R_f)\beta_{PM} \tag{12-17}$$

式中，

$$\alpha_P = \sum_{i=1}^{n} x_i \alpha_i$$
$$\beta_{PM} = \sum_{i=1}^{n} x_i \beta_i \tag{12-18}$$

公式（12-17）表明，证券组合的预期收益率由 α_P、β_{PM}、ξ_P 3 个变量决定。投资者只需根据这 3 个变量的具体数值就可按照自己的条件、偏好和对风险的态度选择证券，建立令自己比较满意的证券组合。值得注意的是，ξ_P 是误差因素。当组合中选择的证券数量达到一定规模时，个股的意外好消息和意外坏消息应该彼此抵消而使其为零。这样，投资者在实际操作中只需确定 α_P 和 β_{PM} 就可以了。公式（12-18）表明，α_P 和 β_{PM} 的值由单个证券的相应系数加权平均得到。如果把市场指数的收益率当作市场组合的收益率，就可以用回归方法得到单个证券的 α_P 和 β_{PM} 的值。

二、套利定价模型

斯蒂芬·罗斯（Stephen Ross，1976）利用套利定价原理提出了套利定价理论（Arbitrage Pricing Theory，APT）[1]，从另一个角度探讨了风险资产的定价问题。与夏普的 CAPM 相比，APT 的假设条件较少，因此使用起来较为方便。

（一）因子模型

套利定价理论认为，证券收益是跟某些因素相关的。为此，在介绍套利定价理论之前，先得介绍因子模型（factor models）。因子模型认为，各种证券的收益率均受某个或某几个共同因子的影响。各种证券收益率之所以相关，主要是因为其都会对这些共同的因子起反应。

---

[1] Stephen A. Ross. The Arbitrage Theory of Capital Asset Pricing [J]. Journal of Economic Theory, 1976, 13: 341-360.

因子模型的主要目的就是找出这些因子并确定证券收益率对这些因子变动的敏感度。为了便于理解，本部分将循序渐进地从单因子模型开始介绍。

1. 单因子模型

单因子模型认为，证券收益率只受一种因子的影响。对于任意的证券 i，其在 t 时刻的单因子模型表达式为：

$$r_{it} = \alpha_i + b_i F_t + \xi_{it} \tag{12-19}$$

式中，r_{it} 表示证券 i 在 t 时期的收益率；F_t 表示该因素在 t 时期的预测值；b_i 表示证券 i 对该因素的敏感度。ξ_{it} 为证券 i 在 t 时期的随机变量，其均值为 0，标准差为 $\sigma_{\varepsilon i}$。α_i 为常数，表示要素值为 0 时证券 i 的预期收益率。因子模型认为，随机变量 ε 与因子是不相关的，并且两种证券的随机变量之间也是不相关的。

2. 双因子模型

双因子模型认为，证券收益率取决于 2 个因子，其表达式为：

$$r_{it} = \alpha_i + b_{i1} F_{1t} + b_{i2} F_{2t} + \varepsilon_{it} \tag{12-20}$$

式中，F_{1t} 和 F_{2t} 分别表示影响证券收益率的 2 个因子在 t 时期的预测值；b_{i1} 和 b_{i2} 分别表示证券 ε_{it} 对这两个因子的敏感度。

3. 多因子模型

多因子模型认为，证券 i 的收益率取决于 K 个因素，其表达式为：

$$r_{it} = \alpha_i + b_{i1} F_{1t} + b_{i2} F_{2t} + b_{ik} F_{kt} + L + \varepsilon_{it} \tag{12-21}$$

应该注意的是，与资本资产定价模型不同，因子模型不是资产定价的均衡模型。在实际运用中，人们通常通过理论分析确定影响证券收益率的各种因素，然后根据历史数据，运用时间序列法、跨部门法、因子分析法等实证方法估计出因子模型。

（二）套利定价模型

投资者的套利活动是通过买入收益率偏高的证券同时卖出收益率偏低的证券实现的。其结果是使收益率偏高的证券价格上升，其收益率将相应回落。同时，使收益率偏低的证券价格下降，其收益率相应回升。这一过程将一直持续到各种证券的收益率跟各种证券对各个因子的敏感度保持适当的关系为止。根据套利的定义，套利组合要满足以下 3 个条件：

条件一：套利组合要求投资者不追加资金，即套利组合属于自融资组合。如果用 X_i 表示投资者持有证券 i 金额比例的变化（从而也代表证券 i 在套利组合中的权重，注意 X_i 可正可负），则该条件可以表示为：

$$x_1 + x_2 + x_3 + \cdots + x_n = 0 \tag{12-22}$$

条件二：套利组合对任何因素的敏感度为零，即套利组合没有因素风险。由公式（12-21）可知，证券组合对某个因素的敏感度等于该组合中各种证券对该因素敏感度的加权平均数。因此，在单因子模型下该条件可表达为：

$$b_1 x_1 + b_2 x_2 + \cdots + b_n x_n = 0 \tag{12-23}$$

在双因子模型下，条件二的方程组为：

$$b_{11} x_1 + b_{12} x_2 + \cdots + b_{1n} x_n = 0$$

$$b_{21} x_1 + b_{22} x_2 + \cdots + b_{nn} x_n = 0$$

在多因子模型下，条件二的方程组为：

$$b_{11}x_1 + b_{12}x_2 + \cdots + b_{1n}x_n = 0$$
$$b_{21}x_1 + b_{22}x_2 + \cdots + b_{nn}x_n = 0$$
……
$$b_{k1}x_1 + b_{k2}x_2 + \cdots + b_{kn}x_n = 0$$

条件三：套利组合的预期收益率应大于0，即：

$$x_1 \overline{r}_1 + x_2 \overline{r}_2 + \cdots + x_n \overline{r}_n = 0 \tag{12-24}$$

1. 单因子模型的 APT 资产定价公式

均衡状态下，$\overline{r}_i$ 和 b_i 的关系可用公式表示为：

$$\overline{r}_i = \lambda_0 - \lambda_1 b_i \tag{12-25}$$

式中，λ_0 和 λ_1 是常数。

由公式（12-25）可以看出，$\overline{r}_i$ 和 b_i 必须保持线性关系。否则，投资者就可以通过套利活动提高投资组合的预期收益率（如图12-11所示）。

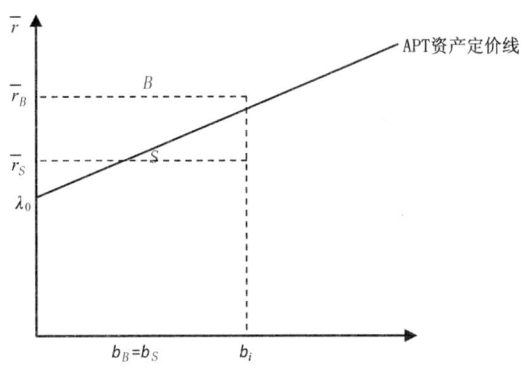

图 12-11　APT 资产定价线

从图 12-11 中可以看出，任何偏离 APT 资产定价线的证券，其定价都是错误的，将给投资者提供构建套利组合的机会。以 B 点代表的证券为例，该点位于 APT 资产定价线上方，意味着其预期收益率较高，投资者可以通过卖出 S 点代表的证券，同时买入相同金额的证券 B，从而形成套利组合。由于买卖证券 B 和证券 S 的金额相同，因而满足套利组合的条件一；由于证券 B 和证券 S 的因素敏感度相等，交易金额也相同，因而满足条件二；由于证券 B 的预期收益率大于证券 S，且两者在套利组合中权数相等，因而满足条件三。

由于投资者买入证券 B，其价格将不断上升，预期收益率将随之下降，直至回到 APT 资产定价线为止。

2. 双因子模型的 APT 资产定价公式

$$\overline{r}_i = \lambda_0 + \lambda_1 b_{i1} + \lambda_2 b_{i2} \tag{12-26}$$

3. 多因子模型的 APT 资产定价公式

$$\overline{r}_i = \lambda_0 + \lambda_1 b_{i1} + \lambda_2 b_{i2} + \cdots + \lambda_k b_{ik} \tag{12-27}$$

通过对上述两种模型原理的分析不难发现，这两种模型既有区别又有联系。

1. 资本资产定价模型与套利定价模型的区别

(1) 对风险的解释度不同。在资本资产定价模型中，证券的风险只用某一证券和对于市场组合的 β 系数解释。它只能告诉投资者风险的大小，但无法告诉投资者风险来自何处，它只允许存在一个系统风险因子，那就是投资者对市场投资组合的敏感度。在套利定价模型中，投资的风险由多个因素共同解释。理查德·罗尔（Richard Roll）和斯蒂芬·罗斯（Stephen Ross）早在1984年就用通货膨胀的意外变化、工业生产的意外变化、风险补偿的意外变化和利率期限结构的意外变化解释了投资的收益及投资价格波动的原因，并得出了明确的研究结论。这说明套利定价模型相较于资本资产定价模型不仅能够告诉投资者风险的大小，还能告知风险来自何处、影响程度多大。

(2) 基本假设存在诸多不同。概括地说，资本资产定价模型的假设条件较多，在满足众多假设条件的情况下得出的模型表达式简单明了；套利定价模型的假设条件相对简单得多，而其得出的数学表达式比较复杂。具体地说，资本资产定价模型中对投资期、投资者类型、投资者预期等方面的假设都是套利定价模型中未作任何规定的。资本资产定价模型和套利定价模型对投资者类

型的假定不同：前者假定投资者属于风险规避型，后者并没有对投资者对待风险的偏好作出规定。由此可见，套利定价模型在投资者层面上的实用性大大增加了。

(3) 使市场保持平衡的均衡原理不同。在资本资产定价模型下，已基本假定投资者对每种证券的收益和风险的预期都相同，都为理性投资者。在选择投资或投资组合的过程中，所有投资者都会选择高收益、低风险的组合，而放弃低收益、高风险的投资项目，直到被所有投资者放弃的投资项目的预期收益达到或超过市场平均水平为止。而在套利定价模型中，并没有假定所有投资者对每项资产的风险和收益预期相同，它允许投资者为各种类型的人，所以其选择各自投资项目的观点不尽相同，但是由于部分理性的投资者会利用无风险套利的机会卖出高价资产，买入低价资产，促使市场恢复均衡状态。

(4) 实用性不同。从实用性的角度来比较，尽管资本资产定价模型是目前证券市场分析的主要工具之一，但它在实际应用中的缺陷是非常明显的。这种缺陷的主要来源是推导这一理论必需的假设条件。例如，该模型假设投资者对价格具有相同的估计，这显然是不现实的。因为正是由于投资者对价格的不同预期，才使得证券市场有供有求，价格上下波动。其对投资者的理性预期假设也是脱离实际的。至于该模型其他假设（例如，证券市场是完备的、有序竞争的等），也都使该理论在实际应用中存在偏差。总之，资本资产定价模型把收益的决定因素完全归结于外部原因，它基本上是在均衡分析和理性预期的假设下展开的，这从实用性的角度来看是不能令人信服的。

(5) 适用范围不同。通过对资本资产定价模型与套利定价模型的比较分析，尤其是对这两种模型不同点的分析，可以得知，资本资产定价模型可适用于各种企业，特别适用于对资本成本数额的精确度要求较低、管理者自主测算风险值能力较弱的企业。而套利定价模型适用于对资本成本数额的精确度要求较高的企业，其理论的复杂性又决定了其仅适用于有能力对各自风险因素、风险值进行测量的较大型企业。

2. 资本资产定价模型与套利定价模型的联系

(1) 随着资本市场的不断发展，资本市场的有效性不断提高，人们对建立在有效市场假说上的、能够被投资者和筹资者广为运用的风险量化管理工具的要求大大增加。虽然套利定价模型略晚于资本资产定价模型出现，但它们都是为了解决一个共同的问题，即如何给风

险合理定价的问题。

(2) 两种模型都假定了资本市场上不存在交易成本或交易税,或都认为如果存在交易成本、交易税,则其对所有的投资者而言都是相同的。

(3) 两种模型都将存在的风险划分为系统性风险和非系统性风险,也就是市场风险和公司自身的风险,并且都认为通过投资的多元化组合以及投资者对投资结构的合理优化,能够大幅降低甚至完全消除公司自身存在的风险。因此,在计算投资组合的预期回报时,这两种模型的数学表达式都未因投资者承担了这部分风险而给予补偿。

第四节 行为金融理论

一、行为金融学的发展与理论基础

(一) 行为金融学的产生与发展

金融学研究的核心内容是"市场是否有效",即资本和资产的配置效率。20世纪80年代以来,对金融市场的大量实证研究发现越来越多传统金融学无法解释的异象。而后,学者们将心理学应用于对投资者的行为分析中,逐渐形成了富有活力的行为金融学(behavioral finance)。1999年,克拉克奖得主马修·拉宾(Matthew Rabin)以及2002年诺贝尔奖得主丹尼尔·卡内曼(Daniel Kahnerman)和弗农·史密斯(Vernon Smith)都是这一学科的代表人物。全球最为著名的奖项授予这个领域的专家,充分说明了主流经济学对行为金融学这个领域的肯定。

Shleifer (2000) 所著的《Inefficient Markets: An Introduction to Behavioral Finance》是世界上第一本有关行为金融学的学术专著。

(二) 行为金融学的基本思路和主要特征

作为一种金融理论,只有考虑了信息的不对称性和人的有限理性,才能对现实资本市场作出比较全面和准确的解释。行为金融学修正了理性人假设的论点,指出人类的理性是有限的,现实中的人并非像传统金融理论假设的那样,一成不变、感情中立或属于纯粹的利己主义者。个人认知的局限决定了人类存在着许多理性之外的情绪和决策,社会化过程中形成的利他主义、公益道德、行为定势、偏见歧视以及其他观念都会影响人们的行为决策。例如,股市中市场的变化往往不是由于上市公司运营情况的改变引起,而是由投资者的情绪、信心等心理因素发生变化导致。所谓行为金融学,就是将心理学和行为学等学科的成果融入金融学中,从微观个体行为以及产生这种行为的心理动机解释资本市场中的各种异象以及研究、预测金融市场发展的一门学科。

行为金融学从人的角度解释市场行为,充分考虑了市场参与者心理因素的作用,并注重投资者决策心理的多样性,为人们理解金融市场提供了一个新的视角,弥补了传统金融理论只注重最优决策模型,简单地认为理性投资决策模型就可完全解释证券市场价格变化的不足。从完全理性的经济人过渡到有限理性的社会人,行为金融学指出,在金融市场中投资者往往追求的是自己最满意而非最优的方案。尽管行为金融学是以有限理性的人类行为为根本前提，与传统金融理论的前提不同，但其并不是完全否定传统金融学理论，而是在接受其人类行为具有效用最大化取向的前提下，对其理论进行修正和补充，丰富其分析问题的视角，将行为分析理论与经济运行规律有机地结合在一起，把以往被传统金融理论抽象掉的人的感性部分回归到金融分析当中。

（三）行为金融学与现代主流金融学的关系

现代主流金融学从理性经济人假设出发，利用一般均衡分析和无套利分析对金融市场的运行机制和定价原则作出解释。但是，由于现代主流金融学把假设中的"理性经济人"作为现实中的实际投资者，把人们应该如何决策作为人们的实际决策行为，而现实中人们的实际决策行为与假设中的"理性经济人"又有着较大的差异。因此，现代主流金融学不可避免地遇到一些难以解释的现实问题。对于这些问题，行为金融学以心理学对人们决策行为的研究成果为基础，提供了较好的解释。

现代主流金融学认为，金融投资过程是一个动态均衡过程，根据一般均衡原理，依据理性人假设和有效市场假说，推导出证券市场的均衡模型。有效市场假说是现代主流金融学的核心之一，它反映了现代主流金融学的研究思路和脉络。安德鲁·施莱弗（Andrei Shleifer, 2000）认为，有效市场的建立基于以下3个假设条件：①投资者是理性的；②即使投资者是非理性的，由于投资组合和交易的随机性，也能抵消它的影响；③虽然部分投资者有非理性行为，但市场可以通过"套利"使价格恢复理性。

将行为金融学与现代主流金融学的研究假设和研究主题进行比较（如表12-2所示）可以看到，行为金融学以人的行为为中心的生命范式代替了现代主流金融学的机械式的力学范式，同时行为金融学承认现代主流金融学的范式在一定范围内正确。从研究方法上看，两者的相同之处在于都是在假设基础上建立模型，并用模型对金融市场的各种现象作出分析和解释；不同之处是行为金融学以心理学的研究成果为基础进行研究。

行为金融学是在标准金融学的基础上发展起来的，它们之间的差异是研究目标不同。标准金融学描述的是经济个体的最优决策行为，而行为金融学则研究的是现实生活中的真实决策行为。

表12-2　　　　　　　　行为金融学和现代主流金融学的比较

项　目	行为金融学	现代主流金融学
理论基础	"有限理性"假设	"理性经济人"假设
研究目的	经济个体在现实生活中的真实决策行为	经济个体的最优决策行为
研究方法	实验、心理学、经济学、数学模型等	经济学、数学模型等
涉及学科	经济学、金融学、数学、心理学、社会学	经济学、金融学、数学
研究视角	探究决策过程中投资者的心理依据和实际行为，并对经济现象加以解释	将复杂的经济现象抽象为简单的数学模型

二、行为金融学的基本理论

在过去20多年里，行为金融学的相关研究主要集中在3个领域：一是资产定价，即行为资产定价，主要考察投资者的非理性投资心理和行为对资产价格的影响；二是投资者行为，主要考察投资者的非理性投资行为和策略，并基于心理学和社会学对这些行为的原因进行解释；三是行为公司财务，主要考察投资者或者经理人的非理性对公司财务行为的影响。

到目前为止，对于行为金融学理论仍然没有一个公认的理论框架。不同学者在研究过程中提出过各种不同的观点，综合各个学者的观点，可以归纳为以下 4 个方面：①有限理性的认知和行为偏差；②前景理论；③非有效市场的异象研究；④行为资产定价和行为资产组合理论（如表 12-3 所示）。

表 12-3　　　　　　　　　　　　行为金融学的主要理论

主要理论	理论内容
有限理性	认知偏差：启发式偏差、锚定依赖、框定偏差； 行为偏差：过度自信、反应不足、反应过度、损失厌恶、后悔厌恶、心理账户、证实偏差、时间偏好、"羊群行为"等
前景理论	价值函数和权重函数等
非有效市场的异象研究	证券市场的异象：股票溢价之谜、股利之谜、股票价格与价值的偏离、赢者输者效应、弗里德曼—萨维奇困惑、规模效应
资产定价理论	行为资产定价和行为资产组合理论

（一）有限理性的认知和行为偏差

认知偏差是运用认知心理学原理，将人的判断与认知过程理解为信息加工过程，根据信息处理的特征，从原理上分析认知过程存在的偏差。大量的心理学实验表明，人在认知过程中，会运用一种叫作启发式的认知捷径，又称经验法则，它包括代表性启发法、可得性启发法、锚定与调整等，这一过程可能会导致启发式偏差；另一方面，人们所面对问题的背景或表现形式也会对人们的判断带来影响，从而导致框定偏差。这些偏差是导致人有限理性的心理学原因。

人们在金融投资过程中，还有各种心理特征和情绪特征导致投资过程中的行为和决策偏差（例如，过度自信、反应过度、反应不足、后悔厌恶、损失厌恶、时间偏好、证实偏差、心理账户、羊群行为等）。这些情绪特征也是形成投资决策偏差的心理学原因。了解人的这些行为和决策偏差，有助于理解金融市场中为什么会存在过度交易、对信息的过度反应和反应不足、反转效应与动量效应、禀赋效应、隔离效应、反馈机制等非理性的行为效应，也在一定程度上解释了证券市场异象之谜。

（二）前景理论

现代主流金融学存在公理性的"理性经济人"假设，而心理学实验却表明，人们在不确定条件下存在选择偏好，导致预期效用理论在现实中存在反射效应、偏好反转、孤立效应等特征，这使预期效用理论的结论出现问题。经济学家试图通过放松个体决策与偏好的公理化假定，对预期模型进行修正或改进，但很多修正模型仍然不是十分令人满意。Kahneman 和 Tversky（1979）提出的前景理论（又称期望理论），对个体偏好提供了更合理的解释。前景理论包括价值函数和权重函数等原理。

价值函数是经验性的，它具有以下 3 个特征：①大多数人在面临收益时是风险规避的；②大多数人在面临损失时是风险偏爱的；③人们对损失比对收益更敏感。因此，人在获得时往往小心翼翼，不愿冒风险；而在失去时又会很不甘心，容易冒险。人对损失和获得的敏感程度是不同的，损失时的痛苦感要大大超过获得时的快乐感。

权重函数是对主观概率进行的描述。

（三）非有效市场的异象研究

如前所述，根据市场价格反映的信息集将有效市场划分为弱式有效、半强式有效、强式有效3种市场类型。然而，由于这个理论是在特定的假设条件下建立起的逻辑推导产物，理论结果还有很多问题（例如，股票收益的日历效应、规模效应、"黑色星期一"等），所以有效市场假说是有缺陷的，表现在假设缺陷、检验缺陷、套利的有限性等方面。这其实说明了证券市场中长期存在并被广为关注的异常现象（例如，股票溢价之谜、股票价格的长期偏离、股利之谜、弗里德曼—萨维奇困惑、规模效应、日历效应、账面市值比效应等）。Barberis 和 Thaler（2003）认为，投资者的过度自信和代表性认知可以解释波动率之谜。经济学家们试图在不动摇市场有效性的前提下对这些异象作出解释（例如，偶然性或选择的方法和模型问题等），并认为只要找到适当的方法就可以消除异常。但此类解释都不能令人满意。

（四）行为资产定价和行为资产组合理论

资产的定价总是与该资产的风险相联系的。行为金融学认为，可将投资者划分为信息交易者和噪音交易者2类。信息交易者是理性投资者，噪音交易者则会犯一些认知偏差错误。两类交易者相互影响，共同决定了资产的价格。Barberis、Huang 和 Santos（2001）将前景理论引入股票的一般均衡定价模型中。尽管 Shefrin 和 Statman（1994）建立了行为资产定价模型（BAPM），将 CAPM 中的 β 值扩大，但由于噪音交易者的非理性因素难以准确衡量，所以 BAPM 并没有被广泛接受。由于行为金融学没有推导出核心的基于行为的资产定价模型，研究只能够通过实证说明市场的非有效性，并不能进行理论描述和表达非理性金融资产的定价机理。Scheinkman 和 Xiong（2003）认为，投资者心理偏差仅是造成异质性信念的原因之一。

学者们期望在未来的行为金融学核心模型中，将基于前景理论、有限套利理论和投资者非理性心理及异质性信念有机结合。另外，行为资产组合理论运用心理账户原理，将投资者对资产的态度划分为不同的心理账户，构建了单一账户证券组合选择模型和多重账户证券组合选择模型。

三、行为金融学的应用

（一）羊群行为

羊群行为（herd behavior）是金融市场上一个令人困惑的现象。羊群行为在资本市场的具体表现为：在一段时间以内，投资者不约而同地买卖相似的股票或进行相同方向的买卖，理智、信念、常识都失去了约束力，人嬗变为一种疯狂的动物。心理学家认为，这是人类的从众心理。社会学家认为，这是人类的集体无意识。经济学家认为，应从投资者之间的信息不对称性、机构投资者运作中的委托—代理关系以及经济主体的有限理性等角度探讨羊群行为的内在产生机制。现有的对羊群行为的实证研究可划分为2个方向：一是以共同基金、养老基金等特定类型的投资者为对象，通过分析它们的组合变动和交易信息判断其是否存在羊群行为（结果显示机构投资者存在一定程度的羊群行为）；二是以股价分散度为指标，研究整个市场在大幅涨跌时是否存在羊群行为（结果显示美国、日本等成熟资本市场不存在羊群行为，但韩国等新兴市场却存在羊群行为）。作为在转轨经济过程中发展起来的新兴市场，中国股市具有政策干预频繁、信息不对称较为严重、投资者结构以散户为主等特点。因此，中国股市具备滋生羊群行为的条件。

（二）噪声交易

行为金融学认为，金融市场中存在非理性的交易者。非理性交易者的存在可能导致以下2种情况：①任何交易者都有可能把与价值无关的信息认为是与价值有关的信息；②某些交易者人为地制造虚假信息，而其他投资者可能因无法识别信息的真伪而受到影响。这2种信息都被认为是噪声，相应地产生两种噪声交易。其中，一部分是由于非理性交易者的必然存在带来的，这种噪声交易存在于任何市场中；另一部分则是由人为因素引起的，这部分噪声交易是可以避免的。羊群效应导致的交易和积极反馈交易者进行的交易都是典型的噪声交易。证券市场的实际情况越接近有效市场，意味着资金的配置效率越高。噪声交易的存在必然造成市场效率下降。因此，理性程度越高、噪声交易所占比重越小的市场越成熟。同时，适度的噪声交易有利于保持市场的流动性。中国证券市场的噪声交易与西方学者观察到的金融市场行为没有本质上的区别，而且在持续时间、涉及范围以及表现程度上要比西方发达金融市场严重。可见，中国股市中噪声交易所占比重显然已经超过了适度的标准。

（三）过度反应与反应不足

如果市场是有效的，证券价格就会在收到信息时作出迅速、准确的反应。迅速，指的是从证券市场收到信息到证券价格作出反应之间不应有明显的迟延。准确，指的是证券价格的反应应该是无偏的，证券价格的初始反应就应精确反映该信息对证券价值的影响，不需要进行后续的修正，不存在过度反应与反应不足。

图 12-12 反映了证券价格在收到信息时的 3 种反应形式。假设在考察期内市场上只有一条与证券价格有关的信息，该信息在 t 时刻到达市场。该信息是利好消息，它的出现使市场对该证券价值的最好估计由原来的 10 元增至 12 元。

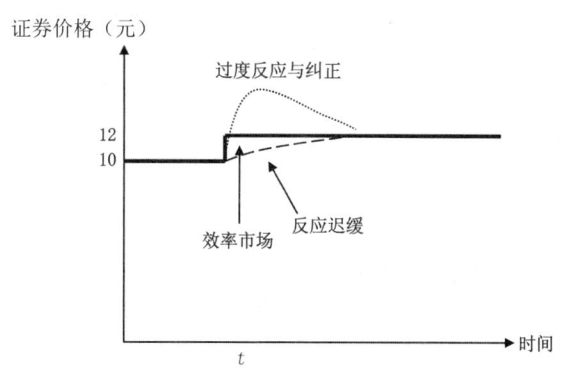

图 12-12 在效率市场和无效市场中证券价格对新信息的反应

在图 12-12 中，实线代表在效率市场中证券价格的反应路径。它表示证券价格在收到新信息的当时就从 10 元上涨至 12 元，并维持在 12 元不变（因为假定没有其他新信息到达市场）。虚线代表在无效市场中证券价格对新信息的一种反应路径——反应不足。即当新信息出现时，一些大公司率先得到这些信息，其把该信息通知其分支机构，并开始分析该信息的含义。大公司的分支机构得到该信息后,也开始自己进行分析,并可能将该信息通知其重要的客户。该信息就这样逐步传播开来。由于刚开始只有少数知道该信息的人进行交易,证券价格仅略微上升。随着知道该信息及其含义的人越来越多,买入该证券的人也越来越多,从而使该证券价格逐步升至12元。点线代表在无效市场中证券价格对新信息的另一种反应路径——过度反应。在这种情况下,对该信息的含义最乐观的人率先得到该信息。他们认为该信息意味着证券价值高于12元,于是大量买进直至把股价推高至12元以上。由于新价值的最优估计是12元,这种正确的估计最后占了上风,市场的抛压最终使证券价格又回到12元的合理位置。

对中国证券市场的实证研究发现,赢者组合(一些在连续几年内均有好消息的公司)和输者组合(一些在连续几年内均有坏消息的公司)都无法获得高于市场收益率的超额收益率,随着持有期的延长,以上两种组合负的超额收益率逐渐变得显著。赢者组合存在过度反应,而输者组合存在反应不足。

(四) 泡沫模型

股票市场泡沫模型可划分为2个方向,即理性泡沫模型和非理性泡沫模型。理性泡沫基于市场有效性和经济主体理性的假设,认为资产的实际价格不仅反映了市场基础价值,还包括理性泡沫成分。由于信息不对称等原因,市场经济主体可能出现预期差异,导致市场非有效,资产市场价格偏离其基础价值。因此,从非理性的角度研究股市泡沫更有现实意义。行为金融学从投资者非理性的角度研究了股价偏离基础价值这种市场异常现象,在一定意义上揭示了股市泡沫的生成机理。

案例分析

股市收益率还会受天气的影响[①]

桑德斯是最早研究天气和股市相关性的学者。他收集了1927—1989年纽约市的天气数据,发现纽约上空的云层覆盖率影响了道琼斯指数的日收益率,市场收益率在阴天时要显著低于晴天。Hirshleifer 和 Shumway 将桑德斯的研究拓展到全球主要股市,发现全球26个股市中的25个,收益率与阳光或云层覆盖率显著相关,即当交易所所在地越是阳光灿烂(云层覆盖率越低),股票指数的当日收益率越高。

尽管实证金融研究指认,相较于机构投资者,个人投资者的投资行为更有可能偏离理性预期,但目前尚无足够证据显示天气和股市回报之间的关系受个人投资者情绪波动的显著影响。威廉·戈兹曼(William N. Goetzmann)和朱宁研究美国5个主要城市6年间的交易情况后发现,个人投资者在阴天买卖股票的倾向与晴天几乎没有差异,而纽约市的天气状况却会影响纽约证券交易所(简称纽交所)股票的流动性。股票的买卖价差在阴天会扩大,晴天则会缩小。他们的解释是,纽交所的做市商在阴天不那么活跃,或更谨慎,从而影响了股票的交易量和回报,是做市商而不是个人投资者的情绪造成了股市的天气效应。

还有一些学者追踪券商分析师后发现,经历糟糕天气的分析师在季报公告后及时更新研

[①] 闫志鹏. 股市收益率还会受天气的影响?[EB/OL]. (2019-09-09) [2020-12-28]. http://news.cnstock.com/paper, 2019-09-09, 1225242. htm.

究报告的可能性相对于经历了令人愉快的天气的分析师要低。从市场层面来看，当纽约市的天气让人不快时，市场对公布季报的公司的初始价格反应较弱，但之后价格的"飘移"比较大。学者们将此解读为令人不快的天气引发了分析师的悲观情绪，降低了分析师对盈利信息的反应灵敏度。

股市天气效应的潜在机制是，糟糕的天气会诱发个体更容易感觉疲劳、焦虑，甚至抑郁，并导致对工作的关注度下降。至于机构投资者受天气影响更显著，原因可能有以下2个：①机构投资者在地域上更集中，这些区域性和全球性金融中心城市的天气可能影响机构投资者；②机构投资者手上的筹码相对集中，他们的情绪因天气而波动，导致投资行为改变，对股价产生的影响更大。

其实，无论个人投资者，还是机构中的投资经理或专业券商分析师，都是有情绪起伏的活生生的人。巴菲特曾说过："只有当你将智慧和情绪上的纪律性相结合才能获得理性行为。"有多少人，能真正不受情绪影响，理性投资呢？

问题：
1. 天气是如何影响股市收益率的？
2. 投资者在这两个事件之间扮演了怎样的角色？

本章小结及要点

内容摘要：本章介绍了证券投资的主要理论，包括资产组合理论、有效市场理论、资本市场理论和行为金融理论4个部分。前三种理论属于现代主流金融学的范畴，行为金融学在打破传统理论假设的基础上，将心理学和行为学等学科的成果融入金融学中，从微观个体行为以及产生这种行为的心理动机解释资本市场中的各种异象。

1. 有效证券组合就是对于同样的风险水平，能够提供最大预期收益率的组合；对于同样的预期收益率，能够提供风险最小的组合。

2. 最优证券组合位于无差异曲线与有效集的切点处，该组合结合了投资者主观的无差异曲线和金融市场上客观存在的有效证券组合，最优证券组合是唯一的。

3. 指数模型在简化了协方差矩阵估计的同时加强了对证券风险溢价的分析，具体划分为单指数模型和多指数模型。

4. 有效市场认为，证券价格已经充分放映了所有相关的信息，资本市场相对于这个信息集是有效的，任何人根据这个信息集进行交易都无法获得经济利润。根据对上述信息集大小的分类，有效市场可以进一步划分为3种，即强有效市场、半强有效市场和弱有效市场。无效市场产生于行为金融学对有效市场假说的质疑。

5. 资本资产定价模型给出了确定资产风险及其期望收益率之间关系的精确预测方法。其重要特征有：所有投资者按照所有可交易资产的市场组合等比例的持有风险投资组合；资本市场线为从无风险利率出发通过市场组合的延伸直线，投资者之间的差别在于投资于市场组合与投资于无风险资产的比例不同；β系数用来测量个股收益相对市场收益的变化程度。

6. 套利定价模型也是预测期望收益与风险的证券市场线。主要观点包括：①因子模型可以描述证券收益；②市场有足够多的证券分散非系统性风险；③完善的证券市场不允许任何套利机会的存在。

7. 作为新兴市场，目前中国股市具有政策干预频繁、信息不对称较为严重、投资者结构以散户为主等特点，存在明显的羊群行为。

8. 理性程度越高、噪声交易所占比重越小的市场越成熟。同时，适度的噪声交易有利于保持市场的流动性。

思考题与应用训练

1. 某风险组合年末时的价值为5万元和15万元的概率均为50%。无风险年利率为5%。如果你预期获得7%的风险溢价，你愿意购买多少金额的该风险组合？假设你预期获得10%的风险溢价，你愿意购买多少金额的该风险组合？

2. 假设无风险利率为4%，某风险资产组合的预期收益率为10%，其β系数等于1。根据CAPM解答以下问题：该市场组合的预期收益率等于多少？β等于0时，股票的预期收益率应为多少？某股票的当前市价为30元，其β值为-0.4，预计该股票1年后将支付1元红利，期末除权价为31元。请问该股票目前的价格被高估了还是被低估了？

3. 在单因素指数模型中，某投资组合与股票指数的相关系数为0.7。该投资组合的总风险中有（　　）比例属于非系统性风险。

  A. 35%   B. 49%   C. 51%   D. 70%

4. APT与CAPM的不同是，APT（　　）。

  A. 要求市场必须是均衡的

  B. 运用基于微观变量的风险溢价

  C. 规定了决定预期收益率的因素数量并指出了这些变量

  D. 并不要求对市场组合进行严格的假定

5. Fama、Fisher和Jensen等研究了股价对公司宣布股票分拆（stock split）的反应，发现股价通常在宣布股票分拆后上升。由于股票分拆时公司净资产并未变化，他们发现造成这种现象的主要原因是八成的上述公司在股票分拆后利润都有不同程度的增长。也就是说，公司管理层通常是在预计利润会增长后才进行股票分拆。请问这种现象符合哪种形式的效率市场假说？

6. finance.yahoo.com上提供的历史价格信息对于计算有价证券的期望收益率、标准差和协方差非常有用。利用所学知识尝试计算不同证券的收益率、风险。

7. 中国证券市场中不同行业的β系数有什么特征？β系数与行业对经济周期的敏感度是否相关？

案例分析

中国股市个人投资者行为分析[①]

中国证券市场的发展历经多次波折，每次均引发了有关资本市场"泡沫"的争论。随着行为金融学的兴起，投资者心理和行为，尤其是投资者的羊群行为，正在被用来解释投机

[①] 蒋航程，刘浩．中国股市个人投资者行为调查研究［J］．浙江金融，2009，(6)：42-43。

泡沫的演变过程，并显现出强大的生命力。所以，通过对投资者行为的研究，揭示投资者的心理基础和行为模式，有助于广大投资者进一步认识证券市场。

2008年7月—2008年9月，通过随机问卷的方式抽样调查了成都等地证券营业部的个人投资者共计453人，收回有效问卷264份。调查结果显示，中国股市中的个人投资者具有以下几个方面的行为特征：①在证券分析能力方面，对基本面分析和技术分析的掌握比较好。但是对公司的财务报表没有足够的重视；②认可股票的随机游走假说，相信股票价格无法预测；认为中国证券市场并非强式有效，掌握内幕消息能够获利；认为中国证券市场没有达到半强式有效，反转和动量投资策略是有效的；③"代表性"和"保守性"偏差的情况均存在，对于信息有过度反应和反应不足的现象；④过度自信不明显；⑤从众心理不显著；⑥存在处置效应，尤其是面临亏损时比较明显，而面临收益时不显著；⑦从个股选择、投资组合、投资期限、公司规模等各个方面来看，倾向于稳健投资，是厌恶风险的。

问题：
1. 中国股市中的个人投资者过度自信与从众心理均不明显，原因何在？
2. 中国股市中的个人投资者倾向于稳健投资并且厌恶风险，为何总体收益却很少？

参考文献

[1] 贝政新，常巍，徐涛. 证券投资学：第 2 版 [M]. 上海：复旦大学出版社，2012.

[2] 陈志武. 金融的逻辑 [M]. 北京：国际文化出版公司，2009.

[3] 道格拉斯·C. 诺斯. 制度、制度变迁与经济绩效 [M]. 刘守英，译. 上海：三联书店，1994.

[4] 杜云，周永强. 证券投资学 [M]. 北京：知识产权出版社，2012.

[5] 国家统计局. 中华人民共和国 2019 年国民经济和社会发展统计公报 [R/OL]. 国家统计局，（2020 - 02 - 28）[2021 - 02 - 20]. http：//www. stats. gov. cn/tjsj/zxfb/202002/t20200228_1728913. html.

[6] 华猛. 证券从业人员资格考点采分——证券投资分析 [M]. 北京：中国人民大学出版社，2010.

[7] 黄嵩. 资本市场学 [M]. 北京：北京大学出版社，2011.

[8] 霍文文. 证券投资学：第 5 版 [M]. 北京：高等教育出版社，2017.

[9] 纪宣明. 技术创新、制度创新与企业发展：夏新电子扭亏个案研究 [J]. 金融研究，2004（9）：163 - 169.

[10] 纪宣明. 制度缺失、诚信危机与多重博弈——透析中国股市 [J]. 金融发展评论，2016（1）：153 - 158.

[11] 纪宣明，王堃，李牧辰. 我国经济制度变迁、金融发展对股市波动的影响 [J]. 金融理论探索，2017（6）：35 - 42.

[12] 纪宣明，黎丽. 东西部上市公司经营绩效的实证分析与评价——以京、蜀两地上市公司为例 [J]. 金融研究，2004（3）：109 - 115.

[13] 纪宣明，王堃，李牧辰. 新三板创新层企业融资绩效分析 [J]. 生产力研究，2017（11）：44 - 47.

[14] 纪宣明，王堃，徐鹤. 数字迷信会影响 A 股市场的股价波动吗？——基于代码效应视角的实证研究 [J]. 金融发展研究，2018（9）：66 - 74.

[15] 教育部关于印发《高等学校课程思政建设指导纲要》的通知 [EB/OL].（2020 - 05 - 28）[2021 - 01 - 13]. http：//www. moe. gov. cn/srcsite/A08/s7056/202006/t20200603_462437. html.

[16] 罗乐勤，陈泽聪. 投资经济学：第 3 版 [M]. 北京：科学出版社，2011.

[17] 罗纳德·哈里·科斯. 企业、市场与法律 [M]. 盛洪，陈郁，译. 上海：格致出

版社,上海三联书店,上海人民出版社,2009.

[18] 盛洪. 现代制度经济学 [M]. 北京:北京大学出版社,2003.

[19] 斯韦托扎尔·平乔维奇. 产权经济学 [M]. 蒋琳琦,译. 北京:经济科学出版社,2000.

[20] 宋建平. 证券投资学:第2版 [M]. 上海:上海人民出版社,2012.

[21] 孙豆豆. 每天学点投资学大全集 [M]. 上海:立信会计出版社,2011.

[22] 孙飞. 写给中国人的投资学 [M]. 重庆:重庆出版社,2011.

[23] 孙秀钧. 证券投资学 [M]. 大连:东北财经大学出版社,2008.

[24] 吴晓求. 证券投资学:第5版 [M]. 北京:中国人民大学出版社,2020.

[25] 杨大楷. 证券投资学:第3版 [M]. 上海:上海财经大学出版社,2011.

[26] 邢天才,王玉霞. 证券投资学:第2版 [M]. 大连:东北财经大学出版社,2007.

[27] 占豪. 黄金游戏全集 [M]. 上海:上海财经大学出版社,2011.

[28] 中国人民银行金融稳定局. 中国金融稳定报告(2020)[R/OL]. 中国人民银行,(2020 – 11 – 06)[2021 – 04 – 13]. http://www.pbc.gov.cn/jinrongwendingju/146766/146772/4122054/index.html.

[29] 中国证券业协会. 证券市场基础知识 [M]. 北京:中国财政经济出版社,2010.

[30] 中国证券业协会. 证券发行与承销 [M]. 北京:中国财政经济出版社,2009.

[31] 中国证券业协会. 证券投资基金 [M]. 北京:中国财政经济出版社,2010.

[32] 兹维·博迪,亚历克斯·凯恩,艾伦·J. 马科斯. 投资学精要:第7版 [M]. 初晨,谢蕊莲,胡波,译. 北京:中国人民大学出版社,2010.

[33] Wang Kun, Chen Yaozhi, Liu Yao, et al. Board secretary's financial experience, overconfidence, and SMEs' financing preference: Evidence from China's NEEQ market [J]. Journal of Small Business Management, 2020: 1 – 33.

[34] Li Yun, Wang Kun, Ji Xuanming, et al. Financial Psychology Analysis of Numerical Superstitions and Stock Price Volatility: Empirical Evidences from CHINA'S A – Share Market [J]. Revista Argentina de Clinica Psicologica, 2020, 29 (1): 279 – 289.